AF330323

DICTIONNAIRE

DE

L'ARGOT PARISIEN

PUBLICATIONS DU MÊME ÉDITEUR

Histoire de la Révolution de 1870-71, par JULES CLARETIE, illustrée par les plus célèbres artistes, de portraits, vues, scènes, plans, cartes et autographes. — Un très-beau et fort volume in-4. — Broché : 10 francs.

Sous l'empire. roman de mœurs politiques et sociales, par A. RANC. — Illustrations de F. LIX. — Un volume grand in-8, 3 francs.

Les Femmes de France pendant la guerre et les deux siéges de Paris, par PAUL et HENRY DE TRAILLES, illustrées par HADOL et MORIN. — Un beau volume grand in-8. — 3 francs, broché.

Histoire de France tintamarresque, par TOUCHATOUT, accompagnée de plus de 500 gravures noires et coloriées, par G. LAFOSSE, A. GILL, DRANER, ROBIDA, HADOL, ETC. Un très-fort volume, in 8. 10 francs.

Paris. — Typographie de Rouge, Dunon et Fresné, rue du Four-Saint-Germain, 43.

DICTIONNAIRE

HISTORIQUE, ÉTYMOLOGIQUE ET ANECDOTIQUE

DE L'ARGOT

PARISIEN

SIXIÈME ÉDITION DES **EXCENTRICITÉS DU LANGAGE**

MISE A LA HAUTEUR DES RÉVOLUTIONS DU JOUR

PAR

LORÉDAN LARCHEY

Illustrations de J. FÉRAT et RYCKEBUSCH

BIBLIOTHÈQUE NATIONALE
FONDS
LA SERVE
N° 791
IMPRIMÉS

PARIS

F. POLO, LIBRAIRE-ÉDITEUR

16, RUE DU CROISSANT (AU BUREAU DU JOURNAL L'ÉCLIPSE)

1872

Tous droits réservés

DICTIONNAIRE

HISTORIQUE, ÉTYMOLOGIQUE ET ANECDOTIQUE

DE

L'ARGOT PARISIEN

INTRODUCTION

I. Ce que nous entendons par argot parisien. — II. L'argot considéré dans ses éléments de formation. — III. Ses richesses. — IV. Ses rapports avec les mœurs. — V. Notre méthode. — VI. Comment le besoin de ce Dictionnaire s'est fait sentir de plus en plus. — VII. Ce qu'en pensaient nos pères.

I. — Ce que nous entendons par argot parisien.

Bien qu'il fût éprouvé déjà par cinq éditions, nous avons cru devoir modifier le titre de cet ouvrage : nous l'avons appelé *Dictionnaire de l'argot parisien.*

Aucune dénomination ne saurait lui mieux convenir, aucune ne répond d'une façon plus précise, et à son caractère, et à son ensemble.

Beaucoup s'imaginent que l'argot n'est que le langage des voleurs. La vérité est que son domaine est beaucoup plus grand. Son étymologie en fait foi.

ARGOT dérive (du moins pour nous) du vieux mot *argue*, et ne signifie (comme *argutie* qui a la même origine) que : ruse, finesse, subtilité. *Parler argot*, c'est user d'une subtilité de langage. Pas autre chose. Et à ce compte les salons lui ont autant donné droit de cité que les tapis francs, les *précieuses* en ont usé comme les voleurs. Chacun a son argot.

Si j'ai qualifié mon dictionnaire de *parisien*, c'est qu'au point de vue du langage, comme à tout autre, Paris est le grand rendez-vous. Là, se fabriquent ou affluent tous les mots nouveaux : ceux du bagne comme ceux du sport, ceux du boudoir comme ceux de l'atelier, ceux de la caserne comme ceux des couloirs de l'Assemblée, ceux de la halle comme ceux du collège, comme ceux du journalisme. C'est, dis-je, dans le grand torrent de la circulation parisienne que tous ces nouveaux venus viennent se confondre, se retremper et s'abandonner au courant qui doit décider de leur fortune. A Paris seul appartient le privilége de les laisser mourir ou de leur donner la vie, car Paris fait la mode des mots, comme il fait la mode des chapeaux.

Toutefois, ce n'est qu'un premier pas. Du caprice de la mode à la consécration de l'usage et surtout à l'adoption de la langue régulière, il y a loin. Nous ne saurions trop l'avouer. Ici, plus que jamais, c'est le cas de répéter : « Beaucoup d'appelés, peu d'élus ».

Et, cependant, parmi ces élus, combien en est-il dont vous ne soupçonnez point la récente origine. Laissez-moi vous en rappeler quelques-uns. On ne s'en souvient plus assez.

S'imaginerait-on qu'en 1693, les adjectifs *haineux, désœuvré, respectable*, le substantif *impolitesse*, etc., n'étaient pas français (1) ?

S'imaginerait-on qu'en 1726, on passait pour parler argot quand on disait : *détresse, scélératesse, encourageant, érudit, inattaquable, improbable, entente, naguères* (2) ?

Auriez-vous jamais pensé qu'en 1803, Mercier, l'auteur du *Tableau de Paris*, faisait deux grands volumes tout exprès pour solliciter l'admission de mots aujourd'hui fort bien portés, tels que : *fusion, fureter, franciser, flageoler*, etc., etc. (3), mots que ses confrères de l'Académie n'avaient pas encore acceptés ?

Nous en passons, et des meilleurs, mais les exemples que nous venons de donner suffiront pour montrer qu'il ne faut pas trop se presser de flétrir les nouveaux venus. Peut-être en est-il encore que le dictionnaire de l'Académie ne jugera pas indignes de ses faveurs. Toutefois, redisons-le bien, les élus ont été, et seront toujours, en petit nombre dans la foule croissante des néologismes.

Sans nous en exagérer la valeur, bornons-nous donc à la considérer comme une réserve d'enfants perdus qu'on peut utiliser à l'occasion, et que, dans tous les cas, il importe de connaître, — ne fût-ce que pour savoir ce qu'il faut éviter.

II. — Les sept éléments de l'argot.

Autant que notre travail nous a permis de le voir, l'argot n'est pas une langue, mais un langage de convention, dans la formation duquel nous n'avons pas constaté plus de sept éléments. Nous les désignons ainsi : 1° vieux mots français ou mots de langue romane;

---

(1) Voyez Caillières dans son livre des *Mots à la mode*
(2) Voyez l'abbé Desfontaines dans son *Dictionnaire néologique.*
(3) Voyez sa *Néologie.*

2° substitutions ; 3° modifications ; 4° harmonies imitatives ; 5° jeux de mots ; 6° souvenirs ; 7° importations.

En dehors de cette nomenclature, que nous avons faite aussi peu scientifique que possible, nous n'avons rien trouvé. Nos lecteurs pourront en juger par eux-mêmes en lisant les courts aperçus que nous allons consacrer à chaque classe.

I. VIEUX MOTS.

Cette classe constitue la première couche, le noyau de l'argot. Elle se compose des vieux mots de langue romane, c'est-à-dire de langue d'oil ou de langue d'oc, dont nous avons retrouvé trace dans trois dictionnaires spéciaux bien connus : ceux de Du Cange, de Lacombe et de Roquefort.

Ces vétérans sont plus nombreux qu'on ne le croit.

Ainsi un verbe dont nous nous servons souvent dans la langue familière, le verbe *ficher* se rencontre dans nos vieilles chroniques. Nous voyons, au quatorzième siècle, un maréchal de Boucicaut contraindre les Sarrasins à battre en retraite et à *se ficher* dans des jardins ; il les poursuit et *fiche* en prison ceux qu'il attrape.

Rutebœuf, un poëte qui rimait du temps de saint Louis, et qui aimait fort à dormir, trouve déjà que le réveil est une chose *tannante*.

Si Rabelais, qui est contemporain de François Ier, n'écrit pas *piquer le renard*, il écrit *escorcher le regnard*, ce qui n'en diffère pas trop. S'il n'écrit pas *caner* (avoir peur), il écrit très-souvent *faire la cane*, ce qui est absolument la même chose. Il sait aussi ce que c'est qu'un *œil au beurre noir*. Non moins que Victor Hugo, Rabelais, ce grand facétieux, aurait défendu le mot de Cambronne, car il le met sans vergogne à toutes sauces, absolument comme beaucoup trop de nos contemporains, qui n'ont, hélas ! conservé de Rabelais que ce mot-là. Vous nous dispenserez de l'écrire, n'est-ce pas ? Ce sera bien assez tôt quand, avec la lettre M, son tour viendra.

Comme *ficher*, *truc* (rouerie, malice) se retrouve dès le quatorzième siècle, dans une chronique du duc Jean de Bretagne.

L'usage d'appeler *anglais* son créancier est constaté au quinzième siècle.

A part ceux que nous venons de rappeler, presque tous les vieux mots que nous offre encore l'argot sont en usage dans les classes dangereuses. Là semblent s'être conservées les anciennes traditions, comme dans certains villages où le patois d'aujourd'hui n'est au fond que le bon français d'il y a quatre cents ans, maintenu en dehors de toutes nos modifications. Ainsi les voleurs qui disent *arpion* pour pied, ne font que ce que faisaient nos pères quand ils disaient *harpion* pour griffe. Leur *abèquer* (nourrir) n'est autre que l'ancien verbe *abécher*, qu'on retrouve dans nos dictionnaires de l'ancien langage ; *arnache* (tromperie) descend en droite ligne du verbe *harnacher* (tromper) ; *copain* (compagnon) de *compaing*.

Estrangouiller (étrangler) est un mot de langue romane qu'on devinerait rien qu'en pensant au latin *strangulare*, qu'on prononçait *strangoulare*. De même, *cadenne* (chaîne) et *pecune* (argent) sont des formes presque pures des mots latins *catena* et *pecunia*. Le *carle* et les *pimpions* nous rappellent des monnaies historiques.

Ici comme plus bas, nous citons quelques exemples seulement, et nous sommes loin de tout donner.

II. SUBSTITUTIONS.

Les substitutions,— qui consistent à remplacer un mot par un autre pris arbitrairement,— composent une classe considérable, formée par divers procédés dont les conceptions, bizarres au premier abord, finissent par sembler beaucoup plus raisonnées qu'on ne se le figure.

Il y a les substitutions du mot qui représente la partie au mot qui représente le tout : *cadran* pour *montre*.....

Les substitutions de l'effet à la cause : *casse-gueule* pour *bal; pitroux* pour pistolet, *musicien* pour *haricot*, *pleurant* pour *ognon*, *rude* pour *eau-de-vie*.....

Les substitutions de la fonction : *avaloir* pour gosier, *palpitant* pour cœur, *pique en terre* pour poule, *fauchant* pour ciseau, *raclette* pour patrouille, *cabe* pour chien, *tourne autour* pour tonnelier, *toquante* pour montre.....

Il y a les substitutions de l'aspect : *trouée* pour dentelle, *moricaud* pour broc de vin, *bleu* pour vin, *noir* pour café, *prune de monsieur* pour évêque.

Une variété de substitutions non moins intéressantes est celle des analogies.
Les analogies sont ou *animales*, ou *végétales*, ou *matérielles*.

Presque toujours ironiques, les analogies animales ne respectent rien. Avant Grandville, elles ont signalé tout ce qui pouvait leur offrir quelque prise dans le roi de la création. Nous le montrerons tout à l'heure, en parlant des rapports de l'argot avec nos mœurs.

Si de la description de l'homme, on passe à la désignation des types, on trouve le sot représenté par le *daim* et le *dindon;* le niais, par le *serin*, le *buson* et le *blaireau;* l'avare, par le *chien;* l'inconstant par le *papillon;* le méchant par l'*aspic;* l'agent secret, par la *mouche;* l'usurier par le *vautour;* le pingre, par le *rat;* le superbe, par le *lion;* le misanthrope, par l'*ours;* l'homme emporté, par le *cheval;* le bon compagnon, par le *lapin;* l'homme arriéré, par l'*huître* et le *mollusque;* la femme légère, par la *biche*, la *cocotte* ou le *chameau*. Le castor, le canard, la bécasse, le merlan, l'ourson, le veau, la vache, le tigre, le loup, la couleuvre, la chatte, la vipère, le cloporte, la chouette, le crapaud, la grenouille, viennent encore à la file. La sangsue, le phénix, l'âne et la mule sont classiques et nous les rappelons pour mémoire. On connaît enfin le rôle que jouent *mon chat, mon chien, mon bichon, ma bichette, mon canard, ma poule, mon rat*, dans le vocabulaire de l'amitié, et *aux oiseaux*, dans celui de l'admiration.

Non moins remarquables sont les termes de comparaison demandés au règne végétal.
La dent gâtée est un *clou de girofle*, et la perruque est un *gazon;* le *chiendent* symbolise la difficulté ; le *cœur d'artichaut*, l'inconstance ; les *pruneaux* sont la mitraille ; les *noyaux*, l'argent ; la *pelure* est l'habit ; la *coloquinte*, une tête énorme ; le *cornichon*, le *melon*, le *cantaloup* désignent un niais d'air biscornu, à dehors épais. L'homme sans consistance est une *fenasse;* le prête-nom, un *homme de paille*, et le dédaigneux *fait sa poire*. Le *chou* entre dans la composition de six mots d'acception différente. On sait ce que veulent dire *tirer une carotte*, et *donner une giroflée à plusieurs feuilles*.

Les *navets* et les *nèfles* jouent un grand rôle dans les refus.

Mon trognon est amical. Les *pommes*, les *petits ognons* et les *truffes* fournissent trois expressions aux gens satisfaits.— Enfin il y a *fagots et fagots*, et la fashion a sa *fleur des pois*.

Les analogies prises dans le monde matériel s'attaquent à tout indistinctement. Dans la maison, elles font d'une *capsule* ou d'un *tuyau de poéle*, votre chapeau ; des *pincettes*, vos jambes ; d'une *salière*, votre creux d'épaule ; d'une *fourchette*, votre main ; d'une *anse de panier*, vos bras. La *pioche* est le travail : la *scie*, une mystification ; le *raisiné*, du sang ; la *dragée*, une balle. Avec tout ce qu'on a demandé de comparaisons à la musique, on pourrait composer un grand orchestre : *musette, guimbarde, flageolet, trompette, tambour, cornet, guitare, harpe, flûte, sifflet, grosse caisse*. Cela ne vous semble-t-il pas complet ? Dans cet ordre de choses-là, on peut aller encore bien loin. Seulement, prenez garde aux *tuiles* en sortant, et méfiez-vous des *ficelles!*

III. MODIFICATIONS.

Les modifications des mots obéissent visiblement au désir de ne pas être compris par un importun. C'est un français de convention. La première syllabe de chaque mot reste généralement seule intacte ; les autres sont modifiées de la façon la plus arbitraire.

Ainsi dit-on *cribler* pour *crier*, *connobrer* pour *connaitre*, *colliger* pour *colleter*, *valtreuse* pour *valise*, *insolpé* pour *insolent*. *encible* pour *ensemble*, *galuché* pour *galonné*, *baluchon* pour *ballot.....*

Les uns affectionnent la désinence AR ou MAR : *guichemar* (guichetier), *épicemar* (épicier), *arpagar* (arpagon).....

Les autres tiennent pour le MONT, et disent *gilmont* (gilet), *briqmon* (briquet), *cabermont* (cabaret), *promont* (procès), *paquemont* (paquet).....

Ceux-là sont à l'ANCHE : *boutanche* (boutique), *préfectanche* (préfecture).

Ceux-ci sont à l'IN : *madrin* (madré), *paquecin* (paquet), *burlin* (bureau), *orphelin* (orfévre).....

L'o est en faveur : *icigo* (ici), *Versigo* (Versailles), *Pélago* (Pélagie), *sergo* (sergent de ville), *tringlo* (soldat du train), *moblot* (mobile), *invalo* (invalide), *excuso* (excusez), *labago* (là-bas).

Demi-stroc (demi-setier), *vioque* (vieux), *pastiquer* (passer), *ramastiquer* (ramasser), *sezière* (soi), *mezières* (moi), *Arnelle* (Rouen), *Canelle* (Caen), offrent d'autres variétés du genre.

Rococo (rocaille) est un des rares exemples à citer en dehors du peuple.

Quelquefois, mais très-rarement, on dénature aussi la première syllabe, en ne laissant subsister de l'ancien mot que les consonnes initiales. Exemples : *tréfle* (trou), *trèpe* (troupe), *La Mine* (Le Mans), *Brutus* (Bretagne). Mais c'est exceptionnel.

Dans le chapitre des *Modifications*, n'oublions pas les patients qui soumettent leur parler à un procédé de modification uniforme.

Tels sont ceux qui parlent en *lem* et qui disent *lonbem* pour *bon*.

Ceux qui parlent en *luch* diront *lonbuch*.

Ceux qui parlent *javanais* diront *bavon*. — Et ainsi de suite pour tous les mots possibles.

Mais ces modifications qui vous rendent inintelligible pour les profanes (si elles sont exécutées rapidement), ont l'inconvénient d'allonger démesurément la phrase, ce qui est un grand obstacle à leur popularité.

Les abréviations, qui sont aussi des modifications de mots, sont plus faciles à reconnaître. Sauf deux (*cipal* pour municipal, et *croc* pour escroc), elles portent sur les finales.

Voici des exemples presque tous bien connus :

Autor (ité), — *achar* (nement), — *aristo* (crate),—*bac* (carat), — *bénéf* (ice), - - *cabot* (in), *can* (on), — *champ* (agne), — *comm* (erce), — *consomm* (ation), — *démoc* (rate), — *émos* (ion), — *dégui* (sement), — *es* (croc), — *estom* (ac), — *from* (age), — *job* (ard), — *lansq* (uenet), — *liquid* (ation), — *méphisto* (phélétique), — *occas* (ion), — *paf* (fé), — *pante* (inois), — *perpette* (nité), — *photo* (graphie), — *poche* (ard), — *réac* (tionnaire), - *rata* (touille), — *sap* (in), — *topo* (graphique), — *typo* (graphe), — *zouzou : zouave* (celle-ci est redoublée).....

IV. HARMONIES IMITATIVES.

Considérons un moment comment l'harmonie imitative préside à la création de certains mots.

Fanffe et *fonfe* (prise) simulent bien le reniflement du priseur ; *louis-louis* (polichinelle) imite le cri de la pratique ; *cri-cri* celui du grillon ; *frou-frou* rend le bruissement de la soie ; *faffe*, celui du billet de banque ; *toquante* rend le toc-toc de la montre en marche ; *fric-frac* le bruit produit par une effraction ; *gilbocq* celui de la bille qui va en frapper une autre en roulant sur le tapis du billard ; *branque* rappelle le braîment de l'âne ; *toc* rappelle le son mat du doublé ; *tam-tam* et *fla-fla* font une allusion retentissante aux coups de grosse caisse et aux coups de fouet dont ne sauraient se passer ceux qui abusent de la réclame et ceux qui aiment à faire grand bruit.

Humble et doux au contraire est le bruit de la larme qui *dégouline* le long de la joue.

Dégouline... On croit presque l'entendre tomber.

V. JEUX DE MOTS.

Oui, le calembour lui-même s'en est mêlé, et de bonne heure encore. *Auber* (argent) n'est qu'un calembour du moyen âge, temps où la *maille* était une *monnaie*, et où le *haubert* était une *cotte de mailles*. — Avoir de *l'aubert*, c'était donc être couvert de *mailles*, ou d'argent si vous aimez mieux. — Ne disons-nous pas encore d'un enrichi : *Il est couvert d'or?*

Comme jeux de mots nécessitant moins d'explications, citons *l'habillé de soie* (cochon), *le cloporte* (portier), *le pendu glacé* (réverbère), *la salade* (réponse), *le billet de parterre* (chute), *le numéro* 100 (latrines), *le tirant radouci* (bas de soie), *la fièvre cérébrale* (accusation entraînant la perte de la tête), *l'amendier fleuri* (régisseur de théâtre, chargé des amendes), *le monseigneur* (fausse-clé), devant lequel s'ouvrent toutes les portes.

On peut encore rattacher indirectement à la classe des jeux de mots, quelques anagrammes comme *linspré* (prince), *nibergue* (non, bernique), sans oublier *arsouille*, dans lequel nous avons retrouvé le *souillart* (art-souille), qui, au moyen âge comme aujourd'hui, avait absolument le même air canaille.

VI. SOUVENIRS.

C'est une classe importante que celle des mots formés par nos souvenirs. Ils sont de tout genre et de tout âge : historiques, politiques, dramatiques, littéraires.

Bazar, smalah, razzia, fourbi, gourbi, mazagran, sont par exemple des produits de nos conquêtes d'Afrique.

Comme *Cavour, Bolivar* et *Morillo, Garibaldi* introduit la politique dans le domaine de la chapellerie.

Antony, Bertrand, Macaire, Demi-monde, Camélia, Benoîton, Calino, témoignent de l'influence du théâtre moderne.

Du théâtre ancien nous avons conservé *Basile, Tartufe, Polichinelle, Arlequin, Carline* et *Pierrot.*

Victor Hugo a produit pour sa part *Pieuvre, Gavroche, Quasimodo.*

Mayeux et *Chauvin* rappellent les gloires de la caricature.

A la mythologie on peut renvoyer *Pallas, Cerbère* et *Cupidon.*

Faire sa Sophie est de l'hellénisme pur.

Aux temps bibliques remontent *Balthazar, Philistin, faire son Joseph, putipharder ;* — à l'antiquité remontent *Laïus, Romain, Bucéphale.*

A la politique nous devons *gauche, droite, voltigeur de Louis XIV, frère et ami, démoc-soc, aile de pigeon, centre* et *juste-milieu, ventru* et *satisfait, communeux* et *communard, purs* et *pourris, blancs* et *rouges, badinguiste, henriquinquiste, gambettiste, thiériste.....* Et Dieu sait ce que nous lui devrons encore !

VII. IMPORTATIONS.

L'argot a toujours pratiqué sobrement le libre-échange, sauf toutefois dans le Sport, qu'on peut considérer comme une colonie anglaise (V. *dandy, turf, rider, betting, ring, handicap, flirtation, cab, racer, four in hand, mail coach,* et une foule d'autres). L'industrie a subi depuis longtemps cette influence étrangère. Le journalisme lui-même paraît trouver plus drôle de dire *racontar* que *racontage,* et *reporter* que *chroniqueur.*

Dans ces nobles étrangers, on reconnaît de temps à autre de vieux Français qui ont conquis les Saxons avec les Normands de Guillaume. Entre notre *tunnel* de chemin de fer et notre *tonnelle* de jardin, il n'y a pas l'épaisseur d'une feuille. Le *mess* de nos officiers est aussi de gauloise origine.

Les Italiens, amis des arts, nous ont donné *brio, piano, rinforzando, in petto, in fiocchi, a giorno, bravo, bravi, brava!* etc., etc.

Mais que les langues vivantes ne nous fassent pas négliger les langues mortes! L'argot a aussi sa classe de latin. *Et ce n'est pas dommage,* comme on dit à Belleville et autres lieux où le *quibus* jouit de la considération qu'il mérite.

Aussi avons-nous recueilli avec respect les latinismes qui ont le plus cours.

III. — Les richesses de l'argot.

Nous venons de montrer comment l'argot était beaucoup moins un langage composé de mots nouveaux, que d'interprétations nouvelles de mots connus déjà.

Si la matière n'est pas neuve, il faut du moins reconnaître qu'elle rachète ce défaut d'origine par des qualités d'originalité puissantes. L'abondance, la variété et, disons-le bien, la précision de beaucoup de termes ne sauraient s'imaginer.

S'agit-il, par exemple, de suivre tous les degrés de la *soulographie,* remarquez la progression parfaite indiquée par les quarante termes qui suivent, dont nous avons justifié l'existence par de nombreux exemples, et qui, sans rentrer l'un dans l'autre, ont leur signification propre. — Chacun indique, dans l'état, une nuance.

Au début, nous rencontrons les huit verbes : *être bien, avoir sa pointe, être monté, en train, poussé, parti, lancé, en patrouille.*

Un peu plus loin, nous voyons l'homme *légèrement ému;* — il sera tout à l'heure *attendri,* il *verra en dedans,* et se tiendra des conversations mystérieuses. Cet autre est *éméché;* il aura certainement demain *mal aux cheveux.*

Pour dépeindre les tons empourprés par lesquels passera cette trogne de Silène, vous n'avez que la liberté du choix entre : *teinté, allumé, pavois, poivre, pompette, ayant son coup de soleil, son plumet, sa cocarde, se piquant* ou *se rougissant le nez.*

De la figure passons à la marche. — L'homme ivre a quatre genres de port qui sont tous également bien saisis. Ou il est *raide comme la justice* et laisse trop voir par son attitude forcée combien il lui en coûte de commander à la matière ;

Ou il *a sa pente* (ce qui arrive souvent quand on *est dans les vignes*), et il croit toujours que le terrain va lui manquer ;

Ou il *festonne,* brodant de zigzags capricieux la ligne droite de son chemin ;

Ou *il est dans les brouillards,....* tâtonnant en plein soleil, comme s'il était perdu dans la brume.

Attendez dix minutes encore;— laissons notre sujet descendre au dernier degré de l'ivresse et vous pourrez dire indifféremment : *Il est gavé, plein, complet, bu, pion, rond comme une balle, humecté, pochard, casquette, il a sa culotte, son casque, son toquet, son sac, son affaire, son compte, soûl comme trente mille hommes, il en a jusqu'à la troisième capucine.* — Ce n'est plus un homme, c'est un récipient plein à déborder.

Presque aussi riche est le vocabulaire des voies de fait, — une des conséquences ordinaires de l'ivresse. Plus riche encore serait celui du libertinage, s'il était permis de franchir des limites que nous avons scrupuleusement respectées, tout en usant du droit qui sauvegarde toute recherche sérieuse.

Voici quelques-unes des phases les plus intéressantes de la *batterie :*

Avec la *peignée*, on se prend aux cheveux, on se *crêpe* le toupet, on se *tombe sur le poil.*

On se *croche* ensuite en s'empoignant à bras-le-corps ou en se passant la jambe.

L'enlevée, la *valse*, la *tournée* et la *danse sans violons*, décrivent les mouvements précipités de la lutte.

Avec la *dégelée*, la *torchée*, l'*étrillage*, la *brossée*, la *frottée*, la *brûlée*, on a l'épiderme bien échauffé ; il est endolori après une *raclée*. La *rossée* vous sangle comme un cheval rétif ; la *trempe*, la *trempée* et la *rincée* vous tordent comme du linge à la lessive.

Avec la *cuite*, il vous en cuira longtemps.

Si l'adversaire vous *tombe*, gare à la *roulée*, à la *trépignée*, à la *tripotée*, à la *pile*, au *travail du casaquin !* vous êtes à sa merci. Il vous pétrira de coups.

Encore une seconde, et vous voilà *en compote* ou *démoli.* — Tant pis si vos os ne sont pas numérotés. Il n'y aura plus moyen de les mettre en place.

Notez que, contre tous ces termes, le langage du monde n'en a pas un seul qui exprime la même idée d'un seul mot.

Et ce n'est point là seulement que nous retrouvons une variété significative de synonymes.

Prenons *boule*, ou *balle*, ou *coloquinte*, ou *calebasse !* c'est la tête plus ou moins ronde.

Avec *binette*, *trombine*, *facies*, *frime*, *frimousse*, il y a quelque chose de nouveau : nous voyons se dessiner la physionomie.

La *sorbonne* et la *boussole* désignent le cerveau qui conçoit, raisonne et dirige.

Le *caisson* a été fait tout exprès pour représenter le crâne éclatant à l'heure du suicide.

La *tronche* montre la tête tombant sous le couteau de la guillotine.

De la tête passons à la jambe : grosse, c'est un *poteau ;* ordinaire, c'est une *quille ;* mince, c'est une *flûte*, un *cotteret*, un *fumeron*, un *fuseau*, un *échalas ;* plus mince, c'est une *pincette*, une *jambe de coq ;* plus mince encore, c'est un *fil de fer* ; tremblante, c'est un *flageolet*. Les jambes du danseur sont des *gigues* ou des *gambilles ;* celles du marcheur forment un *compas*, une *équerre*.

Cette finesse, cette précision se trouvent jusque dans les diverses manières de dépenser son argent. Le prodigue *douille*, la dupe *casque*, l'homme qui veut imposer la confiance *éclaire*, l'économe *s'allonge*, l'avare *se fend* jusqu'à s'écorcher, et cependant il est *large... des épaules.*

La mort elle-même semble vouloir prêter un verbe à chaque état. Le pilier de café *dévisse son billard*, le cavalier *graisse ses bottes*, le bavard *avale sa langue*, le chiqueur *pose sa chique*, le fumeur *casse sa pipe*, l'apoplectique *claque*, le troupier *reçoit son décompte, descend la garde, passe l'arme à gauche* ou *défile la parade*, le pauvre *perd* une dernière fois *le goût du pain*, l'agonisant *tourne de l'œil*, l'homme frappé à mort *sue* le sang, le Parisien, toujours logé haut, *lâche la rampe.*

Mais il n'en faut pas déduire que l'idiome dont nous nous occupons soit facile à posséder.

L'ABSINTHEUR

Il fourmille, on l'a vu, de nuances faciles à comprendre, mais dont la distinction demande un certain acquis.

Ainsi, déjà usité comme mot d'amitié, *cocotte* se dit ou d'un *cheval*, ou d'une *femme*, ou de deux affections très-différentes. *Battant* veut dire à la fois *neuf, langue, cœur* ou *gosier. Plomb* signifie *gosier, gaz* ou *maladie. Blague* a sept significations si différentes, qu'on peut y voir ou de la facilité d'élocution, ou une conversation spirituelle, ou un mensonge.

Chic présente autant de sens non moins contradictoires.—Appliqué au crayon d'un artiste, il est un brevet de banalité ou de distinction... Il ne lui faut, pour cela, qu'être précédé ou de *avec* ou de *de*. — *Il fait tout avec chic* est un éloge, *il fait tout de chic* est une critique très-sensible.

Faire a de même *six* acceptions; *ficher* en a *huit*. — *Chien* entre dans la composition de neuf mots. — *Œil* en forme douze. — *Chose* peut signifier indifféremment *dignité* ou *indignité*. — *Paumer* veut dire *prendre* ou *perdre*. — *Bachot* s'applique indifféremment à un examen, à un *candidat*, à une *institution*. — *Extra* représente ou un *repas*, ou un *invité*, ou un *domestique*.

IV. — Ses rapports avec les mœurs.

Dans l'argot plus que dans tout autre langage, certains termes caractérisent un ordre d'idées, d'habitudes, d'instincts.

Ce n'est qu'un malfaiteur qui a pu appeler le premier *cafarde* la lune voilée, et *moucharde* la lune brillante, qui encore a pu nommer *coulant* ou *collier* la cravate avec laquelle il vous étranglera au besoin.

Il a besoin de ses yeux. — On le devine en voyant qu'il les appelle *ardents, reluits, clairs, quinquets* et *mirettes.*

Que d'images il a trouvées pour répondre au verbe Assassiner : — *faire suer, refroidir, démolir, rebâtir, connir, terrer, chouriner, expédier, donner son compte, faire l'affaire, capahuter, escarper, butter, coucher*.....

Il semble n'avoir pas trop de verbes quand il s'agit d'exprimer une fuite : *se la briser, se la casser, s'évanouir, se déguiser en cerf, se pousser de l'air, s'esbigner, se cavaler, se la courir, se la couler, tirer sa crampe, se cramper, lâcher, décarer, décaniller*.....

Et quels noms significatifs décernés aux agents chargés de réprimer ses méfaits ! Par *balai, cogne, raclette, raille, pousse* et *grive*, il entend : Le gendarme qui *balaye* ou *rencogne*, la patrouille qui *racle*, l'agent qui *éraille* ou *pousse*, le soldat qui *grève*.

Par une exception bizarre, il a mêlé les idées de cuisine et de dénonciation. L'homme qui le dénonce à la police est un *cuisinier, un coqueur* (maître coq), *une casserole; il casse du sucre, il se met à table, il mange le morceau.* S'il est arrêté, il dit qu'il est *servi*. Serait-ce parce qu'il se voit déjà *flambé, cuit, fumé, frit, fricassé, rôti* et *brûlé* par dame Justice ?

La fréquence des équivalents indique mieux que toutes les statistiques morales, la place tenue par certaines passions.

Niera-t-on que le peuple français soit susceptible d'enthousiasme en voyant tous les synonymes qu'il a trouvés aux mots *bon* et *beau* ? — *Chic, chicard, chicandard, chouette, bath, rup, chocnosof, snoboyc, enlevé, tapé, ça, superlifico, aux pommes, numéro 1, aux petits oignons!* etc. — Si on n'est pas content, ce n'est point parce qu'on manque des moyens de le dire.

Et l'argent, n'occupe-t-il pas dans le néologisme autant de place que dans les transactions de ce bas monde ? — *Nerf, os, huile, beurre, groisse, douille, rond, cercle, bille, jaunet, roue de devant, roue de derrière, braise, thune, médaille, face, monarque, carle, philippe, métal, dale, pèze, pimpion, picaillon, noyaux, sonnette, cigale, quibus, quantum, sit nomen, cuivre, mitraille, patard, vaisselle de poche, sine quâ non*, etc.

Le manger et le boire, — le boire surtout, — ont à leur disposition une légion de synonymes.

Le manger : *béquiller, becqueter, tortiller du bec, chiquer, taper sur les vivres, pitancher, bouffer*, etc.

Le boire : *étouffer, siffler, flûter, renifler, pomper, siroter, licher, biturer, se rincer l'avaloire, la dalle, le cornet, la corne, s'arroser le lampas, se pousser dans le battant, s'humecter, pictonner, tuer le ver, chasser le brouillard*, etc., etc.

Le vin : *picton, nectar, ginglard, ginglet, briolet, bleu, blanc,* etc.

Et l'eau-de-vie ! Combien de petits verres dans ces mots : *trois-six, fil en quatre, dur, raide, rude, crik, chenique, schnapps, eau d'aff, sacré chien, goutte, camphre, raspail, jaune, tord-boyaux, casse-poitrine, consolation, riquiqui, eau de mort !*

Et pour l'absinthe, cet autre poison, n'a-t-on pas inventé autant de noms que de manières de le préparer ?

Après la satisfaction des besoins matériels ou l'expression d'une gaieté railleuse, les misères et les laideurs de cette vie sont largement, exclusivement, représentées.

Chose remarquable ! On trouve vingt mots pour montrer le niais, la dupe ou le fripon ; — il n'y en a pas un pour dire : voici un honnête homme.

La femme digne d'estime est inconnue ; — celle qu'on affecte de mépriser se trouve sous le coup d'un déluge d'injures.

Enfin la somme des négations est énorme, et il n'y a pas une seule affirmation positive.

Les moralistes pourraient tirer de cette inégalité des conclusions désolantes.

De même, c'est un *marlou,* c'est un *filou,* se disent aussi bien d'un homme *rusé* que d'un *souteneur* ou d'un *voleur. Avoir du vice,* c'est avoir l'esprit ingénieux. Ces assimilations dégradantes en disent long sur le danger dans lequel se trouvent trop de consciences.

L'admiration même se trouve, sur ce terrain scabreux, tout imprégnée de je ne sais quelle brutalité. — On n'arrive à l'affirmation de la qualité que par la négation du défaut. On ne dit pas : *je suis bien fait,* on dit : *je ne suis pas déjeté ;* on ne dit pas : *je suis beau,* on dit : *je ne suis pas déchiré,* on ne dit pas : *je suis jeune,* on dit : *je ne suis pas trop piqué des vers.*—*Vous êtes fièrement brave, rudement bon,* se disent avec la plus douce intention du monde. Un discours éloquent devient un discours *tapé ;* une scène émouvante vous *enlève,* vous *empoigne ;* une belle action *épate* le public. On dit d'une œuvre banale : *Cela n'est pas méchant, cela ne mord pas.* Le travailleur est un *piocheur* et le zélé est un *féroce.*

Aussi, comme on s'animalise ! Votre peau, c'est du *cuir,* de la *couenne ;* votre bras, un *aileron ;* vos pieds et vos mains des *ergots* ou des *paturons,* des *abattis,* des *pattes,* des *arpions ;* votre visage, un *mufle ;* votre barbe, une *bouquine ;* votre bouche, un *bec,* une *gueule ;* vos cheveux, des *crins ;* le bas de votre échine est un *croupion.* Vous ne mangez pas, vous *becquetez,* vous *béquillez,* vous *tortillez du bec,* et votre estomac est une *bauge.*

En toute justice, cependant, on ne saurait traiter avec une sévérité absolue l'élément populaire qui sert de base aux observations précédentes.

Comment le peuple se piquerait-il de délicatesse en son langage ? Le labeur de chaque jour ne lui laisse apprécier que la satisfaction de ses gros appétits. Aussi, ne nous étonnons pas en voyant ses néologistes si brutaux. Ces rudes chercheurs ont fait des mots accentués comme leurs ragoûts favoris et faits pour traverser les palais plébéiens que n'effraient pas les fortes épices.

Si on veut donc bien ne pas se choquer de la rusticité de cette forme, l'étude de l'argot parisien fera découvrir, au degré le plus éminent, certaines qualités de couleur.

Comme il est bien nommé *brutal* ce canon qui, après avoir grondé de sa grosse voix, culbute tout sans dire gare !

Et *béguin,* cet amour terrestre qui vous isole au milieu de la vie mondaine avec les extases du cénobite !

Combien les mots *richesse, crédit, fortune* paraissent fades à côté de cette annonce magique : *Il a le sac !* — *Il a le sac,* c'est-à-dire ses écus sont en tas sous sa main ; d'un geste, il peut rouler à vos yeux ces belles espèces sonnantes,.

Nous avons dit que l'argot forgeait en réalité peu de mots ; — ce sont des acceptions nouvelles qu'il invente de préférence.

Parfois ces sortes de travestissements sont plus raisonnés qu'on ne se le figure.

Ainsi, pour n'en citer qu'un, — *toquante*, *ognon* ou *cadran* sont bien plus expressifs que *montre*.

Toquante fait allusion au mouvement de l'objet (toc, toc) ; *ognon*, à sa forme ; *cadran*, à la figure tracée sur sa paroi. Ces synonymes offrent l'avantage d'une allusion directe à la chose ; ils se gravent mieux dans la tête, tandis que *montre* est, pour la mémoire des simples, beaucoup plus énigmatique. — Cet exemple est loin d'être le seul, mais il suffira, je l'espère, pour affirmer les tendances mnémotechniques de l'argot.

Selon nous, il doit être aussi beaucoup pardonné aux licences du langage populaire, en raison de la souffrance, de l'amertume profonde, que décèlent ses termes.

Ainsi la plèbe parisienne a trouvé un nom saisissant pour désigner certains quartiers où la misère a fait élection de domicile ; elle les appelle *quartiers souffrants*.

Je me rappellerai toute ma vie le jour où j'entendis prononcer ce nom pour la première fois. C'était en omnibus. Le conducteur, un gai compagnon, égayait de son mieux la monotonie du devoir qui l'obligeait à décliner tout haut le nom de certaines voies. A l'instant où son véhicule quittait la sombre rue des Noyers pour traverser la place Maubert, autour de laquelle rayonnaient alors vingt ruelles noirâtres où grouillait la plus misérable population, — voilà notre homme qui s'écrie : « Place Maubert, rue Saint-Victor, Panthéon ! Il n'y a personne pour le *quartier souffrant?* » — Et une pauvre vieille hâve, déguenillée, se dressa péniblement et descendit à cet appel comme une justification vivante de l'épithète.

C'est, dans le même esprit, qu'on a trouvé des expressions presque gaies pour des choses lugubres. Un faubourien qui se casse la jambe dira par crânerie : *C'est un détail*. Une femme abandonnée par celui qu'elle aime, dira, en étouffant ses sanglots : *Ça n'est pas drôle, ce qu'il a fait là.*

Vous pouvez d'ailleurs leur prêcher la *philosophie*, à tous ces pauvres diables ; ils connaissent le mot, ils l'ont pris pour synonyme de *misère*. Quelle haute ironie ! Ils ont même décoré leurs *savates* du titre de *philosophes*.

Peut-on mieux montrer, — je vous le demande, — la théorie foulée aux pieds par la réalité ?

Les synonymes significatifs de *dur*, *raide*, *rude*, *trois-six*, *tord-boyaux*, *casse-poitrine*, disent assez que, si les malheureux en sont venus à nommer *consolation* un verre d'eau-de-vie, ce n'est pas à cause de sa douceur. Ce n'est pas la boisson en elle-même qu'ils recherchent, car ils en connaissent les tristes effets ; c'est un étourdissement momentané, c'est une *consolation* fictive.

Et la pipe, cet autre palliatif non moins populaire, y a-t-il une seule des cent satires rimées ou non rimées faites depuis cinquante ans contre son abus, qui vaille tout le sens critique de ce seul mot : — *brûle-gueule?*

N'être pas méchant et *ne pas mordre* sont également deux expressions cousines qui valent un livre sur le moyen de parvenir dans ce monde mêlé.

Vous voulez arriver, faites-vous craindre ! — *N'être pas méchant*, ici, est être bête. Le naïf qui ne *mord* pas, *qui n'est pas méchant*, reste sans valeur aux yeux du prochain.

Avoir du vice n'est pas un défaut chez nos argotiers, c'est *être ingénieux*. Si vous *avez du vice*, vous saurez exploiter ceux des autres. C'est une garantie d'avenir.

V. — Notre méthode.

Cette édition présente, à l'exemple de ses aînées, des remaniements et des additions considérables.

Comme tous les sujets mal définis, celui dont nous nous occupons était difficile à bien traiter du premier coup. Les curieux assez patients pour comparer ce volume aux précédents, verront que nous n'avons cessé de chercher des définitions courtes et une explication naturelle des causes qui ont déterminé l'emploi de chaque terme.

Les exemples font notre grande force. — Aussi sont-ils aussi multipliés et aussi variés que possible. Sans leur aide, on ne se ferait pas idée du mot, si bien expliqué qu'il fût. Nous y avons joint des dates toutes les fois qu'elles étaient utiles pour constater l'ancienneté d'un mot, ou le moment précis auquel il avait eu cours, car beaucoup de mots ne durent guère plus que la mode avec laquelle ils sont éclos.

Le désir naturel de recueillir le plus possible ne m'a pas conduit cependant à donner comme ayant cours des mots qui ne sont ni de l'argot, ni du néologisme comme *aveindre* pour *atteindre*, *avespir* pour faire nuit, *avertineux* pour *difficile à vivre*, *amicablement* pour *amicalement*; *destrier*, *palefroi* ou *coursier* pour *cheval*; *golyother* pour *poser en martyr*, ou *funérailliste* pour partisan de Vacquerie, etc., etc. Nous citons ces mots parce qu'on les a donnés dernièrement dans des publications s'annonçant plus complètes que la nôtre. Les uns rentrent dans la cacographie, les autres sont des caprices individuels qu'un dictionnaire sérieux ne saurait admettre. Autrement, cent tomes ne lui suffiraient pas. Ce qu'il lui faut, c'est le mot de tous et non celui de chacun.

A ce point de vue essentiel, l'exemple nous a paru encore le meilleur moyen de contrôle et de justification, le passeport de tout néologisme. Nous avons rejeté sans hésiter les mots dépourvus de sa sanction qui ne paraissaient pas avoir réellement cours. Ces derniers sont moins rares qu'on ne le croirait ; ils ont été acceptés par plus d'un auteur qui a cédé à la fantaisie de mettre en circulation un mot nouveau, ou qui a pris lui-même au sérieux la fantaisie de ses devanciers, ou qui surtout a désiré paraître en donner plus qu'eux.

Tout à l'heure j'attribuais à ce dernier motif la présence des mots relativement imaginaires. Je suis forcé de lui attribuer de nouveau la présence de mots trop connus, tels que *déconfiture*, *dégaine*, *dégingandé*, *déchanter*, *dégringolade*, *démantibuler*, *démonétiser*, *détaler*, *dévergondée*, *donzelle*, etc., etc., introduits dans des livres récents qui affichent la prétention de révéler l'argot du peuple et des bourgeois. A ce compte, le Dictionnaire de l'Académie serait un recueil argotique, car il donne ces faux irréguliers que nous ne nous sommes pas donné beaucoup de peine pour relever dans une seule lettre. On jugera par là du reste.

En ce qui nous regarde, nous avons collationné avec soin notre texte avec celui du livre académique et nous n'avons pas hésité à sacrifier tout double emploi. Le dictionnaire de l'Académie a fait, en effet, la part fort large au langage familier. *Nicodème, croûte, pigeon, filou*, lui appartiennent. On y trouve même : *Je m'en bats l'œil!*

Et, puisque nous venons de parler de l'Académie, croirait-on que de prétendus argotiers révélateurs ont, après Vidocq, donné *arche de Noé* comme signifiant *Académie française* dans le jargon des voleurs? *Arche de Noé* me paraît, comme *tour de Babel* (Chambre des députés), inventé par des mystificateurs qui ont été bien aises de railler l'Institut et le Corps législatif en essayant de représenter, comme étant dans la circulation, les mots qu'ils désiraient y glisser. En ce cas, ils n'ont pas trop présumé de leurs imitateurs. Non-seulement on les a reproduits, mais on a continué leur tradition inventive, en donnant comme synonymes d'*académicien*, dans la langue du peuple parisien, les mots *enfant de la fourchette, mal choisi* et *cul à fauteuil*, que le voyou le plus inventif n'a jamais soupçonnés.

Ici, nous sortons du domaine de la lexicographie, qui doit produire, avant tout, des livres de bonne foi. Nous tombons dans la farce.

De tels dictionnaires se moquent du public qu'ils prétendent instruire, et qui, une fois éclairé, n'ose plus même accepter d'eux ce qui est acceptable.

Je n'ai pas voulu non plus spécialiser, c'est-à-dire borner l'usage de tel mot à une classe plutôt qu'à une autre. Il en est, et c'est le plus grand nombre, qui sortent de toutes les bouches et qu'on ne saurait attribuer aux unes plutôt qu'aux autres. — Où, pour citer un exemple, entre cent, ne dit-on pas *blague* et *blaguer?* Où ne dit-on pas *chic?*

D'autres portent avec eux un cachet d'origine suffisant. Tel mot sent l'armée, comme tel autre sent le voleur ou l'artiste.

Il n'est pas besoin d'annoncer que *blaireauter* (peindre avec trop de fini) vient d'un atelier de peinture, et qu'*accrocher* (consigner) sort de la caserne, — cela va de soi, — tandis que *faire le poivrier* (voler un ivrogne) sent son *grinche* d'une lieue.

En spécialisant, on reste fatalement au-dessous de sa tâche. Chaque corps de métier, chaque atelier, chaque collége, chaque café, chaque quartier a son petit argot à lui. Si vous donnez l'un, il faut les donner tous. Vous vous noyez alors dans l'infini et dans le puéril. Si vous donnez l'argot des marbriers de cimetière, comme l'a fait un lexicographe de notre temps, pourquoi ne pas donner celui des marbriers de cheminée, des praticiens, des sculpteurs, des carriers des Vosges ou des Pyrénées?

C'est pour cela que nous avons tenu, autant que possible, à ne prendre que des mots déjà imprimés n'importe où, dans le gros livre comme dans la chanson des rues (1).

L'exemple a encore un grand avantage : c'est d'offrir une base certaine à la recherche de l'étymologie et de vous débarrasser des anecdotes douteuses qui ont pullulé en ces derniers temps sous prétexte d'éclaircir certaines origines. C'est ainsi que Joachim Duflot, — qui était un grand fabricant de ce genre, — à propos de *laver* (vendre), met en scène le vaudevilliste Théaulon et sa blanchisseuse qui n'ont évidemment rien à y voir, car une citation du dictionnaire de Dhautel, qui date de 1808, prouve que l'expression, déjà populaire alors, était antérieure à Théaulon.

Pour expliquer l'expression *avoir son jeune homme* (être gris), le même auteur a imaginé je ne sais quelle histoire de Lepeintre jeune se grisant à des repas offerts par un jeune homme ami des artistes. Malheureusement *avoir son jeune homme* s'explique beaucoup plus

(1) Ce cadre était déjà restreint. Nous l'avons restreint encore en nous bornant à Paris. La tâche eût été bien plus grande sans cela. Chaque province a son argot et celui des canuts lyonnais défrayerait à lui seul un volume aussi gros que le nôtre. M. H. Nazet n'écrivait-il pas dernièrement à l'*Éclair*, pour lequel il suivait à Lyon les débats de l'affaire de la rue Grôlée :

« Rien de typique comme l'argot canut.

« MM. les tisseurs ont transporté dans la vie privée le langage de leur profession; c'est un parler étrange qui ne manque pas de pittoresque.

« Quand une affaire est difficile, on dit qu'elle *tire au peigne*, expression qui provient de ce qu'elle se dit lorsque la soie ne passe pas facilement dans le peigne du métier et que le travail est dur.

« *Tenir tirant* est une autre formule, qui se traduit assez bien par « s'entêter ». On tient tirant, au métier, pour empêcher la soie d'être trop serrée.

« Enfin, une dernière phrase, toute pittoresque, dérive de ce que, quand la chaîne devient claire sur le rouleau et laisse voir le bois, au moment où la pièce touche à sa fin; le canut dit alors que *son rouleau rit de derrière*, et applique cette formule au monsieur qui perd ses cheveux.

« — En voici un *dont le rouleau rit de derrière!*

« J'en passe des meilleures. »

naturellement quand on sait qu'un *jeune homme* est une mesure de capacité contenant quatre litres.

Et ainsi de beaucoup d'autres que nous aurions citées, si c'était ici une œuvre de critique.

L'argot des classes dangereuses est, comme dans notre dernière édition, confondu avec celui de toutes les autres. Il a fait, de notre temps, le sujet de plusieurs dictionnaires spéciaux. Si nous en avons relevé tous les mots, le lecteur doit être néanmoins tenu en garde contre l'actualité de leur usage. Dans le but de gonfler leur livre, les gens de lettres chargés par Vidocq de la préparation de son vocabulaire y ont glissé tout le vieux *jargon* de la Cour des Miracles, dont une bonne moitié n'était plus en usage. Tous les glossateurs qui ont suivi n'ont pas voulu donner moins que Vidocq, dans la crainte de paraître incomplets. Si j'ai cédé moi-même à cette appréhension, — qui permet d'ailleurs plus d'un rapprochement utile, — je me suis efforcé d'en prévenir le mauvais effet en donnant à la fin du livre une liste spéciale des mots hors d'usage.

Je ne saurais aussi me dispenser de faire remarquer que l'argot des classes dangereuses ne se parle pas en réalité comme on s'est plu à l'écrire jusqu'ici. Se modelant sur des textes argotiques, — que je regarde comme des exercices beaucoup plus que comme des reproductions fidèles, — beaucoup de romanciers ont fait parler à leurs personnages un argot trop complet en ce sens qu'il n'y entre pas assez de mots de la langue usuelle.

Qu'on le sache bien, nos argotiers ne sont pas si exclusifs, et tout en forgeant des mots de convention, leurs phrases admettent encore 50 pour cent de français intelligible.

Pour ce qui regarde la partie étymologique, nous avons toujours marché avec une prudence extrême, préférant en tout ce qui nous paraissait le plus simple, le plus clair ; n'hésitant pas à corriger au besoin l'opinion émise dans nos précédentes éditions, et à nous abstenir plutôt que d'émettre une douteuse hypothèse.

Bien qu'on nous ait reproché le contraire, nous avons fait le moins de science possible.

Nous n'avons pas fait dériver *archi-pointu* (archevêque) du latin *archiepiscopus;* nous nous sommes contenté de rappeler les *pointes* de sa mitre.

Nous n'avons pas fait venir *briolet* (piquette) du latin *ebriolus*, mais des *vins de Brie* qui avaient encore en 1820 la réputation un peu acide du Suresnes.

Nous n'avons pas non plus avancé qu'*avoir son casque* (être gris), venait de ce que « l'ivresse amène naturellement une violente migraine, celle que les médecins appellent *galea*, parce qu'elle vous coiffe comme un casque. »

Non ! *avoir son casque*, comme *avoir dans le toquet*, comme *être casquette*, nous a paru tout simplement faire allusion à l'état de réplétion de l'individu qui a du vin par-dessus les oreilles, comme on dit encore, c'est-à-dire dans son *casque* (chapeau), sa casquette ou son toquet. Et cela est si vrai qu'au siècle dernier on disait encore *s'en donner dans le casque* (1).

Si nous venons de faire ressortir le ridicule du latinisme à outrance, on voudra bien nous le pardonner. C'est à peine une représaille. Il y a dix ans que le coupable essayait de discréditer notre travail en représentant nos étymologies « comme un simple exercice d'imagination ».

L'attaque était peu prudente de la part d'un auteur qui nous avait beaucoup trop pris, sans en rien dire, pour avoir le droit de nous reprendre si haut.

Et, puisque nous parlons de science, ajoutons que nous avons éliminé de parti pris dans nos explications les dénominations très-françaises, mais qui nous ont paru trop scientifiques.

(1) Voir ce mot à la lettre C.

Nous avons préféré *abréviation* à *apocope*, *vieux mot* à *mot de langue romane*, *harmonie imitative* à *onomatopée*. On nous excusera en faveur de l'intention.

Quand on veut expliquer certaines choses on ne saurait rien ménager pour se faire comprendre sans effort.

VI. — Comment le besoin de ce Dictionnaire s'est fait sentir de plus en plus.

Il est un besoin très-vif et très-répandu que nous appellerons le besoin de savoir *ce qui se dit*, — par opposition au besoin de savoir ce qui *doit se dire*, — le seul que nos lexiques satisfont généralement.

On ne saurait en effet négliger la connaissance de *ce qui se dit*. — Non pas que nous en recommandions le moins du monde l'adoption ! non pas que nous voulions porter la moindre atteinte au respect de la langue officielle ! Mais il est toujours bon de se rendre compte des choses, ne serait-ce que pour les mille nécessités de la vie sociale, à Paris surtout où un puriste pourrait se trouver exposé au risque de ne pas comprendre certains Français.

Depuis quarante ans, en effet, l'argot parisien a gagné bien du terrain. Le fameux Vidocq sonna le premier la cloche d'alarme. Son livre *les Voleurs* contient cette sortie indignée. Bien qu'elle soit signée de son nom, je n'oserais garantir qu'il en soit l'auteur ; mais elle fixe une date, ce qui est l'essentiel :

« La langue argotique semble aujourd'hui être arrivée à son apogée ; elle n'est plus seulement celle des tavernes et des mauvais lieux, elle est aussi celle des théâtres ; encore quelques pas et l'entrée des salons lui sera permise. »

Ceci était écrit en 1837. En 1842, la même remarque était faite par un homme d'esprit, qui était mieux en mesure que Vidocq de suivre les progrès de l'argot dans les salons. Nous voulons parler de Nestor Roqueplan. Il constate l'invasion prédite par Vidocq (qui l'a certainement causée, en partie, par le succès de son livre), et il en badine en ces termes ironiques :

« Il s'opère depuis quelque temps une révolution sensible de mœurs et de langage... Le langage surtout a subi d'heureuses altérations, des gallicismes raffinés et polis qui feront pester l'Académie et sourire agréablement les femmes élégantes. C'est tout profit pour les gens de goût. »

Presque en même temps que Roqueplan, Balzac s'émeut. Mais il prend la chose plus au sérieux. L'argot a séduit son instinct analytique. Il l'admire presque quand il écrit ces lignes :

« Disons-le, peut-être à l'étonnement de beaucoup de gens, il n'est pas de langue plus énergique, plus colorée que celle de ce monde... L'argot va toujours, d'ailleurs ! Il suit la civilisation, il la talonne, il s'enrichit d'expressions nouvelles à chaque nouvelle invention. »

Si les lecteurs doutaient encore de la marche ascendante que nous venons de suivre pas à pas, deux citations nouvelles achèveront de les éclairer. L'une est de 1862, et vient du *Figaro*. C'est M. A. Morel, l'un de ses rédacteurs, qui parle :

« En lisant la nomenclature des termes jadis propres aux conversations du brigandage et de la filouterie, on devine d'une part qu'un certain nombre de ces termes ne subsisteront pas longtemps, et, d'autre part, on aperçoit que beaucoup ont pris droit de cité dans l'usage public. Quel Parisien, même rangé, même prude, ignore absolument que *l'eau d'affe*, c'est de l'eau-de-vie ; la *bouffarde*, une pipe ; la *dèche*, les ennuis de la misère ; que *balle* veut dire tête, etc. ? Où n'entend-on pas ces mots-là ? Les gros railleurs ont commencé par s'en servir, pour se donner un air de finesse et de liberté ; mais bientôt ces mots narquois seront comme les doublures naturelles des termes correspondants et peut-être prévaudront-ils ? »

LES BAQUETS INSOLENTS

La deuxième citation, datée de 1872, nous est fournie par le *Paris* de M. Du Camp, qui dit à propos de la Préfecture de police :

« Les voleurs ont un langage pittoresque, très-imagé... c'est l'argot... Il est de mode aujourd'hui, tant nos mœurs ont subi de dépression, de se servir de ces termes sales et violents. »

Tout en constatant l'invasion, on ne cesse pas d'examiner les envahisseurs, et de reconnaître la nécessité de s'édifier au juste sur ce qu'on entend.

L'auteur, qui avait constaté ce besoin le premier, était bien plus vieux que Vidocq. Dès 1750, Zacharie Chastelain écrivait dans la préface du *Dictionnaire comique* de Philibert Le Roux :

« Il est bon de se faire des notions claires des choses quand on le peut... Il y a une longue liste de termes populaires qui n'est pas à dédaigner comme elle pourrait le paraître d'abord. Combien de personnes distinguées qui ne sont jamais sorties de la cour ou du grand monde, et qui se trouvant quelquefois obligées de descendre dans de certains détails avec les gens du peuple, ne comprennent rien à ce qu'ils leur disent ! »

Je ne sais si ce fut à cause de l'avertissement qu'on vient de lire, mais ce *Dictionnaire comique* eut un grand succès. Toutefois, il faut avouer que Le Roux et ses imitateurs (il en eut beaucoup) ne se piquèrent jamais d'approfondir les choses. On donnait le mot, on donnait sa traduction et on passait bien vite à un autre sans l'expliquer davantage.

Il y avait plus à faire, et l'Institut lui-même le reconnut en couronnant le mémoire de M. Francisque Michel sur l'argot. Docteur ès lettres, professeur de faculté, correspondant de l'Académie, le lauréat eut le bonheur d'inaugurer, officiellement pour ainsi dire, une ère nouvelle dans l'étude argotique. Son mémoire parut, en 1856, sous la forme d'un gros volume intitulé *Études de philologie composée sur l'argot*. Mais il n'était pas suffisamment connu sans doute, car un autre rédacteur du *Figaro*, M. Albert Monnier, écrit encore deux ans après :

« Il en est de l'argot comme de certaines îles de la Polynésie : on y aborde sans y pénétrer; tout le monde en parle, et bien peu de personnes le connaissent. Nous qui ne sommes ni l'un ni l'autre, et qui ne possédons que notre curiosité pour passe-port, nous avons vainement fouillé les géographies sociales pour nous instruire... Par-ci, par-là, un voyageur traverse ce Tombouctou parisien, et en ressort la tête farcie de mots bizarres qu'il répète sans les comprendre. »

Et, après M. Albert Monnier, un philologue estimé, M. Marty Laveaux, ne craignait point d'encourager les commentateurs futurs en rétablissant leurs droits à la considération des lettrés :

« Quelque mérite qu'on ait, dit-il très-finement, quelque érudition qu'on déploie, il est bien difficile, en étalant les mots hideux du vocabulaire des forçats, de ne jamais soulever le cœur, et, en rapportant nos lazzis populaires si usés, de ne pas exciter parfois un sourire de dédain; mais quand il ne s'agit plus de notre propre langue, tout change d'aspect : les expressions repoussantes deviennent terribles, les locutions vulgaires, spirituelles, et l'on est porté à croire, bien injustement d'ailleurs, qu'il faut plus de savoir pour recueillir et expliquer ces termes étrangers que pour commenter ceux qu'on entend répéter chaque jour par les charretiers ou les manœuvres. »

VII. — Ce qu'en pensaient nos anciens.

Argot, mots à la mode et nouvelles façons de parler, — tout cela peut être utile et n'est pas à dédaigner.

Nos anciens auteurs tombent d'accord sur ce point, et nous ne saurions négliger leurs témoignages ; ils seront notre égide.

Montaigne l'a dit un des premiers, et Montaigne est une autorité :

« Le parler que j'aime, tel sur le papier qu'à la bouche, c'est un parler succulent et nerveux, court et serré; non tant délicat et peigné, comme véhément et brusque; plutôt difficile qu'ennuyeux; déréglé, décousu et hardi; — chaque lopin y fasse son corps ! — non pédantesque, mais plutôt soldatesque, comme Suétone appelle celui de Jules César. »

Il est vrai qu'alors on ne s'innovait volontiers en fait de langage. — Ainsi voyons-nous que le poëte Voiture raillait quelquefois son ami Vaugelas sur le trop de soin qu'il employait à sa traduction de Quinte-Curce :

« Il lui disait, rapporte l'abbé Raynal (*Anecdotes littéraires*), qu'il n'aurait jamais achevé ; que pendant qu'il en polirait une partie, notre langue venant à changer, l'obligerait à refaire toutes les autres. A quoi il appliquoit plaisamment ce qui est dit dans Martial de ce barbier qui était si longtemps à faire une barbe qu'avant qu'il l'eût achevée, elle commençait à revenir... »

Un auteur que nous avons déjà cité, Caillières, fit, en 1693, un petit livre sur les *Mots à la mode et les Nouvelles façons de parler*. En voici un passage qui convient parfaitement à notre sujet :

« Pour m'expliquer mieux, je vous dirai qu'il y a deux sortes d'usages (de mots nouveaux), le bon et le mauvais. Ce dernier est celui qui n'étant appuyé d'aucunes raisons, non plus que la mode des habits, passe comme elle en fort peu de temps. — Il n'en est pas de même du bon usage. Comme il est accompagné du bon sens dans toutes les nouvelles façons de parler qu'il a introduites en notre langue, elles sont de durée à cause de la commodité qu'on trouve à s'en servir pour se bien exprimer, et c'est ainsi qu'elle s'enrichit tous les jours... »

L'opinion de Caillières devait être vulgarisée plus tard par l'écrivain le plus éminemment français. Les *Voltairiana* nous racontent que, dans une séance particulière de l'Académie, Voltaire se plaignit de la pauvreté de la langue ; il parla encore de quelques mots usités, et dit qu'il serait à désirer qu'on adoptât celui de *tragédien* par exemple. « *Notre langue*, ajoutait-il, *est une gueuse fière ;* il faut lui faire l'aumône malgré elle. »

L'anecdote est populaire, et nous ne la rappelons que pour mémoire.

Au commencement de ce siècle, trois hommes distingués ont soutenu la même thèse. Le premier était Mercier, qui la développa en deux grands volumes intitulés *Néologie*. Mercier est un enthousiaste du genre. On le sent en lisant ce passage :

« Écoutez ces hommes à imagination pittoresque dont le discours est un tableau qui amuse, ou une peinture qui échauffe ; ils éprouvent des sensations étrangères à l'auditeur et créent leurs mots. Les phrases ou les circonlocutions promettent beaucoup et donnent peu ; mais un mot neuf vous réveille plus que des sons et fait vibrer chez vous la fibre inconnue. Quand une idée pourra être exprimée par un *mot*, ne souffrez jamais qu'elle le soit par une phrase. »

Dans une autre préface, celle d'une traduction nouvelle d'Hérodote, Paul Louis Courier rappelle que « Malherbe, homme de cour, disait : « J'apprends tout mon français à la place « Maubert » ; et Platon, poëte s'il en fut, Platon, qui n'aimait pas le peuple, l'appelle « *son maître de langue...* »

Faut-il rappeler encore ce que le disert, mais prudent, Nodier n'a pas craint d'avancer en tête de son *Dictionnaire des Onomatopées* (1808) :

« Si la manie du néologisme est extrêmement déplorable pour les lettres et tend insensiblement à dénaturer les idiomes dans lesquels elle se glisse, il n'en serait pas moins injuste de repousser sous ce prétexte un grand nombre de ces expressions vives, caractéristiques, indispensables, dont le génie fait de temps en temps présent aux langues. Il n'appartient à personne d'arrêter irrévocablement les limites d'une langue et de marquer le point où il devient impossible de rien ajouter à ses richesses. »

Enfin, M. de Jouy, lui-même, de Jouy, l'académicien, l'avouait en 1815 :

« Quelque ennemi que je sois du néologisme, il faut bien créer ou adopter des mots nouveaux quand on n'en trouve pas dans la langue qui puissent, à moins d'une longue périphrase, rendre l'équivalent de votre idée. »

Ce dernier aveu clora notre galerie ; elle nous paraît assez complète pour montrer au lecteur, qu'un travail du genre de celui que nous entreprenons n'eût pas déplu à nos meilleurs écrivains. Puissent nos contemporains avoir hérité de leurs dispositions favorables !

Paris, ce 29 août 1872.　　　　　　　　　　　LORÉDAN LARCHER.

PRINCIPAUX AUTEURS CITÉS

Les noms marqués d'une * indiquent des emprunts faits non à des volumes, mais à des articles détachés ou à des chansons.

About. — A. Achard. — Alhoy. — D. Alonnier. — Alyge (l'*Art de ponter*, 1854). — Ambert *. — J. Arago. — Aubert *. — E. Aubry *. — Aubryet. — Augier. — A. d'Aunay. Aycard.

Balzac. — Banville. — Barbey d'Aurevilly. — Barrière. — Comtesse de Bassanville. — Bataille. (*Physiol. du perruquier*. Bar-le-Duc, 1843). — Bayeux. — Beaufort. — Becquet *. — Belot. — F. Béraud. — Ch. de Bernard. — Bertall *. — Berthaud *. — Beyle. — De Biéville. — Ch. Blanc. — E. Blavet. — C. Blondelet * — De Boigne. — P. Borel. — Boucher de Perthes. — Boué de Villiers. — Bourget *. — Brazier *. — Buchon.

Cabassol. — Cadet-Gassicourt. — A. Cahen *. — A. Camus. — Canler. — Capendu. — Carmouche. — Castillon *. — Chabrillat *. — Caillot. — Champfleury. — Chasles (Philarète). — Chenu. — J. Choux *. — Claretie. — G. Claudin. — Cogniard. — C. Coligny *. — Colmance *. — Colombey (l'*Esprit des voleurs*, suivi d'un Dictionnaire d'argot. Paris, Hetzel, 1862). — Commerson. — M. Constantin. — Cormon. — Couailhac.

Dalès *. — Debraux *. — Decourcelle *. — Delahode, 1850. — Delongchamps. — T. Delord. — Deriège. — A. Delvau. — Désaugiers. — Deslys. — C. Desmoulins. — L. Desnoyers. — Dhautel (*Dictionnaire du bas langage*. Paris, 1808, 2 vol. in-8) — G. Droz. — A. Dubuisson. — M. Du Camp. — Du Cange et Carpentier (*Glossaire de la langue romane*, tome VII, Paris, 1848, in-4). — A. Duchesne *. — J. Duflot. — V. Dufour. — Al. Dumas. — Dumas fils. — Duméril. — Dupeuty *. — P. Durand *. — Durantin. — Al. Duval *. — Duverny *.

Favart. — Feré. — Festeau. — P. Féval. — E. Foa. — Marc Fournier. — E. Frébault. — Friès.

Gaboriau. — Gangam. — V. Gaucher *. — Th. Gautier. — Gavarni. — F. Georges *. — Gérard de Nerval. — Gilbert. — De Goncourt. — L. Gozlan. — Grandval (*Cartouche*, poëme, Paris, 1827, éd. nouv. (La première édition est de 1723), in-12. — Guéroult (Ad.). — Guinod *.

Halbert d'Angers (*Nouveau dictionnaire complet de l'argot*. Paris. Le Bailly, sans date (1840), petit in-12. — Hardy *. — Hébert (le Père Duchêne). — D'Héricault. — Hilpert *. — L. Huart. — Ch. Hugo. — V. Hugo.

Jaime fils. — De Jallais. — J. Janin. — Joliet. — E. Jourdain. — De Jouy.

A. Karr. — J. Kelm. — Paul de Kock. — Krettly (*Mémoires*, éd. Grandin).

R. de Labarre. — La Bédollière. — Labiche. — La Cassagne. — Lacenaire. — Lacombe (*Dictionnaire du vieux langage*, Paris, 1765-67, deux vol. in-8). — P. et J. Lacroix. — J. Ladimir *. — De Lafizelière. — Lagarde (*le Bonhomme Popule*, Pau, 1836). — Lamiral (*Mémoires*, 1838). — Layale *. — L'Ecluse. — Le Duchat. — Lefils *. — P. A. Léger. — Lemercier de Neuville.—E. Lemoine.—Ph. Le Roux (*Dictionnaire comique*, Amsterdam, 1756, in-8). — Lespès.— Letellier *.— De Leusse. — De Leuven. — Liorat *. — Littré.— J. Lovy. — Lockroy. — Lubize. — A. Luchet. — De Lynol.

V. Mabille. — Mahalin. — G. Maillard. — Mané. — Mansion *. — Marcellin. — Marco Saint-Hilaire. — Marty-Laveaux. — A. Marx.— Mauricault *. — Melesville. — Ménage.— Mercier. — De Mériclet. — Méry. — Métay *. — Michel *. — Fr. Michel. — Michu. — Mirecourt. — Cél. Mogador. — Moineaux. — Moisand. — A. Monnier. — H. Monnier. — Monselet (Son immortel dialogue *les Voyous*, nous a beaucoup fourni. V. *Le Musée secret*: Paris, Lévy, in-32). — Montaigne. — De Montépin. — Monstrelet. — Moreau Christophe. — Lady Morgan. — Mornand. — Mouret *. — Murger.

Nadar. — Nadaud. — G. Naquet*. — A. Naviaux. — C. Nodier. — V. Noir. — Noriac. — Nugent.

R. D'Ornano. — Oudin.

Paillet. — G. Pélin. — De Pène. — Max. Perrin. — Philipon. — Pollet *. — Ponson du Terrail. — De Pontmartin. — A. Pothey, — Privat d'Anglemont (*Paris Anecdote*, 1860).— F. Pyat.

Quitard (*Dictionnaire des Proverbes*. Paris, 1843, in-8°).

Rabelais.— Randon*.—Madame Rattazzi. — Michel Raymond. — Remy. — Rétif. — L. Reybaud. — Ricard. — J. Richard. — Robquin *. — Rochefort. — H. Rolland. — Roquefort (*Dictionnaire de la langue romane* du onzième au seizième siècle, Paris, 1808-20, trois in-8). — Roqueplan. — J. Rousseau. — C. Rozan (*Petites ignorances de la conversation*, Paris, Lacroix, 1857, in-12). — Rutebœuf.

Saint-Simon. — G. Sand. — A. Scholl. — A. Second. — Signol *. — Th. Silvestre *. — Fr. Soulié. — E. Sue. — A. de Stamir (*Corsaire* de 1867).

Tallemant des Réaux. — E. Texier. — Thiers. — Thuillier *. — Tourneur *. — Miss Troliope (*Paris en* 1835).

Vachelot *. — Vadé. — Vanecke *. — J. Vallès. — Vermersch. — L. Vidal et le capitaine Delmare (*la Caserne*, Paris, 1833, deux in-8). — Vidocq (*les Voleurs*, Paris, deux in-8). — H. de Vielcastel. — E. Villars (*les Précieuses du jour*, comédie, 1866; *la Vie Parisienne*). — De Villemessant. — Villon. — Villetard. — P. Vinçard. — Virmaître. — A. Vitu. — Voizo.

Wado *. — M. Waldor. — A. Wolff.
Zompach *.

COMMUNICATIONS MANUSCRITES

MM. Boyer, Cadol, Demarquay, Fey, Le Pileur, Lombard, Ch. Mehl, De Soye, Maurice Tourneux, O. de Watteville.

JOURNAUX

Figaro, Gaulois, Éclair, Vie Parisienne, Paris-Journal, Liberté, Moniteur, Semaine (1847), *Intermédiaire* (1860), *Éclipse, Monde comique, Tintamarre, Corsaire, Rappel, Patrie, La Correctionnelle* (1841), etc., etc.

OUVRAGES ANONYMES.

Almanach du hanneton, 1866-7. — *Les Cabarets de Paris*, 1821, in-12. — *Caquire, parodie de Zaïre* (Sans date, — dix-huitième siècle). — *La Chronique scandaleuse*, 1783, in-12. — *Cinquante mille voleurs de plus à Paris*, 1830, brochure in-8. — *Ces petites dames du Casino*, 1860. — *Commentaires de Loriot*, Auxerre, 1869, in-12. — *Le dernier jour d'un condamné*, drame philosophique (Bruxelles, 1864). — *L'Écho français*, 1833. — *Les étudiants et les femmes du quartier Latin*, 1860. — *La maison du Lapin blanc* (1857), typographie Appert, in-12. — *Paraboles de Cicquot*, 1593, in-12. — *Parnasse satyrique*, Bruxelles (1863), in-12. — *Petit dictionnaire d'argot* (tome 2 des *Petits mystères de Paris*, 1844, Desloges, in-12). — *Pétition des filles publiques de Paris*, 1830, brochure in-8. — *Physiologie du protecteur*. Paris. 1841. — *Physiologie du parapluie*. Paris, 1841. — *Rienzi*, parodie, 1826. — *Souvenirs de Saint-Cyr*, in-8. — *Vocabulaire à l'usage des débiteurs* (*Almanach des débiteurs*, 1851, in-12). — *Voyage de Paris à Saint-Cloud par mer*, 1754. — *Boursicotiérisme et Lorettisme*. Paris, 1858, in-12.

La collection des chansons imprimées conservées au Dépôt de la Bibliothèque Nationale a servi beaucoup nos recherches, grâce à l'obligeance de M. le conservateur Olivier Barbier.

DICTIONNAIRE

DE

L'ARGOT PARISIEN

N.-B. Tous les mots dits VIEUX MOTS ne sont pas postérieurs au seizième siècle ; ils ont été relevés par nous dans les glossaires de Du Cange, de Roquefort et de Lacombe. — Tenir toujours compte des renvois (*V*) qui complètent nos explications par d'autres exemples. — Pour les expressions composées de deux mots, chercher le second, si on ne trouve pas le premier.

A

ABADIS.— Foule, rassemblement. — « Pastiquant sur la placarde, j'ai rembroqué un abadis du raboin. » (Vidocq.)

ABATIS, ABATTIS. — Pieds, mains. — Allusion aux abatis d'animaux. — « Des pieds qu'on nomme abatis. » (Balzac.) — « C'est plus des pieds ; c'est de la marmelade... Ils me coûtent joliment cher, ces abattis-là. » (*Commentaires de Loriot*, Auxerre, 1869.) — « A bas les pattes ! Les as-tu propres, seulement, tes abattis, pour lacer ce corsage rose ? » (E. Villars.)

ABATTAGE (VENTE A L').—Vente sur la voie publique que les objets exposés couvrent comme si on les y avait abattus.

ABATTIS. V. *Abatis.*

ABATTRE. — Faire des dettes. (1851, *Almanach des débiteurs.*)

ABBAYE. — Four (Vidocq). — Un four est voûté comme un cloître d'abbaye.

ABBAYE RUFFANTE. — Four chaud. (Idem.) — Mot à mot : four rouge de feu. *Ruffant* semble dériver du latin *rufus :* rouge.

ABBAYE DE MONTE A REGRET. — Échafaud. (Idem.) — Comme une *abbaye*, l'échafaud sépare de ce monde, et c'est *à regret* qu'on en *monte* les marches.

ABÉQUER. — Nourrir. (Idem.) — De l'ancien mot *abécher :* donner la becquée.

ABÉQUEUSE. — Nourrice. (Idem.)

ABLOQUER, ABLOQUIR. — Acheter en *bloc.* (Idem.) — Du vieux mot *bloquer.*

ABOMINER. — Haïr. V. *Bosco.*

ABOULAGE. — Abondance. (Idem.)

ABOULER. — Arriver. Mot à mot, *bouler à.* Du vieux mot *bouler :* rouler. — La langue régulière a dans *ébouler* le pendant *d'abouler.* — « Maintenant, Poupardin et sa fille peuvent abouler quand bon leur semblera. » (Labiche.) Voyez *Bocson.* — « Le pantre aboule ; on perd la boule, puis de la tole on se crampe en rompant. » (Lacenaire, *Mémoires*, 1836.)

ABOULER. — Donner. — « Mais quant aux biscuits, aboulez. » (Balzac, *Père Goriot.*) — « As-tu de l'argent ? (Je fis signe que oui.) Aboule. Je lui donnai cent sous. » (*Commentaires de Loriot.*) — « Allons, allons, vieux crocodile ! ne faisons pas tant d'esbrouffes et aboulons simultanément aux voltigeurs les chameaux qu'il a besoin.... pour sa consommation. (Légende d'une caricature de 1830 sur la prise d'Alger.)

ABOULER DE. — Venir de. V. *Mômir.*

ABOYEUR. — Crieur de bazar ou de vente

publique, canardier (V. ce mot), homme chargé d'appeler les prisonniers au parloir. — Allusion au retentissement obligatoire de sa voix.

ABRACADABRANT. — Merveilleux, magique, d'*abracadabra*, mot employé dans les anciennes conjurations cabalistiques. — « Le flûtiste Gerold doit exécuter les variations les plus abracadabrantes. » (*Figaro*, 1867.) — « C'est écrasant, renversant, horripilant, abracadabrant, de plus fort en plus fort. » (*Almanach du hanneton*, 1867.)

ABSINTHE (FAIRE SON). — Mélanger l'eau avec l'absinthe, selon certaines règles.

« Il y a plusieurs manières de *faire son absinthe* : — La plus ordinaire est la *hussarde* (en versant goutte à goutte). — Les militaires de l'armée d'Afrique ont inventé la *purée*. La *purée* se fait très-rapidement, presque sans précautions, et par le simple mélange d'une quantité d'eau égale à la quantité d'absinthe. — L'*amazone* se fait comme la *hussarde*, seulement on ajoute deux cuillerées à café de sirop de gomme. — La *vichy* (V. *Bavaroise, Suissesse*), moitié absinthe, moitié orgeat, et quantité ordinaire d'eau. — La *bourgeoise* (appelée aussi *panachée*), dans laquelle l'orgeat est remplacé par de l'anisette. (*Almanach du hanneton*, 1867.)

ABSINTHÉ (ÊTRE). — Être ivre d'absinthe.

ABSINTHEUR, ABSINTHIER. — Buveur d'absinthe, débitant d'absinthe. V. *Perroquet*.

ABSORPTION. — Repas offert à la promotion ancienne de l'École polytechnique par la promotion nouvelle. On y *absorbe* assez de choses pour justifier le nom de la solennité. — « L'*absorption*, c'est la réunion annuelle dans laquelle *anciens, conscrits* et *antiques* fraternisent aux lueurs du punch et aux glouglous du vin de Champagne. Elle a eu lieu le jour de la rentrée des anciens. » (G. Maillard, 1866.)

ACADÉMICIEN. — Littérateur suranné. — Injure inventée par les romantiques échevelés de 1830 qui avaient pour principaux adversaires les membres de l'Académie française restés fidèles au genre classique. On ne se doute plus aujourd'hui de la fureur grotesque qui animait les deux partis. V. *Mâchoire*.

Et cet exemple, des plus curieux, donnera une idée des luttes dans lesquelles on se jetait à la tête le mot d'*académicien*. Nous le prenons dans une brochure d'Alexandre Duval, académicien et chef du parti qui rendait M. Victor Hugo responsable des passions romantiques.

« Ce que je rapporte ici, dit-il avec une « singulière naïveté, je l'ai vu, de mes propres « yeux vu. A certaines représentations, on se « trouvait environné d'hommes effrayants dont « le regard scrutateur épiait votre opinion, et « si, par malheur, votre figure indiquait l'ennui « ou le dégoût, ils vous attaquaient par l'épi- « thète d'*épicier*, mot injurieux selon eux, qui « signifie, dans leur argot, *stupide, outrageuse- « ment bête;* mais si vos cheveux étaient blan- « chis par le temps, alors vous étiez des *acadé- « miciens*, des *perruques*, des *fossiles*, contre « lesquels on vociférait des cris de fureur et « de mot. Je vous assure, monsieur, qu'il n'y a « rien d'exagéré dans ce tableau d'une première « représentation romantique. Tout Paris vous « en attestera la vérité. » (*De la littérature dramatique*, lettre à M. Victor Hugo, par Alexandre Duval, Paris, 1833.)

ACCENT. — Crachat, signal convenu entre voleurs (Vidocq). V. *Arçon*.

ACCROCHE-CŒURS. — Favoris (Vidocq). Se dit des favoris courts qui affectent la forme des *accroché-cœurs* féminins. V. *Arçon*.

ACCROCHE-CŒURS. — Mèches de cheveux bouclées et collées sur la tempe. Cet ornement a des prétentions galantes. Le mot le fait assez sentir.

> Sur mes nombreux admirateurs
> Dirigeons nos accroche-cœurs. (Festeau.)

ACCROCHER. — Mettre au Mont-de-Piété. — Mot à mot : accrocher au *clou*. V. ce mot. — « Ah ! les bibelots sont accrochés. » (Montépin.)

ACCROCHER. — Consigner un soldat. — Mot à mot : l'accrocher à son quartier, l'empêcher d'en sortir.

ACCROCHER (S'). — Combattre corps à corps, en venir aux mains.

> Nos braves, s'accrochant, se prennent aux cheveux.
> (Boileau, *Satire 3*.)

BOULEVARDIER ET BOULEVARDIÈRE

ACHAR (D'). — Sans trêve. Mot à mot : avec acharnement. — Abréviation.

> Et d'autor et d'achar,
> Enfoncé le jobard. (De Montépin.)

ACHATE. — Ami fidèle. — Latinisme. — « Roqueplan et son Achate. » (Villemessant.) V. *Fidus*.

ACHETOIRS. — Monnaie. — Avec elle, on achète. — « Il y a des lorettes qui nomment les achetoirs *quibus*. » (Alhoy.)

ACRÉ. — Fort, violent. (Vidocq.) Vieux mot, conservé par la langue régulière dans *acrimonie :* violence.

AD HOC. — Spécial. Mot à mot : fait, institué pour cela. — Latinisme. — « Les déclarations sont lues par un comité ad hoc. » (*Almanach des débiteurs*, 1851.)

AD USUM DELPHINI (N'ÊTRE PAS). — Ne pas convenir aux jeunes gens. Mot à mot : N'être pas digne de figurer dans la collection classique imprimée jadis par Barbou pour l'éducation d'un Dauphin de France, et où chaque titre de livre portait la mention ; *Ad usum Delphini*. — Ce latinisme se dit à propos de tout : — « Vous le voyez, le bal Chicard n'avait pas été créé *ad usum Delphini*, et, cependant, voilà ce qui pendant six ans fit tressaillir tous les provinciaux et tous les étrangers. Les mères le redoutaient pour leur fils à l'égal de l'enfer. » (Privat d'Anglemont.)

ADDITION. — Carte à payer. Mot à mot : addition des prix de chaque consommation.

AFF. — Affaire. — Abréviation. — « Quant à moi, je maquille une *aff*, après laquelle j'espère me débiner. » (*Patrie*, 2 mars 1852.)

AFF. — Vie. (Grandval.)

AFF (EAU D'). — Eau de vie. — Abréviation de *paf* qui désignait l'eau de vie autrefois, comme le prouve cet exemple : « Voulez-vous boire eune goutte de paf? — J' voulons bien. — Saint-Jean, va nous chercher d'misequier d'rogome. » (1756, *l'Écluse*.) Il y a évidemment parenté entre le *paf* du dix-huitième siècle et l'*eau d'aff* de l'argot moderne. — « Tu vas me payer l'eau d'aff, ou je te fais danser. » (E. Sue.) V. *Paffe*.

AFFAIRE (AVOIR SON). — Être ivre-mort. — « Je propose l'absinthe... Après quoi j'avais mon affaire, là, dans le solide. » (Monselet.)

AFFAIRES (AVOIR SES). — Avoir ses menstrues.

AFFRANCHI (FAGOT). — Forçat ayant fini son temps.

AFFRANCHIR. — Pervertir. Mot à mot : *affranchir* de tout scrupule de conscience. — « Affranchir un sinve pour grinchir : pousser un honnête homme à voler. » (Vidocq.)

AFFURAGE, AFFURE. — Profit de vol. V. *affurer*. — « Eh vite ! ma culbute ; quand je vois mon affure, je suis toujours paré. » (Vidocq.)

AFFURER. — Gagner en volant. (Vidocq.) — Du vieux mot *furer* : dépouiller.

AFFUT (HOMME D'). — Malin, roué. Mot à mot : toujours à l'affût de ce qu'il désire.

AFFUTER LE SIFFLET (S'). — Boire. Mot à mot : se réguiser le gosier.

> Faut pas aller chez Paul Niquet
> Six fois l' jour, s'affuter le sifflet.
> (P. Durand, *Chansons*, 1836.)

AFLUER. — Tromper. (Colombey.) Mot à mot : flouer à.

AGENT DE CHANGE (QUART, CINQUIÈME, SIXIÈME D'). — Propriétaire pour un quart, un cinquième ou un sixième d'une charge d'agent de change. On peut continuer comme cela indéfiniment, car de telles propriétés se subdivisent en un grand nombre de parts. M. de Mériclet a fait paraître son livre sur la Bourse, sous l'égide de ce titre : *Huitième d'agent de change*.

AGONIR, AGONISER. — Insulter. Mot à mot : *antagonir, antagoniser*. Ces verbes manquent à notre langue qui admet cependant *antagonisme*. — « Je veux t'agoniser d'ici à demain. » (Richard.) — « Si bien que je fus si tourmentée, si agonie de sottises par les envieuses. » (Rétif, 1783.)

AGOUT. — Eau à boire. (Halbert.) — Mot ancien. V. *Layout*.

AGRAFER. — Arrêter. — « Le premier rousse qui se présentera pour m'agrafer. » (Canler.)

AGRAFER. — Consigner. Mot à mot : agrafer le soldat au quartier. — « J'ai jeté la clarinette par terre, et il m'a agrafé pour huit jours. » (Vidal, 1833.)

AIDE-CARGOT. — Valet de cantine. — Corruption d'*aide-gargot*. — « Aide-cargot, un dégoûtant troupier, fait semblant de laver la vaisselle. » (Wado.)

AIGUILLE. — Clé. (Vidocq.) — Elle coud la porte.

AILE, AILERON. — Bras. — Allusion ornithologique. — « Appuie-toi sur mon aile, et en route pour Châtellerault ! » (Labiche.) — « Je suis piqué à l'aileron ; tu m'as égratigné avec tes ciseaux. » (E. Sue.)

AILE DE PIGEON. — Suranné. — Allusion à la coiffure conservée par les émigrés à leur retour en France. V. *Mâchoire*.

AIMER COMME SES PETITS BOYAUX. — Aimer comme soi-même : « Elle m'aimait ! Autant que ses petits boyaux. » (*Parodie de Zaïre*, 1732.)

AIR (SE DONNER DE L', SE POUSSER DE L', JOUER LA FILLE DE L'). — Fuir. — Les deux premiers termes font image ; le troisième date de *la Fille de l'air*, une ancienne pièce du boulevard du Temple. — « La particulière voulait se donner de l'air. » (Vidal, 1833.) — « Dépêchez-vous et jouez-moi la Fille de l'air avec accompagnement de guibolles. » (Monté-pin.) V. *Ballon*. — « C'est donc gentil de faire des poufs au monde et de se pousser de l'air ! Ah ! mais, on ne me monte pas le coup. » (*Almanach du hanneton*, 1867.)

AIR DU TEMPS (VIVRE DE L'). — Être sans moyens d'existence. Terme ironique. — « Tous deux vivaient de l'air du temps. » (Balzac.)

AIRS (ÊTRE A PLUSIEURS). — Être hypo-crite, jouer plusieurs rôles à la fois.

ALARMISTE. — Chien de garde (Vidocq.). — Il donne l'alarme.

ALEA JACTA EST. — Le sort en est jeté. — Phrase prononcée par César lorsqu'il passa le Rubicon pour marcher sur Rome. — « Le fa-meux *alea jacta est* qu'on a répété tant de fois depuis César. » (Rozan.)

ALENTOIR. — Alentour. — Changement arbitraire de la finale.

ALIGNER (S'). — Tomber en garde pour se battre. Mot à mot : se mettre sur la même ligne que son adversaire. — « Ils mettent par-fois le sabre à la main et s'alignent. » (R. de la Barre.) — « A la suite d'une bisbille, ils sont descendus pour s'aligner. » (J. Arago, 1838.) V. *Aplomb*.

ALLER DE (Y). — Fournir. — « On y va de ses cinq francs, ou de sa larme. » (Monselet.) — « Elle a tourné de l'œil sans dire : Ouf !... Pauvre vieille ! j'y ai été de ma larme. » (About.)

ALLER (Y). — Se laisser tromper. — *Fallait pas qu'il y aille!* dit-on d'un homme malheu-reux par sa faute. V. *Faire aller*.

ALLER A NIORT. — Nier. — Jeu de mots. — « Je vois bien qu'il n'y a pas moyen d'aller à Niort. » (Canler.) V. *Flacul*.

ALLER AU DIABLE AU VERT. — Faire une ex-cursion aventureuse.

M. Rozan explique ainsi ce mot : « *Auvert* est une corruption de *Vauvert;* on disait autre-fois : *Aller au diable Vauvert*. Le *V* a été man-gé dans la rapidité du discours, et il a fini par disparaître si bien, qu'on a été amené à couper en deux, pour lui donner une sorte de sens, le reste du mot : *auvert*. — Le château de *Vau-vert* ou *Val-Vert*, situé près de Paris, du côté de la barrière d'Enfer, avait été habité par Philippe-Auguste après son excommunication;

il passait depuis cette époque pour être hanté par des revenants et des démons. Saint Louis, pour désensorceler ce château, le donna aux chartreux en 1257. »

Rabelais parle encore de ce diable fameux : — « Je vous chiquaneray en diable de Vau-vert, » dit le *chiquanous* Rouge-muzeau, dans le chapitre 16 du livre IV de *Pantagruel*.

On dit maintenant *au diable vert*, ce qui s'éloigne encore plus de la forme primitive. « J'ai déjà parlé de celui d'Alexandre Dumas, qu'on veut reléguer à Charonne, au diable vert. » (*Liberté*, 26 juillet 1872.)

ALLER GAIMENT (Y). — Agir sans se faire prier, mais que la gaîté soit précisément de la partie. *Allons-y gaiment* ne signifie rien de plus que *allons-y*. — Les amateurs du langage en *mar* ont imaginé de varier en disant *allons-y gaimar*. V. *Mar*.

ALLER OU LE ROI NE VA QU'A PIED. — Faire ses besoins. — Ce rappel à l'égalité est de tous les temps. On disait au dix-septième siècle : — « Aller où le roi ne va qu'à pied. C'est à mots couverts le lieu où l'on va se décharger du superflu de la mangeaille... » (Scarron.) V. *Numéro* 100.

ALLER SE FAIRE FICHE. V. *Ficher*.

ALLER SON PETIT BONHOMME DE CHEMIN. — Aller doucement.

ALLER (FAIRE). — Tromper. — « Te v'là, charbonnier de malheur. Quoi ! il y a là une voie de charbon? Tu nous fais aller. » (*Fort en gueule*. Imprimerie Stahl, 1820.) — « Essaie d'en faire aller d'autres que Florine, mon petit. » (Balzac.)

ALLEZ VOUS ASSEOIR. — Taisez-vous. V. *Asseoir*.

ALLEZ DONC (ET). — Locution destinée à augmenter dans un récit la rapidité de l'acte raconté. — « Quand il a vu ça, y s'est esquivé rapidement... et allez donc !.. » (Lamiral, 1838.) — « J'avais mon couteau à la main... et allez donc !.. j'entaille le sergent, je blesse deux sol-dats. » (E. Sue.) — « L'école du bon sens met le Théâtre-Français en interdit. Émile Augier porte *Philiberte* au Gymnase... et allez donc ! » (Mirecourt, 1855.)

ALLONGER (S'). — Tomber de son long par terre. — « Mon capitaine, en cet endroit, s'est allongé... Il est tombé de cheval. » (*Commentaires de Loriot.*)

Allonger (s'). — Faire une dépense qui n'entre pas dans ses habitudes. La faire plus forte encore, c'est *se fendre*. V. ce mot. Termes d'escrime.

Allumé. — Échauffé par le vin. — « Est-il tout à fait pochard ou seulement un peu allumé ? » (Montépin.)

Allumer. — Regarder fixement. Mot à mot : éclairer de l'œil. Mot très-ancien. Se trouve avec ce sens dans les romans du treizième siècle. — « Allume le miston, terme d'argot qui veut dire : Regarde sous le nez de l'individu. » (*Almanach des prisons*, 1795.)

Allumer. — Faire éclore l'enthousiasme. — « Malvina remplissait la salle de son admiration ; elle allumait, pour employer le mot technique. » (L. Reybaud.) V. *Boutonner.*

Allumer. — Activer, enflammer ses chevaux à coups de fouet. — « Allume ! allume ! » (H. Monnier.)

Allumeur. — Compère chargé de faire de fausses enchères dans une vente pour allumer les vrais acheteurs. — « Dermon a été chaland allumeur dans les ventes au-dessous du cours. » (*La Correctionnelle*, journal, 1841.)

Allumeuse. — Dans le monde de la prostitution, c'est un synonyme de *marcheuse*. V. ce mot.

Dans ces acceptions si diverses, l'allusion est facile à saisir. Qu'il s'applique à un tête-à-tête, ou à un spectacle, ou à un attelage, ou à un repas, ou à une vente, ou à une provocation charnelle, *allumer* garde au figuré sa signification incendiaire.

Altèque. — Beau, bon, excellent. (Vidocq.) — Du vieux mot *alt* : grand, fort, élevé (qui nous est resté dans *altitude*), accompagné d'une désinence arbitraire, comme dans *féodec.*

Frangine d'altèque : bonne sœur.

Frime d'altèque : charmante figure. V. *Coquer.*

Alter ego. — Autre moi-même. — Latinisme. — « M. Chivot occupait la stalle voisine de la mienne, applaudissant de tout cœur l'amusante folie de son heureux *alter ego.* » (E. Blavet.)

Amant de cœur. — Les femmes galantes nomment ainsi l'amant qui ne les paye pas ou qui les paye moins que les autres. La *Physiologie de l'amant de cœur*, par M. Constantin, a été faite en 1842.

Au dernier siècle, on disait indifféremment *ami de cœur* ou *greluchon.* Ce dernier n'était pas, comme on le croit aujourd'hui, un souteneur. Le greluchon ou ami de cœur n'était et n'est encore qu'un amant en sous-ordre auquel il coûtait parfois beaucoup pour entretenir avec une beauté à la mode de mystérieuses amours. — « La demoiselle Sophie Arnould, de l'Opéra, n'a personne. Le seul Lacroix, son friseur, très-aisé dans son état, est devenu *l'ami de cœur* et le *monsieur.* » (*Rapports des inspecteurs de Sartines*, 1762.)

Ces deux mots avaient de l'avenir. *Monsieur* est toujours bien porté dans la langue de notre monde galant. *L'ami de cœur* a détrôné le *greluchon ;* son seul rival porte aujourd'hui le nom d'*Arthur.*

Amarrer. — Manœuvrer de façon à duper quelqu'un. Mot à mot : jeter l'amarre sur sa crédulité.

Amateur. — Dans le monde artistique et littéraire, on appelle amateur l'homme du monde qui se fait artiste ou écrivain à certaines heures seulement. — *Peinture d'amateur, musique d'amateur* et *littérature d'amateur* sont des termes souvent ironiques par lesquels on désigne des œuvres peu sérieuses.

Amateur. — « Rédacteur qui ne demande pas le payement de ses articles. » (1826, *Biographie des journalistes.*)

Amateur. — Dans l'armée, on appelle *amateur* l'officier qui s'occupe peu de son métier.

Amateur sert aussi dans l'armée d'équivalent au mot pékin. Un officier dira : Il y avait là cinq ou six amateurs ; comme un soldat ou un sous-officier dira : Il y avait là cinq ou six particuliers.

Amateur (clerc). — Dans le notariat, un clerc *amateur* travaille sans émoluments.

Ambier. — Fuir. (Grandval.) — Vieux mot. On disait au moyen âge *amber.*

Amendier fleuri. — Régisseur. — Jeu de mots expliqué par l'exemple suivant : — « L'amendier fleuri, comme disent les acteurs en parlant du généreux distributeur d'amendes qui surveille la scène. » (*Vie parisienne*, 1865.)

AMÉRICAIN.— Escroc feignant d'arriver d'Amérique. Pour plus de détails. V. *Charriage*.

AMÉRICAIN (ŒIL). — Œil scrutateur. — Allusion à la vue perçante prêtée par les romans populaires de Cooper aux sauvages de l'Amérique. — « Ai-je dans la figure un trait qui vous déplaise, que vous me faites l'œil américain? » (Balzac.) — « J'ai l'œil américain, je ne me trompe jamais. » (Montépin.)

AMÉRICAIN (ŒIL). — Œil séducteur. — « L'œillade américaine est grosse de promesses, elle promet l'or du Pérou, elle promet une ardeur amoureuse de soixante degrés Réaumur. » (E. Lemoine.)

AMÉRICAINE.— Voiture découverte, à quatre roues. — « Une élégante américaine attend à la porte. Un homme y monte, repousse un peu de côté un tout petit groom, prend lui-même les guides et lance deux superbes pur-sang au galop. » (*Figaro.*)

AMÉRICAINE (VOL A L'). V. *Charriage*.

AMOUR. — Aimable comme l'Amour. — « Armée de son registre, elle attendait de pied ferme ces amours d'abonnés. » (L. Reybaud.) — « Comme j'ai été folle de Mocker, quel amour de dragon poudré. » (A. F émy.)

Amour a fini par s'appliquer dans le sens de aimable à la première chose venue. — « Quel amour de mollet! Il faut que je le baise. » (E. Villars.) — « Je mourrais d'ennui par ici, moi. J'ai trouvé, rue de la Paix, un amour d'appartement. (Dumas fils, *le Demi-Monde*.)

AMOUREUX DES ONZE MILLE VIERGES. — « Dans le sens où l'on entend ce proverbe, dit M. Charles Rozan, aimer les onze mille vierges, c'est aimer toutes les femmes, c'est croire, dans le feu de la première jeunesse, que toutes les femmes sont également dignes de notre amour.» — Ce chiffre énorme de onze mille, adopté ainsi pour terme de comparaison, a frappé les incrédules, et ils ont mis en doute ce que rapporte une tradition sur le martyre de sainte Ursule et des onze mille vierges, ses compagnes, mises à mort par les Huns, près de Cologne, vers 384. — La tradition est fort discutée, mais ce n'est pas ce qui doit nous préoccuper ici.

ANCIEN. — Mot d'amitié. Il peut se dire à un jeune homme et signifie : ancien ami. Mon *vieux* offre la même idée.

ANCIEN. — Vieillard. V. *Asphyxié*.

ANCIEN (L'). — Napoléon 1er. Mot à mot : l'ancien souverain. — Une caricature de 1830 porte cette légende : « Vive Napoléon II! — Tais ta langue, patriote, n'parle pas du fils de l'ancien; ce n'est plus qu'un Autrichien élevé à l'école d'un jésuite. »

ANCIEN. — Élève de première promotion à l'École polytechnique ou à l'École de Saint-Cyr. V. *Absorption*.

ANCHOIS (ŒIL BORDÉ D'). — Œil aux paupières rougies et dépourvues de cils. — L'allusion sera comprise par tous ceux qui ont vu des anchois découpés en lanières.—« Je veux avoir ta femme.—Tu ne l'auras pas. — Je l'aurai, et tu prendras ma guenon aux yeux bordés d'anchois. » (Vidal, 1833.)

ANDOSSE. — Échine, dos. (Grandval.)

ANDOUILLE. — Personne sans énergie, aussi molle qu'une andouille.

ANE DE BURIDAN (ÊTRE COMME L'). — Ne savoir que décider. — Buridan est un dialecticien du quatorzième siècle. Pour prouver le libre arbitre des animaux, il supposait un âne également pressé par la soif et par la faim, le plaçait entre un picotin d'avoine et un seau d'eau, également distants, faisant sur lui la même impression et il demandait : « Que fera cet âne? Ou il demeurera immobile comme un corps sollicité, en mécanique, par deux contraires et parfaitement égales, et alors il mourra; ou il se dirigera d'un côté plutôt que d'un autre, et alors il aura son libre arbitre. » M. Rozan, que nous citons encore, ajoute : « Ce dilemme avait des allures trop convaincantes pour ne pas faire événement, et les générations se transmirent d'âge en âge cet exemple saisissant. De nos jours, quand un homme hésite entre deux objets ou deux positions qui ont à ses yeux un attrait pareil, on le compare aussitôt à l'âne de Buridan. »

ANGLAIS.—Créancier. —Mot ancien. On est d'autant plus porté à y voir, avec Pasquier, une allusion ironique aux Anglais, que les Français se moquaient volontiers de leur perpétuel ennemi. — Ainsi, *milord* et *goddem* sont

employés ironiquement dès le moyen âge. V.
Milord, Goddem.

Malgré des avis contraires, mais appuyés selon nous par des exemples trop peu concluants,
c'est encore l'opinion de Pasquier qui nous
semble préférable. Il fait venir ce terme des ré-
clamations des Anglais qui prétendaient que la
rançon du roi Jean, fixée à trois millions d'écus
d'or, par le traité de Bretigny, n'avait pas été
entièrement payée.

> Oncques ne vys Anglois de votre taille,
> Car, à tout coup, vous criez : baille, baille. (Marot.)

On trouve des exemples d'*Anglais* dans la
Légende de Pierre Faifeu. M. Fr. Michel a relevé cette mention dans les poésies de Guillaume Crétin (quinzième siècle) :

> Et aujourd'hui je faictz solliciter
> Tous mes Angloys, pour les restes parfaire,
> Et le payement entier leur satisfaire.

« Assure-toi que ce n'est point un *Anglais.* »
(Montépin.)

ANGLAIS SONT DÉBARQUÉS (LES). — Ces mots
qui désignent une incommodité périodique chez
la femme, font allusion à la couleur favorite de
l'uniforme britannique.

ANGLAISES. — Longues boucles de cheveux
pareilles à celles dont se coiffent volontiers les
dames britanniques. Elles ont été surtout à la
mode en France vers 1840. — « Une femme aux
anglaises blondes lui heurte le bras. » (Monselet.)

ANGLAISES. — Latrines à l'anglaise, c'est-à-
dire munies d'une cuvette à soupape.

ANGLUCE. — Oie. (Vidocq.)

ANGOULÊME (SE CARESSER L'). — Boire et
manger. Mot à mot : se caresser le palais,
mettre en goule, du vieux mot *goule* (gueule).
Nous avons encore *goulu* et *goulafre* (glouton).
— « Il y en a qui ne se sont pas encore caressé
l'angoulème depuis la veille. » (E. d'Hervilly.)

ANGUILLE. — Ceinture. (Vidocq.) — Une
ceinture de cuir noir gonflée d'argent ressemble à une anguille.

ANGUILLE DE BUISSON. — Couleuvre. — « Il
vend des *anguilles de buisson,* comme on dit en
langage populaire, à certains gargotiers qui en
font d'excellentes matelottes. » (Privat d'Anglemont.)

ANSE. — Bras. — L'anse est le bras du vase.
V. *Arque-pincer.* — *Offrir son anse,* offrir son
bras.

ANSES (UNE PAIRE D'). — Une paire de
grandes oreilles écartées. Vues de face, elles
ressemblent aux anses d'un pot.

ANSES (PANIER A DEUX). — Homme ayant
une femme à chaque bras.

ANTIF (BATTRE L'). — Marcher. Mot à mot :
battre le grand chemin. — *Antif* est un vieux
mot qui signifie *antique,* et se rencontre souvent dans les textes du moyen âge uni à celui
de *chemin.* — *Un chemin antif* était un chemin
ancien, c'est-à-dire *frayé.*

ANTIFLER, ENTIFLER. — Marier. (Vidocq.) —
Vient du vieux mot *antie,* église. — Là se fait
la célébration du mariage. *Entifler* est donc
mot à mot : mener à l'église. — « Ah ! si j'en
défouraille, ma largue j'entiflerai. » (Vidocq.)

ANTIFFE. — Marche. (Grandval.) Mot à
mot : action de battre l'antif.

ANTIFLE (BATTRE L'). — Cafarder, dissimu-
ler. Mot à mot : hanter l'église.

ANTIPATHER. — Avoir de l'antipathie. — « Pas
une miette ! Je l'antipathe. » (Gavarni.)

ANTIQUE. — Élève sortant de l'École polytechnique. V. *Absorption.*

ANTONNE. — Église. (Vidocq.) — Changement
de finale du vieux mot *antie,* église.

ANTONY. — Jeune romantique. — Nom du
héros d'un drame d'Alexandre Dumas qui fut
fort goûté en 1831. — « Après les succès d'*Antony,* les salons parisiens furent tout à coup
inondés de jeunes hommes pâles et blêmes, aux
longs cheveux noirs, à la charpente osseuse, aux
sourcils épais, à la parole caverneuse, à la
physionomie hagarde et désolée... De bonnes
âmes, s'inquiétant de leur air quasi cadavéreux,
leur posaient cette question bourgeoisement
affectueuse : « Qu'avez-vous donc ? » A quoi ils
répondaient en passant la main sur leur front :
« J'ai la fièvre. » Ces jeunes hommes étaient des
Antonys. » (E. Lemoine.) — « D'ici à quelques
années, il y aura moins de chance de voir
les jeunes Antonys plonger leur dignité dans
le fossé bourbeux de la réclame. » (*Figaro,*
1865.)

ANTONYQUE, ANTONYSME. — La *pose* funèbre
dont nous venons de parler, fit créer également

les mots *antonyque* et *antonysme*. — « Ce sourire est mélancolique ou antonyque, ce qui est
un. » (Lemoine.) — Quant à l'antonysme, il
mourut sous les épigrammes des loustics... lesquels ne voient plus une demoiselle de comptoir
sur le retour sans lui dire : « N'êtes-vous pas
ma mère? » et ne vous dévorent plus la moindre côtelette de mouton sans pousser la fameuse exclamation : « Elle me résistait, je l'ai
assassinée ! » (E. Lemoine.)

ANTROLER. — Emporter. (Vidocq.) — Des
mots *entre roller* : rouler ensemble.

APLOMB. — Droit au but.

> Sus c'coup-là, je m'aligne.
> L' gonse allume mon bâton,
> J'allonge sur sa ligne
> Cinq à six coups d'aplomb.
>
> (Aubert, *Chansons*, 1813.)

> Ah! fallait voir comme il touchait d'aplomb.
>
> (*Les Mauvaises rencontres*, chanson.)

APÔTRE. — Doigt. (Vidocq.) — Jeu de mots.
Le doigt du voleur *happe* souvent.

APPAS. — Seins.

> Madame fait des embarras.
> Je l'ai vue mettre en cachette
> Des chiffons pour des appas.
>
> (Matt., *Chansons*.)

APPELER AZOR. — Siffler. V. *Azor*.

APPUYER SUR LA CHANTERELLE. V. ce
mot.

A QUIA. — Acculé dans une situation déses-
pérée. — Latinisme. — S'est dit d'abord des
logiciens pris en défaut, qui, ne sachant plus
quoi répondre, donnaient un *parce que* (*quià*)
pour toute raison. Régnier, le satiriste, met
ainsi en scène un donneur de fausses raisons :

> Par hazard disputant, si quelqu'un luy réplique,
> Et qu'il soit *à quia* : « Vous êtes hérétique. »

AQUIGER. — Prendre, dérober. — D'où le vieux
mot d'argot *aquige-ornie*, maraudeur. Mot à
mot : voleur de poules.

AQUIGER. — Palpiter. V. *Coquer*.

AQUIGER. — Blesser, battre.

AQUIGER LES BRÊMES. — Entailler, biseau-
ter les cartes. (Vidocq.)

ARAIGNÉE DANS LE PLAFOND (AVOIR UNE).
— Déraisonner. — La boîte du crâne est ici le
plafond, et l'araignée-folie y tend ses toiles.
V. *Plafond*.

ARIA. — Embarras. — V. *Haria*.

ARBALÈTE. — Croix de cou, bijou de femme.
(Vidocq.) — L'arbalète détendue ressemble à
une croix.

ARBALÈTE D'ANTONNE. — Croix d'église.

ARBI. — Arabe pour *Arabi*, argot d'Algérie. — « Sobres les Arbis, une poignée de son,
un peu d'eau, le coin de leur burnous, voilà
leur repas dans les haltes. » (*Commentaires de
Loriot*.)

ARBICO. — Petit Arabe. — Diminutif d'*Arbi*.
— « La Maghrnia, une école de petits Arbicos,
un hôpital et un magasin. » (*Commentaires de
Loriot*.)

ARCASIEN, ARCASINEUR. — Celui qui monte
un *arcat*.

ARCAT (MONTER UN). — Écrire de prison, et
demander une avance sur un trésor enfoui, dont
on promet de révéler la place. — Vient d'*ar-
cane*, mystère, chose cachée. — La lettre qui sert
à *monter l'arcat* s'appelle *lettre de Jérusalem*,
parce qu'on l'écrit sous les verrous de la Préfecture. Vidocq assure qu'en l'an VI, il arriva
de cette façon plus de 15,000 francs à la prison
de Bicêtre.

ARCHE DE NOÉ. — Académie française, disent
les dictionnaires d'argot qui ont précédé le
nôtre.

Je n'hésite pas à soutenir que le mot est de
pure invention, que les argotiers des dix-septième et dix-huitième siècles ignoraient l'existence de l'Académie, et qu'aujourd'hui un faubourien ne sait pas du tout ce que veut dire
arche de Noé.

Cette mystification philologique est due sans
doute à l'esprit malicieux de quelque homme
de lettres chargé de surveiller l'impression d'un
vocabulaire que tous les autres auront copié.
Vidocq, ou plutôt celui qui travaillait pour lui,
en a fait tout autant. De là une erreur partout
reproduite.

ARCHE (ALLER A L'). — Chercher de l'argent.
(Vidocq.) — Du vieux mot *arche*, armoire,
qui a fait *archives*.

ARCHE (FENDRE L'). — Ennuyer. — « Ça commençait à me fendre l'arche. Je lui dis : Pas de
bêtises, mon vieux. » (Monselet.)

ARCHI. — Préambule dont la langue usuelle se sert à tout propos du moment qu'il s'agit d'inventer un superlatif. — Le *Dictionnaire de l'Académie* reconnaît, du reste, qu'on peut former de la sorte un très-grand nombre de mots. Nous en citons un exemple entre mille : — « Je suis guérie... bien guérie... oh ! archiguérie. » (Villars.)

ARCHIPOINTU. — Archevêque. — Même observation que pour *arche de Noé*. Nous ne croyons pas à l'usage réel de ce mot. Je ferai de plus remarquer que les dictionnaires où il se trouve ne donnent pas même le mot *pointu* pour évêque, ce qui devrait être en bonne logique, car *pointu* fait allusion ici aux pointes de la mitre.

ARCHI-SUPPOT. — Voleur émérite. — N'est plus usité.

ARÇON. — Signe d'alerte convenu entre voleurs. — Du vieux mot *arçon*, archet, petit arc. Du temps de Vidocq (1837), c'était un C figuré à l'aide du pouce droit sur la joue droite. — La courbe du C représente la forme d'un arc.

ARCPINCER, ARQUEPINCER. — Prendre, arrêter. — *Pincer au demi-cercle* est très-usité dans le même sens. Il est à remarquer qu'*arc* et *demi-cercle* présentent la même image. — « Daignez arquepincer mon anse. » (*Almanach du hanneton*, 1867.)

ARDENT. — Chandelle. — Le mot a été bien porté, car M. Francisque Michel l'a trouvé quatre fois dans le *Dictionnaire des précieuses*, de 1660. »

ARDENTS. — Yeux. (*Dictionnaire d'argot moderne*, 1844.) — Le verbe *allumer*, regarder, entraînait naturellement ce substantif. V. *Allumer.*

ARGANEAU. — Anneau réunissant les forçats dangereux. (Colombey.)

ARGUCHE. — Diminutifs du vieux mot *argue*, ruse, finesse, argot. — L'argot est une ruse de langage. V. *Truc.*

ARGUEMINE. — Main. — « Je mets l'arguemine à la barbue. » (Vidocq.)

ARIA. — Embarras. — Du vieux mot *arrie*, obstacle. — « J'ai eu bien des arias avec la douane à cause de mes malles. » (Monselet.) V. *Haria.*

ARICOTEUR. — Bourreau. (Vidocq.) — « C'est demain que Charlot fera un haricot de ton corps. (*L'Écluse*, 1756.)

ARISTO. — Aristocrate, homme quelconque se trouvant en bonne situation. — Abréviation. — « C'est vrai ! tu as une livrée, tu es un aristo. » (D'Héricault.)

ARLEQUIN. — Assemblage de rogatons achetés aux restaurants et servis dans les gargotes de dernier ordre. — « C'est une bijoutière ou marchande d'arlequins. Je ne sais pas trop l'origine du mot bijoutier ; mais l'arlequin vient de ce que ces plats sont composés de pièces et de morceaux assemblés au hasard, absolument comme l'habit du citoyen de Bergame. Ces morceaux de viande sont très-copieux, et cependant ils se vendent un sou indistinctement. Le seau vaut trois francs. On y trouve de tout, depuis le poulet truffé et le gibier jusqu'au bœuf aux choux. » (P. d'Anglemont.)

ARMOIRE A GLACE. — Quatre de jeu de cartes. — « Tenez sur galuchet, et de l'armoire à glace évitez la beauté. » (Alyge.)

ARNACHE. — Tromperie. (Vidocq.) — Du vieux mot *harnacher*, tromper.

ARNAUD (AVOIR SON). — Être de mauvaise humeur. — D'*Arnauder.*

ARNAUDER. — Murmurer. Mot à mot : renauder à. V. *Renauder.*

ARNELLE. — Rouen. (Vidocq.)

ARNELLERIE. — Rouennerie. (Idem.)

ARPAGAR. — Arpagon. (Idem.) — Changement de finale.

ARPION, HARPION. — Pied. — C'est le vieux mot *arpion*, griffe, ongle. *Harpon* et *harponner* sont restés dans la langue. — « J'aime mieux avoir des philosophes aux arpions. » (E. Sue.)

ARQUEPINCER. — Arrêter. V. *Arcpincer.*

ARRÊTER LES FRAIS. — Suspendre une chose commencée. — Terme emprunté au jeu de billard où on *arrête les frais* (de location du billard) dès qu'on ne joue plus.

ARRIVER PREMIER. — Dépasser tout concurrent. — Terme de sport. — Se prend au figuré. — « Vous êtes ravissante. Watteau et Boucher sont distancés. Vous arrivez première

LE BEUGLANT

au charme des yeux et des cœurs. (*Almanach
du Hanneton*, 1867.)

ARROSER. — Payer. V. *Galons (arroser ses)*.

ARSENAL. — Arsenic. (Vidocq.) — Changement de finale.

ARSONNEMENT. — Onanisme. (Vidocq.)

ARSOUILLE. — Ignoble vaurien. — Anagramme du vieux mot *souillart* qui qualifiait
l'*arsouille* du moyen âge. La *souillardaille* était
la *canaille* jadis. V. Du Cange. — « C'étaient
des arsouilles qui tiraient la savate. » (Th. Gautier.)

Arsouille se prend adjectivement. — « Je
n'étais accusé que d'un mince délit et je
n'avais pas l'air arsouille. » (Lacenaire. *Mémoires*, 1836.)

ART POUR L'ART (FAIRE DE L'). — Culti-
ver les arts ou les lettres sans y chercher de
lucre. V. *Métier*. — « Nous avons connu ces
types si étranges, qu'on a peine à croire à leur

existence ; ils s'appelaient les disciples de *l'art pour l'art.* » (Murger.)

ARTHUR. — Amant de cœur. — « Sa conduite lui semble la plus naturelle du monde ; elle trouve tout simple d'avoir une collection d'Arthurs et de tromper des protecteurs à crâne beurre frais, à gilet blanc. » (Th. Gautier, 1845.) V. *Amant de cœur.*

ARTHUR. — Homme à prétentions séductrices. — « Un haut fonctionnaire bien connu, membre d'une académie, Arthur de soixante ans. » (De Boigne.)

ARTICHAUT (CŒUR D'). — Cœur inconstant, livré à autant de caprices que le cœur de l'artichaut compte de feuilles. — « Ton cœur est un artichaut. Donne-m'en une feuille. » (*Almanach du Hanneton,* 1867.)

ARTICLE (FAIRE L'). — Faire valoir une personne ou une chose comme un article de commerce. — « Malaga ferait l'article pour toi ce soir. » (Balzac.) — « Examinez-moi ça ! comme c'est cousu ! — Ce n'est pas la peine de faire l'article. » (Montépin.)

ARTICLE (ÊTRE A L'). — Être sur le point de mourir. Mot à mot : à l'article de la mort.— « Il est en l'article et dernier moment de son décès. » (Rabelais, *Pantagruel,* liv. III, ch. 21.)

ARTICLE (PORTÉ SUR L' ou FORT SUR L'). — Luxurieux.

ARTICLIER. — « C'est un articlier. Vernon porte des articles, fera toujours des articles, et rien que des articles. Le travail le plus obstiné ne pourra jamais greffer un livre sur sa prose. » (Balzac.)

ARTIE, ARTIF, ARTON. — Pain. — On écrit aussi *lartie, lartif, larton.* V. ces mots.

> En cette piolle
> On vit chenument ;
> Arton, pivois et criolle
> On a gourdement. (Grandval, 1723.)

ARTIE DE MEULAN. — Pain blanc.

ARTIE DU GROS-GUILLAUME. — Pain noir.

ARTILLEUR A GENOUX. — Infirmier militaire. — Allusion au canon du clystère et à la posture que réclame sa manœuvre. — En 1718, Ph. Le Roux nomme déjà *mousquetaires à genoux* les apothicaires.

On dit aussi : *Canonnier de la pièce humide.*

ARTIS (LANGAGE DE L'.)— Argot. (Vidocq.)

ARTISTE (TROP). — « Il est trop artiste, a dit madame Lecœur. Être artiste veut dire : jeter l'argent par les fenêtres, le dépenser à tort et à travers sans compter, boire de ci et de là, courir la fillette, chanter, rire toujours. » (Privat d'Anglemont).

ARTISTE. — Vétérinaire. — Abréviation du titre connu : artiste vétérinaire. Mot à mot : Maître en *l'art* vétérinaire.

ARTON. — Pain. V. *Artie.*

AS DE CARREAU. — Officier de place. — Allusion à l'aspect lozangé de ses revers rouges.

AS DE CARREAU. — Havre-sac d'infanterie. — Allusion à sa forme carrée. — « Troquer mon carnier culotté contre l'as de carreau ou l'azor du troupier. » (La Cassagne.)

AS DE PIQUE (FICHU COMME UN). — Mal bâti, mal vêtu. — Jadis on appelait *as de pique* un homme nul. — « Taisez-vous, as de pique ! » (Molière.)

AS-TU FINI ?—Locution employée pour montrer à l'interlocuteur qu'il se met inutilement en frais pour convaincre. — C'est une abréviation de : *As-tu fini tes manières ?* qui est employé dans le même sens. — « Rires, cris : As-tu fini ?... A la porte !... Asseyez-vous dessus ! » (Marquet.)

ASPHALTE (POLIR L',) SE BALLADER SUR L'ASPHALTE.—Flâner sur les trottoirs (asphaltés) des rues et des boulevards. — « Y en a qui vont l'après-midi se ballader sur l'asphalte. » (*Alm. du Hanneton,* 1867.)

ASPHYXIÉ. — Ivre-mort. Mot à mot : Asphyxié intérieurement par les émanations du liquide absorbé. Charlet a représenté un troupier contemplant un invalide penché sur une table de cabaret, avec ces mots : « L'ancien est asphyxié. »

ASPHYXIER. — Boire. — C'est un synonyme d'*étouffer,* qui est employé dans le même cas.

Asphyxier le perroquet : Boire un verre d'absinthe. — Les perroquets les plus communs sont verts comme l'absinthe. V. *Perroquet.*

Asphyxier le pierrot : Boire un verre de vin blanc. — Allusion de couleur. — Pierrot est blanc. — « J'étais-t-allé à la barrière des Deux-Moulins, histoire d'asphyxier le pierrot. » (*La Correctionnelle,* journal.)

ASPIC. — Calomniateur. (Vidocq.) — Allusion au venin du serpent. L'*aspic* des voleurs n'est que la *vipère* des honnêtes gens.

ASPIQUERIE. — Calomnie.

ASSEOIR (s'). — Tomber, c'est-à-dire ironiquement : *s'asseoir* par terre.

ASSEOIR (ALLEZ VOUS). — Taisez-vous. — Allusion à la fin obligée des interrogatoires judiciaires. — A. Dalès a fait en 1857 une chanson intitulée : *Allez vous asseoir*.

ASSEYEZ-VOUS DESSUS. — Imposez-lui silence.

> Asseyez-vous d'ssus,
> Et que ça finisse.
> Asseyez-vous d'ssus,
> Et n'en parlons plus. (Dalès, *Chansons*.)

« Ici un enfant se met à pleurer.

— Donnez-y donc à téter ?

— Asseyez-vous dessus !

Une grosse voix. — N'y a donc plus d'Papavoines ? » (Marquet.)

ASTIC. — Épée. — Le mot doit être ancien, car il nous a laissé le verbe *asticoter :* faire de petites piqûres. V. *Astiquer*.

ASTIC. — Tripoli, mélange servant à l'astiquage des pièces de cuivre.

> Et tirant du bahut sa brosse et son astic,
> Il se mit à brosser ses boutons dans le chic.
> (*Souvenirs de Saint-Cyr.*)

ASTICOT. — Vermicelle. (Vidocq.) — Allusion de forme.

ASTIQUAGE, ASTIQUE. — Nettoyage. — Le second terme est une abréviation du premier. « Au retour de la manœuvre, on endosse sa toilette d'astique. » (*Vie parisienne*, 1866.)

ASTIQUÉ. — Reluisant de propreté, bien tenu. — « Peste ! maître Margat, vous avez l'air d'un Don Juan... — Un peu, que je dis ! on a paré la coque... On s'a pavoisé dans le grand genre ! On est suifé et *astiqué* proprement. » (Capendu.)

ASTIQUER. — Battre. Mot à mot : frapper à coups d'*astic*. V. ce mot. — Au moyen âge, *estiquer* signifiait frapper de la pointe. On dit encore *d'estoc*. — « Sinon je t'astique, je te tombe sur la bosse. » (Paillet.)

ASTIQUER. — Nettoyer. — « Quand son fusil et sa giberne sont bien astiqués. » (1833, Vidal.) — « Il n'a pas son pareil pour *astiquer* les cuivres. » (*Éclair*, juillet 1872.)

ATIGER. — Frapper. V. *Attiger*.

ATOUSER. — Encourager. (Vidocq.) Mot à mot : donner de l'*atout*, du courage.

ATOUT. — Coup grave. — « Voilà mon dernier *atout*... Vous m'avez donné le coup de la mort. » (Balzac.)

Expression de joueurs de cartes qui ont appliqué aux accidents de la vie le nom de l'ennemi qu'ils craignent le plus. — En voici un exemple superbe qui prouve l'influence de l'argot parisien sur la triomphante Allemagne. Il nous est fourni par la *Gazette de Lorraine, organe officiel* (prussien) du 2 août, mi-français mi-allemand, mais rédigé en entier par des Allemands : « Tous les atouts sont dans les mains de l'Allemagne. Elle en donne et n'en reçoit pas. »

ATOUT. — Courage. — « Je ne me plains pas. Tu es un cadet qui a de l'atout. » (E. Sue.)

Même allusion que ci-dessus ; seulement elle est retournée. L'homme a ici l'atout dans son jeu.

ATOUT (AVOIR DE L'). — Avoir le poing solide. (Colombey.)

ATTACHE. — Liaison galante. — Abréviation d'attachement. — « Le troupier ou la bonne d'enfant disent en changeant de quartier ou de garnison : Ça m'embête parce que j'avais une attache. » (J. Choux.)

ATTACHE. — Boucle. (Vidocq.) — Effet pris pour la cause. — « J'engantais sa toquante, ses attaches brillantes avec ses billemonts. » (Vidocq.) V. *Chêne*.

ATTAQUE (D'). — Vivement, spontanément. *Un homme d'attaque* est un homme d'action.

ATTENDRIR (s'). — Se griser. Mot à mot : s'attendrir sous l'empire d'un commencement d'ivresse. Dix minutes avant le buveur *attendri* n'était qu'*ému*. — « Le capitaine qui avait religieusement vidé son verre à chaque mot, s'attendrit. » (Th. Gautier.)

ATTIGER. — Frapper, saisir. (Vidocq.) — Ce doit être un vieux mot, car l'*attingère* (atteindre) des Latins s'y retrouve presque entier.

ATTRAPAGE. — Vive discussion, dispute, pugilat. — « La femme de l'adjoint se fait remarquer au marché par ses attrapages avec les vendeuses. » (*Paris comique*, 1869.)

ATTRAPER. — Faire un dessin bien semblable au modèle. Mot à mot : attraper la ressemblance. — « Elle s'éprit de l'artiste qui m'avait si bien *attrapé* et alla pleurer dans son sein sur mon indifférence. » (Marx.)

ATTRAPER.—Critiquer vertement, reprocher, injurier. — « J'en suis encore à me demander en quoi cette phrase blesse la morale ; ceux qui l'ont attrapée,—style de théâtre,—devraient bien me renseigner là-dessus. » (Dumas fils, 1866.)

ATTRAPER (s'). — En venir aux injures ou aux coups.

ATTRAPEUR.—Critique acerbe.—« Ainsi les attrapeurs, francisons le mot, ne pouvant s'en prendre à une scène hasardée, s'en prirent-ils aux mots. » (Al. Dumas fils, 1866.)

ATTRIMER. — Prendre. Mot à mot : *faire trimer à soi*, attirer.

ATTRIQUER.—Acheter. (Vidocq.)— Mot ancien, car Du Cange lui donne un vrai pendant dans *attrosser :* vendre.

AUBER.—Somme d'argent. (Vidocq.)— Jeu de mots. — La *maille* représentait jadis en même temps une petite *monnaie* et une *maille* de haubert (cotte de mailles). — Au point de vue financier comme au point de vue militaire, l'*auber* était donc la réunion d'un certain nombre de mailles. V. *Fouillouse, Chêne.*

AUMONIER.— Voleur à la détourne. V. *Détourner.*

AUTAN.—Grenier. (Vidocq.)—Du vieux mot *hautain :* élevé. — Le grenier occupe le haut de la maison.

AUTEUR. — Père. Mot à mot : *auteur de mes jours.* —« Il est impossible de voir un auteur (père) plus chicocandard. » (Th. Gautier.)

AUTOR (D'). — D'autorité. —Abréviation.— Un coup *d'autor et d'achar* est irrésistible. On joint d'ordinaire ces deux mots. V. *Achar, Liquid.*

AUTOR (JOUER D'). — Jouer d'autorité, sans demander des cartes.— « Ah ! vous jouez d'autor?—Yes, d'autor et d'achar. » (Boné de Villiers.)

AUTRE (L'). — Napoléon Ier, c'est-à-dire l'autre souverain. Usité sous Louis XVIII. — « M. de Saint-Robert était, du temps de l'*Autre*, officier supérieur dans un régiment de la *vieille*.» (Couaillac.)

AUTRE COTÉ (FEMME DE L').—Les étudiants appellent ainsi les lorettes habitant la rive droite, c'est-à-dire *l'autre côté* de la Seine. — « C'est Annette. C'est une femme de l'autre côté. » (*Les Étudiants*, 1860.) V. *Goitreux.*

AUVERPIN. — Auvergnat. — Changement de finale. — « Est-ce qu'il n'y a pas, dans ce quartier, un brave Auverpin qui a fait des affaires ? » (Privat d'Anglemont.)

AUXILIAIRE. — Détenu faisant les fonctions de domestique.—« L'auxiliaire est l'homme de ménage du prisonnier politique. Il fait son lit, balaye la cellule et vide ce qu'il y a à vider. » (G. Guillemot.)

AVALE-TOUT-CRU. — Voleur de diamants. V. *Détourne.*

AVALER LE LURON. — Communier. (Colombey.) — Allusion à la forme ronde de l'hostie.

AVALER SA CUILLER, SA FOURCHETTE, SA LANGUE, SA GAFFE.— Mourir. —L'homme qui meurt ne mange, ne parle et ne navigue plus. — Le dernier terme a été trouvé, comme on s'en doute, par un marin.

AVALOIR. —Gosier. (Vidocq.)—La fonction est prise ici pour la chose. — « Quand vous rincez votre avaloir, vous êtes prié de quitter le comptoir.» (*La Maison du lapin blanc*, 1858.) Caillot, dans son *Dictionnaire proverbial* (1829), écrit *avaloire* (gorge, gosier), et donne cet exemple, sans préciser la source : « Je le vois. Quelle avaloire ! » *(Théâtre italien.)*

AVANCÉ. — Voulant le progrès quand même. — « Il se distinguait par des idées avancées. » (Villemot.)

On dit aussi : *C'est un avancé.*

AVANTAGES, AVANT-CŒUR, AVANT-MAIN, AVANT-SCÈNES. —Seins. — Quadruple allusion à leur saillie, à leur avancement naturel. — « De l'avant-main, petite bouche et lèvres de carmin. » (Belot.) — « N'étouffons-nous pas un petit brin? lui dit-il en mettant la main sur le haut du busc ; les avant-cœur sont bien pressés, maman. » (Balzac.)— « C'est trop petit ici : la société y sera comme les avantages de madame dans son corset. » (Villemot.)

AVERGOT. — Œuf. (Vidocq.)

AVOIR A LA BONNE, AVOIR CELUI, AVOIR DANS LE VENTRE, AVOIR DU BEURRE, DU CHIEN, etc., etc. V. *Bonne, Celui, Ventre,*

Beurre, Chien, etc., etc. Le verbe *Avoir* nous a paru ici l'accessoire et non le principal.

AZOR. — Sac d'infanterie. — Son pelage lui a fait donner ce nom de chien.—« Le mauvais drôle avait vendu son havre-sac, qu'il appelait son Azor. » (Vidal, 1833.) — « Lorsqu'il s'est agi de mettre Azor sur les épaules, j'ai cru qu'on l'avait bourré de cailloux. » (*Commentaires de Loriot.)*

A cheval sur Azor.— Sac au dos.— Un fantassin en route dit qu'il part *à cheval sur Azor.*

AZOR. — Chien. — On dit : *Madame et son Azor,* quand même il s'appellerait de tout autre nom, tellement celui-là s'est répandu, sans doute à cause du succès de l'ancien opéra de Grétry, *Zémire et Azor.*

AZOR (APPELER). — Siffler un acteur sans plus de façon qu'un chien. — « Dites donc, madame Saint-Phar, il me semble qu'on appelle Azor. » (Couailhac.)

AZTÈQUE. — Petit et chétif comme cette peuplade de l'ancienne Amérique. — « Péreire m'a fermé la porte au nez. C'est un Aztèque. » (About.)

B

BABILLARD. — Confesseur. (Vidocq.) — Allusion aux efforts persuasifs des aumôniers de prison.

BABILLARD, BABILLARDE, BABILLE. — Livre, lettre. — Le dernier mot est une abréviation. Comparaison de leur lecture au *babillage* d'une personne qui cause sans s'arrêter.—« Ma largue part pour Versailles aux pieds de Sa Majesté ; elle lui fonce un babillard pour me faire défourailler. » (Vidocq.)

BABILLER. — Lire. (Vidocq.)— Même comparaison.

BAC. — Baccarat. — Abréviation. — « La musique n'arrivant pas, on a taillé un petit bac pour prendre patience. » (A. Second.)

BACHASSE. — Galère. — Augmentatif de *bac :* bateau. — « En bachasse, tu pégrenneras jusqu'au jour du décarrement. » (Vidocq.)

BACHE. — Enjeu. V. *Bachotteur.*

BACHO. — Cette abréviation de *bachelier* désigne indifféremment: 1° le bachelier; on dit, *je suis bacho.* 2° L'examen du baccalauréat. On dit : *il prépare son bacho, il passe son bacho.* 3° L'aspirant bachelier. 4° L'école préparatoire au baccalauréat. V. *potasser, cornichon.*

BACHOTTER. — Escroquer au jeu de billard.

BACHOTTEUR.— Filou chargé du rôle de compère dans une partie de billard à quatre. Il règle la partie, tient les enjeux ou *baches* et paraît couvrir la dupe de sa protection. Les deux autres grecs sont *l'emporteur* chargé de lier conversation avec la dupe pour l'amener dans les filets de ses compagnons et la *bête* qui fait exprès de perdre au début pour l'allécher. (Vidocq.)

BACLER.— Fermer. (Vidocq.) — Vieux mot.

BACON. — Pourceau. (Idem). — Vieux mot encore usité dans nos campagnes de l'Est.

BADIGEONNER (SE). — Se blanchir artificiellement la figure. Mot à mot : se badigeonner comme un mur.

BADINGUISTE.— Partisan de Napoléon III. —Du sobriquet de *Badinguet* ou *Badingue,* qui lui fut donné dès les premières années de l'Empire. *Badinguet* était, paraît-il, le maçon sous la blouse duquel le prince avait fui sa prison de

Ham. Quoiqu'il en soit, ce sobriquet devint fort populaire. Si on s'en servait par ironie dans l'opposition, on l'employait, sans y attacher grand sens, dans le peuple et dans l'armée. En 1870, lors de la singulière démonstration qu'on fit sur Sarrebruck, je demandais à un soldat resté en gare de Saint-Avold si l'empereur était à Forbach : « Oui, me dit-il, Badinguet est arrivé. » V. *Capitulard*.

BADOUILLARD. — « Pour être badouillard, il fallait passer trois ou quatre nuits au bal, déjeuner toute la journée et courir en costume de masque dans tous les cafés du quartier Latin jusqu'à minuit. » (Privat d'Anglemont.) — Le badouillard fut de mode de 1840 à 1850.

BADOUILLE. — Mari qui se laisse mener par sa femme. (J. Choux.)

BADOUILLER. — Faire le badouillard.

BADOUILLERIE. — Art de badouiller. — « La badouillerie est la mort des sociétés de tempérance. » (1844, *Catéchisme poissard*.)

BAGATELLES DE LA PORTE. — Parade destinée à faire entrer le public dans une baraque de saltimbanque. — Désigne aussi : toute chose accessoire donnée comme insignifiante à côté de celle qui doit suivre. — « *S'amuser aux bagatelles de la porte ; c'est regarder les parades d'un polichinelle.* » (Caillot, 1829.) V. *Postiche*.

BAGOU, BAGOULT. — Verve, faconde, volubilité extrême. — Du vieux mot *bagouler*, parler. — Nos différents auteurs ne s'accordent guère sur la signification précise de ce mot.

Nodier trouve dans le *bagou* une « langue factice dont le secret consiste à former des phrases composées de mots étonnés d'être ensemble et qui ne présentent aucune espèce de sens. »

Il est défini ainsi par Balzac : « Ce mot (*bagou*), qui désignait autrefois l'esprit de répartie stéréotypée, a été détrôné par le mot *blague*. »

M. Francisque Michel se contente de dire : « *Bagou* : bavardage, jactance. »

Auguste Luchet paraît être de l'avis de Nodier dans cet exemple.

« Tout un argot enfin, tout un *bagou* barbare et vieux même à Bobino. » (Luchet.)

BAGOU, BAGUE. — Nom propre. (Vidocq.)

BAHUT. — Petit logement. — « Et moi je ne lui paye peut-être pas son bahut, à Milie ? Quoi qu'elle a à se plaindre ? » (Monselet.)

BAHUT. — Pension, institution académique. — « Je te croyais au bahut Rabourdon. Jamais j'aurais pensé qu' t'étais devenu potache. Et Furet, as-tu de ses nouvelles ? en v'là un bahuteur. Il a fait la moitié des bahuts au Marais et une douzaine au moins dans la banlieue. » (*Les Institutions de Paris*, 1858.) V. *Potasser*.

BAHUT PATERNEL. — Quelques fils de famille disent, par extension : le *bahut paternel*, en parlant du logis de leurs *auteurs*.

BAHUT SPÉCIAL. — École spéciale militaire de Saint-Cyr. — « L'École de Saint-Cyr ! j'ai le bonheur d'être admis à ce bahut spécial. » (La Cassagne.)

BAHUTÉ. — « Ceci est bahuté » veut dire aussi : « Ceci a le *chic* troupier. » V. ci-dessus.

BAHUTER. — Faire tapage. Terme propre aux élèves de Saint-Cyr.

BAHUTEUR. — Tapageur. — Vient du vieux mot *bahutier*. — « Quand un homme fait plus de bruit que de besogne, on dit qu'il fait comme les bahutiers. Car, en effet, les bahutiers, après avoir cogné un clou, donnent plusieurs coups de marteau inutiles avant d'en cogner un autre. » (P. Le Roux, 1718.) — « Cette écorce rude et sauvage qui allait au *bahuteur* de Saint-Cyr. » (La Barre.)

BAHUTEUR. — Écolier nomade, coureur de pensions ou *bahuts*. V. ce mot.

BAIGNEUSE. — Chapeau de femme. — Du nom d'une coiffure à la mode vers la fin du siècle dernier.

BAIN DE PIED. — Excédant de liquide versé pour faire bonne mesure ; il déborde et fait prendre à la tasse ou au verre un *bain de pied* dans la soucoupe. De là le mot.

BAIN DE PIED (PRENDRE UN). — Être déporté à Cayenne.

BAISSIER. — Homme spéculant à la Bourse sur la baisse des fonds publics. — « Les baissiers ont fait répandre le bruit que M. Thiers est très-souffrant. » (*Liberté*, 7 juin 1872.) — « Voici comment opèrent les baissiers. *Sans avoir d'actions*, ils en vendent des quantités plus ou moins considérables, suivant le crédit dont ils peuvent disposer. Or, plus une marchandise est offerte, plus son cours baisse.

Quand les actions sont descendues à un cours inférieur à celui auquel ils les ont vendues, ils les rachètent et gagnent ainsi la différence. » (Calemard de Lafayette.)

BAÏTE. — Maison. — « Jorne et sorgue, tu poisseras boucart et baïte chenument. » (Vidocq.)

BALADE. — Flânerie, promenade. — On dit : *être en balade.*

BALADER. — Chercher, choisir. (Colombey.)

BALADER (SE), ÊTRE EN BALADE. — Flâner. — Du vieux mot *baler :* se divertir. — « Je suis venu me balader sur le trottoir où j'attends Milie. » (Monselet.)

BALADER. — Choisir, chercher. (Vidocq.) — Même racine. Le choix comporte toujours un déplacement.

BALADEUR, BALADEUSE. — Fainéant, coureuse. — « Elle t'a trahi sans te trahir. C'est baladeuse, et voilà tout. » (G. de Nerval.)

BALADEUSE. — Voiture de bimbelotier forain. Elle court sans cesse la campagne.

BALAI. — Gendarme. (Vidocq.) — On appelle de même *raclette* une ronde de police ; elle racle comme la gendarmerie balaie.

BALAI (DONNER DU). — Mettre quelqu'un à la porte. Le Dictionnaire de P. Le Roux (1718) a dans le même sens : *donner du manche à balai.*

BALANCEMENT. — Renvoi. — « Le conducteur de diligence appelle son renvoi de l'administration un balancement. (J. Hilpert, 1841.)

BALANCER. — Berner quelqu'un, lui faire perdre son temps. Mot à mot : lui conter des *balançoires.* V. ce mot.

BALANCER. — Jeter au loin. — On sait que l'action de balancer imprime plus de force à une projection. V. *Litrer, Escrache.*

BALANCER, ENVOYER A LA BALANÇOIRE. — Congédier, renvoyer. — « J'ai conservé provisoirement les anciens employés ; quand ils auront formé les patriotes, nous les balancerons. » (Delahodde, 1850.) — « Elle m'a traité de mufle. Alors il faut la balancer. » (Monselet.) — « Là-dessus v'là mon Chinois qui se fâche... Je l'envoie à la balançoire. » (Idem.)

On dit aussi *exbalancer.* — « Je vais les payer et les exbalancer à la porte. » (Vidal, 1833.)

BALANCER SON CHIFFON ROUGE. — Parler. Mot à mot : remuer la langue.

BALANCER SA CANNE. — Voler, se mettre à voler. Mot à mot : rompre son ban. V. *Canne.*

BALANCER SES CHASSES. — Regarder à droite et à gauche. V. *Chasses.*

BALANCER SA LARGUE. — Quitter sa maîtresse.

BALANCER SES HALÈNES. — Cesser de voler, jeter ses outils de voleur. V. *Halène.*

BALANCER UNE LAZAGNE. — Adresser une lettre. V. *Lazagne.*

BALANÇOIR, BALANÇON. — Barreau de fenêtre. (Vidocq.)

BALANÇOIRE (ENVOYER A LA). V. *Balancer.*

BALANÇOIRE. — Mystification. — « Le rappel des acteurs est devenu une mauvaise plaisanterie et dégénère en véritable balançoire. » (De Jallais, 1854.)

BALANÇOIRE. — Mensonge, conte en l'air. — « Non, monsieur ! je n'avais pas fait un accroc. — C'est une balançoire. » (P. de Kock.) V. *Balancer.*

BALAYER. — Se dit des femmes qui marchent sans relever une jupe longue, formant queue et balayant le terrain.

BALAYEUSE. — Femme marchant comme ci-dessus. — « Te verra-t-on au concert des Champs-Élysées ? Il y a en ce moment une collection de balayeuses. (E. Villars.)

BALAYEUSE. — Longue redingote balayant la terre. — « Une redingote noisette, dite balayeuse, dont la jupe drapée en tuyaux d'orgue, ondoyait à chaque mouvement. » (Villemessant.)

BALLE. — Tête. — Comme *boule* et *coloquinte, balle* fait allusion à la rondeur de la tête. — « Tu fais bien ta tête. Est-ce que ma balle ne te va pas? dit-il à la maîtresse du chevalier. » (Macaire, 1833.)

Bonne balle. — Tête ridicule.

Rude balle. — Tête énergique, caractérisée.

Balle d'amour. — Jolie figure. (Vidocq.)

BALLE. — Franc. — Allusion à la forme ronde d'une pièce de monnaie. — « Je les ai payées 200 francs. — Deux cents balles, fichtre ! » (De Goncourt.)

BALLE DE COTON. — Coup de poing. — Allusion aux gants rembourrés des boxeurs. —

« Il lui allonge sa balle de coton, donc qu'il lui relève le nez et lui crève un œil. » (*La Correctionnelle*, 1841.)

BALLE (ÊTRE ROND COMME). — Avoir bu et mangé avec excès. V. *Rond*.

BALLON. — Derrière. — Enlever le ballon : donner un coup de pied au derrière. — « Inutile de faire remarquer l'analogie qu'il y a ici entre la partie du corps ainsi désignée et une peau gonflée de vent qu'on relève du pied. » — (Fr. Michel.)

BALLON. — « Ce mot est du domaine de la chorégraphie. Le ballon consiste à s'enlever de terre avec une grande vigueur de jarrets, et à retomber mollement et avec grâce sur les pointes, si c'est possible ; madame Montessu est un des premiers ballons connus. » (J. Duflot, 1865.)

Bien que l'image présentée ici paraisse être celle d'un ballon s'élevant du sol, c'est dans la légèreté traditionnelle de M. et Mme Ballon, célèbres danseurs de ballet sous Louis XIV qu'il faut chercher l'origine du mot. Un *Dictionnaire de la danse* du siècle dernier le constate bien avant l'invention des aérostats.

BALLON (SE DONNER, SE POUSSER DU). — Porter une crinoline d'envergure exagérée, faire ballonner sa jupe.

BALLON (SE LACHER DU). — S'enfuir avec la vitesse d'un aérostat. — « Tu te la casses, il se pousse de l'air ou il se lâche du ballon, nous fendons notre équerre ou nous affûtons nos pincettes, vous vous déguisez en cerf ou vous graissez le tourniquet, ils pincent leur télégraphe ou ils accrochent leur tender. » (Villars.)

BALOCHARD, BALOCHEUR. — « Le balochard représente surtout la gaieté du peuple ; c'est l'ouvrier spirituel, insouciant, tapageur, qui trône à la barrière. » (T. Delord.) V. *Balocher*.

Pardon ! pardon ! Louise la Balocheuse,
De t'oublier, toi, tes trente printemps,
Ton nez hardi, ta bouche aventureuse,
Et tes amants plus nombreux que tes dents.

(Nadaud.)

BALOCHARD. — Personnage de carnaval. — C'était une variété du *chicard*, avec un feutre défoncé pour casque. A la mode comme lui de 1840 à 1850.

BALOCHER. — « C'est quelque chose de plus que flâner. C'est l'activité de la paresse, l'insouciance avec un petit verre dans la tête. » (T. Delord.) — Augmentatif du vieux mot *baler :* se divertir.

BALOCHER. — S'occuper d'affaires véreuses. (Vidocq.)

BALOCHEUR, BALOCHEUSE. V. *Balochard*.

BALTHAZAR. — Repas plantureux. — Allusion au fameux repas biblique. — « Je vais me donner une bosse et faire un *balthazar* intime. » (Murger.)

« *Maria*. Ah ! voilà le *balthazar* qui arrive.

— *Éole*. Comment appelez-vous ça ?

— *Maria*. Un balthazar... et vous ?

— *Éole*. Moi, j'appelle ça un déjeuner, tout bonnement. » (Barrière.)

BALUCHON. — Paquet. (Vidocq.) **Mot à mot :** petit ballot. V. *Paquecin*.

BANBAN. — Personne de petite taille, aux membres noués. — Abréviation redoublée de *bancroche :* rachitique. — « J'entrai chez Dinah, jolie petite brune un peu banban. » (Céleste Mogador.)

BANCAL. — Sabre courbe. — Allusion aux jambes arquées du *bancal*. — « Voilà M. Granger qui apporte le bancal. » (Gavarni.)

BANCO, BANCOT, BANQUO (FAIRE). — Tenir tout l'argent placé par le banquier devant lui. — Terme de lansquenet. — « Certains joueurs arrivent avec dix louis ; ils font des *banco* de cent, deux cents, trois cents louis. » (A. Karr.)

— « Il se trouvait sans argent, et dit à M. de Maucroix qu'il faisait *bancot* sur parole. » (Dumas fils, *le Demi-Monde*.)

Un coup trop incertain fait soupirer le ponte,
Mais un hardi banquo tout à coup le remonte.
(Alyge, 1854.)

BANDE (COLLER SOUS). — Acculer dans une situation difficile. — Terme de billard. — « Oui, nous voilà collés sous bande. Ah ! nous nous sommes bien blousés. » (L. de Neuville.)

BANDE NOIRE. — Association occulte de spéculateurs réunis dans le but de morceler et vendre en détail de grandes propriétés. — « Alors la bande noire achetait vos palais pour les revendre au détail. » (*Rienzi*, 1825.)

BANNIÈRE (ÊTRE EN). — N'avoir qu'une chemise flottante pour vêtement. — Le mot date du temps où notre bannière était blanche.

LE CANCAN

BANQUE. — Réunion de saltimbanques.

BANQUE. — Opération dont la valeur réelle est déguisée dans le but d'exploiter le public. — De *banc :* tréteau de charlatan. — « Ah ! c'est une bonne banque. » (Labiche.)

BANQUE (FAIRE LA). — Allécher le client. Terme employé par les camelots vendant sur la voie publique.

BANQUE (FAIRE UNE). — Imaginer une ruse pour duper. (Colombey.)

BANQUE. — Payement des ouvriers imprimeurs. V. *Salé.*

BANQUETTE. — Menton. (Vidocq.) — La saillie du menton forme en effet banquette au bas du visage.

BANQUISTE. — Faiseur de *banques*, saltimbanque. — « Adieu, z'agréables banquistes, je n' peux plus frayer avec vous. » (Festeau.)

BANQUO. — V. *Banco.*

BAPTÊME (SE METTRE SUR LES FONTS DU).

— Se mettre dans l'embarras. — « Nous ne voulons enquiller chez aucun tapissier, c'est se mettre sur les fonts du baptême. » (Vidocq.) — En argot, *parrain* veut dire témoin à charge. On s'expose donc au *parrain* en se mettant sur les fonts du baptême. V. *Parrain*.

BAQUET DE SCIENCE. — Baquet de cordonnier. — « Elle a été débarbouillée dans le baquet de science, où trempent le cuir et la poix. » (H. Lierre.)

BAQUET INSOLENT. — Blanchisseuse. (Halbert.) Allusion au baquet professionnel. Les blanchisseuses passent pour avoir le verbe haut. Colombey donne *baquet insolpé*, avec un changement de finale.

BARANT. — Ruisseau. (Colombey.) Il barre.

BARAQUE. — Mauvaise maison, établissement mal administré. — « J' suis dans une mauvaise baraque, chez des avaricieux qui me coupent le pain pour mon dîner. » (Marco-Saint-Hilaire, 1841.) — « Il y a longtemps que vous êtes au service de Madame ? — Un mois. — Est-ce une bonne maison? — C'est z'une vraie baraque. » (M. Perrin, 1847.)

BARBAUDIER. — Guichetier. (Vidocq.) — Pour *barbotier*. V. ce mot.

BARBE (AVOIR DE LA). — Vieillir. V. *Pipe* (*casser sa*). — On dit d'une histoire déjà connue : *elle a de la barbe.*

BARBE (PRENDRE LA), AVOIR SON EXTRAIT DE BARBE. — S'enivrer. — « La Saint-Jean d'hiver, la Saint-Jean d'été, la Saint-Jean-Porte-Latine, le moment qui commence les veillées, celui qui les voit finir, sont autant d'époques où (pour les compositeurs d'imprimerie) il est indispensable de prendre la barbe. » (Ladimir.) — « L'un d'entre eux, qui avait déjà son extrait de barbe, chancelle. » (Moisand, 1841.)

BARBEROT. — Barbier. (Vidocq.) — Dimin. de *barbier*.

BARBICHE. — Large bouquet de poils couvrant et dépassant le menton. — « En ce temps-là, Boudefer, lieutenant aux dragons, et possesseur d'une taille de guêpe et d'une barbiche soyeuse. » (Marx.)

BARBICHON. — Moine. (Colombey.) Allusion à sa barbe.

BARBILLON, BARBILLE, BARBEAU. — Souteneur de filles. V. *Mac*.

BARBISTE. — Élève ou ancien élève de l'institution de Sainte-Barbe. — « Jurez, Lexoviens, Barbistes, Moinillons et Ludovicistes, vous viendrez célébrer en frères les haricots de Montaigu. » (Léger, 1819.)

BARBOT. — Canard. (Vidocq.) — Il barbote volontiers.

BARBOT. — Vol. — Allusion à l'action des doigts, fouillant dans une poche, comme le bec du canard *barbote* dans un trou. « Je fis le barbot et je m'emparai de quelques pièces de vingt et quarante francs. » (Canler.)

BARBOTE. — Fouille des prisonniers avant leur incarcération.

BARBOTER. — Voler. (Vidocq.) Mot à mot : faire le barbot. — « Tous deux en brav's nous barbotions, d'or et d'billet nous trouvons un million. » (Paillet.)

BARBOTEUR. — Voleur.

BARBOTIER. — Guichetier ; il fait la *barbote* des détenus.

BARBUE. — Plume. (Vidocq.) Allusion à sa barbe. V. *Arguemine*.

BARON DE LA CRASSE. — Se dit d'un homme mal bâti, habillé ridiculement, et qui se donne des manières de cour. (Caillot, 1829.)

Poisson a fait une pièce intitulée *le Baron de la Crasse*.

BARONIFIER. — Donner le titre de baron. On peut appliquer à la formation de ce mot nouveau la remarque que nous avons faite à propos d'*archi*. « D'Aldrigger fut alors baronifié par S. M. l'empereur. » (Balzac.)

BARRE. — Aiguille. (Vidocq.) — Ironie.

BAS BLEU. — Femme auteur, ou affichant des goûts littéraires. — Anglicanisme. — Au siècle dernier, lady Montague, dont le salon était des plus littéraires, aurait déclaré que les touristes pouvaient s'y présenter en tenue de voyage et en bas bleu. Selon d'autres, elle portait elle-même des bas bleus, ce qui lui aurait valu, de la part d'un amant congédié, le poëte Pope, le sobriquet de *blue stocking*, bas bleu. — « Voyez-la donc dans la rue, trottinant les coudes serrés contre la taille, la tête haute, le regard baissé, un bout de manuscrit sortant de son cabas ; voyez dans cette vieille chaussure ce bas qui se déroule ; est-ce un bas bleu ? C'est un bas sale! Tope là ! vous avez l'origine du mot. C'est la grande habitude des femmes de lettres de ne jamais s'occuper de ces minces détails de la vie de chaque jour. » (Jules Janin.)— « Molière les appelait les femmes savantes, nous les avons nommées 'bas bleus. » (Fr. Soulié.) —

Bas bleu a même droit de cité dans des sphères plus hautes, si nous en croyons ces lignes : « La comtesse de Liéven, *bas bleu* politique de la plus haute distinction. » (H. de Viel-Castel.)

Bas du c-l. —Homme de petite taille.

Bas du dos. —Postérieur.

Bas percé (être). — Être dans l'indigence. — Du temps des culottes courtes, un bas percé se voyait, et il fallait être bien misérable pour ne pouvoir payer la ravaudeuse.

Basane. — Amadou. (Colombey.) — L'amadou ressemble assez à une vieille peau de basane.

Basane. — Peau humaine. — Animalisme.

Basile. — Fourbe hypocrite, calomniateur. — Du nom d'un personnage du *Barbier de Séville*. — « Après 1830, on se déguisait beaucoup en Basile. » (Privat d'Anglemont.)

Basourdir. — Assommer. — (Vidocq.) — Abrév. d'*abasourdir*.

Bassin, Bassinoire. — Importun.

> Allons, vieux bassin,
> Avez vous fini vos manières? (Becquet. *chanson*.)

Bassiner.—Importuner. Mot à mot : échauffer comme une bassinoire.—«Il me bassine, cet avoué. » (Labiche.)

Bassinoire. — Grosse montre de cuivre. Moins le manche, elle offre un diminutif assez exact de la bassinoire classique. —« C'était une vénérable montre de famille, dite bassinoire en langage familier. » (Champfleury.)

Bastringue. — Scie à scier le fer. (Halbert.)

Bastringue. — Étui conique en fer d'environ quatre pouces de long sur douze lignes de diamètre, contenant un passe-port, de l'argent, des ressorts de montre dentelés pour scier un barreau de fer. (Vidocq.) —Les malfaiteurs arrêtés cachent dans leur anus cette sorte de nécessaire d'armes, qui doit être introduit par le gros bout. Faute de cette précaution, il remonte dans les intestins et finit par causer la mort. Un détenu périt il y a quelques années de cette manière, et les journaux ont retenti du nombre prodigieux d'objets découverts dans son bastringue, après l'autopsie.

Bataille (chapeau en). — Chapeau à cornes tombant sur chaque oreille. Mis dans le sens contraire, il est *en colonne*. — Terme de manœuvres militaires.—« Les uns portent d'immenses chapeaux en *bataille*, les autres de petits chapeaux en *colonne*. » (La Bédollière.)

Bateau. — Soulier énorme. — « Il chausse aussi cette excellente marquise... une frégate. Eh bien ! il y a des jours où, ma parole, ce n'est guère plus grand qu'un bateau. » (E. Villars.)

Bateau (mener en). — Escroquer.

Bateaux. — Souliers. — Allusion de forme. —« Je lui dis : Antoine, t'as pris mes bateaux ; je me jette sur lui et je trouve mes souliers. » (*La Correctionnelle*, 1841.)

Bath. — Remarquable. — Abréviation de *batif :* joli. — « Nous avons fait un lansquenet un peu bath cette nuit. » (A. Vitu.)

Batif, Batifonne. — Neuf, neuve, joli, jolie. (Vidocq.) De *battant* avec finale changée.

Batir. — Être enceinte. (J. Choux.)— Mot à mot : bâtir un enfant.

Baton creux. — Fusil. (Halbert.) — Vieux mot. — Au moyen âge les armes et bouches à feu s'appelaient *bastons à feu*.

Baton merdeux. — Homme de relations difficiles. Mot à mot : homme semblable à un bâton merdeux qu'on ne sait par quel bout prendre. — « Bâton merdeux, homme brusque qui repousse tous ceux qui s'adressent à lui. » (Dhautel.)

Batouse. — Toile. (Grandval.)

Battage. — Mensonge. V. *Batterie*.

Battant. — Cœur. (Vidocq.) Mot imagé. — Le cœur qui bat est à son état ordinaire. Il ne mérite pas encore le nom de *palpitant*.

Battant, battante.—Neuf, neuve. (Idem.) On a conservé l'expression de *battant neuf*.

Battant. — Gosier. V. *Pivois*. — *Se pousser dans le battant :* boire. —*Rien dans le battant, je suis à jeun*.

Battant. — Langue.—Allusion au battant de la cloche. — On dit d'une bavarde qu'elle a un bon battant.

Battante.— Cloche. Elle bat les heures.— « Ho ! les amis, sept plombes qui croasent à la battante d'Élisabeth ! » (*Catéchisme poissard*, 1844.)

BATTERIE, BATTAGE. — Mensonge. (Vidocq.)

BATTEUR.— Faiseur de batteries. (Idem.)

BATTEUR DE DIG DIG. — Voleur simulant une attaque d'épilepsie dans un magasin pour que ses compères volent plus à l'aise. (Colombey.)

BATTOIR. — Main large, main de claqueur, sonore comme un battoir de blanchisseuse. — « Dieu! la belle tragédienne ! En avant les battoirs ! » (L. Reybaud.)

> Mais les battoirs du parterre
> Font un tel bruit de tonnerre. (*Rienzi*, 1826.)

BATTRE. — Faire une batterie. (Vidocq.)

BATTRE L'ANTIFLE. — Battre le pavé, marcher. V. *Antiffe*.

BATTRE LE BRIQUET. — Rapprocher les jambes en marchant, ce qui produit un frottement analogue au battement du briquet.

BATTRE COMTOIS. — Jouer le rôle de compère. (Colombey.)

BATTRE COMTOIS, BATTRE JOB. — Faire le niais. (Vidocq.) V. *Comtois*, *Job*.

BATTRE MORASSE. — Crier au secours. V. *Morasse*.

BATTRE SA FLEMME. — Paresser. V. *Flemme*.

BATTRE SON QUART.— Raccrocher. V. *Quart*.

BATTRE EN DUEL (SE). — On dit des yeux louches qu'ils se *battent en duel*. — Allusion à leur rencontre. — On dit aussi de petites portions offertes sur un grand plat, qu'elles se *battent en duel*. — Allusion à l'espace sur lequel elles se meuvent par trop librement.

BATTRE LA PAUPIÈRE (S'EN). — Ne faire aucun cas d'une chose. — C'est un synonyme de *s'en battre l'œil*. — « Moustache ou barbe, je m'en bats la paupière... Il faut qu'un homme pèse deux cents ; s'il ne pèse pas deux cents, c'est pas la peine de se déranger. » (A. Scholl.)

BAUCHER.—Se moquer. (Colombey.)

BAUCOTER. — Agacer. (Idem.)

BAUDE. — Mal vénérien. (Vidocq.) — Du vieux mot *baud*: joyeux. — La *baude* serait donc la joyeuse, c'est-à-dire le mal de la joie.

BAUDRU.—Fouet.—Du vieux mot *baudré*: qui a fait *courroie*, *baudrier*.

BAUGE. — Coffre. (Grandval.)

BAUGE. — Ventre. (Colombey.) — Animalisme.

BAUME D'ACIER. — Instrument de chirurgie. — Moyen ironique de faire entendre que tous les baumes du monde ne peuvent dispenser d'une opération. — « Quant aux dents, si gâtées qu'elles soient, il n'est pas de dentifrice qui ne leur promette de les mettre à l'abri du baume d'acier. » (*Le Nil*, journal, août 1872.)

BAUSSE, BAUSSERESSE. — Patron, patronne.

BAVAROISE AUX CHOUX. — Verre d'absinthe et d'orgeat. — « On nous apporte deux bavaroises aux choux. Nous en étouffons encore deux autres. » (Monselet.)

BAVER. — Parler. Abréviation de *bavarder*.

BAYAFE. — Pistolet. — C'est un vieux mot languedocien qui veut dire *souffleur*. Or, *soufflant* veut dire aussi *pistolet*. V. *Soufflant*. — « On peut remoucher les bayafes. Alors le taffetas les fera dévider et tortiller la planque où est le carle. » (Vidocq.) On dit aussi *bayafre*.

BAYAFER.— Fusiller. (Colombey.)

BAZAR. — Maison chétive. — « Petit bazar entre cour et jardin. » (Labiche.)

BAZAR. — Mot contemporain de notre entrée en Afrique. — « J'ai vendu la moitié de mon bazar pour payer le médecin. » (E. Sue.)

BAZARDER.—Vendre. — « J'ai bazardé mon pantalon. » (*Les Tribunaux*, journal.)

BEAU. — Homme à la mode. — « Le *beau* de l'Empire est toujours un homme long et mince, qui porte un corset et qui a la croix de la Légion d'honneur. » (Balzac.)

BEAU (VIEUX), EX-BEAU. — Vieil homme ayant conservé des prétentions à une grande élégance.

BEAU DU JOUR. — Élégant, homme à la mode. — Le *beau du jour* reçoit d'autres noms qui varient avec le temps. Depuis Louis XVI on l'a successivement appelé *petit-maître*, *incroyable*, *merveilleux*, *fashionable*, *dandy*, *mirliflor*, *gant jaune*, *lion*, *gandin*, *petit crevé*, etc.

BEAU FILS. — Jeune beau.

BEAUCE, BEAUCERESSE. — Revendeur, revendeuse du marché du Temple.

BEAUSSE. — Riche bourgeois. (Colombey.)

BEAUTÉ (LA).— Le sexe féminin, fût-il aussi laidement représenté que possible.

BEAUTÉ DU DIABLE.—Se dit de la fraîcheur

de la jeunesse et non de la beauté. Vénus n'y est ici pour rien. « Elles ont ce qu'il est convenu de nommer la beauté du diable, ce qui veut dire de la jeunesse. » (P. de Kock.)

BÉBÉ. — Poupard. — De l'anglais *baby*. — — « Emma arriva, au sortir du bal de la Porte-Saint-Martin, en costume de bébé. » (*Ces Dames*, 1860.) — M. Gustave Droz a fait un livre intitulé : *Monsieur, Madame et Bébé*.

En adoptant ce mot, vers 1860, nos anglomanes ont été plus Français qu'ils ne le pensaient. On le verra par les exemples suivants :

BÉBÉ. — Avorton. — « Ce bébé littéraire et turlupin tragique. » (*Épître à l'Empereur, par une Muse villageoise*, 1808, in-8.)

BÉBÉ. — Terme d'amitié. Mot à mot : petit-fils. — « Eh bien ! mon bébé, je t'avertis que je compte et compterai éternellement sur ton cœur. Bonjour, mon bon bébé, mon ancien et éternel ami. » (Sophie Arnould, *Lettre à Bellanger*, 27 février 1793.)

Voici un exemple plus moderne qui prouve que, si les mots changent, les besoins ne changent pas. — « Tu sais, mon petit homme, que je n'ai plus un sou, et que ton petit bébé ne doit pas rester sans espèces. » (*Ces Dames*, 1860.)

> Un mot dont on nous favorise,
> Mot aux nourrices dérobé.
> C'est (aurait-on la barbe grise) :
> Comment ça va? Bonjour, bébé. (Fr. de Courcy.)

BEC. — Bouche. — Animalisme.— Le mot est de toute antiquité. Villon, dans son *Testament*, parle des commères « qui ont le *bec* affilé. » Dans la ballade des *Femmes de Paris*, on retrouve encore : « Il n'est bon bec que de Paris. »

Casser, chelinguer du bec : avoir mauvaise haleine.

Passer devant le bec : passer sans répondre à l'espoir de quelqu'un. — « Il ne sera pas mal de profiter du brouillard pour leur passer devant le bec. » (L. Desnoyers.) — On dit souvent : *Cela m'a passé devant le bec.*

Rincer le bec : faire boire.

River le bec : faire taire.

Taire son bec : se taire. — « Pour lui faire taire son bec, mon homme s'est vu forcé de jouer du couteau. (M. Perrin.) »

Tortiller du bec : manger.

Fin bec : gourmand.

BÉCASSE. — Femme maigre et guindée comme une bécasse. — « La femme a l'air d'une fameuse bécasse. » (Villemot.)

BÊCHER. — Battre, dire du mal. — Du vieux mot *béchier :* frapper du bec.— « Je suis comme je suis, c'est pas une raison pour me bêcher. » (Monselet.)

BÊCHEUR, BÊCHEUSE. — Médisant, médisante.

BÊCHEUR. — Magistrat chargé du ministère public. Mot à mot : *bêcheur* de prévenu.

BÉCOT. — Petit baiser pris du bout des lèvres avec la prestesse de l'oiseau qui donne son coup de *bec*. — « Encore un bécot. » (Champfleury.)

BÉCOTER. — Donner un bécot. — « Tiens, j'effarouche les tourtereaux... On se bécotait ici. » (Cormon.)

On écrit aussi : *bécotter.*

> Petit bossu,
> Noir et tortu,
> Qui me bécottes...
> De me baiser finiras-tu? (Béranger.)

BECQUETER. — Manger. Mot à mot : travailler du bec. — « Dis donc, Boizamort, si nous becquetions une croûte? » (1842, Ladimir.)

BÉDOUIN. — Dans un volume de souvenirs sur 1814, M. Labretonnière dit en parlant des bisets de la garde nationale d'alors : « Quelques gibernes se croisaient avec le briquet sur une pacifique redingote, et constituaient ce que nous devions, quinze ans plus tard, gratifier du nom de Bédouins. »

BEFFEUR, BEFFEUSE. — Faiseur, faiseuse de dupes. (Colombey.)

BÈGUE. — Avoine. (Idem.)

BÉGUIN. — Passion. — Du mot *béguin :* chaperon, coiffure. — Allusion semblable à celle qui fait appeler *coiffée* une personne éprise. — « Il y a bel âge que je ne pense plus à mon premier béguin. » (Monselet.)

BÉGUIN. — Tête. — « Tu y as donc tapé sur le béguin. » (*Robert Macaire*, 1836.)

BÉLIER. — Mari trompé. (Vidocq.) — Allusion aux cornes symboliques du cocuage.

BELLE (JOUER LA). — Tout risquer d'un seul coup. — Deux joueurs *jouent la belle (partie)*, lorsqu'après en avoir gagné chacun une, ils conviennent d'en jouer une décisive. — Pris souvent au figuré.

BELLE (LA PERDRE). — Perdre une partie très-engagée.

BELLE DE NUIT. — Raccrocheuse ne se montrant, comme la fleur de ce nom, que pendant la nuit. — Se dit aussi d'un visage flétri qui ne brille qu'aux lumières.— « La plupart de ces belles de nuit ne seraient pas présentables au grand jour. » (P. de Mairobert, 1776.)

BÉNEF. — Bénéfice. — Abréviation.— « Un billet, mon maître, moins cher qu'au bureau ! Deux francs cinquante de bénef ! » (A. Second.)

BÉNISSEUR. — Se dit aussi d'un personnage n'ayant de la morale et de la vertu que la banalité. Il fait hors de propos des allocutions attendries. — « Cet ensemble donne au placide vieillard la physionomie consacrée d'un bénisseur. Le langage onctueux complète l'illusion. » (L'Éclair, 1872.)

BENOITON, BENOITONNE. — Digne (par l'extravagance de sa toilette, de ses mœurs, de ses dépenses) d'être confondu avec les types mis en scène par M. Sardou dans sa *Famille Benoîton*. — « L'Église et le théâtre semblent se donner la main pour flétrir avec indignation les mœurs benoîtonnes. » (Dupeuty, 1866.) — « Madame ***, très-connue par les audaces benoîtonnes de son langage. » (Yriarte, 1866.)

BENOITONNER. — Porter une toilette ridicule, c'est-à-dire : à la Benoîton.

Et, le soir, les gandins sur vos pas s'étouffant,
Croiront tous, à vous voir ainsi *benoîtonnée*,
Que dans la bicherie une autre biche est née.
Et tous, ceux du MOUTARD et ceux du MIRLITON,
Avec leurs pince-nez et leurs cols de carton,
Et leurs gilets ouverts sur la blancheur du linge,
Criront, en se pâmant : « Quel adorable singe ! »

(*Vie parisienne*, 1866.)

BENOITONNERIE. — Genre *Benoîton*. V. ce mot.

BÉOTIEN. — Bête, inintelligent. — Dans l'ancienne Grèce, les Béotiens passaient pour illettrés. — « L'entretien suivant, éminemment béotien, s'il nous est permis d'emprunter cette expression au très-spirituel écrivain qui l'a popularisée, Louis Desnoyers, auteur des *Béotiens de Paris*. » (E. Sue.) V. *Philistin*.

BÉQUILLARD, BÉQUILLEUR. — Bourreau. (Colombey.) — Il vous pendait à la *béquille* (potence).

BÉQUILLE. — Potence. (Vidocq.) — La potence ressemble à une *béquille* monumentale.

BÉQUILLER. — Pendre, accrocher à la *béquille*. V. *Farre*.

BÉQUILLER, BECQUETER. — Manger. Mot à mot : travailler du bec. — « C'est égal, je lui ai envoyé un coup de tampon sur le mufle qu'il ne pourra ni béquiller, ni licher de quinze jours. » (Th. Gautier.)— « On béquille, on s'amuse, on s' donne du bon temps, on oublie sa misère. » (H. Mounier.)

BÉQUILLEUR. — Mangeur.

BERIBOXO. — Nigaud. (Vidocq.)

BERLUE. — Couverture. (Idem.)

BERNIQUER. — S'en aller pour ne plus revenir. Mot à mot : agir comme si on disait *bernique*. Ce dernier mot se trouve dans le *Dictionnaire de l'Académie*.

BERRY. — Capote d'études à l'École polytechnique. — « Toujours plus ou moins culottée, veuve d'un certain nombre de boutons. » (La Bédollière.)

BERTRAND. — Fripon dupé par son complice. — Le drame populaire de l'*Auberge des Adrets* a mis ce terme à la mode. — « Il s'était posé à mon endroit en Robert Macaire, me laissant le rôle désobligeant de Gogo ou de Bertrand. » (E. Sue.)

BESOUILLE. — Ceinture. (Colombey.)

BÊTE. — Escroc. V. *Bachotteur*.

BÊTE A CORNES. — Fourchette. — Les cornes sont les dents, qui étaient au nombre de deux dans les anciennes fourchettes.

BÊTE A DEUX FINS. — « Cet aimable époux prenait *sa bête à deux fins* (c'est ainsi qu'il nommait sa canne, parce qu'elle lui servait à faire taire et à faire crier sa femme.) » (Privat d'Anglemont.)

BÊTISES (DIRE DES). — Tenir des propos grivois. — Passer des paroles à l'action, c'est *faire des bêtises*. C'est à ce dernier sens que s'applique l'exemple suivant : « Elle est belle, ma Joséphine.... Mais pas de bêtises! a vous donnerait du mal ! » (*Dernier jour d'un condamné*.)

BETTANDER. — Mendier. (Colombey.) — On dit aussi BATTANDER.

BETTERAVE. — Nez rouge comme betterave. — « *Il a un nez de betterave*, c'est-à-dire un gros nez, rouge et enluminé. » (Caillot, 1829.)

BETTING-BOOK. — Livre sur lequel on inscrit les paris de courses. (Paz.) — Anglicanisme. — « Vous la trouverez inscrivant ses paris sur le betting-book comme au bal ses valses sur son carnet. » (E. Villars. 1866.)

BETTING-ROOM. — Salon ouvert aux parieurs de courses. (Idem).

BETTING'MEN. — Parieur. (Idem.) V. *Cocotterie.*

BEUGLANT. — Café chantant. — « Nous allâmes au beuglant, c'est-à-dire au café chantant... Vous devez juger par le nom donné à cet établissement que les chants des artistes sont fort peu mélodieux. » (*Les Étudiants*, 1860.)— « Des caboulots de toute sorte, des beuglants grands et petits. » (*Vie parisienne*, août 1867.)

BEUGNE. — Coup violent. — Des vieux mots *beigne, bigne.*

BEURRE. — Argent. — « Pas plus de beurre que ça, dit la Zoé au major qui lui remet une trentaine de francs. » (Jaime fils.) V. *Graisse.*

> Nous v'là dans le cabaret
> A boire du vin clairet,
> A c't'heure
> Que j'ons du beurre.
> (*Chansons*, Avignon, 1813.)

BEURRE (AU PRIX OU EST LE.) — Par le temps de cherté qui court.

BEURRE (FAIRE SON). — Prélever un bénéfice illicite. — Le terme aurait-il été primitivement à l'adresse des cuisinières faisant danser l'anse du panier? En tout cas, ces gras synonymes s'appliquent volontiers à l'argent mal acquis. On sait ce que veut dire : *Se faire graisser la patte.* L'argent est aussi appelé *huile.* Deux voleurs, mettant la main sur un riche porte-monnaie, diront : *Il y a gras.* — « Un fonctionnaire, puni pour avoir fait son beurre en prévariquant, trouve souvent ce même beurre un peu salé. » (Commerson.)

BEURRE DANS SES ÉPINARDS (METTRE DU.) — Augmenter son bien-être. Car les épinards sont *la mort au beurre*, chacun sait ça. — « Dans l'espoir que l'or étranger mettrait du beurre dans les épinards de la famille, Chamouillez père s'était payé un paletot de cent francs. » (E. d'Hervilly.)

BEURRE. — Chose agréable. — « On recevra un coup de canon comme on avale un petit verre. Ce sera un beurre. » (Lockroy.) — « A propos d'une sonate de Mozart, ce jugement résumé avec tant de grâce : c'est un petit beurre. » (Aubryet.)

BEURRE NOIR (ŒIL AU). — Abréviation de : œil poché au beurre noir, dont la paupière est noircie de sang extravasé à la suite d'un coup. — « L'ouvrier a un œil au beurre noir ; le cocher cherche partout un morceau de son nez. » (Sauger.)

Terme ancien, Rabelais l'a employé : « Il resta tout estourdy et meurtry, un œil poché au beurre noir. » (*Pantagruel*, liv. IV, ch. 12.)

BEURRE SUR LA TÊTE (AVOIR DU). — Être couvert de crimes. — Allusion à un proverbe hébraïque. (Vidocq.)

BEURRIER. — Banquier. (Vidocq.) Mot à mot : marchand d'argent (*beurre*).

BEZI, BEZIG, BEZIGUE. — Jeu de cartes. — « Ma femme est en train de jouer au bezi... ou bezig. » (De Leuven.) — « Au piquet, au bezigue..., je suis homme à donner leçon au plus malin. » (About.)

BIBARD. — Grand buveur. (Dhautel.) — « Par rapport à ces vieux bibards d'invalides. » (La Bédollière.)

BIBASSE. — Vieille femme. Pour *birbasse.*

BIBELOT, BIBELOTER. V. *Biblot, Bibloter.*

BIBI. — Petit chapeau de femme. — « Malaga portait de jolis bibis. » (Balzac.)

BIBI. — Nom d'amitié donné à l'ami ou à l'amie dont on est *coiffé.* — « Paul, mon bibi, j'ai bien soif. — Déjà? » (Montépin.) — « Encore à boire ? — Tiens, mon bibi ! t'as pas mal au cœur ? » (H. Monnier.)

BIBINE. — Cabaret. Mot à mot : cabine à biberons, à ivrognes.

BIBLOT. — Objet de fantaisie ou curiosité propre à décorer une étagère. — De *bimbelot* : jouet d'enfant.

« On nomme *biblots*, en style d'amateur, cet inimaginable amas de bronzes, chinoiseries, filigranes, ivoire, saxe, sèvres, bonbonnières, médaillons, éventails, cassolettes, écaille, laque, nacre, cristal, jade, lapis, onyx, malachite, marcassite, poignards, kangiars, bijoux, joujoux, qui doivent nécessairement orner, j'ai voulu dire encombrer, les étagères d'une femme posée dans le monde par sa célébrité ou sa beauté. Être sans biblot, c'est le dernier degré du discrédit et de la honte. Toutes ces dames du quartier Bréda ont du biblot ; les danseuses en ont ; ma portière en possède aussi. (F. Mornand.)

BIBLOT (MON). — Dans la bouche d'un soldat, signifie : mon attirail militaire.

BIBLOT. — Bijou. — « Trouve-moi des dentelles chouettes, et donne-moi les plus reluisants biblots. » (Balzac.)

BIBLOT. — Outil d'artisan. (Vidocq.)

BIBLOTER. — Acheter des objets de curiosité.

BIBLOTER. — Faire sur toutes sortes de choses de petits bénéfices.

BIBLOTER. — Vendre. — « Venir vendre ses vêtements, s'appelait *bibelotter ses frusques* ; s'habiller, *se renfrusquiner*. » (*Petit Journal*, 1865.)

BIBLOTER. — Arranger avec soin. — « Je me munis d'une petite réclame que j'avais bibelotée la veille à propos des toilettes de mariées. » (Villemessant.)

BICEPS. — Solidité musculaire de l'arrière-bras. — Terme scientifique vulgarisé par les étudiants en médecine. — « Mon frère Georges a raison. Il faut qu'un valseur ait du biceps. » (1866, *Vie parisienne*.)

BICEPS (TATER LE). — Prendre par la flatterie. (1851, *Almanach des débiteurs*.)

BICHE. — Lorette. — Abréviation de *biche d'Alger*, synonyme poli de *chameau*. — « Une biche, il faut bien se servir de cette désignation, puisqu'elle a conquis son droit de cité dans le dictionnaire de la vie parisienne, se trouvait cet été à Bade. » (*Figaro*, 1858.) V. *Benoîtonnée*.

Forte biche. — Lorette élégante.

BICHERIE. — Monde galant. Mot à mot : *réunion des biches*. — « Madame Marguerite V..., de la haute bicherie du quartier d'Antin. » (*Les Cocottes*, 1864.) V. *Benoîtonnée*.

BICHE, BICHETTE, BICHON. — Mots d'amitié pour chaque sexe. — *Bichette* est comme *biche* la femelle du cerf. *Bichon* se dit d'un petit chien du genre havanais. — « Viens ici, ma biche, viens t'asseoir sur mes genoux. » (Frémy.) — « Oui, ma bichette, oui, mon petit chien-chien. » (Leuven.) — « Mon bichon, tu seras gentil, faudra voir ! » (Gavarni.)

BICHOT. — Évêque. (Colombey.) — Germanisme. — L'évêque allemand est un *bischoff*.

BIDET. — Ficelle transportant la correspondance des prisonniers enfermés à des étages différents. (Vidocq.) C'est leur *bidet* de poste.

BIDOCHE. — Viande. (Vidocq.)

BIDONNER. — Boire copieusement. — Le bidon est un fort récipient à liquide. — « Hier, j'ai bidonné et ce matin j'avais la bouche pâteuse. — Fallait repiquer pour te remettre. » (Ladimir.)

BIEN. — D'apparence distinguée. — « Elle aime à causer, surtout avec les *messieurs bien*. » (P. d'Anglemont.)

BIEN (ÊTRE). — Être gris. Mot à mot : éprouver le bien-être factice causé par un commencement d'ivresse. — Ironique.

BIEN MIS. — Fashionable. — « Ohé ! ce bien mis, il vient faire sa tête parce qu'il a du linge en dessous. » (E. Sue.)

BIENSÉANT. — Derrière. — Jeu de mots. — De toutes les parties du corps, c'est en effet celle sur laquelle on sied bien.

BIER. — Aller. (Vidocq.) Abréviation d'*ambier*. V. ce mot.

BIFFER. — Manger goulûment. (Vidocq.) C'est *bouffer* avec changement de la première syllabe.

BIFFIN, BIFIN. — Chiffonnier. — « Ce n'est pas le chiffonnier pur-sang, c'est celui qui a déchu d'une position meilleure. De là sans doute le nom de *biffin* : goulu, donné par l'ancien chiffonnier au nouveau venu. » — « J' vois deux bifins et leurs femelles. » (*Chansonnier*, 1836.)

BIGARD. — Trou. (Vidocq.)

BIGE, BIGEOT. — Dupe. (Vidocq.)

BIGORNE. — Argot. — Du vieux mot *biguer* : changer, troquer. L'argot n'est qu'un langage *bigué*, d'où le diminutif *bigorne*. — « Rouscaillons bigorne. Qui enterver le saura, à part sézière en rira, mais les rupins de la vergne ne sont dignes de cela. (Vidocq.) V. *Jaspiner*.

BIGORNEAU. — Soldat de marine. — Terme de matelot. Comme le petit coquillage de ce

UN BONJOURIER

nom, le soldat de marine reste attaché à la côte.

BIGORNEAU. — Sergent de ville. (Halbert.)

BIGOTTER. — Prier. (Vidocq.) Mot à mot : faire le bigot.

BIGRE.— Juron lancé dans les cas difficiles. *Ah! bigre!* se dit comme *ah! diable!* C'est une forme de *bougre!*

BIGREMENT. — Superlativement. Forme de *bougrement.* — « C'est bigrement embêtant, allez. » (Gavarni.)

BIJOUTIER. — Marchand d'arlequins. V. *Arlequin.*

BIJOUTIER EN CUIR. — Savetier. (Colombey.) — Ironie.

BILE (NE PAS SE FAIRE DE). — Ne pas se tourmenter. — « Ne vous faites pas de bile, elle sera heureuse avec moi. » (Marquet.)

Après l' service on peut sans retard...
Venir chez ses parents, sans s' faire de bile
Savourer une bonne soupe au lard. (A. Cahen.)

Il ne se fait pas de bile se dit d'un insouciant.

Il se fait une bile se dit d'une personne qui se tourmente constamment.

BILLANCHER. — Payer comptant. Mot à mot : donner de la *bille*.

BILLE, BILLEMONT, BILLON. — Monnaie. *Billemont* et *Bille* viennent de *billon.*— « L'argent au Temple est de la braise, ou de la thune, ou de la bille. » (Mornand.) — « Nous attendions la sorgue, voulant poisser des bogues, pour faire du billon. » (Vidocq.) V. *Attache, Flacul.*— *Billon* se dit toujours pour monnaie de cuivre.

BILLET A LA CHATRE. — Garantie illusoire. — « Vous connaissez, sans doute, l'anecdote qui a donné naissance à cette expression tant répétée. Pour le cas, cependant où elle ne serait pas venue jusqu'à vous, la voici en deux mots : — Le marquis de la Châtre aimait tendrement Ninon. Obligé, par un voyage, de la quitter pendant quelque temps, il s'était demandé si, pendant l'absence, Ninon l'aimerait toujours. Nous ne savons quelle idée le marquis se faisait de l'amour et de la fidélité d'une fille d'Ève, mais il voulut, pour mettre fin à ses anxiétés, que Ninon s'engageât, par écrit, à lui rester fidèle. Ninon signa, le marquis partit, et... Ninon qui n'aimait pas les entr'actes, oublia bientôt promesse et signature. Comme il était un peu tard quand son billet lui revint en mémoire, elle ne put s'empêcher de s'écrier : *Ah ! le bon billet qu'a la Châtre !* C'est depuis ce temps ou plutôt depuis cette histoire, que le mot est passé dans la langue. Ayez dans les mains un billet sans valeur, un engagement peu sérieux, et l'on dira pour caractériser votre situation : *Le bon billet qu'a la Châtre !* » (Rozan.)—« Voilà M. Carteret tranquille. Il a la parole de M. Marque. Oh! le bon billet à la Châtre!.. » (*Éclair*, juillet 1872.)

BILLET DE 500, BILLET DE 1000. — Billet de 500 francs, billet de 1000 francs. — « Te faut-il beaucoup? — Un billet de cinq cents... » (Balzac.) — « Les ressources d'une lorette pour extraire *un billet de mille.* » (Idem.)

BILLET (DONNER ou FICHER SON). — Certifier. Mot à mot : se déclarer prêt à signer un billet d'attestation. — « Rienzi ne la gobera jamais que de ma main. Je t'en donne mon billet. » (*Rienzi*, parodie, 1826.) — « Il ne faut pas avoir la goutte aux pattes dans votre état. Je vous en fiche mon billet. » (*Cabarets de Paris*, 1821.)

Prendre un billet de parterre : tomber par accident. V. *Parterre.*

BINELLE. — Faillite. (Vidocq.)

BINNELLELOPHE.—Banqueroute. (Halbert.)

BINELLIER. — Banqueroutier. (Vidocq.)

BINETTE. -— Tête dans le sens de physionomie. — On dit souvent : « Quelle drôle de binette ! »

Pour arriver à rendre enfin l'œuvre complète,
Nadar de chacun d'eux décalqua la *binette.*
(*Almanach au Tintamarre.*)

— « Vous demandez ma tête, monsieur le procureur du roi... Je regarde votre binette et je comprends votre ambition. » (*Dernier jour d'un condamné.*)

Le *Journal des Coiffeurs* revendique ainsi l'origine de ce mot : « *Binette, le coiffeur du roi*, ne cédait jamais une de ses belles perruques pour moins de *trois mille livres tournois.* Il est vrai que ce grand perruquier ne se contentait pas de mettre une simple petite bande d'implanté sur le milieu, et qu'il garnissait toute la partie frontale de *fine toile de crin*, chose qui donnait à ses devants de perruque *in-folio* une légèreté extraordinaire. Aussi, comme les élégants de l'époque aimaient à parler toilette, parlaient-ils souvent de *binette* (leur perruque), surtout lorsqu'elles sortaient de chez le grand faiseur. — Vous avez là une bien jolie *binette !* disait-on lorsqu'on voulait complimenter quelqu'un sur la beauté de sa perruque. Aujourd'hui, et sans savoir pourquoi, on dit souvent par moquerie : Oh ! la drôle de binette ! » (*Journal des Coiffeurs.*) — Nous devons toutefois faire observer que les exemples justificatifs de cette étymologie manquent totalement. En attendant qu'on en trouve quelques-uns, nous verrions plus volontiers dans *binette* une abréviation de *bobinette.* V. *Bobine.*

BINETTE A LA DÉSASTRE. — Tête du créancier impayé. (1851, *Almanach des Débiteurs.*)

BINÔME. — « Aux laboratoires, nous verrons chacun des élèves (de l'École polytechnique) manipuler avec un camarade qu'il nomme son *binôme*. » (La Bédollière.) — Allusion à la signification algébrique de binôme : quantité composée de deux termes.

BIRBADE, BIRBASSE, BIRBE, BIRBETTE, BIRBON. — Vieux, vieille. — Italianisme. — « Les dames des tables d'hôte ont adopté trois mots pour peindre la vieillesse : à cinquante-cinq ans, c'est un *birbon*; à soixante ans, c'est un *birbe*; passé ce délai fatal, c'est une *birbette*. On ne lui fait plus même les honneurs du sexe masculin. » (Lespès.) — Vidocq donne *birbasse*: vieux, et *birbe dabe*: grand-père.

BIRBASSERIE. — Vieillerie. (Vidocq.)

BIRBE. — V. *Birbade*. — « Monsieur le président, vous êtes un vieux birbe. J'em.... la cour, je respecte messieurs les jurés. » *(Dernier jour d'un condamné.)*

BIRLIBI. — Jeu de dés tenu par des filous dans les foires. (Vidocq.) — C'est l'ancien *biribi*.

BISARD. — Soufflet. (Vidocq.) Mot à mot : souffle *bise*.

BISCAYE. — Bicêtre. — Changement de finale.

BISCHOFF. — Mélange de vin blanc, de sucre et de citron ; la recette est, l'on s'en doute, d'origine allemande. — « René agite le bischoff avec une cuiller à punch. » (Frémy.)

BISMARCK. — Couleur brune, dite auparavant *aventurine*. Elle fut à la mode en France après Sadowa, car, ne l'oublions pas, M. de Bismarck a eu sous l'Empire ses admirateurs. — « La baronne est en bismarck de pied en cap. » (*Vie parisienne*, 1867.)

BISTOURNÉ. — Cor de chasse. Allusion aux tours du tuyau. — Participe du verbe *bistourner*: tourner, qui se trouve dans le dictionnaire de l'Académie.

BISSER. — Répéter une seconde fois. — Latinisme. — « L'usage de bisser un couplet, un air, un finale, ne remonte qu'en 1780. Mademoiselle Laguerre mit tant d'expression à chanter l'hymne de l'Amour à la première représentation d'*Écho et Narcisse*, de Gluck, que le parterre voulut l'entendre deux fois. La partie intelligente du public eut beau protester contre cette innovation qui entravait l'action en sub-

stituant l'acteur au personnage, ce fut en vain; l'usage du *bis* fut désormais introduit sur la scène française. » (J. Duflot.)

BITUME. — Trottoir. — Du bitume qui le recouvre ordinairement.

BITUME (FOULER, POLIR LE). — Aller et venir sur le trottoir. V. *Asphalte*.

BITUME (DEMOISELLE DU). — Raccrocheuse. V. *Côtes en long*.

BITUMER. — Faire le trottoir. (J. Choux.)

BITURE, BITTURE. — Consommation copieuse. — Du vieux mot *boiture*: goinfrerie. — « N'aspirons-nous le grand air que pour l'ineffable joie d'engloutir impunément du *piqueton* jusqu'au *gobichonnage majeur*, jusqu'à prendre une *biture*? » (Luchet.) — « Le cortège fait halte pour une *bitture* générale. » (La Bédollière.) — « Je peux me flatter de m'être donné une biture soignée. » (L. Desnoyers.)

BITURER (SE). — Se donner une biture.

BLACKBOULAGE. — Refus, échec dans une demande d'admission. V. *Blackbouler*. — « Le jockey-club devient de plus en plus sévère. Le blacboulage sévit impitoyablement. » (Virmaître, 1867.)

BLACKBOULER. — Refuser. — « Pour rejeter on dépose une boule noire. En anglais noir se dit *black*. Or, lorsqu'un candidat est repoussé, on dit qu'il a été blackboulé! Quel mot sauvage ! » (G. Claudin.)

BLAGUE. — Autrefois ce mot si répandu signifiait *hâblerie*. Aujourd'hui il a quatre sens : il veut dire *causerie*, ou *faconde*, ou *raillerie*, ou *mensonge*.

Son étymologie a donné matière à bien des conjectures. On ne peut admettre celle de M. Albert Monnier, qui, dans un article du *Figaro*, fait dériver *blaguer* du *braguer* de Rabelais; ni celles de MM. A. Luchet et Fr. Michel, qui voient dans *blague* une acception figurée de la vessie employée par les fumeurs sous le même nom.

Il est à remarquer que le mot *blaque* (valaque) désigne, dans le *Dictionnaire* de Ménage, les hommes de mauvaise foi (comme Grec : escroc). — M. Littré, qui relègue *blague* et *blaguer* parmi les termes du *plus bas* langage, donne une étymologie gaélique beaucoup plus ancienne. (*Blagh*: souffler, se vanter.) Malheureusement, nous manquons jusqu'ici des exemples qui pourraient prouver cette origine gaëlique dans la suite des siècles. Voici la série des exemples certains les plus anciens que nous ayons pu recueillir.

Le *Dictionnaire de Dhautel* (1808) admet les mots *blaguer* et *blagueur* avec le triple sens de *railler, mentir, tenir des discours dénués de sens commun.* — Cet exemple, des plus anciens que nous ayons trouvés, ne prend *blague* qu'en mauvaise part.

L'année suivante, Cadet Gassicourt confirme ainsi la définition de Dhautel, dans le récit de la campagne de 1809 (*Voyage en Autriche*):— « Les militaires ont, dit-il, *inventé* un mot pour exprimer un conte puérile ou ridicule, un mensonge, une gasconnade. Cela s'appelle *blague*, d'où l'on a fait dériver *blaguer, blagueur, blagomane.* »

Comme Cadet Gassicourt, Beyle (Stendhal) dit dans sa *Rome en* 1817 (Paris, 1827), en parlant du temps de l'Empire, où il avait servi dans l'administration militaire : — « Cette vanterie égoïste et grossière que nous appelions *blague* parmi les officiers subalternes des régiments, y est absolument inconnue. »

Un peu après, nous trouvons *blague* avec le même sens en Belgique et en Champagne. — L'auteur d'un *vocabulaire langrois* de 1823 mentionne *blague* comme appartenant au langage local. Enfin, on trouve *black* (hâblerie) dans le dictionnaire wallon de Remacle. (Liége, 1823.)

De ces divers exemples, et en attendant mieux, on peut conclure avec certitude que *blague* était fort usité dans l'armée au commencement du siècle, avec le seul sens de *hâblerie.* Nous allons voir cette signification se modifier complétement avec l'extension de son usage.

Voici aujourd'hui les divers sens de *blague :*

BLAGUE. — Causerie ordinaire. — On dit : *j'ai fait deux heures de blague avec un tel,* pour *j'ai causé avec un tel.*

BLAGUE. — Faconde, verve, habileté oratoire. — « Un homme d'esprit et de bonnes manières, M. le comte de Maussion, a donné au mot *blague* une signification que l'usage a consacrée : « l'art de se présenter sous un jour favo- « rable, de se faire valoir, et d'exploiter pour « cela les hommes et les choses. » (Luchet.)

Un homme qui a de la blague est un homme doué d'une grande facilité d'élocution.

Avoir la blague du métier : faire valoir certaines choses en spécialiste consommé.

Il a une fameuse blague : il a une grande verve.

Il n'a que la blague : il parle bien, mais n'a pas une valeur réelle.

BLAGUE. — Plaisanterie, raillerie. — « Je te trouve du talent, là, sans blague ! » (De Goncourt.) — « Pas de bêtises, mon vieux, blague dans le coin ! t'es malade. » (Monselet.)

BLAGUE. — Œuvre littéraire sans valeur. On dit d'un journaliste médiocre : *il ne fait que des blagues.*

BLAGUE. — Mensonge. — « En leur faisant avaler toutes sortes de blagues. » (L. Huart.)

BLAGUE A TABAC. — Sein flétri. (Colombey.)

BLAGUER. — Causer. — « Nous venons blaguer, » dit Léon de Lora à madame Nourrisson, dans les *Comédiens sans le savoir*, de Balzac. — « Et à propos de quoi choisis-tu ce beau jour pour venir ainsi blaguer morale ? » (E. Sue.)

BLAGUER. — Avoir de la verve. — « Enfin elle *blague* aujourd'hui, elle qui ne connaissait rien de rien, pas même ce mot-là. » (Balzac.)

BLAGUER. — Railler. — « Si on te blague, fais semblant de rire. » (De Goncourt.)— « Ne blaguons plus ! » (*Cousine Bette*, Balzac.)

Un homme blagué : un homme raillé, berné.

BLAGUER. — Mentir, faire des hâbleries. Pour les exemples, v. *Blague.*

BLAGUEUR, BLAGUEUSE. — Menteur, menteuse.

> Mais qu'un blagueur me raconte
> Ses faits merveilleux,
> Quand j'en ai plus que mon compte,
> J' lui dis : Mais, mon vieux,
> Je n' coup' pas beaucoup
> Dans c' montage de coup. (Aug. Hardy.)

— « Mon beau-père, vous n'êtes qu'un vieux blagueur ! dit Robert Macaire au baron de Wormspire ; et ils s'embrassent. » (Luchet.)

— « En 1813, deux femmes, Pauline la Vache et Louise la Blagueuse, enlevèrent 50,000 francs. » (Vidocq.)

BLAGUEUR. — Railleur. — « Il ne pouvait

y avoir circonstance si grave qui empêchât ce blagueur fini de se livrer à sa verve. » (L. Desnoyers.)

BLAIREAU. — Conscrit. — Animalisme. — « Moi, j'ai carotté un blaireau... » (La Bédollière.)

BLAIREAUTER. — Peindre avec trop de fini, abuser du pinceau de *blaireau* qu'on a entre les mains. — « Aussi sa peinture est-elle fameusement blaireautée. » (La Bédollière.)

BLANC. — Vin blanc.—« Allons, vivement! du blanc à un franc! » (La Bédollière.) — On dit aussi *Petit blanc*.

BLANC. — Légitimiste désirant le retour du drapeau blanc.

BLANC.—Pièce d'un franc. (1851, *Almanach des Débiteurs.)* — Allusion de couleur.

BLANC (N'ÊTRE PAS.) — Être en mauvaise passe. Mot à mot : être noirci par une accusation quelconque. — « La v'là morte, j'sis pas blanc. » (*Rienzi*, 1826.)

BLANCHISSEUR. — Avocat. (Colombey.)

BLANQUETTE. — Argenterie. (Vidocq.) ·· Monnaie blanche. (Grandval.)

BLANQUETTER. — Argenter. (Colombey.)

BLARD, BLAVARD. — Châle. Mot à mot : grand mouchoir. — Augmentatif de Blave.

BLAVE, BLAVIN. — Mouchoir. (Vidocq.) — Dimin. du vieux mot *blave :* bleu. — Les mouchoirs à carreaux bleus sont encore fort en usage, surtout chez les priseurs.

BLAVINISTE. — Voleur de mouchoirs. V. *Butter, Pègre.*

BLEU. — Conscrit. — Allusion à la blouse bleue de la plupart des recrues. — « Celui des bleus qui est le plus jobard. » (La Barre.)

BLEU, PETIT BLEU. — Gros vin dont les gouttes laissent des taches bleues sur la table. — « La franchise, arrosée par les libations d'un *petit bleu*, les avait poussés l'un l'autre à se faire leur biographie. » (Murger.)

> De ce vin, qu'à tort l'on renomme,
> Qui grise en abrutissant l'homme,
> Et qu'on vend pour du petit bleu,
> J'en goûte un peu. (H. Valère.)

BLEU.— Très-irrité, très-stupéfait. — Allusion à la teinte que les sentiments excessifs amènent sur les figures sanguines.

BLEUE (COLÈRE). — Colère violente. —

Même allusion que ci-dessus.—« La littérature et la musique l'ont fait entrer dans des colères bleues. » (*Vie parisienne*, 1866.)

BLEU (BAILLER TOUT). — Rester stupéfait. — Même allusion que ci-dessus.

BLEU (PAYS, ROYAUME DU). — Pays imaginaire et radieux comme le ciel bleu si contemplé par les poëtes. — « La guerre même devient un spectacle agréable, et l'on nage dans le royaume du bleu. » (J. Richard.)

BLOC. — Prison.— On y est bloqué.—« Prenez trois hommes et menez cette fille au bloc. » (V. Hugo.)

BLOCKAUS. — Schako ancien modèle. Sa lourdeur lui avait valu cette comparaison.

BLOND (BEAU). — Soleil. (Colombey.) — Allusion de couleur.

Se dit aussi ironiquement d'hommes qui ne sont ni beaux ni blonds.

BLONDE. — Amante. — « Blonde s'emploie dans ce sens sans distinction de la couleur des cheveux, car il existe une chanson villageoise où, après avoir fait le portrait d'une brune, l'amoureux ajoute qu'il en fera sa blonde. » (Monnier, 1831, *Vocabulaire jurassien.)*

BLOQUER. — Consigner. — « Colonel, c'est que je suis bloqué. — Je vous débloque. » (J. Arago, 1838.)

BLOQUER. — Vendre, abandonner. (Halbert.) V. *Abloquir.*

BLOT. — Bon marché. (Vidocq.)— Corruption de *Bloc.* Les marchés d'objets en *bloc* sont les plus avantageux.

BLOUSE.— Terme du jeu de billard. — « On dit qu'*on a mis quelqu'un dans la blouse*, quand on l'a mis en prison, ou quand on l'a fait tomber dans un piége. » (Caillot, 1829.)—*Se blouser* est donné avec ce sens par le Dictionnaire de l'Académie.

BLOUSIER. — Voyou. Mot à mot : porteur de blouse.

BOBÉCHON (SE MONTER LE). — Se passionner. — Comparaison de la flamme du cœur à celle de la bougie.

BOBINE. — Figure. — Du vieux mot *bobe :* moue, grimace.

BOBINO. — Montre. (Vidocq.)

BOBOSSE. — Bossu.

BOC, BOCARD, BOCSON.—Cabaret mal famé,

maison de prostitution.—Du vieux mot *boque.* bouc. Le bouc était l'emblème de la luxure et des querelles. On disait jadis *boquer* pour *frapper.* — « Montron, ouvre ta lourde, si tu veux que j'aboule et pionce en ton bocson. » (Vidocq.)

BOCAL. — Petit appartement. — « Voyons si le susdit bocal est toujours à louer. » (Montépin.)

BOCAL. — Estomac. — « Au restaurant, le bohème dit qu'il va se garnir le bocal. » (Lespès.)

Dans les deux sens, l'allusion s'explique d'elle-même, et les logements parisiens continuent de la mériter.

BOCARD. — Café.— BOCARD PANNÉ. — Petit café. (*Petit dict. d'argot*, 1844.) V. *Boc.*

BOCARD. — Lupanar. (Colombey.) V. *Boc.*

BOCARI. — Beaucaire. (Colombey.) Interversion de l'i.

BOCK. — Verre de bière. — Germanisme.

BŒUF. — Monstrueux, aussi énorme qu'un *bœuf.* — « Regarde donc la débutante. Quel trac bœuf ! Elle va se trouver mal. » (*Ces petites Dames.*)

BŒUF (C'EST). — C'est *chic.* — Dans le vocabulaire de l'école de Saint-Cyr.

BŒUF (ÊTRE LE). — Travailler pour une chose qui ne rapporte rien. — Allusion aux travaux de labourage du bœuf. On dit de même : se donner une *peine de cheval.* — Lors de l'envoi de M. le général Le Bœuf pour la remise de la Vénétie aux Italiens, on fit ces quatre vers par allusion au rôle plus que désintéressé de la France. Ils ont été donnés par M. Jules Richard dans sa chronique de l'*Époque*, 1866.

Grâce au ciel ! de Venise on règle les affaires.
Ah ! vraiment ! Là-dessus que savez-vous de neuf ?
Eh bien ! l'on reçoit là-bas des commissaires
Et naturellement le Français est Le Bœuf.

BŒUF (SE METTRE DANS LE). — Tomber dans une situation misérable. — Allusion au bouilli qui représente l'ordinaire des cuisines modestes. — On lit dans une mazarinade de 1649 :

Auprès de la Bastille
Monsieur Elbeuf
Dans sa pauvre famille
Mange du bœuf,
Tandis que Guénégaud
Est à gogo.

BŒUF (AVOIR SON). — Être en colère.

BOFFETTE. — Soufflet. (Colombey.)

BOG, BOGUE. — Montre. V. *Toquante, Butter, Litrer, Billon.*

BOGUE EN PLATRE, EN JONC. — Montre d'argent, d'or. — Allusions de couleurs.

BOGUISTE. — Horloger.

BOHÈME. — « La bohème se compose de jeunes gens, tous âgés de plus de vingt ans, mais qui n'en ont pas trente, tous hommes de génie en leur genre, peu connus encore, mais qui se feront connaître, et qui seront alors des gens fort distingués... Tous les genres de capacité, d'esprit, y sont représentés... Ce mot de bohème vous dit tout. La bohème n'a rien et vit de ce qu'elle a. » (Balzac.)

La citation suivante est le correctif de cette définition optimiste : « La bohème, c'est le stage de la vie artistique, c'est la préface de l'Académie, de l'Hôtel-Dieu ou de la Morgue... La bohème n'existe et n'est possible qu'à Paris.» (Murger.)

BOHÈME. — Personnage menant la vie de bohème. — « Tu n'es plus un bohème du moment que je t'attache à ma fortune. » E. Augier.) — Comme on voit, le bohème du jour n'a de commun que le nom avec celui de Callot. Saint-Simon a connu l'acception fantaisiste du mot.

BOIRE DU LAIT. — Savourer une impression flatteuse. — « Cela s'appelle boire du lait, quand on lit de ces choses-là sur soi-même. » (Yriarte.)

BOIS POURRI. — Amadou. — Le bois pourri en fait parfois l'office.

BOIS TORTU. — Vigne. — Elle a effectivement le bois tordu.

...Aussi le jus du bois tortu
Sera mon but toute ma vie.
(Ballard. *Parodies bachiques*, 1714.)

BOISSONNER. — Boire avec excès. Dhautel.) — « Dites donc, voisin, on a un peu boissonné chez vous hier ? » (Gavarni.)

BOITE. — Logement mesquin.

BOITE. — Mauvais établissement. — « Je conseillerais à monsieur d'aller achever de souper au restaurant en face. Monsieur s'est adressé à une pure boîte. » (Claretie.)

BOITE, BOITON. — Voiture. — « Les gentils

hommes et les gentilles femmes qui se piquent de parler l'argot des quartiers neufs demandent leur boîte ! ça veut dire leur voiture. » (A. Vitu.)

Boîte a dominos. — Cercueil. Mot à mot : boîte à mettre les os (dominos). — « Toi, à vingt-cinq ans, tu seras dans la grande boîte à dominos. » (*Petit Journal*, 1866.)

Boîte a Pandore. — Boîte de cire molle pour prendre des empreintes de serrure. (Colombey.) — C'est d'une mythologie bien raffinée pour des voleurs.

Boîte au lait. — Sein. (J. Choux.) Mot créé sans doute pour les nourrices.

Boiteux d'une chasse. — Borgne. (Colombey.) V. *Chasse*.

Bolivar. — Chapeau évasé, dont la forme nouvelle en 1820, prit le nom de ce héros populaire. — « Le front couvert de son bolivar. » (*Cabarets de Paris*, 1821.) V. *Morillo*.

Bombe. — «Mesure de vin particulière non classée. Elle représente un demi-litre. » (*Figaro*, 1867.)

Bombe. — Entremets glacé. — Allusion à sa forme ronde.

Bon. — Bon apôtre, hypocrite. — « Vous n'êtes *bons !* vous... N'allons, vous n'avez fait vos farces ! » (Balzac.)

Bon (mon). — Terme d'amitié. — Abréviation de *mon bon ami*. — « Nettoyé, mon bon, nettoyé ! » (E. V. Villars.) — On dit aussi *cher bon*, ce qui est encore plus prétentieux.

Bon (c'est un). — C'est un homme solide, à toute épreuve. — « Ce sont des bons. Ils feront désormais le service avec vous. » (Chenu.)

Bon. — Pour un agent de police, un *homme bon* est bon à arrêter.

Bon (il est). — Il est amusant, il est comique.

Bons (être des). — Avoir bonne chance.

Bonbonnière a filous. — Omnibus. (Colombey.)

Bonde. — Mal vénérien. (Halbert.) — Pour *Baude*. V. ce mot.

Bon-Dieu. — Sabre-poignard. — Allusion à la croix figurée par la lame et la poignée.

Bon Dieu (il n'y a pas de). — Mot à mot : il n'y a pas de bon Dieu qui puisse l'empêcher.

> Gn'y a pas d' bon Dieu,
> Faut s' dire adieu. (Désaugiers.)

Bonhomme. — Saint. (Vidocq.) — Allusion aux statuettes chargées de le représenter.

Bonhomme (mon). — Mot d'amitié. — Il est souvent protecteur. — « Oui, mon bonhomme, s'écria le loup de mer, j'ai fait une fois le tour du monde. » (A. Marx.)

Bonhomme. — Personnage sans conséquence et bon pour une petite spécialité. — Allusion aux petits bonshommes de bois que l'enfance tripote à son gré. — « Son directeur était enchanté... Il avait enfin trouvé un bonhomme. » (Claretie.)

Bonicard, bonicarde. — Vieux, vieille. (Halbert.) — De *Bonique*.

Boniment. — Discours persuasif, destiné à *bonir* l'auditeur ou l'auditoire. — « Vous vous arrêtez devant un magasin lorsqu'un commis s'avance et vous débite son petit boniment. Vous filez aussitôt. » (*Figaro*.)

Boniment. — Annonce de saltimbanque. V. *Postiche*.

Bonique. — Vieillard. (Colombey.)

Bonir, bonnir. — Avertir, affirmer, dire. V. *Servir, Parrain, Criblage, Girofle*.

Bonjour (voleur au), bonjourien, bonjourier. — « Voleur s'introduisant de grand matin dans les maisons où les bonnes laissent les portes entr'ouvertes et dans les hôtels garnis dont les locataires ne ferment pas leurs chambres. » (Canler.) — Allusion à l'heure matinale choisie par le voleur ; il vous souhaite en quelque sorte le *bonjour*. — « Le bonjourien qui s'introduit le matin chez vous pour voler votre montre. » (Ph. Chasles.)

Il y a aussi des *bonjourières*. V. *Marner*.

Bon motif. — «Vous ne savez pas ce que c'est que le bon motif ? — Ah ! vous voulez dire un mariage ? — Précisément. » (Aycard.)

Bonne. — Bonne histoire, bonne charge. — V. *Mauvaise*. — « Ah ! par exemple, en v'là une bonne. » (Cormon.)

Bonne (être a la). — Être aimé.

Bonne (être de la). — Avoir bonne chance.

Bonnes (être en ses). — Être bien disposé. Mot à mot : être en ses bonnes heures. — « Vous ne poviez à heure venir plus oportune... Nostre maistre est en des bonnes. Nous ferons tantost bonne chère. » (Rabelais, *Pantagruel*, liv. IV. ch. 12.) — On voit que le mot est ancien.

BONNE (PRENDRE ou AVOIR A LA). — Prendre en bonne amitié. — « Je ne rembroque que tezigue, et si tu ne prends à la bonne, tu m'allumeras bientôt cancr. » (Vidocq.)

BONNE AMIE. — Maîtresse. — « J'appris dernièrement, vers trois heures de l'après-midi, que ma bonne amie me trompait avec un officier de cavalerie. » (Marx.)

BONNE-GRACE. — Toile dans laquelle les tailleurs enveloppent les habits. — « Le concierge de l'hôtel a vu Crozard traverser la cour avec une bonne-grâce sous son bras. » (*La Correctionnelle.*)

BONNET DE COTON. — Arriéré, mesquin. — « La gent porte-flanelle et bonnet de coton. » (A. Barthet.)

BONNET DE NUIT. — Homme triste et silencieux.

BONNETEUR. — Industriel tenant aux foires de campagne un de ces jeux de cartes auxquels on ne gagne jamais. » (Vidocq.)

BONSHOMMES. — Croquis d'écolier, dessin. — « Il couvre ses cahiers de bonshommes. » (Rolland.)

BORDEAUX (PETIT). — Cigare de la manufacture de Bordeaux.

> Avec un sou, tous sont égaux
> Devant le petit bordeaux. (Liorat.)

BORDÉE (TIRER, COURIR UNE). — Faire une absence illégale. — Terme de marine. — Allusion aux conditions dans lesquelles les équipages vont à terre par bordées. — « C'est un brave garçon qui ne boit jamais et qui n'est pas homme à tirer une bordée de trois jours. » (Vidal, 1833.) — « Les joies et tribulations de la bordée qu'ils ont courue. » — (*Phys. du Matelot,* 1813.)

BORGNE. — Derrière. — La comparaison n'a pas besoin d'être expliquée. — « V'là moi que je me retourne et que j' li fais baiser, sauf votre respect... mon gros visage... Ce qui a fait dire aux mauvaises langues qu'il a vu mon borgne. » (Rétif, 1783.)

BOSCO, BOSCOT, BOSCOTTE. — « Petit homme, petite femme contrefaits, bossus. » (Dhautel.) — « Et ta portière qui me demande toujours où je vais !... Je l'abomine, c'te vieille bosco-là. » (H. Monnier.)

BOSSE. — Excès de boire et de manger. —

Allusion à la bosse formée par la réplétion du ventre. — On trouve *bosse* dans le Dictionnaire de Dhautel, 1808. — « Douze cents francs, allons-nous nous en faire des bosses ! » (Vidal, 1832.)

Se donner une bosse de rire : rire immodérément.

BOSSE (ROULER SA). — Cheminer.

> Nous roulons notre bosse
> Dans un beau carrosse. (Decourcelle, 1832.)

BOSSE (TOMBER SUR LA). — Tomber sur quelqu'un, l'attaquer par derrière. — *Bosse* est ici synonyme de *dos*. — « Je te tombe sur la bosse, je te tanne le casaquin. » (Paillet.)

BOSSMAR. — Bossu. (Vidocq.) — Changement de finale.

BOSSOIRS. — Seins. — Terme de marine.

BOTTE DE NEUF JOURS. — Botte percée. Mot à mot : voyant le jour par neuf trous. — Jeu de mots.

BOTTER. — Convenir. Mot à mot : aller comme une botte faite à votre pied. — « Alors, si vous le permettez, j'aurai l'honneur de vous envoyer ma voiture à onze heures. — Ça me botte. » (Gavarni.) — « Bien que peu causeur, je l'avais assez *botté* pour qu'il me contât ses nombreuses campagnes. » (Marx.)

BOUBANE. — Perruque. (Vidocq.) — Du vieux mot *bouban :* luxe, étalage.

BOUC. — Mari trompé. (Vidocq.) — Allusion de cornes.

BOUCAN. — Vacarme. — De *bouc.* Cet animal querelleur était l'emblème des disputes. — « Faire boucan : faire un tapage affreux en se réjouissant. » (Dhautel, 1808.) — « Ils vont faire du boucan, et la garde viendra. » (Vidal.)

BOUCANADE. — Corruption à prix d'argent d'un juge ou d'un témoin.

Coquer la boucanade : corrompre. Mot à mot : donner pour boire. — En Espagne, la *boucanade* est une gorgée du vin renfermé, selon l'usage, dans une peau de *bouc.*

BOUCANER. — Sentir le bouc, puer.

BOUCARD. — Boutique. V. *Boîte, Esquinteur.*

BOUCARDIER, BOUCARNIER. — « Voleurs dévalisant les boutiques à l'aide d'un *pégriot* ou gamin voleur, qui s'y cache à l'heure de la fermeture, et qui vient leur ouvrir. » (Canler.)

BOUCHE L'ŒIL. — Pièce de cinq, dix ou vingt

LE CARAPATA

francs dans l'argot des filles qui font allusion à la pantomime de certaines enchères. (J. Choux.)

BOUCHE-TROU. — Rédacteur ou article, dont la prose n'est bonne que dans les cas de nécessité absolue. — « S. voyant qu'on avait placé très-mal un de ses articles dans la Revue, dit au rédacteur en chef : « En vérité, monsieur, « me prenez-vous pour un bouche-trou. » (Mirecourt, 1855.)

BOUCHE-TROU. — Acteur jouant les utilités.

BOUCHER. — Médecin. (Halbert.) — Ce serait plutôt le chirurgien.

BOUCHER UN TROU. — Donner un à-compte. (1851, *Almanach des Débiteurs*.)

BOUCHON. — Bourse. (Vidocq.) — Corruption du mot *pouchon* (pochon, poche), qui avait la même signification.

BOUCHON. — Qualité, genre. — Allusion au

bouchon cacheté des vieux vins. — On a dit par extension : *Ceci est d'un bon bouchon*, comme : *ceci est d'un bon tonneau.*

BOUCLER. — Fermer. — « Il fait frisquet. — Bouclez donc la lourde, hein. » (*Dernier jour d'un condamné.*)

Le mot est déjà vieux. « Si, de mal encontre, n'estoient tous les trous fermez, clous (clos) et bouclez, » dit Panurge, au commencement du chapitre ix, livre 3, de *Pantagruel.* (Rabelais.)

BOUDER AUX DOMINOS. — Avoir des dents de moins. (Halbert.) ·

BOUDER A LA BESOGNE. — Ne pas travailler.

BOUDER AU FEU. — Reculer devant l'ennemi.

BOUDIN. — Verrou. — Allusion à la forme des verrous ronds qui ferment les grandes portes.

BOUDIN. — Estomac. — « Puisque tu en avais plein le boudin. » (Monselet.)

BOUFFARDE. — Pipe. — Allusion aux *bouffées* de tabac qui s'en échappent.

> Je tiens à toi, mon doux tendron.
> Comme un rapin
> A la bouffarde qu'il culotte. (Commerson.)

BOUFFARDER. — Fumer. (Halbert.)

BOUFFARDIÈRE. — Cheminée. — Elle fume.

BOUFFER. — Manger avec excès. Mot à mot : se rendre bouffi de nourriture.

BOUGIE. — Canne. — Allusion de forme. — Elle éclaire aussi la marche de ceux qui n'y voient pas.

BOUGIE GRASSE. — Chandelle. — Ironique.

BOUGON, BOUGONNE. — Grognon, grognonne. — On dit dans ce dernier sens : *madame Bougon.* Du vieux mot : *bouquer*, gronder.

> Car toujours madame Bougon
> Fait carillon,
> Et le torchon
> Brûle en tout temps dans ma pauvre maison.
> (*Les vrais Rigolos*, almanach chantant pour 1869.)

BOUGRE. — Mot à noter comme ayant perdu sa portée antiphysique. Ce n'est plus qu'un synonyme de garçon. On dit : un mauvais bougre, un bon bougre. — « Lorsque nous aurons ici un millier de bons bougres, nous tiendrons la queue de la poêle. » (Delahodde, 1850.) — V. *Grognard.*

BOUGREMENT. — Très. — Pris en bonne comme en mauvaise part.

BOUILLANTE. — Soupe. (Halbert.) — Les soldats donnent aussi ce nom à la soupe qu'ils mangent deux fois par jour. Rien de mieux choisi que cette appellation dans le temps où elle était servie dans des gamelles à cinq ou six hommes; car celui d'entre eux qui aurait attendu qu'elle refroidît risquait de n'en point manger. — La soupe est aussi appelée *mouillante.*

BOUILLON. — Restaurant où on peut borner sa consommation à une tasse de bouillon de 20 centimes. — « Vous avez manifesté votre horreur pour les établissements que vous appelez des bouillons. (*A propos des calicots*, 1861.)

Les *bouillons* ne datent pas de 1860. Une vingtaine d'années avant, un prédécesseur de Duval avait fondé à Paris des *bouillons hollandais*, mais il fut moins heureux.

BOUILLON. — « Mot en usage dans la librairie pour peindre une opération funeste. » (Balzac.) — « Ce sont eux qui ont bu le bouillon que je destinais à mon libraire. Je croyais le ruiner et je l'ai enrichi. » (*Biographie des Quarante*, 1826.)

BOUILLON. — Exemplaires non vendus d'un livre ou d'un journal. — « On appelle *rendre le bouillon*, en style de vente, rapporter au journal les numéros qu'on n'a pu vendre, et que l'administration vous reprend. » (Vallès, 1866.)

BOUILLON. — Désastre financier. — « Il a bu un fameux bouillon : il a fait une perte considérable. » (Dhautel, 1808.) — « La liquidation fut si complète qu'elle se changea en un parfait bouillon. » (Philippon, 1840.) — Le métier est rude à la Bourse, sans parler des soucis et des *bouillons.* » (Mornand.)

BOUILLON. — Pluie torrentielle. — « Il va tomber du bouillon, pour dire une averse. » — (Dhautel, 1808.) — « Je sais ce que c'est qu'un bouillon, j'allons être inondé. » (Désaugiers.)

BOUILLON (BOIRE LE). — Mourir. — Allusion au dernier bouillon que boit un noyé. — « Ce n'est pas la peine que vous essayiez de vous sauver, vous boirez le bouillon comme nous. » (*Éclair*, 23 juin 1872.)

BOUILLON AVEUGLE. — Bouillon sans graisse, mot à mot : sans yeux.

BOUILLON D'ONZE HEURES. — Noyade, empoisonnement.

BOUILLON DE CANARD. — Eau.

> Jamais mon gosier ne se mouille
> Avec du bouillon de canard. (Dalès.)

BOUILLON POINTU. — Lavement. — Double allusion au clystère et à son contenu. — « Dieu ! qu'est-ce que je sens ? — L'apothicaire, *poussant sa pointe.* C'est le bouillon pointu. » (*Parodie de Zaïre.*)

> Le meilleur looch et le meilleur topique,
> C'est un bouillon pointu. (Festeau.)

BOUILLON POINTU. — Coup de baïonnette. — « Toi, tes Cosaques et tous tes confrères, nous te ferons boire un bouillon pointu. (Layale, 1855.)

BOUIS. — Fouet. (Halbert.)

BOUISBOUIS. — Marionnette. — Onomatopée imitant le cri de Polichinelle. — « Le véritable magicien est celui qui ensecrète les bouisbouis. » (Privat d'Anglemont.)

BOUISBOUIS. — Petit théâtre, tripot. — De *bouis :* cloaque, maison de *boue.* (Dhautel.) — « Le bouisbouis est le café-concert qui a pour montre un espalier de femmes. Le théâtre qui en étale est un bouisbouis. » (1861, A. Daunay.)

M. Th. Gautier écrit *bouig-bouig.* — « Ces tréteaux sans prétention qu'on nomme des bouigs-bouigs dans un nom peu académique mais qui finira par prendre place au Dictionnaire. » (Th. Gautier.)

BOUISER. — Fouetter. (Halbert.)

BOULANGER. — Diable. (Vidocq.) — Ironie de couleur. Il est aussi noir que le boulanger est blanc, et il met au *four* de l'enfer.

BOULANGER. — Charbonnier. — Ironie de couleur. Le noir est ici mis pour le blanc.

BOULANGER (REMERCIER SON). — V. Mourir. — Même allusion que dans *perdre le goût du pain.* V. *Pipe* (*casser sa*).

BOULE. — Foire, fête. (Vidocq.)

BOULE. — Tête. — Elle est ronde comme une boule. — « Vu l'épaisseur de ces boules campagnes. » (Balzac.) — « Ils ont la boule noire comme de l'encre. » (Cogniard, 1831.) — « Bonne boule, n'est-ce pas ? figure respectable. » (L. Reybaud.) — « Polissonne de boule, en fais-tu des caprices ! » (*Les Amours de Mayeux,* 1833.)

BOULE (PERDRE LA). — Perdre la tête, devenir fou. (Caillot, 1829.) — « Et six cents gredins prétendent changer tout cela avec une boule dans une urne ! C'est le cas de dire qu'ils perdent la boule ! » (Félix Pyat, 1871.)

BOULE DE LOTO. — Œil saillant et rond, comme une boule de loto.

BOULE DE NEIGE. — Nègre. — Ironie de couleur.

BOULE DE SON. — Figure tachée de rousseurs, qui sont appelées aussi *taches de son.*

BOULE DE SON. — Pain de munition. — Il contenait autrefois beaucoup de son.

BOULE JAUNE. — Potiron. (Colombey.)

BOULENDOS. — Bossu. (Vidocq.) — Il semble avoir une boule dans le dos.

BOULER. — Refuser. — Même étymologie que *Blackbouler.*

« *Le marquis.* — Ne m'en parle plus... je l'ai boulé avec perte ; tu seras la femme d'Oscar.

Yseult. — Mon père, je connais mes devoirs, j'obéirai ; l'un ou l'autre, ça m'est bien égal. » (Marquet.)

BOULER. — Battre. Mot à mot : faire rouler son adversaire comme une boule.

> Si tu dis mot, j' te boule.
> (*Chansons,* Avignon, 1813.)

BOULET. — Personne dont on ne peut se débarrasser. — Allusion au boulet traîné par les condamnés militaires. — « Bal à la Renaissance ce soir. Lâche ton boulet. » (Gavarni.)

BOULET A QUEUE. — Melon. (Vidocq.)

BOULETTE. — Petite faute. Un peu plus grave, elle devient une *brioche.* On appelle *sale pâtissier,* un homme peu soigneux ou tripotant des affaires véreuses. La pâtisserie est-elle redevable de ces acceptions aux soins minutieux qu'exige son exercice ? En ce cas, il faut sous-entendre *mauvaise* avec *brioche* et *boulette.* V. *Brioche.* — « Faut croire que j'ai lâché quelque boulette. » (Frémy.) — « Enfin, un quaker l'a prise en pitié, et dit : Fille, tu as fait une boulette. » (M. Alhoy.)

BOULEVARDIER. — Homme qu'on rencontre tous les jours flânant sur les boulevards, du faubourg Montmartre au Grand-Hôtel. — « Vous connaissez W. ? un long sec, un boulevardier fini. » (*Figaro,* 1867.)

BOULEVARDIÈRE. — Femme galante fréquentant les boulevards. En juillet 1872, la *Liberté* signale vertueusement la « tolérance dont on continue d'user à l'égard des boulevardières, devenues aussi nombreuses que les bocks et les sorbets du soir ».

BOULINE. — Collecte. — « Les *truqueurs* des foires de village font ce qu'ils nomment une *bouline*, c'est-à-dire une collecte entre eux, et ils chargent un compère de distraire le surveillant, de l'emmener à l'écart, de l'inviter et de le griser. Alors, malheur aux pauvres *pétrousquins* (particuliers) qui s'aventurent à jouer ! ils sont rançonnés sans merci. » (Privat d'Anglemont.)

BOULINER. — Faire un trou ou *boulin* à la muraille. (Vidocq.) — De *boulinoire*.

BOULINER. — Voler en boulinant. (Halbert.)

BOULINER. — Déchirer. (Idem.)

BOULINOIRE. — Vilebrequin. (Vidocq.) — Allusion à son mouvement circulaire et peut-être aussi à la boule de bois de sa poignée.

BOULOTTER. — Vivre à l'aise. Mot à mot : rouler sans peine dans la vie. — Diminutif de *bouler*. — « Ils boulottaient l'existence, sans chagrin de la veille, sans souci du lendemain. » (De Lynol.) — « Pourvu que nous ayons de quoi boulotter tout doucement, je serai content. » (Friès.)

BOULOTTER. — Être en bonne santé. — Même image dans *ça roule*. V. *Rouler*.

BOULOTTER. — Prospérer, fructifier, s'arrondir. — « Voilà deux cent mille francs qui ne rapporteront rien... Il resterait donc cent mille francs à faire boulotter. » (Balzac.)

BOULOTTER. — Assister. (Vidocq.)

BOULOTTER. — Manger. (Halbert.)

BOUM. — Cri par lequel le garçon de café annonce qu'il a entendu l'ordre du consommateur. — « Ces satanés garçons ! Avez-vous remarqué quel sourire narquois ils ont presque toujours sur les lèvres lorsqu'ils toisent la pratique et surtout l'habitué ! — Va, mon bonhomme, ont-ils l'air de dire... abrutis-toi dans cette atmosphère délétère d'alcool et de tabac. Prépare-toi une précoce vieillesse... Versez... *Boum!*... Ce *boum!* lui-même n'est-il pas une ironie ? *Boum!* c'est comme la parodie du bruit du canon. *Boum!* cela fait penser aux grands carnages. *Boum! Boum!* Défiez-vous... Le café, c'est le tueur en détail ! » (P. Véron.)

BOUQUIN. — *Barbe* poussant sous le menton comme celle du *bouc*. Une mazarinade de 1649 (*l'Illustre barbe*) fait un crime au cardinal de sa *barbe boucquine*.

BOURDON. — Prostitué. (Halbert.)

BOURGEOIS. — Bourg. (Idem.)

BOURGEOIS. — « Les grands seigneurs, si toutefois vous voulez bien en reconnaître, comprennent dans cette qualification de bourgeois toutes les petites gens qui ne sont pas *nés*. — Le bourgeois du campagnard, c'est l'habitant des villes. — L'ouvrier qui habite la ville n'en connaît qu'un seul : le bourgeois de l'atelier, son maître, son patron. — Le bourgeois du cocher de *fiacre*, c'est tout individu qui entre dans sa voiture. Chez les artistes, le mot bourgeois est une injure, et la plus grossière que puisse renfermer le vocabulaire de l'atelier. Le bourgeois du troupier, c'est tout ce qui ne porte pas l'uniforme. Quant au bourgeois proprement dit, il se traduit par un homme qui possède trois ou quatre bonnes mille livres de rente. » (Monnier, 1840.)

BOURRICHON (SE MONTER, SE CHARPENTER LE). — S'illusionner, se monter la tête. — « As-tu fini ? Des nerfs ! Est-ce à ton âge qu'on se charpente le bourrichon ? » (Monselet.) — « *Sylvia :* Tu ne te montes pas facilement le bourrichon, mon chéri. — *Dorante :* Pas si pante. » (L. de Neuville.)

BOURRIER. — Ordure, fumier. — Vieux mot. — « Je ne suis qu'un bourrier de la rue. » — (Balzac.)

BOURRIQUE (TOURNER EN). — Abrutir. — « C'est ce gueux de Cabrion qui l'abrutit... Il le fera bien sûr tourner en bourrique. » (E. Sue.)

BOURSICOTER. — Jouer à la Bourse. — Se dit aussi pour : amasser une petite somme, un *boursicaut*.

BOURSICOTEUR, BOURSICOTIER, BOURSIER. — Homme qui joue à la Bourse. — « Boursier hardi, coulissier intrépide. » (Festeau.) — « L'esprit est inutile à un boursicotier ; de cœur, il n'en faut pas du tout ; d'argent, on peut s'en passer au besoin ; mais ce qu'il lui faut surtout et avant tout, c'est de l'audace, beaucoup d'audace et une certaine habileté de calculs et d'intrigues qui lui assure toujours un gain, même lorsque des événements imprévus peuvent lui faire subir une perte. » (*Boursicotiérisme.*)

BOURSICOTIÉRISME. — « Le boursicotiérisme est l'art de jouer, de parier, de spéculer en Bourse, quelquefois sans argent, comme sans probité ; en d'autres termes, le boursicotiérisme est l'art de surprendre habituellement le bien d'autrui par un ensemble de moyens non prévus par la loi ou insaisissables à la justice. » (Idem.)

BOUSCAILLE. — Boue. (Vidocq.) Diminutif du mot Bouse.

BOUSCAILLEUR. — Balayeur.

BOUSIN. — Tapage.

> Quand on entend le refrain
> D'un infernal bousin,
> Cent fois pis que le sabbat.
> *(Chanson de canotiers.)*

BOUSIN. — Maison mal famée, lieu de débauche. Mot à mot : maison de *bouse* ou de *boue.* — « Cette maison est un vrai bousin ; pour dire qu'elle est mal gouvernée et que chacun y est maître. » (Dhautel, 1808.)

BOUSINER. — Faire du tapage, du bousin.

BOUSINEUR. — Tapageur, faiseur de *bousin.* — « Est-on bousineur dans ce bahut-ci ? — Pas trop ; le sous-directeur est sévère ! — Ça m' l'enfonce... » (*Les Institutions de Paris,* 1858.)

BOUSSOLE. — Cerveau. — Il dirige l'homme comme la boussole dirige le navire. — « J'ai ça dans la boussole. Ainsi ne m'en parlez plus. » (Vidal, 1833.)

Perdre la boussole. — Devenir fou.

BOUSSOLE DE REFROIDI. — Fromage de Hollande, dit *tête de mort.* (Vidocq.) — Allusion à la boule formée par ce fromage. — On dit aussi : *boussole de singe.*

BOUTANGE. — Boutique. (Halbert.) — Changement de finale.

BOUT D'HOMME. — Tout petit homme. On dit aussi bout de c—l. (J. Choux.)

BOUTEILLE. — Latrines. — Terme de marine.

BOUTERNE. — « La bouterne est une boîte vitrée où sont exposés, aux foires de villages, les bijoux destinés aux joueurs que la chance favorise. Le jeu se fait au moyen de huit dés pipés. Il est tenu par une *bouternière* qui est le plus souvent une femme de voleur. » (Vidocq.)

BOUTERNIER. V. ci-dessus.

BOUTIQUE. — « Ce n'est pas une chose, c'est un esprit de petit négoce, de profits troubles et de soigneuses affaires, qui ne recule devant rien pour arriver à un gain quelconque. Il y a la boutique industrielle, comme la boutique scientifique, artistique et littéraire. » (A. Luchet.)

BOUTIQUE. — Maison mal tenue, établissement mal administré. — « Quelquefois le piocheur employé menace de quitter la baraque ou la boutique. On le retient, on le décore. » (Balzac, 1842.)

BOUTIQUE. — Ne se prend pas toujours en si mauvaise part que dans l'exemple précédent, et signifie simplement la maison, l'administration, le parti. — « Le portier est la cheville ouvrière de la boutique, comme on appelle le théâtre en terme d'argot. » (De Jallais, 1854.) — « Dans la polémique politique, il y a deux grandes divisions : la polémique de drapeau (de boutique en style plus familier) et la polémique individuelle. » (Joliet, 1860.)

Il est de la boutique : il fait partie de la maison, de l'administration ou de la coterie.

On dit d'une femme qui, en tombant, a laissé voir trop de choses, *qu'elle a montré toute sa boutique.* (Dhautel, 1808.)

BOUTIQUER. — Fagoter, mal faire.

BOUTIQUIER. — Homme à idées rétrécies, parcimonieuses.

BOUTOGUE. — Boutique.

BOUTON. — Pièce de vingt francs. (Colombey.) — Allusion de forme et de couleur.

BOUTONNER. — S'abstenir de ponter au lansquenet. Mot à mot : *boutonner* sa bourse. — « Si la ponte boutonne et ne s'allume pas, il faut que le *banquier* flatte, chatouille, étrille. » (Alyge.)

BOUZINGOT. — « A la révolution de Juillet, les romantiques se divisèrent en bouzingots et en jeunes-France. Les premiers adoptèrent l'habit de conventionnel, le gilet à la Marat et les cheveux à la Robespierre ; ils s'armèrent de gourdins énormes, se coiffèrent de chapeaux de cuir bouilli. » (Privat d'Anglemont.) — Du mot *bousineur*, tapageur. — Le bouzingot voulait bousiner le régime de 1830.

Par extension, on a donné ensuite le nom de *bouzingot* à tout homme turbulent en actes et en paroles. — « Décidément, ce peintre est un mauvais sujet, un mal-appris, un bouzingot. » (A. Achard.)

BOX. — Stalle d'écurie. — Anglicanisme. — « Ces écuries étaient organisées à l'anglaise avec des boxes fort confortables. » (Montépin.)

BOXON. — V. *Boc*.

BOYE. — « Le forçat qui fait au bagne l'office de bourreau, est le boye. » (M. du Camp.) —Vieux mot. — Rabelais conte dans le voyage de Pantagruel en l'île des Papefigues, comment ceux qui ne voulaient pas prendre la figue au derrière de la mule étaient pendus. Les autres, dominés par la peur, tirent la figue et la montrent « au boye, disant : *ecco lo fico*. »

BRAC. — Nom. (Grandval.)

BRAILLARDE.—Caleçon. (Halbert.)—Ce sont nos anciennes braies. *Débrailler* est resté dans la langue régulière.

BRAISE. — Argent. — Allusion à sa destination de première utilité. Sans braise, on ne peut *faire bouillir la marmite*. — « Pas plus de braise que dans mon œil. » (Mornand.) V. *Bille*.

Dans son *Père Duchêne*, Hébert appelle l'argent de sa subvention *la braise nécessaire pour chauffer son fourneau*. (*Vieux Cordelier*, éd. de 1842, p. 115.)

BRANCARD (VIEUX). — Vieille femme galante. — Allusion aux chevaux de selle réformés, qu'on met au brancard comme chevaux de trait.

BRANCHE. — Ami aussi attaché qu'une branche à l'arbre. — « Allons, Panaris, le dernier coup, ma vieille branche ! » (J. Moinaux.)

BRANCHER. — Pendre. (Vidocq.) Mot à mot : accrocher à la branche.

BRANDILLANTE. — Sonnette. (Vidocq.) — Allusion au battant qui brandille.

BRANQUE. — Ane. (Vidocq.) — Onomatopée imitant le cri de l'âne.

BRAS, BRASSE. — Grand, grande. (Halbert.)

BRASER DES FAFFES. — Fabriquer de faux papiers. (Colombey.)

BRASSET. — Gros. (Idem.)

BRAVE. — Cordonnier. — Dans une conférence qui a eu lieu à Meaux, M. Guénin a donné l'origine du mot : — « C'était à l'époque de la Ligue. Henri de Navarre assiégeait Paris. La population ouvrière venait de passer en masse aux Guise, mais les cordonniers, indignés des récents massacres de la Saint-Barthélemy, refusèrent de se joindre aux ligueurs. Henri, apprenant ce refus, s'écria : « Les cordonniers « sont des braves ! » (*Le National*, 1869.)

BREDA-STREET (DAME OU HABITANTE DE). — Femme galante. — Anglicanisme. — Bâtie en même temps que la rue Notre-Dame-de-Lorette, la rue Breda avait, pour la même cause, donné son nom aux lorettes du quartier. « En revanche, nous avons Breda-street, le berceau de la lorette. » (Pélin.) V. *Lorette*.

BREDOCHE. — Liard, centime. (Colombey.)

BRELOQUE. — Pendule. (Vidocq.) — Harmonie imitant le bruit du balancier.

BRELOQUE (BATTRE LA). — Déraisonner. — Allusion aux sons brisés de la batterie de tambour dite *breloque*, qui est particulièrement saccadée. — « Ciel ! papa bat la breloque. » (*Rienzi*, 1826.)

BRÈMES. — Cartes à jouer. (Grandval.) — Allusion à la brème, poisson blanc, plat et court.

Maquiller la brème : jouer aux cartes ou gagner en trichant.

Persévérez toujours en maquillant la brème,
Maquillez-la sans cesse et la remaquillez. (Alyge, 1854.)

BRÈME DE PACQUELINS. — Carte géographique. Mot à mot : carte de pays.

BREMMIER. — Fabricant de cartes.

BRENICLE.—Non. (Halbert.) — Pour *bernique*.

BRIC-A-BRAC. — Marchandises d'occasion, objets antiques.— « Ces travaux, chefs-d'œuvre de la pensée, compris depuis peu dans ce mot populaire, le bric-à-brac. » (Balzac.)

Bric-à-brac : commerce du bric-à-brac. — « Le fait est qu'aujourd'hui le bric-à-brac est une industrie formidable, que le gros marchand de bric-à-brac possède jusqu'à 500,000 francs de marchandises. » (Roqueplan, 1841.)

BRIC-A-BRAC. — Marchand de bric-à-brac.

— « Ce voleur de bric-à-brac ne voulait me donner que quatre livres dix sous. » (Gavarni.)

BRICABRACOLOGIE. — Science du bric-à-brac. — Remarquons en passant qu'une infinité de mots sont fabriqués tous les jours par le même procédé que ce laborieux néologisme. — « Sans célébrité dans la bricabracologie. » (Balzac.)

BRICARD. — Escalier. (Halbert.)

BRICOLE. — Petit travail mal rétribué.

BRICOLER. — « M. Jannier bricolait à la Halle, c'est-à-dire qu'il y faisait à peu près tout ce qu'on voulait. » (Privat d'Anglemont.) — — De bricole : *harnais* qui fait de l'homme une sorte de cheval bon à tout traîner.

BRICOLER. — Faire effort. Mot à mot : donner un coup de bricole. — « Et bricolons tout plus vite que ça, car j'ai les pieds dans l'huile bouillante. » (Balzac.)

BRICOLEUR. — « Les bricoleurs sont des gens actifs, entreprenants, hardis, qui ne reculent devant aucun travail, qui s'offrent pour tout faire. » (Privat d'Anglemont.)

BRICULE. — Officier de paix. (Halbert.)

BRIDE. — Chaîne de montre.

BRIDE. — Chaîne de forçat.

BRIDER. — Fermer. (Vidocq.)

BRIDER. — Ferrer un forçat. (Colombey.)

BRIE. — Fromage de Brie. — « Un morceau du brie le plus gras de la boutique de la fruitière. » (Ricard.)

BRIGADIER. — Gindre, premier garçon boulanger. Il fait le four et remplit les fonctions de contre-maître. (Vinçard.) — Ainsi nommé à cause de ses trois aides qui forment la brigade.

BRIGAND. — Mot d'amitié. — Henri Monnier fait dire tendrement par une *fille* à son *client* : — « T'as chauffé l'four, pas vrai, brigand ? T'es n'en ribote ?... J'connais ça ; vu qu'ça m'arrive encore pus souvent qu'à mon tour. » *(La nuit dans le bouge.)*

BRIMADE. — Épreuve vexatoire infligée aux nouveaux de l'École Saint-Cyr. — « Point de ces *brimades*, qui ont longtemps déshonoré Saint-Cyr. » (La Bédollière.)

BRIMER. — Donner une brimade.

BRIMEUR. — Faiseur de brimades. — Dans le *Dictionnaire Blesquin*, de 1618, *Brimare* signifie *bourreau*.

BRINDEZINGUES (ÊTRE DANS LES). — Être ivre. Mot à mot : avoir trop bu à la santé des autres. — « Tiens, toi, t'es déjà dans les brindezingues. » (Vadé, 1756.)

Ce terme vient du vieux mot *brinde :* toast. — « Ces grands hommes firent tant de brindes à vostre santé et à la nostre, qu'ils en pissèrent plus de dix fois. » (*Lettre curieuse envoyée au cardinal Mazarin par ses nièces*, Paris, 1651.)

BRINGUE. — Femme de mauvaise tourne. — « Allez trouver votre grande *bringue* de femme. » (Balzac.)

BRINGUE (METTRE EN). — Briser, mettre en morceaux. — Ces deux acceptions du mot *bringue* sont déjà en 1808 dans le dictionnaire de Dhautel.

BRIQMANN. — Sabre de cavalier. (Halbert.) — Vient de briquet, avec changement de finale.

BRIQMONT. — Sabre d'infanterie. (Idem.) — Même origine.

BRIO. — « Le *brio*, mot italien intraduisible, est le caractère des premières œuvres. C'est le fruit de la pétulance et de la fougue intrépide, du talent jeune, pétulant, qui se retrouve plus tard dans certaines heures heureuses. » (Balzac.) — « Le théâtre qui avait vu le luxe et le brio de ses premières années. » (*Physiologie du théâtre*, 1841.)

BRIOCHE. — Acte sot ou maladroit. V. *Boulette.* — « Et vous alliez me faire faire une sottise, une brioche, une boulette. » (1826, *Ancien Figaro.*

Faire une brioche : « C'est faire une faute en musique, et par extension en quelque chose que ce soit. Cette expression fut introduite à l'époque de la fondation de l'Opéra en France. Les musiciens attachés à ce théâtre avaient imaginé de condamner à une amende pécuniaire celui d'entre eux qui manquerait aux règles de l'harmonie en exécutant sa partition, et le produit des amendes était destiné à l'achat d'une brioche qu'ils devaient manger ensemble dans une réunion où les amendés figuraient ayant chacun une petite image de ce gâteau suspendue à la boutonnière en guise de décoration. Un tel usage ne fut pas jugé propre à les rendre moins fautifs dans leur art, et le grand nombre de repas qu'il amena ne fit pas concevoir une haute idée de leur talent. Bientôt ils se virent exposés à la raillerie du public, qui prit le mot de *brioche* pour synonyme de faute, bévue ; et l'amour-propre alors l'emportant sur la friandise, ils décidèrent qu'ils pourraient faire désormais autant de *brioches* qu'ils voudraient sans être obligés d'en payer aucune. » (Quitard.)

BRIOLET. — Piquette. Mot à mot : petit vin de Brie. — C'était le Suresnes d'autrefois. — « *C'est du vin de Brie, il fait danser les chèvres,* pour dire c'est du vin âcre, dur, du casse-poitrine. » (Caillot, 1829.)

BRISACQUE. — Bruit, homme bruyant. — « Vous voulez faire du brisacque ici. Vous êtes un fameux pistolet, encore. » (Monselet.)

BRISANT. — Vent. (Vidocq.) — Augmentatif de *brise.*

BRISCARD. — Vieux soldat à chevrons (brisques). — « Permettez-vous à un ancien, un vieux briscard de spahis, une petite critique ? » (*Vie parisienne,* 1861.)

BRISER (SE LA). — Fuir. — Abréviation de *briser la politesse* (partir sans prendre congé). — « Dans le beau monde, on ne dit pas : je me la casse, je me la brise. » (Labiche.) V. *Trumeau, Rigolo.*

BRISER, BRISEUR, BRISURE. — « Les *briseurs* sont tous Auvergnats et se prétendent commerçants. Ils s'entendent pour inspirer la confiance à des fabricants qu'ils trompent pour une grosse somme, après leur en avoir payé plusieurs petites. Les marchandises *brisées* sont revendues à 40 pour 100 de perte, et le produit de la *brisure* est placé en Auvergne. » (Vidocq.) — Le *briseur* est ainsi nommé parce qu'il *se la brise* dès qu'il a fait son coup.

BRISQUE. — Galon indiquant le grade ou l'ancienneté dans l'armée. — Un fourrier a quatre brisques sur les manches. — *Une vieille brisque* est le synonyme de *un vieux briscard.*

BRISQUES. — As et figures du jeu de cartes.

BROBÈCHE. — Liard, centime. (Colombey.)

BROC. — Liard. (Grandval.)

BROCANTE. — Bague. (Grandval.)

BROCANTE. — Objet sans valeur.

BROCANTE. — Troc de marchandises de hasard. — « Je vais faire des brocantes. » (Balzac.)

BROCHET. — Souteneur. — Encore un nom de poisson. Nous en verrons bien d'autres. V. *Mac.* — « Les brochets sont aujourd'hui fort connus par la police. » (Stamir, 1867.)

BRODANCHER. — Broder. (Vidocq.) V. *Ravignolé.*

BRODER. — Écrire. (Idem.) — Allusion au va-et-vient de la plume.

BRODEUR. — Écrivain. (Idem.)

BROQUE. — Liard, centime. (Colombey.)

BROQUILLE. — Chose sans valeur. (Halbert.) Mot à mot : ne valant pas plus d'un brocque.

BROQUILLEUR. — Voleur ayant pour spécialité de voler les bijoutiers en substituant du strass au diamant. (Colombey.) — Le strass n'est qu'une *broquille.*

BROQUILLE. — Bague. (Halbert.)

BROQUILLE. — Minute. (Vidocq.) — Ce diminutif du vieux mot *broque* (petit clou, broche) fait sans doute allusion au petit signe indiquant la minute sur un cadran.

BROSSE. — Formule négative qui veut dire : non, rien. — « Brosse pour lui ! Zut pour lui ! Fallait pas qu'y liche. » (A. Dalès.)

Dès 1808, on disait : *Ça fait brosse,* pour : Rien pour toi ! tout est brossé. (Dhautel.) — Une caricature de Machereau, publiée en 1830, porte cette légende : « Linge sale de **M.** de Bourmont. *C'linge sale-là, père Escobard, y t'chausserait bien ; mais ça t'fait brosse, y sera trop beau pour nos blessures.* »

BROSSÉE. — Grêle de coups, défaite. — « Les Turcs ont reçu une brossée. » (Ricard.)

BROSSER. — Battre. Mot à mot : brosser de coups.

BROSSER LE VENTRE (SE). — Se passer de manger. Mot à mot : se brosser le ventre pour lui faire oublier l'heure du repas. — « Le régiment a pris le café ce matin, mais le colonel s'est brossé le ventre. » (*Commentaires de Loriot.*) — « Et nous autres ? Ah ! nous autres, nous nous brossons le ventre. » (Sarcey.)

Pris souvent au figuré pour se passer de n'importe quoi. — « Vous brosser le ventre faute d'un éditeur. » (Commerson.)

On dit plus simplement *se brosser.* — « On dit qu'il espère avoir la croix... il sera forcé,

LE CANONNIER DE LA PIÈCE HUMIDE.

cette année, de se brosser la boutonnière. » (1866, *Vie parisienne*.)

BROUÉE. — Correction. (Halbert.) Mot à mot : action de *broyer*.

BROUILLARD (ÊTRE DANS LE). — Être absorbé par l'ivresse.

BROUILLARD (CHASSER LE). — Boire un verre d'eau-de-vie dont la chaleur combat, dit-on, les mauvais effets de l'humidité.

On dit *tuer le ver* par un motif analogue ;
l'alcool pris à jeun passe pour causer de vives contrariétés aux helminthes et aux ascarides vermiculaires.

Ces deux termes peuvent être considérés comme une allusion ironique aux prétextes hygiéniques des buveurs d'alcool.

BROUILLÉ AVEC LE DIRECTEUR DE LA MONNAIE (ÊTRE). — Être sans argent. — L'ironie n'a pas besoin d'explication.

BROUSSAILLE (CHEVEUX EN). — Cheveux

hérissés, mêlés comme les branches d'une broussaille.

BROUTTA. — Discours. — Du nom d'un professeur de l'École de Saint-Cyr, doué d'une certaine facilité d'élocution. Ce qui a fait le verbe *brouttasser* : discourir, et le substantif *brouttasseur*, discoureur.

BRUGE. — Serrurier. — Du vieux mot *bruger* : frapper, heurter. La même allusion se retrouve dans *tape dur*.

BRUGERIE. — Serrurerie. (Idem.)

BRULAGE. — Déconfiture. — « C'est un *brûlage* général. » (Balzac.)

BRULE-GUEULE. — Pipe dont le tuyau écourté brûle les lèvres du fumeur. — « Ils ont un brûle-gueule à la bouche qui, en leur enfumant toute la figure, leur procure une haleine insupportable. » (*Caricatures politiques*, an VI.) — « Une de ces pipes courtes et noires dites brûle-gueule. » (Banville.)

BRULÉ. — Fini. — « Comment sommes-nous avec le boulanger ? — M'sieur, le boulanger est brûlé, il demande un à-compte. » (Champfleury.) C'est-à-dire : le boulanger est brûlé comme créditeur.

BRULÉ. — Démasqué. — « Le grec *brûlé* prend son parti lestement et va, sous un autre nom nobiliaire, se faire pendre ailleurs. » (Mornand.)

BRULÉE. — Correction plus forte que la brossée. Elle brûle celui qui en porte les marques.

BRULER. — Se dit d'un cocher qui en dépasse un autre.

BRULER. — Être tout près de deviner la vérité qu'on cherche. — « *Olivier.* Ah ! je crois que je brûle, comme on dit aux petits jeux. Est-ce que M. de Nanjac... — *Suzanne.* Vous rêvez. » (Dumas fils, *le Demi-Monde*.)

BRULER LE PÉGRIOT. — Effacer la trace d'un vol. (Halbert.)

BRULER LA POLITESSE. — S'esquiver sans faire la politesse d'un adieu. — « Quand il nous met à l'ombre, c'est que nous avons brûlé la politesse à la consigne. » (J. Arago, 1838.)

BRULER UNE (EN). — Fumer. Mot à mot : brûler le tabac d'une pipe.

BRULOT. — Mélange de sucre et d'eau-de-vie brûlée. — « Au café, c'est avec bonheur

qu'ils cassent les tasses où ils allument leur brûlot quotidien. » (R. de La Barre.)

BRULER LES PLANCHES. — Jouer avec beaucoup de feu. Ne se dit qu'au théâtre. — « Mademoiselle Beretta brûle les planches de l'Opéra. » (De Boigne, 1857.)

BRULEUR DE PLANCHES. — Acteur jouant avec feu. — « Leménil était ce qu'on appelle en argot de coulisses un brûleur de planches. » (P. Véron.)

BRUTAL. — Canon. — Allusion au grondement de son tir. — « As-tu entendu ronfler le brutal ? » (Dhautel.) — « Une détonation se fit entendre. — Tiens, dit Pierre, voilà déjà le brutal qui chante. » (Ricard.) V. *Invalo*.

BRUTIUM. — Élève du prytanée de La Flèche. C'est aussi le prytanée lui-même. — Latinisme dont l'origine nous est inconnue. V. *Volaille*.

BRUTUS. — Bretagne. (Halbert.)

BU. — Complétement ivre. Mot à mot : imbibé de boisson. — « Le pochard n'est pas encore un homme complétement bu. » (Ladimir, 1845.) — « C'est pas gentil, que j'dis, c'que tu fais là, d'autant qu't'es pas bu. » (H. Monnier.)

BUCÉPHALE. — Cheval bon ou mauvais. Allusion ironique au cheval d'Alexandre. — « Bucéphale, le cheval d'Alexandre, dont le nom nous sert à désigner les chevaux de parade, et aussi, par ironie, ceux qu'on appelle vulgairement des rosses. » (Rozan.)

BUCHE (TEMPS DE). — V. *Pioche*.

BUCHE PLOMBANTE. — Allumette chimique. (Vidocq.) Mot à mot : brin de bois sentant mauvais. — *Bûche* est dit par ironie. V. *Plomber*.

BUCHER. — Travailler. — Du vieux mot *buscher* : fendre du bois. — « Moïse est un fameux travailleur ; il bûche comme quatre à lui tout seul. » (M. Perrin.)

BUCHER. — Battre. (Dhautel.)

> I' vient pour me bûcher :
> Moi, je l' fais trébucher.
> (*Chansons*, Avignon, 1813.)

BUCHERIE. — Combat, lutte acharnée.

BUCHEUR. — Travailleur assidu, bûchant avec amour.

BUEN-RETIRO. — Endroit propice, et quelquefois par ironie : *lieux d'aisance*. Mot à mot : bonne retraite. — Ibérisme.

> Sous l'empire d'un p'tit malaise
> Je cherchais, pour me mettre à l'aise,
> Un certain *buen-retiro*.
> Je pestais, je vous le jure. (Tantôt.)

BUQUER. — Voler dans une boutique en demandant de la monnaie. (Vidocq.)

BUREAU ARABE. — En Afrique, du vin avec du sucre s'appelle un *état-major*. De l'absinthe mêlée avec de l'orgeat s'appelle un bureau arabe.

BURLIN. — Bureau. — Changement de finale. V. *Parrain*.

BUSARD, BUSE, BUSON. — Inintelligent, obtus. — Ornithologisme. — « Et il ne sera pas béotien et buson comme toi. » (Ricard.)

BUSTINGUE. — Hôtel garni. (Halbert.)

BUTE, BUTTE. — Guillotine. — Elle *butte* les gens. V. ci-dessous. — « Tu n'es qu'un lâche. Avec toi, on va tout droit à la butte. » (Canler.) V. *Tine*.

BUTTÉ (ÊTRE). — Être guillotiné. (Grandval.)

BUTEUR, BUTTEUR. — Assassin, bourreau.

BUTTER. — Tuer, assassiner. — C'est le vieux mot *buter* : frapper, renverser, qui a fait *culbuter* dans la langue usuelle. — « Voilà donc une classe d'individus réduite à la dure extrémité de travailler sur le grand trimar, de goupiner, de faire le bog et le blavin, de butter même s'il en était besoin. » (50 *mille voleurs de plus à Paris*, 1830.) — « Voilà pour butter le premier rousse, dit-il en montrant un couteau. » (Canler.)

BYRONIEN. — D'allures à la Byron, poétiquement inspirées. V. *Tartine*.

C

C (ÊTRE UN). — Être un imbécile. (Grandval.) — Le mot se dit encore très-souvent soit seul, soit avec les deux lettres qui le complètent. Au moyen âge, on disait *conard* dans le même sens. V. le *dictionnaire du Vieux Langage*, de Lacombe. — *Connerie*, stupidité, et *comtois*, niais, en dérivent également.

ÇA (C'EST), UN PEU ÇA. — C'est superlatif. — « Ils sont laids que c'est ça. » (Pecquet.) — « C'était ça, presque aussi bath qu'au café. » (Monselet.) — « On me cognait, mais c'était ça. » (Zompach.) — « Restez, gendarme, mais ne remuez pas trop, car vous avez l'infirmité des pieds, que c'est ça. » (*Dernier jour d'un condamné*.) — « S'il tournait une phrase de manière à lui donner de l'effet, les *tricoteuses* applaudissaient et s'écriaient : Là ! c'est ça ! » (Lady Morgan, 1818.)

ÇA (IL A DE). — Il a de l'originalité, du talent, ou du génie.

ÇA (IL A DE). — Il est riche. — Dans ce sens, la personne qui parle fait ordinairement le geste de compter.

ÇA (ELLE A DE). — Elle est riche d'appas.

CAB. — Cabriolet dont le cocher conduit par derrière. — « Là, il déjeuna à la hâte et demanda un cab. Le cocher du cab..... » (Ponson du Terrail.) — Anglicanisme.

CAB, CABOT, CABE. — Chien. (Grandval.) — Contraction des deux mots : *qui aboie*. — Les voleurs ont, comme ils le font souvent, donné le nom de l'acte à l'acteur. Au lieu de dire le chien, ils ont dit : le *qui aboie*, et en abrégeant : *le qu'abe, le qu'abo*. — Ce procédé est fréquent. Voyez *Chabin, Calvin, Combre*.

CABASSER. — Tromper. (Colombey.) — Vieux mot.

CABERMONT. — Cabaret. (Vidocq.) — Corruption de mot par changement de finales. V. *Promont*.

CABESTAN. — Agent de police. (Vidocq.) V. *Macaron*.

CABILLOT. — « L'ennemi naturel du matelot, c'est le soldat passager, plus souvent nommé *cabillot*, à cause de l'analogie qu'on peut trouver entre une demi-douzaine de cabillots' (chevilles) alignés au râtelier et des soldats au port d'armes. » (*Physiologie du matelot*, 1843.)

CAB, CABOT. — Abréviation de *cabotin*. — Même signification.

CABOTINAGE. — C'est le mauvais côté de la vie du comédien. — « La comédie de société, cet élégant cabotinage. » (Villemot.)

CABOTINE. — Actrice médiocre ou nomade. — « L'actrice, sage ou non, est pour eux une cabotine. » (Ricard.) V. *Cabotiner*.

Le *Dictionnaire de l'Académie* donne Cabotin.

CABOTINER. — Faire le métier de cabotin, fréquenter les cabotins, et, par extension, dans n'importe quelle classe, tomber dans les désordres de la vie d'artiste sans en avoir le beau côté.

Un petit roman (*les Comédiens ambulants*, Paris, an VII) nous donne l'étymologie du mot. « Je parle des troupes de comédiens qui sont obligés *de courir de ville en ville*, et, pour me servir de la véritable expression, de *cabotiner*. » Ce métier de *courir de ville en ville* donne la clef du mot. Le *cabotin* est à l'*artiste* ce qu'un navire *caboteur* est à une frégate ou à un vaisseau. — « Il a l'air artiste ; dans sa jeunesse, il a tant soit peu cabotiné ; mais l'âge lui ayant mûri la raison, il a renoncé à Satan, à ses pompes et à ses œuvres. » (Privat d'Anglemont.)

CABOULOT. — « Le caboulot est un petit café où l'on vend plus spécialement des prunes, des chinois et de l'absinthe. » (A. d'Aunay,

1861.) — Une monographie des *Caboulots de Paris* a paru en 1862. — C'est aussi un cabaret de dernier ordre. V. *Camphrier*.

CABRIOLET. — Hotte du chiffonnier mâle. — Comparaison ironique. — Le chiffonnier *roule* (marche) avec son cabriolet comme le fantassin part *à cheval* sur *Azor*. Celle de la chiffonnière s'appelle *cachemire*. V. *Cachemire d'osier*.

CABRIOLET. — Chapeau de femme. — Date du temps où les chapeaux de forme haute ressemblaient assez à la capote d'un cabriolet.

CABRIOLET. — Petite corde attachant les mains des malfaiteurs amenés aux interrogatoires. Elle est tenue par l'agent.

CACHEMIRE. — Torchon. — Ironie. — On dit : *donnez un coup de cachemire*.

CACHEMIRE D'OSIER. — C'est la hotte de la chiffonnière. — « Lorsque vous voyez un de ces braves philosophes des faubourgs portant crânement son *cabriolet* sur le dos, ou une pauvre femme pliée sous son *cachemire d'osier*, vous ne pouvez vous figurer tout ce que renferment ces hottes pleines. » (Privat d'Anglemont.) — Même ironie que dans cabriolet. La hotte se met comme le cachemire sur le dos.

CACHEMITTE. — Cachot. (Grandval.) — Les mittes n'y manquent pas. C'est un jeu de mots avec changement de finale.

CACIQUE. — « C'était le temps où Taine était un cacique, c'est-à-dire le premier de sa section (à l'École normale). » (D'Audigier, 1866.)

CADAVRE. — Preuve d'une action répréhensible.

On dit : *il y a un cadavre*, en parlant de deux personnes dont les relations ne s'expliquent pas et qu'on suppose liées par leur complicité dans une mauvaise action demeurée inconnue.

Savoir où est le cadavre est posséder la preuve de cette mauvaise action. — « P... n'a plus qu'à se taire. On sait où est le cadavre. Chaque fois qu'il voudra prendre la parole, on s'écriera : « Et le débit de tabac ? » (A. Scholl.)

CADAVRE. — Corps vivant. — *Nourrir son cadavre*, c'est manger. — Ironie à l'adresse des ascètes.

CADENNE. — Chaîne. (Vidocq.) — Vieux mot. — *Cadenas* nous est resté.

CADET. — Derrière.

> Sur un banc elle se met,
> C'est trop haut pour son cadet. (Vadé, 1756.)

CADET. — Pince en fer pour forcer les portes. (Grandval.) — Cadet a ici le sens d'aide, de servant. — V. ci-dessous. V. *Caroubleur.*

CADET. — Apprenti maçon.

CADET. — Individu. — Pris souvent en mauvaise part. — Jadis le cadet n'avait, dans le monde, qu'une considération proportionnée à sa fortune, qui était nulle. — « Le cadet près de ma particulière s'assoit sur l' banc. » (*Le Casse-Gueule*, chanson, 1814.) — Une caricature de 1830 porte cette légende : « C'est de fameux cadets. Ils ont trouvé moyen de faire de la panade avec du pain. »

CADICHON. — Montre. (Vidocq.) — Diminutif de *Cadran.*

CADRAN. — Montre. — La partie est prise pour le tout.

CADRAN SOLAIRE, CADRAN LUNAIRE. — Derrière. — Allusion à la forme ronde du cadran. V. *Lune.*

> Est-ce l'apothicaire
> Qui vient placer l'aiguille à mon cadran lunaire ?
> (*Parodie de Zaïre*, dix-huitième siècle.)

CAFARDE. — Lune. (Vidocq.) — C'est la lune voilée se dissimulant derrière un nuage avant d'être la *Moucharde*, c'est-à-dire de dévoiler l'homme qui fait un mauvais coup.

CAFARDER. — Faire l'hypocrite, le cafard. — « En sorte qu'il cafarde avec sa malade. » (Balzac.) — *Cafard* est un mot déjà ancien comme le prouve cet exemple : « Un caphard qui eust oublié en son sermon soy recommander. » (Rabelais, *Pantagruel*, v. 4, ch. 46.)

CAFÉ (FORT DE), FORT DE CHICORÉE, FORT DE MOKA. — Excessif, peu supportable. — On sait quelle irritation le café trop fort cause dans le système nerveux. La chicorée jouit des honneurs peu mérités du synonyme. Il semble qu'ici, comme dans le café du pauvre, elle tienne à entrer en fraude. En revanche, on sait que le moka tient le haut de l'échelle. — « On dit : c'est un peu fort de café, pour exprimer que quelque chose passe les bornes. » (Dhautel, 1808.) — « Oh ! oh ! dirent Schaunard et Mar-

cel, ceci est trop fort de *moka*. » (Murger.) — « S'unir à un autre ! c'est un peu fort de chicorée. » (Cormon.)

CAFÉ (PRENDRE SON). — Rire, se moquer. — Un dessin de Bertall fait dire à une bonne poursuivie par un troupier trop galant : « Ah ! fusilier, vous voulez prendre votre café. »

CAFIOT. — Café faible. — Elle restait là tant que je n'avais pas mangé mon petit cafiot. » (*Commentaires de Loriot.*)

CAGETON. — Hanneton. (Halbert.)

CAGNE. — Mauvaise chienne, et, par extension, mauvais cheval, personne incapable de montrer de la vigueur et du courage. V. *Rosse.*

CAGNE. — Gendarme. (Colombey.) — Pour *Cogne.*

CAGNOTTE. — « Espèce de tirelire d'osier recevant les rétributions des joueurs. » (Montépin.) — « Le lansquenet brille, la cagnotte est dans son plein. » (Lespès.)

L'*Intermédiaire* de mars 1866 y voit avec raison une corruption du mot *gagnotte*. Mot à mot : lieu où se dépose ce qu'on gagne.

Faire une cagnotte. — Mettre les gains du jeu en réserve pour une dépense profitable à tous.

CAGOU. — Voleur solitaire. (Grandval.)

CAGOU. — Maître voleur chargé d'instruire les novices. (Colombey.)

CAILLÉ. — Poisson. Mot à mot : couvert d'écailles. Autrefois on disait *caille* et non écaille.

CAÏMAN. — Mendiant. — Vieux mot. La langue usuelle a conservé *quémander.*

> . . . . Ingrate frénésie;
> Puisque pauvre et caimande on voit la poésie.
> (Régnier, *Satyre* 4.)

CAISSE (BATTRE OU DONNER DE LA GROSSE). — Louer très-bruyamment. — Allusion aux bateleurs qui attirent leur public à coups de grosse caisse. — « Il faut qu'Artémise réussisse... C'est le cas de donner de la grosse caisse à se démancher le bras. » (L. Reybaud.) — On dit plus simplement *battre la caisse*, pour : faire des annonces.

CAISSE (SAUVER LA). — S'enfuir avec les fonds dont on est dépositaire. — A la mode depuis le fameux mot de Bilboquet dans la pièce des *Saltimbanques : Sauvons la caisse !* — « Mais j'entends du bruit dans le bazar ; sauvons la caisse. » (Villars., — « On a des nouvelles de Miron qui avait sauvé la caisse. » (Claretie.)

CAISSON (FAIRE SAUTER LE).— Faire sauter la cervelle d'un coup de feu, comme un caisson plein de munitions. — « Quelle mort préférez-vous ?—Faites-moi sauter le caisson. » (P. Borel, 1833.)

CALABRE. — Teigne. (Halbert.) — C'est *calot* avec changement de finale,

CALAIN. — Vigneron. (Halbert.) — Ce doit être une mauvaise lecture. V. *Calvin.*

CALÉ. — Riche. — Le terme vient évidemment de la marine. *Être calé*, c'est avoir assez de biens pour en remplir sa *cale* ou sa maison. Donné en 1808 par Dhautel. — « Les jours gras ! Dans cette saison, les plus calés sont quelquefois gênés. » (E. Sue.) — « Je crois que nous aurons du joli monde... des calés. (Jaime.) V. *Caner, Excuso.*

CALEBASSE. — Tête. — Allusion de forme. — « Faudrait pas gros de sens commun pour remplir une calebasse comm' ça. » (Gavarni.)

CALÉGE. — Prostituée élégante. — « La calége vend très-cher ce que la ponante et la dossière livrent à des prix modérés. Sa toilette est plus fraîche, ses manières plus polies. Elle a pour amant un faiseur ou un escroc, tandis que les autres sont associées avec un cambrioleur ou à un roulotier. » (Vidocq.)

Calége vient de *cale*, qui signifiait grisette au dix-septième siècle.—«Gombault, qui se piquait de n'aimer qu'en bon lieu, cajolait avec une petite cale crasseuse. » (Tallemant des Réaux.)

CALER. — Faire. (Colombey.)

CALER. — Ne rien faire. — Du vieux mot : *caler*, se cacher. — « La plus grande jouissance du compositeur d'imprimerie est de *câler.* » (Ladimir.)

CALEUR. — Ouvrier fainéant. V. *Ogre.*

CALEUR. — Garçon. (Colombey.)

CALICOT. — Commis marchand. Mot à mot : vendeur de calicot. — « Triple escadron ! le calicot s'insurrectionne. » (P. Borel, 1833.)

Calicot dans le commerce de la nouveauté désigne les employés qui ne sont pas sérieux, qui s'amusent bruyamment. (Naviaux.)

CALICOTE. — Femme fréquentant un ou plusieurs calicots. — « Clara Fontaine est une étudiante, Pomaré est une calicote. » (*Paris dansant*, 1844.)

CALIFORNIEN. — Riche. — Allusion aux découvertes aurifères de la Californie (1849). — « La jeune fille regrettait de ne pouvoir garder pour elle-même cette bonne fortune californienne. » (Montépin.)

CALINO. — Homme ridiculement naïf. — Une pièce du Vaudeville a vulgarisé vers 1858 le nom et le type. — Calino n'est, d'ailleurs, qu'un diminutif du vieux mot *calin* (niais). On le trouve dans Tallemant des Réaux (t. 4, p. 351). — « L'artiste était fort ennuyé par une espèce de calino. » (*Figaro*.)

CALINTTES. — Culottes. (*Petit Dictionnaire d'argot*, 1844.) — On a modifié les voyelles des deux premières syllabes de *culottes.*

CALLOT. — Teigneux. (Grandval.) Pour *Calot.*

CALME ET INODORE (ÊTRE). — Affecter une extrême sévérité de manières. — Ces deux mots ironiques ne vont jamais l'un sans l'autre, et parodient sans doute quelque manuel de civilité puérile et honnête. — « Autrement, il restera calme et inodore. » (Monselet.)

CALOQUET. — Chapeau. — Diminutif du vieux mot *cale*: capuchon. — Désigne n'importe quelle coiffure de femme en 1808. (Dhautel.) — S'est étendu ensuite aux chapeaux d'hommes. — « V'là Tonnelier ! oh ! c' chapeau. Oh ! ce caloquet. » (Ourliac.) — « Achetez un caloquet plus méchant, le vôtre n'est pas trop rup. » (De Neuville.)

CALOQUET. — Couronne. V. *Dab.*

CALORGNE. — Borgne.

CALOT. — Dé à coudre, coquille de noix. (Vidocq.) — Comparaison de ces objets à la calotte qui est de même forme.

CALOT, CALOTTE. — Teigneux. (Halbert.) Mot à mot, ayant une calotte de teigne. — « Voyez donc c'te margot avec sa tête à calot. » (*Catéchisme poissard.*)

CALOTTÉE. — « Le père Salin recueille les asticots dans des boîtes de fer-blanc qu'on nomme calottées, et il les vend jusqu'à quarante sous la calottée. » (Privat d'Anglemont.)

CALOTTER. — Frapper de la main sur la tête. Mot à mot : donner des calottes.— « Calottez-moi, giflez-moi. » (J. Arago, 1838.) V. *Escoffier*.

CALOTTIN. — Ecclésiastique. Mot à mot : porteur de la calotte cléricale. — « Ils ont chacun un calottin. » (H. Monnier.)

Le mot est ancien. Dans le *Déjeuner de la Râpée*, pièce publiée par l'*Écluse*, vers 1750, nous voyons une poissarde repousser un abbé en disant : « Adieu, monsieur la calottin ! »

CALVIGNE, CALVINE, CLAVIGNE. — Vigne. (Vidocq, Grandval.) Mot à mot : lieu *qu'a l'vigne*, qui a la vigne, qui est planté de vignes. Dans *clavigne*, il y a transposition de la première voyelle.

CALVIN, CLAVIN. — Raisin. (Idem.) Mot à mot : *qu'a l'vin*. V. *Cabe*.

CAMARDE. — La mort. (Grandval.) — Un squelette n'a pas de nez. V. *Carline*.

Baiser la camarde. — Mourir. (Bailly.)

CAMARO. — Camarade. — « Le café que deux camaros surveillent d'un œil paternel. » (*Monde comique*, 1870.) — Changement de finale.

CAMBOLER. — Tomber. — De *Caramboler*. — V'là qu'elle cambole sur son Prussien et feint de tomber de son digue-digue. » (Decourcelle, 1840.)

CAMBRIOLLE. — Chambre. — Diminutif du vieux mot *cambre :* chambre. V. *Pieu, Esquintement, Rincer*.

CAMBRIEUX. — Chapeau. (Albert.) — Pour *combrieu*. V. ce mot.

CAMBRIOLLEURS. — Voleurs s'introduisant dans les cambriolles par effraction ou par escalade. — Canler les divise en six classes. Vidocq, sans apporter autant de méthode que Canler dans la classification des *cambriolleurs*, donne des particularités assez curieuses sur leurs costumes, où dominent les bijoux et les cravates de couleurs tranchées, telles que le rouge, le bleu et le jaune ; sur la manie singulière de faire faire leurs chaussures et leurs habits chez les mêmes confectionneurs, ce qui n'était souvent pas un petit indice pour la justice ; sur leur habitude de se faire accompagner d'une fausse blanchisseuse dont le panier cache leur butin. — Les plus dangereux cambriolleurs sont appelés *nourrisseurs*, parce qu'ils nourrissent une affaire assez longtemps pour en

assurer l'exécution, et, autant que possible, l'impunité. V. ce mot. V. *Calége*.

CAMBRONNE (LE MOT DE). — M—de ! — Cette allusion à un mot historique discuté, sert aujourd'hui d'équivalent à une injure beaucoup trop populaire. Que Cambronne l'ait dit ou non, on ne lui en fera pas moins honneur. On peut consulter à ce sujet, un chapitre des *Misérables* de M. Victor Hugo ; un article de M. Cuvillier-Fleury, aux *Débats*, et enfin le journal *l'Intermédiaire*, du 15 février 1864.

CAMBRONNE. — Scatologique. — Même origine. — « M. Vatout avait l'amabilité un peu Cambronne ; la chanson qu'il préférait était celle écrite sur le maire d'Eu. » (Comtesse de Bassanville, 1866.)

CAMBROUX, CAMBROSE. — Serviteur, servante. (Grandval et Halbert.) — Changements de finale du vieux mot : *cambrier :* valet de chambre. *Chambrière* est resté.

CAMBROUSE. — Prostituée. V. *Camperoux*.

Ce mot se trouve dans le *dictionnaire* de Caillot (1829), avec cet exemple : « Et que tu ne sois qu'une cambrouse. » (Théâtre-Italien.)

CAMBROUSE. — Campagne. — « La rousse pousse comme des champignons, et même dans la cambrouse, ils viennent vous dénicher. » (*Patrie*, du 2 mars 1852.) V. *Garçon*.

CAMBROUSIER. — Voleur de campagne. (Vidocq.)

CAMBROUSIER. — « Au marché du Temple, les *cambrousiers* faisaient indistinctement commerce de linge ou de meubles, d'objets de toilette ou de ferraille. » (*Petit Journal*, 1865.)

CAMBROUSIERS. — Gens de campagne. (Halbert.) — « C'est ainsi que les marchands forains nomment les paysans. » (Pr. d'Anglemont.)

CAMBUSE. — Cantine. — « Dans la cour du bagne, ou au milieu de la longueur de chaque salle ou dortoir, se trouve un espace entouré de grilles, qui contient la cantine ou taverne, autrement dit la *cambuse*, lieu de la distribution des vivres, du vin, du tabac. La *cambuse* est tenue par un forçat, et à son profit. (Moreau Christophe, 1837.)

CAMBUSE. — Petite maison. (Halbert.) Terme de marine.

CAMELOT. — Voleur. — Acception figurée de camelot : mauvaise étoffe. V. ce qui en est dit à *Camelotte.* — C'est ainsi qu'on a fait *panné* avec *panne.*

CAMELOT. — Marchand de camelottes, vendant dans les villages ou exposant sur le pavé des rues. — « Camelot, c'est-à-dire marchand de bimbeloteries dans les foires. » (Privat d'Anglemont.)

CAMELOTTE. — Objet de nulle valeur. — Le camelot était une si mauvaise étoffe, qu'on disait *ressembler au camelot* pour *prendre un mauvais pli.* — « Elle portait la peine de toutes les *camelottes* qui se débitaient à son ombre. » (L. Reybaud.)

CAMELOTTE.—Réunion d'objets volés. — On fait attention qu'il ne refile pas la *camelotte* à un autre. » (Stamir, 1867.)

CAMELOTTE EN POGNE, CAMELOTTE DANS LE PIED.—En flagrant délit de vol.—« J'ai été pris la camelotte dans le pied. (*La Correctionnelle.*) — Même allusion dans *pris sur le tas.*

CAMELOTTER.—Vendre, marchander. (Halbert.)

CAMISOLE. — Gilet. (Colombey.)

CAMOUFLE. — Chandelle. (Vidocq.) — « Tu en as menti. La camoufle était éteinte. » (Ladimir, 1841.) — Du vieux mot *camouflet,* fumée.

CAMOUFLER. — Déguiser.

CAMOUFLEMENT. — Déguisement. (Vidocq.)

CAMOUFLET. — Chandelier. (Idem.)

CAMP (FICHE LE). — Se retirer précipitamment. V. *Ficher.*

CAMPAGNE (ALLER A LA).—Être enfermée à la maison de Saint-Lazare. — Usité parmi les filles qui lui donnent le sens suivant : « Elles ont disparu trois, quatre ou six mois. On les savait malheureuses. Elles ont été passer une saison à la campagne dans une maison de prostitution de province. » (*Ces Dames,* 1860.)

CAMPEROUX.—Fille.—Corruption de *Cambrouse.* V. *Connerie.*

CAMPHRE. — Eau-de-vie. — Allusion à une eau-de-vie composée dont il est question dans l'exemple suivant. Le mot s'est généralisé ensuite. — « Le vinaigrier du coin nous servit, en parlant politique, deux demi-poissons d'eau-de-vie assaisonnée de poivre long et de camphre. » (*Le Figaro de la Révolution.*) — « Aux buveurs émérites et à ceux qui ont depuis bien des années laissé leur raison au fond d'un poisson de camphre. » (Privat d'Anglemont.) —V. *Casse-poitrine.*

CAMPHRÉ. — Alcoolisé. « Dis donc, avec ton gosier camphré, tu fais bien des embarras. » (*Catéchisme poissard,* 1844.)

CAMPHRER (SE). — S'adonner à l'eau-de-vie.

CAMPHRIER.—Buveur d'eau-de-vie.—« Entends-tu, vieux camphrier, avec ta voix enrhumée. » (*Catéchisme poissard,* 1844.)

CAMPHRIER. — « Le *camphrier* est un sale débit de liqueurs atroces à *un sou* le verre et à *dix-sept sous* le litre. Le *caboulot* ne diffère du *camphrier* que par sa moindre importance comme établissement. C'est, du reste, le même breuvage qu'on y débite aux mêmes habitués. » (Castillon.)

CAMPLOUSE. — Campagne. (Halbert.) Mot à mot : champ d'herbes, champ pelouse.

CAMUSE. — Carpe. (Grandval.) — Elle a le nez camus, si on la compare au brochet.

CAN SUR LE COMP (PRENDRE UN).—Prendre un canon sur le comptoir. Double abréviation. V. *Canon.*

CANAILLE. — Rusé, malicieux. — Se dit amicalement. — « Elle m'a dit qu'elle me donnerait son adresse ; mais je ne la lui ai pas demandée. — C'est canaille ! » (T. Delord.)

CANAGE.—Agonie. (Colombey.) V. *Caner.*

CANARD. — Fausse nouvelle. — Récit mensonger inséré dans un journal. — « Nous appelons un canard, répondit Hector, un fait qui a l'air d'être vrai, mais qu'on invente pour relever les *Faits-Paris* quand ils sont pâles. » (Balzac.) — « Ces sortes de machines de guerre sont d'un emploi journalier à la Bourse, et on les a, par euphémisme, nommées *canards.* » (Mornand.)

Le tome 1er du *Dictionnaire de l'industrie* (Paris, Lacombe, 1776), nous livre l'origine du canard dans l'anecdote suivante :

On lit, dans la *Gazette d'agriculture,* un procédé singulier pour prendre les canards sauvages. On fait bouillir un gland de chêne, gros et long, dans une décoction de séné et de jalap ; on l'attache par le milieu à une ficelle mince, mais forte ; on jette le gland à l'eau. Celui qui tient le bout de la ficelle doit être caché. Le gland avalé purge le canard qui le rend

LES ENFANTS DE GIBERNE

aussitôt : un autre canard survient, avale ce même gland, le rend de même ; un troisième, un quatrième, un cinquième s'enfilent de la même manière.

On rapporte à ce sujet l'histoire d'un huissier, dans le Perche, près l'étang du Gué-de-Chaussée, qui laissa enfiler vingt canards ; ces canards, en s'envolant, enlevèrent l'huissier.

La corde se rompit, et le chasseur eut la cuisse cassée.

Ceux qui ont inventé cette *histoire* auraient pu la terminer par une heureuse apothéose, au lieu de la terminer par un dénoûment aussi tragique.

La grossièreté de cette *histoire,* comme dit notre Dictionnaire,—l'a évidemment fait prendre comme type des contes de *gazette.* — On trouve « *donner des canards :* tromper » dans le dictionnaire d'Hautel (1808).

CANARD. — Imprimé banal crié dans la rue comme nouvelle importante. V. *Canardier.*

CANARD, COUAC.— « Ces explosions criardes des instruments à vent si connues sous le nom de canards. »(A. Luchet.)—Le second mot est une onomatopée (*couac*) ; la comparaison d'une fausse note au cri du canard a fait former le premier.

CANARD. — Sobriquet amical donné aux maris fidèles. Le canard aime à marcher de compagnie. — « Voici, mon canard, dit-elle... Or, le canard de madame Pochard, c'était son mari ! Il avait reçu de sa douce moitié ce sobriquet d'amour. » (Ricard.)

CANARD SANS PLUMES. — Nerf de bœuf servant à la correction des forçats. (Colombey.) — Mot à mot : grosse canne qui n'est pas douce comme les plumes. C'est un calembour.

CANARDER. — Tromper. — « On a trop canardé les paroissiens... avec la philanthropie. » (Gavarni.)

CANARDIER. — Crieur, confectionneur de fausses nouvelles. — « Place au célèbre Édouard, le canardier par excellence, le roi des crieurs publics ! (Privat d'Anglemont.)

CANASSON. — Nom familier donné à leurs chevaux par les cochers de Paris. (Lem. de Neuville.) — « Dites avec un éclat de rire que vous avez perdu 20,000 francs au club, 500 louis à Vincennes, et traitez de *canassons* les chevaux de M. de Lagrange. » (Marx.)

On dit en abrégeant *can'son*.

CANCAN. — Se dit d'une certaine manière de danser le quadrille, avec des mouvements de bras, de jambes, de tête et de croupe, non prévus par la chorégraphie régulière. Cette danse paraît être née dans le quartier Latin, sous la monarchie de Juillet; mais son nom existait déjà. — Le *Dictionnaire du Vieux Langage* de Lacombe (1766) explique ainsi le mot *cancan* : « Grand tumulte ou bruit dans une compagnie d'hommes et de femmes. » — Cela répond assez exactement, on le voit, à la signification actuelle.

> Messieurs les étudiants,
> Montez à la Chaumière,
> Pour y danser l' cancan
> Et la Robert-Macaire. (Letellier, 1836.)

« Nous ne nous sentons pas la force de blâmer le pays Latin, car, après tout, le cancan est une danse fort amusante. » (L. Huart, 1840.) — M. Littré n'est pas aussi indulgent. Il dit : *Cancan*, sorte de danse inconvenante des bals publics, avec des sauts exagérés et des gestes impudents, moqueurs et de mauvais ton. Mot très-familier et même de mauvais ton. (Littré, 1864.) V. *Chahut*. — « Nous avons le cancan gracieux, la saint-simonienne, le demi-cancan, le cancan, le cancan et demi et le chahut. Cette dernière danse est la seule prohibée. » (Alph. Karr.) — « On va pincer un léger cancan, mais bien en douceur. » (Gavarni.)

CANCANER. — Danser le cancan. — « J'ai cancané que j'en ai pus de jambes. » (Gavarni.) — « Il s'est trouvé que M... a tout bonnement prêté de l'argent à toute la jeunesse cancanante du quartier Latin. » (Roqueplan.)

CANCRE. — Mauvais élève. V. *Piocheur*.

CANE. — Mort. V. *Canage*. — C'est l'heure où l'on a peur, où on *cane*.

CANELLE. — Caen. — C'est un diminutif avec transposition de la seconde voyelle.

CANER. — Avoir peur, reculer, plonger, comme le fait la cane. — Vieux mot. — « Laurent de Médicis... voyant mettre le feu à une pièce qui le regardait, bien luy servit de faire la cane, car aultrement le coup qui ne lui rasa que le dessus de la teste luy donnait dans l'estomach. » (Montaigne.) — « Par Dieu ! qui *fera la cane* de vous aultres, je me donne au diable si je ne le fais moyne. » (Rabelais.) — « Oui, vous êtes vraiment français; vous n'avez *cané* ni l'un ni l'autre. » (Marco de Saint-Hilaire.)

> . . . . . Madame prend son criard,
> Monsieur cane comme une victime. (Festeau.)

CANER LA PÉGRENNE. — Mourir de faim. (Colombey.)

CANER. — Agoniser, mourir. (Vidocq.) — Les approches de la mort vous font peur, vous font caner. V. *Rengracier*.

CANESON (MON VIEUX). — Terme d'amitié. Mot à mot : mon vieux cheval. V. *Canasson*.

CANEUR. — Poltron.

CANICHE. — Ballot carré. (Vidocq.) — Vient de ce que sa couverture de toile d'emballage se prend par les coins qui forment des oreilles semblables à celles d'un petit chien.

CANIF DANS LE CONTRAT (DONNER UN COUP DE). — Commettre une infidélité conjugale. — « Et puis ces messieurs, comme ils se gênent pour donner des coups de canif dans le contrat ! La *Gazette des Tribunaux* est pleine de leurs noirceurs, aussi nous sommes trop bonnes. » (Festeau.) — « Elle avait tellement trépigné dans le coup de canif, que c'est à peine s'il restait quelque chose du contrat. » (*Vie parisienne*, 1855.) — « La poste restante agrandie, c'est la multiplication des coups de canif. » (*Presse illustrée*, 1866.)

CANNE. — Surveillance de la haute police. — Il y a la *canne majeure* et la *canne mineure.*

Être en canne. — Habiter, après avoir subi sa peine, une localité déterminée par l'autorité.

Casser sa canne. — Quitter sans autorisation la ville désignée, rompre son ban. — « Malheur à lui s'il a cassé sa canne. » (Stamir, 1867.)

CANON. — Mesure de liquide en usage chez les marchands de vins de Paris. — Vient de *canon* qui signifie *verre* dans le vocabulaire des francs-maçons.

> Les canons que l'on traîne à la guerre
> Ne valent pas ceux du marchand de vin.
> (Brandin, 1826.)

« *Oscar :* Prenons-nous un canon ? — *Le marquis* (hésitant) : Heu... heu... — *Oscar :* C'est moi qui paye. — *Le marquis :* Oh ! alors. » (Marquet.)

CANONNIER DE LA PIÈCE HUMIDE. — Infirmier militaire. V. *Artilleur à genoux.* — La pièce humide est, comme on s'en doute, la seringue.

CANONNIÈRE. — Derrière. Même allusion que dans *pétard.*

CANTALOUP. — Niais. — Synonyme de *melon.* — « Ah çà ! d'où sort-il donc, ce cantaloup ? Sur quelle couche M. son papa l'a-t-il récolté, ce jeune légume ? » (Ricard.)

CANTER. — Galop d'essai précédant la course. On dit d'un cheval qu'il prend son canter. » (Paz.) — Anglicanisme.

CANTON. — Prison. (Grandval.) — Du vieux mot *canton :* coin. C'est dans les coins qu'on est à *l'ombre.*

On a de même appelé *cognard* le gendarme qui vous met dans le coin, qui vous y rencogne.

CANTONNIER. — Prisonnier. (Grandval.) — Ils sont cantonnés en prison.

CANULANT. — Ennuyeux. — Mot inventé par les ennemis du clystère. — « Le colonel fait des siennes. En v'là un qui peut se vanter d'être canulant. » (*Commentaires de Loriot.*)

CANULE. — Homme canulant.

CANULER. — Importuner. — « C'est canulant. » (H. Monnier.)

CANUT. — « Ouvrier en soie de Lyon, pauvre animal expiatoire du Rhône, à la face jaune et misérable. » (Ricard.)

CAP. — Surveillant du bagne. — Du vieux mot *cap :* chef (*caput*).

« Le commissaire du bagne a sous ses ordres, pour la surveillance des forçats, un grand nombre d'agents.

« Ces divers agents sont divisés en agents de police et de surveillance intérieure et en gardes. Les premiers sont les *comes* ou *comites*, au nombre de trois ou quatre, les *argousins* trois, les *sous-comes* dix-huit, *sous-argousins* dix-huit, et les *caps*, espèce de piqueurs, pour diriger les travaux. » (Moreau Christophe, 1837.)

CAPAHUTER. — Assassiner son complice pour s'approprier sa part. — Du nom de Capahut, malfaiteur coutumier de ce procédé. (Vidocq.)

CAPE. — Écriture. (Halbert.)

CAPET. — Chapeau. — Vieux mot. *Capel* (chapeau) se prononçait *capé* au moyen âge.

CAPHARNAÜM. — Pêle-mêle disparate. — « Capharnaüm était une ville de la Judée, située à l'extrémité du lac de Génézareth, dans la province de Galilée. L'éloignement où cette province se trouvait de la Judée proprement dite, la tenant en dehors de l'influence morale de Jérusalem, l'avaient souvent exposée aux troubles intérieurs, et lui avait fait donner par le prophète Isaïe la dénomination de *contrée de ténèbres et d'ignorance* (ce qui est rappelé dans l'évangile selon saint Mathieu, chap. 4, v. 16). C'est de là qu'on a dit par allusion en parlant d'une assemblée où le désordre et la confusion régnent : *c'est un capharnaüm.* » (Quitard.)

CAPINE. — Écritoire. (Halbert.)

CAPIR. — Écrire. (Idem.)

CAPITAINAGE. — Agiotage. (Vidocq.)

CAPITAINER. — Agioter. — C'est *capitaliser* avec changement de finale.

CAPITULARD. — Homme qui capitule. Injure sottement adressée en 1871-72 par les ennemis de l'ordre à une armée qu'on ne pouvait accuser de nos malheurs. Comme le peuple, l'armée est irresponsable. Tout dépend de ceux qui sont placés à leur tête. — « *Lâche, capitulard, soldat à Badinguet*, et autres aménités, allèrent leur train. » (*Éclair*, juillet 1872.)

CAPON. — Filou. (Idem.)

CAPONS. — Écrivains. (Grandval.) Il s'agit ici de ceux qui écrivent des lettres pour les autres. — On trouve *capous* dans Halbert.

CAPORAL. — Tabac à fumer. — Il est plus fin que le tabac dit *de soldat*, ou de cantine, vendu à un prix moindre. — « Un fumeur très-ordinaire brûle à lui seul son kilogramme de caporal par mois : cent francs par an au bas mot, dont soixante-dix pour le trésor. » (A. Luchet.)

CAPRICE. — Vive et subite affection. — « Tu es mon caprice, et puisque qu'il faut sauter le pas, que du moins j'y trouve du plaisir. » (Rétif, 1776.)

Le caprice ne dure pas longtemps, mais il est désintéressé. — « Plus capable de caprice que la femme entretenue, moins capable d'amour que la grisette, la lorette a compris son temps, et l'amuse comme il veut l'être. » (Th. Gautier.)

CAPRICES (FAIRE DES). — Séduire à première vue, inspirer des caprices. — J'en fais t'y des caprices ! Aussi, avec une balle comme ça, on peut tout se permettre. » (Lamiral, 1838.) V. *Boule*.

CAPSULE (CHAPEAU). — Chapeau d'homme affectant les petits bords et la forme cylindrique d'une capsule de fusil. V. *Carreau*.

CAPUCINE (JUSQU'A LA TROISIÈME). — Complétement *ivre*. — Veuillez excuser notre ami, il est gris jusqu'à la troisième capucine. » (Murger.) C'est-à-dire il en a par-dessus le menton. La troisième capucine est près de la *bouche* du fusil.

CARABINE. — Maîtresse d'un *carabin* ou étudiant en médecine. — Vieux mot signifiant garçon barbier, du temps où les barbiers pratiquaient la chirurgie et s'armaient de la seringue, comparée dérisoirement à une carabine. V. *Canonnier de la pièce humide*. — « Sois tant que tu pourras étudiante en droit, Carabine. » (*Almanach du Diable amoureux*, 1849.)

> Son petit air mutin
> Plaît fort au quartier Latin,
> C'est Flora la Carabine.   (J. Choux.)

CARABINE. — Fouet de conducteur du train. — Allusion ironique à son claquement.

CARABINÉ. — De première force. — Terme de marine. On sait qu'un vent carabiné est très-fort. — « On s'attend à une baisse carabinée à la Bourse. » (*Vie parisienne*, 1868.)

> Redoutez les veinards et leur chance obstinée;
> Fuyez au loin leur veine : elle est carabinée.
>   (Alyge.)

V. *Ringueur, Crevette*.

CARAMBOLAGE. — Chute, choc redoublé. — Ce terme de jeu de billard est passé dans le domaine des accidents et des voies de fait. — « Fixe ! A ce mot survint un coup de roulis suivi de carambolages sur toute la ligne. » (*Paris comique*, août 1870.)

CARAMBOLER. — Faire d'une pierre deux coups, culbuter. — « Leur père qui carambole, en ruinant son fils et sa fille. » (Balzac.)

CARAMBOLER. — Tomber, faire tomber en ricochant.

CARANT. — Planche. (Halbert.) — Sans doute à cause de sa forme carrée.

CARANTE. — Table. (Idem.)

CARAPATA. — Marinier d'eau douce. — « Les carapatas sont les marins du canal de l'Ourcq, passant leur vie sur l'eau tout comme leurs confrères de l'Océan. » (A. Scholl, 1866.) — « Les mœurs des carapatas sont des mœurs à part. Ce sont les hommes de l'eau. » (Privat d'Anglemont.) V. *Marins*.

CARBELUCHE GALICÉ. — Chapeau de soie. (Halbert.) — Allusion à la peluche de soie qui le couvre.

CARCAGNO. — Usurier. (Vidocq.)

CARCAN. — Cheval étique, femme maigre, revêche. — « C'est pas un de ces carcans à quernoline qui balayait le macadam. » (Monselet.)

CARDINALE. — Lune. — Allusion à la couleur des menstrues (appelées jadis *le cardinal*), qui reviennent avec la lune nouvelle. C'est comme si on disait *la rouge*. On sait que c'est la couleur des cardinaux. — M. Francisque Michel cite à ce propos une poésie manuscrite de son cabinet.

> Mon cardinal est paresseux
> Et ne suit pas sa piste.
> S'il ne vient, j'en suis aux abois,
> J'en tremble, j'en soupire.
> Quand on l'a perdu pour neuf mois,
> A-t-on sujet de rire?

CARDINALISER. — Rougir. — « Exceptez les escrevices que l'on cardinalise à la cuicte. » (Rabelais.) — « Il buvait... de manière à se cardinaliser la figure. » (Balzac.)

CARE (VOLER A LA), CARER, CARIBENER. — Voler un marchand en proposant un échange avantageux de monnaies anciennes contre des nouvelles. (Vidocq.)

Care et *carer* sont des formes anciennes de *charriage* et de *charrier*. V. ces mots. *Caribener* est un diminutif.

CAREUR. — Voleur à la care. V. *Carreur*.

CARGE. — Balle. (Halbert.) Mot à mot : *charge*. La balle de colporteur est une carge.

CARGOT. — Cantinier. — Corruption de *gargotier*. V. *Aide*.

CARIBENER. V. *Care (voler à la)*.

CARLE. — Argent. (Vidocq.) — Traduction de *Carolus*, ancienne monnaie qu'on commença de frapper sous le roi Charles VIII. — « Le cidre ne vaut plus qu'un carolus. » (Ol. Basselin.) — « J'ay une verge d'or, accompagnée de beaux et joyeux carolus. » (Rabelais, *Pantagruel*, l. III, ch. XVII.) V. *Bayafe*. — On dit par corruption *Carme*.

CARLINE. — La mort. (Vidocq.) — Allusion au nez camus de Carlin. Jadis on appelait la mort *camarde*, parce qu'une tête de mort n'a pour nez qu'un os de très-faible saillie. On l'appelle aussi *camuse* pour la même raison.

CARLISTE. — Dévoué à la monarchie de Charles X. — On appelle de même *Henriquinquistes* les partisans du comte de Chambord (Henri V). — « Ah ! ben oui ! carliste ! M. Péguchet ? Ben du contraire, il méprise ben trop les prêtres pour ça. » (H. Monnier.)

— « Il y avait alors à Sainte-Pélagie deux catégories, les carlistes et les républicains. » (Chenu.)

CARME. — Miche. (Halbert.) — Le pain, c'est de l'argent. V. ci-dessous.

CARME. — Argent. V. *Carle*.

CARNE. — Abréviation de *charogne*. — « Un morceau d'carne dur comme un cuir. » (Wado.)

CARNE. — Mauvaise femme. — Même étymologie. — « Je la renfoncerais dedans à coups de soulier... la carne. » (E. Sue.)

CAROTTE. — De couleur aussi rousse que la carotte. — On dit *des cheveux carotte*.

CAROTTE. — Demande d'argent sous un faux prétexte. — « Des carottes ! combien qu'y en a des bourgeois, et des huppés, qui ne vivent que de ça ! » (Gavarni.)

CAROTTE (TIRER UNE). — Demander de l'argent sous un faux prétexte. — « Nul teneur de livres ne pourrait supputer le chiffre des sommes restées verrouillées au fond des cœurs généreux par cette ignoble phrase : *Tirer une carotte.* » (Balzac.) Génin et Littré y voient une allusion à la facilité avec laquelle on tire les carottes d'un terrain suffisamment préparé.

CAROTTE (TIRER UNE). — Faire un mensonge pour connaître la vérité. (Grandval.)

CAROTTE DE LONGUEUR OU D'ÉPAISSEUR (TIRER UNE). — C'est la préparer de longue main, ou la tenter sur une grande échelle.

CAROTTES (VIVRE DE). — Vivre en faisant des dupes.

CAROTTÉ. — Dupé. — « .... M. de Rochegude, comme tous les petits esprits, avait toujours peur d'être *carotté*. » (Balzac.)

CAROTTER. — Risquer peu. — « Un homme qui allait à la Bourse et qui carottait sur les rentes après s'y être ruiné. » (Balzac.)

CAROTTER. — Obtenir de l'argent en tirant une carotte : « Allons, va au marché, maman, et ne me carotte pas. » (Gavarni.) — « Cela ne vaut-il pas mieux pour un garçon de cœur que de passer sa vie à carotter ? » (E. Augier.)

CAROTTER, CAROTTER L'EXISTENCE. — Ne vivre que de carottes, c'est-à-dire vivre mesquinement. — « Il se dépouillait de tout.... Il sera très-heureux de vivre avec Dumay en carottant au Havre. » (Balzac.)

CAROTTER LE SERVICE. — Éluder sous de

faux prétextes les obligations du service militaire.

CAROTTEUR, CAROTTIER. — Tireur de carottes. — « Allons, adieu, carotteur ? » (Balzac.)—« Joyeux vivant, mais point grugeur et carottier. » (Vidal, 1833.) — « Les missives carottières destinées aux banquiers que nous a donnés la nature. » (La Bédollière.) — « Les *pratiques* et les carottiers excellent dans ces honteux subterfuges. » — (Idem.) V. *Repincer.*

CAROUBLE. — Fausse clef. (Grandval.) — V. *Esquintement.*

CAROUBLEUR. CAROUBLEUR REFILÉ. — Voleur employant des caroubles fabriquées sur des empreintes livrées par des domestiques, des frotteurs, des peintres ou des amants de servantes. — « Le caroubleur qui va reconnaître les lieux pour les dévaliser ensuite. » (Ph. Chasles.)

Caroubleur à la flan, à l'esbrouffe. — Il vole aussi avec de fausses clefs, mais au hasard, dans la première maison venue.

Caroubleur au fric frac. — Voleur avec effraction. — Il emploie au lieu de clefs un pied de biche en fer appelé *cadet, monseigneur,* ou *plume.* (Vidocq.) — V. ces mots.

CARQUOIS. — Hotte de chiffonnier. (Colombey.) — Ironie mythologique, car le chiffonnier est appelé aussi *Cupidon.* V. ce mot.

CARRÉ. — Portion d'étage sur laquelle ouvrent les portes des divers logements. — Sa forme est le plus souvent *carrée.*

CARRÉ (FAIRE UN). — Voler avec effraction dans les divers logements ouvrant sur un carré.

CARREAU, CARREAU DE VITRE. — Lorgnon monocle. — « M. Toupard, cinquante-deux ans, petite veste anglaise, chapeau capsule, un carreau dans l'œil. » (*Mémoires d'une dame du monde,* 1860.)

CARRÉMENT. — Franchement, sans formes obliques. — « Oh ! tu es rouge, et carrément, mon bonhomme. » (G. Droz.)

CARRER (SE). — Se cacher. (Halbert.) Mot à mot : se mettre dans un coin. V. *Carruche.*

CARREUR. — Forme ancienne du mot *charrieur.* Il a la même signification. — « Le carreur qui escamote des pièces d'or ou d'argent. » (Philarète Chasles.)

CARROUBLE, CARROUBLEUR. — V. *Carouble, caroubleur.*

CARRUCHE. — Prison. (Grandval.) — Diminutif du vieux mot *car :* coin. (Roquefort.) V. *Canton.*

CARRUCHE (COMTE DE LA). — Geôlier. (Id.)

CARTAUD. — Imprimerie. (Halbert.)

CARTAUDER. — Imprimer. (Idem.)

CARTAUDIER. — Imprimeur. (Idem.)

CARTE (FEMME EN). — Femme à qui la police délivre une carte de fille soumise. — « La fille en carte est libre, pourvu qu'elle se présente exactement aux visites des médecins. » (A. Béraud.)

CARTE (METTRE EN). — Inscrire une femme parmi les filles soumises. Mot à mot : lui faire prendre une carte.

CARTES (PRENDRE DES). — Chercher mieux. Mot à mot : chercher des cartes plus belles, comme au jeu d'écarté. — Se prend au figuré et en mauvaise part. — « Tu me disais : bon ! bon ! s'il n'est pas content, qu'il prenne des cartes ! » (Vadé, 1744.)

CARTE (REVOIR LA). — Vomir. — On comprend l'ironie du mot en se rappelant qu'on entend par *carte* la liste des mets choisis pour son repas.

CARTON (DE). — Sans valeur réelle. V. *Occasion (d')* (Miché.). — Il y a longtemps que le carton symbolise une apparence trompeuse. Saint-Simon appelait déjà le duc du Maine *un roi de carton,* c'est-à-dire un roi de cartes.

CARTON. — Carte à jouer. — « Lorsqu'on a dîné entre amis, il faut bien remuer des cartons peints pour se dégriser. » (About.)

CARTON (DONNER LE). — Faire jouer. — « Je n'ai point parlé des tables d'hôte où on donne le carton, c'est-à-dire où l'on fait jouer. » (Lespès.)

CARTON (MAQUILLER LE). — Faire sauter la coupe.

> Céladon
> De carton,
> Me prends-tu pour un' lorette ?
> Dis'-j' riant
> Du galant
> Qui n'avait pas d'agrément. (H. Durand.)

CARTON (GRAISSER, MANIER, REMUER, TRAVAILLER, TRIPOTER LE). — Jouer aux cartes. — Il y en a, comme on voit, pour toutes les mains, sales ou non. — «Ces quatre messieurs qui *tripotent le carton* avec une grande habileté. » (Villemessant, *Paris au jour le jour*, 1860.)

CARTONNER. — Jouer aux cartes. — « Eh! eh! vous avez un coup de pouce... — Oui, je ne cartonne pas mal. » (E. Villars.)

CARTONNEUR. — Joueur passionné. — « Ensuite la ravissante cartonneuse eut un instant de veine. » (*Vie parisienne*, 1866.)

CARTONNIER. — Joueur de cartes. — « Pingaud sut le premier débrouiller l'art confus de nos vieux cartonniers. » (Alyge.)

CARVEL. — Bateau. (Colombey.)

CASAQUIN (GRIMPER, TANNER, TRAVAILLER LE). — Rouer de coups. — L'habit est pris ici pour le corps. — « Je te tombe sur la bosse, je te tanne le casaquin. » (Paillet.) — « Le premier ami de Pitt et Cobourg qui me tombe sous la patte, je lui grimpe le casaquin et lui travaille les côtelettes. » (Lombard de Langres, 1793.) — V. *Bosse, Sabouler*.

CASCADER. — Trébucher, faillir.

> Dis-moi, Vénus, pourquoi t'obstines-tu
> A faire ainsi cascader ma vertu?
> (*La belle Hélène*, 1865.)

CASCADER. — Faire des cascades. — « Mademoiselle Leprévost a-t-elle appris seulement à cascader? » (Jules Janin.) — « Je vais au couvent... Je suis fatiguée de cascader sur les planches. » (Villemot.) — « Qui donc osa nous dire : J'aplatirai Hugo par un vers impossible ? — Je cascadais, fit Latygnes. » (Michu.)

CASCADES. — Vicissitudes, folies. — « Sur la terre, j'ai fait mes cascades. » (*Robert Macaire*, chanson, 1836.)

CASCADES. — « Au théâtre, ce mot dépeint les fantaisies bouffonnes, les inégalités grotesques, les lazzis hors de propos, les improvisations les plus fantasques. » (J. Duflot.) — « La pièce a paru insuffisante à un public habituellement moins exigeant en fait de cascades dramatiques. » (Monselet.)

CASCADEUR. — Farceur, faiseur de cascades. — « Je puis dire que je suis chaque matin environné d'une douzaine de cascadeurs. » (E. Villars.)

CASCADEUSE. — Femme galante, farceuse.

CASCARET. — Écu de trois livres. (Fr. Michel.)

CASQUE. — Chapeau d'homme ou de femme, casquette. — Ironie primitivement envoyée à l'adresse des classiques qui abusaient du casque, c'est-à-dire des Grecs et des Romains.

CASQUE A AUVENT. — Casquette. (*Petit Dictionnaire d'argot*, 1844.) — L'auvent est ici la visière.

CASQUE A MÈCHE. — Bonnet de coton. — Allusion à la mèche qui le termine. — « Il dévoilera les mensonges cotonneux de madame et apportera dans le salon le casque à mèche de monsieur. » (Th. Gautier.) — « Ces toilettes font un douloureux contraste avec le casque à mèche de notre cher malade. » (Éliacim Jourdain.)

CASQUE (AVOIR SON). — Être ivre. Mot à mot : avoir du vin plein la tête ou le casque, comme le prouve l'exemple suivant : — « Il me demande si je veux m'humecter, je lui dis que j'ai mon casque. » (Monselet.) — « Ils furent ensemble dans un cabaret boire quelques pots de bon vin... si bien que ce malheureux Jean s'en donna dans le casque. » (*L'art de plumer la poule sans crier*, dix-huitième siècle.)

CASQUER. — Donner dans le piége qu'on vous tend comme si vous aviez les yeux couverts par la visière d'un casque.

CASQUER. — Donner de l'argent. — De *cascaret*, écu. V. *Cavé, Pognon*. — « Le petit Polonais casquera. Vive la Russie! » (Claretie.)

CASQUETTE. — Chapeau de femme. — « Cré chien ! Loïse, t'as là une casquette un peu chouette. » (Gavarni.)

CASQUETTE. — Ivre. Mot à mot : ayant du vin plein la casquette, c'est-à-dire la tête. — « Depuis ce jour, les auteurs lui confiaient les rôles d'ivrogne, — et lui recommandaient surtout d'*être casquette*. » (Duflot.)

> Ai-je manqué, soit à jeun, soit casquette,
> De t'apporter ma soif et ma chanson? (Festeau.)

CASQUETTE. — « Être casquette a un autre sens : c'est manquer de distinction, c'est d'avoir dans les manières quelque chose de rude, d'un peu brutal, comme les gens dont la casquette est la coiffure ordinaire. (Mané, 1862.)

CASQUETTE. — Argent perdu au café. — De *casquer*, payer. — « Le café Voltaire, créancier du réaliste pour des casquettes pyramidales. » (Michu.)

CASSANTE. — Noix, noisette. (Grandval, Vidocq.)

CASSANTE. — Dent. (Halbert.) — Dans ces trois acceptions, l'effet est pris pour la cause. La noisette se casse et la dent casse.

CASSE. — Bris accidentel de verres ou de porcelaine dans un café ou un restaurant. — « Dans beaucoup de villes, le maître d'hôtel marié prend des pourboires, une part pour sa femme, une part pour ses enfants, une part pour la *casse*, etc. » (A. Luchet.)

CASSE. — Rognures et raclures de pâtisseries vendues à deux sous le cornet par les pâtissiers.

CASSE (JE T'EN). — Ce n'est pas pour toi. (Halbert.) Mot à mot et ironiquement : je vais casser un morceau de ce que tu convoites pour te l'offrir.

CASSE-GUEULE. — Bal public de dernier ordre, où on se bat souvent.

Veux-tu v'nir aux Porcherons,
Ou j'irons au cass'-gueule à la basse Courtille?
(Duverny, Chanson, 1813.)

CASSE-NOISETTES. — Tête dont le nez et le menton se rapprochent comme les pinces d'un casse-noisettes. La perte des dents donne assez souvent cet aspect aux figures de vieillards. — « Les flâneurs du quartier les avaient surnommés les deux Casse-Noisettes. » (Balzac.)

CASSE-POITRINE. — « Cette boutique est meublée de deux comptoirs en étain où se débitent du vin, de l'eau-de-vie et toute cette innombrable famille d'abrutissants que le peuple a nommés, dans son énergique langage du Casse-Poitrine. » (Pr. d'Anglemont.) — « Ces demoiselles n'ont plus la faculté de se faire régaler du petit coup d'étrier, consistant en casse-poitrine, vespetro, camphre et autres ingrédients. » (*Pétition des filles publiques de Paris*, 1830, br. in-8.)

Se disait autrefois du vin très-acide. V. *Briolet*.

CASSER. — Manger. Mot à mot : casser avec les dents. — « J'avions déjà cassé trois ou quatre gigots, cinq ou six cochons de lait, et une pièce de bœuf à la mode. » (Vadé, 1744.)

CASSER. — Dénoncer. — Abréviation de *casser du sucre*. Voir plus bas. — « Part à deux, ou je casse sur toi. » (Du Camp.)

CASSER (SE LA). — S'enfuir. — « Vous vous esbignez. Ils se la cassent. » (A. Second.) — « C'est assommant ici. Je me la casse. Cassons-nous-la. » (E. Villars.)

CASSER (A TOUT). — Avec emportement. — S'est appliqué dans l'origine aux voitures qu'on menait grand train, au risque de tout casser. Se dit maintenant de tout. V. *Rinquer*. — « Que tu es belle ! splendide ! à tout casser. » (E. Villars.)

CASSER DU BEC. — Sentir mauvais. — *Casser* a ici le sens de *couper*, ce qui donne, mot à mot : couper de son bec... celui des autres. V. *Couper la gueule*.

CASSER DU SUCRE. — Dénoncer. — « Il en est qui, pour amoindrir leurs peines, cassent du sucre sur leurs camarades. » (Stamir, 1867.)

CASSER LA GUEULE. — Frapper au visage ou ailleurs.

CASSER LA HANE. — Couper la bourse. (Halbert.) — Vieux mot.

CASSER LE COU. — Manger. — « Chère belle, ne viendrez-vous pas casser le cou à un fricandeau ce soir ? » (Lespès, 1866.) — « Viens-tu casser le cou à une gibelotte ? » (Nadar.)

CASSER LE NEZ (SE). — Trouver porte close. Mot à mot : se casser le nez contre une porte qu'on croyait ouverte.

CASSER SA CANNE, CASSER SON PIF. — Dormir. — Allusion à la position d'un dormeur dont la tête perd son point d'appui et s'incline brusquement en avant. — « Ils cassent leur canne... Ils cassent leur pif. » (Villars.) V. *Orgue* (jouer de l').

CASSER SA CANNE. — Rompre son ban, quand on est sous la surveillance de la justice. V. *Canne*.

CASSER SON ŒUF. — Faire une fausse couche.

CASSER SON PIF. — Dormir. V. *Casser sa canne*.

CASSER SON SABOT. — Perdre sa virginité.

CASSER UNE PORTE. — Voler avec effraction.

CASSEROLE (PASSER PAR LA). — Être en traitement pour la syphilis. — On disait autrefois *passer sur les réchauds de saint Côme*.

L'une et l'autre expression font allusion à la chaleur requise par les sudorifiques qui jouent un grand rôle dans la cure.

CASSEROLE. — Personne cassant, c'est-à-dire dénonçant à la police. (Halbert.) — Il est à noter que le dénonciateur s'appelle aussi *cuisinier*, qu'on dit *servir* pour arrêter, et que dénoncer, c'est *manger le morceau* ou *se mettre à table*.

CASSEUR. — Tapageur, prêt à tout casser. (Dhautel, 1808.) — « La manière oblique dont ils se coiffent leur donne un air casseur. » (De La Barre.)

CASSEUR. — Dénonciateur. V. *Casser du sucre*.

CASSEUR DE PORTES. — Voleur avec effraction. (Halbert.)

CASSINE. — « Ce mot signifiait autrefois une petite maison de campagne ; maintenant, il n'est plus d'usage que pour dire un logement triste et misérable. » (Dhautel, 1808.) — Diminutif de *Case*. — « Ah ! ben, vous n'êtes pas dégoûté !... voilà une cassine. Je sors de la cuisine, c'est à faire lever le cœur, un vrai fumier, quoi ! ! ! » (Marquet.)

CASSOLETTE (OUVRIR SA). — Vesser. Mot à mot : répandre des parfums trop connus.

CASSURE. — Débit mordant. — « Le brio et la cassure (encore un mot commandé par la situation) avec lesquels elle (mademoiselle Silly) enlève à gosier déployé son rôle de Béatrix. » (*Vie parisienne*, 1865.)

CASTE DE CHARRUE. — Quart d'écu. (Halbert.)

CASTOR. — Officier de marine évitant les embarquements et les expéditions de terre ferme. — Le castor bâtit volontiers sur le rivage.

CASTORIN. — Chapelier. (*Almanach des Débiteurs*, 1851.) Mot à mot : marchand de castors.

CASTORISER. — Dans la marine, c'est éviter les embarquements. Dans l'armée de terre, c'est voyager peu ou point, et se perpétuer dans des garnisons agréables. — « Pélissier (le maréchal) disait : la garde impériale castorise. » (Cluseret, 1868.)

CASTROZ. — Chapon. (Grandval.) C'est *castrat*, avec changement de finale. On sait que le chapon est châtré.

CASTU. — Hôpital. (Grandval.) — Vient de *castel*, comme *castuc*, à moins que ce ne soit une équivoque sur la grande phrase de l'hôpital : *Qu'as-tu ?* (que ressentez-vous ?) C'est ainsi qu'on appelle les douaniers *qu'as-tu là*.

CASTUC. — Prison. (Vidocq.) Du mot *castel*, château. V. *Ravignolé*.

CATÉGORIE (1re, 2e, 3e). — Ces divisions, qu'une ordonnance (vers 1860) avait rendues officielles pour la vente de la viande de boucherie, ont un instant été adoptées par les gouailleurs, et leur ont servi à coter le degré de distinction de celui-ci ou de celle-là. On a dit *une femme de troisième catégorie*, comme *une femme du quart de monde*. — « Docteur, je t'abandonne Bacchante. Je la dépècerais bien, mais les morceaux seraient de troisième catégorie, et le veau est en baisse. » (Michu.)

Le terme a fini par s'étendre à tout, en multipliant à l'infini le nombre des catégories. — « Les *amateurs* se disputent des croûtes de sixième catégorie, auxquelles on a mis un faux nez. » (E. Frébault.)

CATOGAN. — Chignon de femme volumineux noué au niveau de la nuque par un paquet de faveurs. (Modes de 1866.)

> Quand j'aperçois le catogan
> De cette charmante personne,
> Accompagné de son ruban
> Dont le long bout dépasse une aune. (E. Villars.)

CAUCHEMAR. — Homme ennuyeux à l'excès. (Dhautel.) Mot à mot : vous oppressant comme un cauchemar.

CAUCHEMARDANT. — Insupportable. — « C'est cauchemardant. » (Jaime fils.) — « Pour en finir avec cette profession si affreusement cauchemardante. » (*Paris-Étudiant*, 1854.)

CAUCHEMARDER. — Être cauchemardant. — « Pour abriter sa conscience contre certains hommes noirs qui pourraient venir le cauchemarder. » (*Physiologie du parapluie*, 1841.)

CAVALCADES. — Vicissitudes galantes. — « Ça fait des manières, un porte-maillot comme ça. — Et qui en avait vu, des cavalcades. » (Gavarni.)

CAVALER (SE). — Fuir avec la vitesse d'un *caval* ou cheval (vieux mot). — « Il faut se cavaler et vivement. » (Chenu.) V. *Feston*. — « Nous nous cavalons, moi et Todore, du côté du Temple. » (Monselet.) — Cavaler est plus vieux qu'on ne le croirait. — « Ces promesses avaient cavalé mon esprit et mon courage. » (*Lettre mystique touchant la conspiration dernière*. Leide, 1702.)

CAVALLE. — Évasion. (*Petit dictionnaire d'argot*, 1844.) Mot à mot : action de se cavaler.

CAVÉ. — Dupe. Mot à mot : tombé dans un trou, une cave. — Même image dans *enfoncé, casqué*.

CAVÉE. — Église. (Halbert.) — Elle est voûtée comme la cave.

Cé. — Argent. V. *Chêne*.

Tout de cé. — Très-bien. (Vidocq.)

Celui de (avoir). — Avoir l'honneur *de*. — Usité par moquerie des politesses exagérées de la petite bourgeoisie, où l'on avait à cœur de répondre : *J'ai celui de*, etc., à l'interlocuteur qui vous avait dit : *J'ai eu l'honneur de*, etc. — « Mam'selle, aurai-je celui d'aller avec vous ? » (J. Ladimir, 1841.)

Cent coups (faire les). — Commettre des actes de folie, de désespoir. — « Tu peux faire les quatre cents coups dans la cité. » (E. Sue.)

Centre. — Nom. (Vidocq.)

Centre à l'estorgue. — Faux nom. V. *Estorgue*.

Coquer son centre. — Donner son nom. V. *Ravignolé*.

Centre de gravité. — Derrière. — « Il se risque... Ne frémissez pas, belle lectrice ; les don Juan sont très-forts sur la gymnastique. Dès leur plus tendre enfance, ils se sont exercés à tomber sur leur *centre de gravité*. C'est là dessus que don Juan est tombé. » (E. Lemoine.)

Centrier. — Député du *centre* conservateur sous Louis-Philippe. V. *Ventru*. — « Moreau ! Mais il est député de l'Oise. — Ah ! c'est le fameux centrier. » (Balzac.)

Centrier, centripète. — Soldat du centre, fantassin.

Cerbère. — Portier malhonnête et grondeur comme le Cerbère de la fable. — « Misérable, disait-elle au cerbère, si mon mari le savait. — Bah ! répondait-il... un terme de payé, ça aide. » (Ricard.)

Cercle. — Pièce d'argent. — Allusion de forme.

Cercle (pincer, rattraper, repincer au demi-). — Prendre à l'improviste. — Terme d'escrime. — « Filons... je connais l'escalier de service... Aie ! pincés au demi-cercle. » (Villars.)

Cerclé. — Tonneau. (Vidocq.) Allusion aux cercles retenant les douves.

Cerf. — Mari trompé. — Allusion de cornes.

> L'amant quitte alors sa conquête
> Et le cerf entre à la maison. (Béranger.)

Cerf (se déguiser en). — Courir. — Allusion à la vitesse du cerf. V. *Ballon (se lâcher du)*.

Cerf-volant. — Femme dépouillant les enfants mal surveillés par leurs bonnes. — Jeu de mots. Elle vole dans les jardins publics où vole aussi le jouet dit *cerf-volant*.

Cerisier. — Cheval aussi mauvais que les bidets qui portent des cerises au marché. — On dit d'un mauvais cavalier qu'il monte en *marchand de cerises*. (Dhautel.)

Ces. — Ce pronom a parfois une valeur ironique particulière lorsqu'il est placé devant les substantifs. — « On a donné à *ces* dames que voici le nom de musardines. » (Alb. Second.) — Béranger a chansonné *ces* demoiselles.

Chabannais, chabanais. — Bruit. — « Il m'embête, votre public. En font-ils du chabanais. » (Décembre-Alonnier.)

> Ah ! ça prend dans les rues?
> Le chabanais, ça mousse. (Sardou.)

Chacal. — Zouave. — Dans l'argot militaire d'Afrique.

Chafrioler. — Se complaire. — « L'atmosphère de plaisirs où il se chafriolait. » (Balzac.)

Chahut. — Dispute. — « Je n'ai jamais de chahut avec Joséphine comme toi avec Millie. » (Monselet.)

Chahut. — Cancan populaire. — « La chahut comme on la dansait alors était quelque chose de hideux, de monstrueux ; mais c'était la mode avant d'arriver au cancan parisien, c'est-à-dire à cette danse élégante, décemment lascive lorsqu'elle est bien dansée. Aujourd'hui le cancan en l'école moderne triomphe, la chahut n'est plus guère connue que des titis des Funambules. » (Pr. d'Anglemont, 1851.)

> . . . . . . Et pour se mettre en rut
> Apprennent là du peuple à danser le chahut.
> (A. Barbier.)
> J' vas prendre l'air innocent
> En dansant,
> J' mets l' chahut z'à la retraite. (Festeau.)

« Un caractère d'immoralité et d'indécence comparable au chahut que dansent les faubouriens français dans les salons de Dénoyers. » (1833, Mansion.)

CHAHUT. — Mêlée, remue-ménage. — « La cavalerie monte à cheval. C'était un chahut, un boucan général. » (*Commentaires de Loriot.*)

CHAHUTER. — Faire tapage, danser le chahut. — « Ça mettra le vieux Charlot en gaîté... il chahutera sur sa boutique. » (E. Sue.)

CHAHUTER. — Renverser, culbuter.

Sur les bords du noir Cocyte,
Chahutant le vieux Caron,
Nous l' fich'rons dans sa marmite, etc.
(*Chanson de canotiers.*)

CHAHUTEUR. — Tapageur, danseur de chahut.

CHAILLOT ! (A) — Allez vous promener ! Mot à mot : Allez à Chaillot ! Cette injure, fort usitée, daterait, selon M. Louis Ulbach, qui s'en est occupé dans le *Figaro*, de l'année 1784 où la construction du mur d'enceinte consterna tellement les habitants de Chaillot que le nom d'*ahuris* leur est resté.

Pour notre part, nous avons constaté qu'en 1826 ce terme d'*ahuri de Chaillot* était encore populaire, car le *Dictionnaire proverbial* de Caillot lui donne une place : *Ahuri*, surpris, étonné. On dit à Paris : *les ahuris de Chaillot*.

Il convient d'ajouter que le village de Chaillot était autrefois le point de mire des mauvais plaisants. — Quand on parlait d'une *Agnès de Chaillot* c'était pour désigner une fille suspecte. — « Ah ! ciel ! disais-je en moi-même, cette Agnès de Chaillot serait-elle de ce pays-ci ? » (*Voyage de Paris à Saint-Cloud*, 1754.)

« A Chaillot les gêneurs ! veut dire tout simplement : Au diable les ennuyeux ! » (Mané, *Paris effronté*, 1863.)

J' crois la proposition honnête
En t'offrant mon cœur et ma main.
Quoi ! Tu m' réponds, rêv' de mon âme :
«A Chaillot ! ton cœur et ton nom !» (Aug. Hardy.)

CHAIR A CANON. — Soldat. — « L'homme ne fut plus, comme on disait sous l'Empire, de la chair à canon. » (Dr Véron.)

CHAIR HUMAINE (VENDEUR OU MARCHAND DE). — Proxénète. — Agent de remplacement militaire. — Au dix-huitième siècle, on donnait déjà ce nom aux sergents recruteurs.

CHALOUPE. — Femme au jupon gonflé comme une voile de chaloupe. — « C'te chaloupe ! » crie un gamin de Gavarni derrière une élégante.

CHALOUPE ORAGEUSE. — Cancan échevelé. — Comparaison de la danse au roulis d'une chaloupe. — «Ils chaloupaient à la Chaumière.» (*Étudiants*, 1864.) — « Ohé ! les danseurs ! qui est-ce qui veut du cancan et de la chaloupe à mort ? » — (E. Bourget, 1845.) — V. *Tulipe*.

CHALOUPER. — Danser la chaloupe, faire débauche.

Et je chaloup'rai
Tant qu' j'aurai
De la vaisselle de poche. (Poinchoud.)

CHAMBARDER. — Bousculer. — Terme de marine.

CHAMBRE DE SURETÉ. — Prison de la Conciergerie. (Stamir.)

CHAMBRE DES PAIRS. — Bagne. — Côté des condamnés à vie. Les autres sont les *députés*.

CHAMEAU. — Femme de mauvaise vie. — On dit aussi : *Chameau d'Égypte, chameau à deux bosses*, ce qui paraît une allusion à la mise en évidence de certains appas. Cette épithète passe aussi pour dater de la campagne d'Égypte, pendant laquelle nos soldats, profonds analogistes, auraient été frappés de la docilité avec laquelle le chameau se couchait pour recevoir son fardeau. Tel est du moins l'avis de l'*Encyclopediana*. — « Qu'est-ce que tu dis là, concubinage ? coquine, c'est bon pour toi. A-t-on vu ce chameau d'Égypte ! » (Vidal, 1833.) — « Cette vie n'est qu'un désert, avec un chameau pour faire le voyage et du vin de Champagne pour se désaltérer. » (F. Deriège, 1842.) — «Il n'y a pas d'affront pour une femme appelée *chameau* ! Cet animal est sobre et laborieux. Quelle citoyenne du quartier Bréda peut en dire autant ? » (Commerson.)

CHAMP. — Champagne. — «*Maria*. Oh !... du champ !... — *Éole*... agne. — *Maria*. Qu'est-ce que vous avez donc ? — *Éole*. On dit du champagne. — *Maria*. Ah bah ! où avez-vous vu ça ?» (Th. Barrière.)

CHAMPAGNE, CHAMPAGNE (FINE). — Eau-de-vie fine. — Du nom d'un village de la Charente-Inférieure. — « Nous lui ferons prendre un bain de fine champagne. » (Cochinat.) —

On dit également : un petit verre de *fine*, ou de *champagne*.

CHAMPOREAU. — Boisson très-goûtée en Algérie. — Tous les cabarets portent sur leur enseigne ce nom, qui est celui de l'inventeur. Le champoreau se fait en ajoutant une liqueur quelconque à du café au lait très-étendu d'eau ; il y a le champoreau au rhum, le champoreau au kirsch, etc. — « On y boit des champoreaux (du lait, du café et du rhum), ce qui n'est pas mauvais. » (*Commentaires de Loriot.*)

CHANÇARD. — Favorisé par la chance. — « Chacun se sauve comme il peut. Je parle des chançards. » (*Commentaires de Loriot.*)

CHANDELLE. — Mucosité coulant du nez, comme le suif coule de la chandelle, — quand on ne la mouche pas.

CHANDELLE. — Fusil de munition. — Il est comme la chandelle, long, rond, et il en sort une flamme quand on y met le feu.

Être conduit entre quatre chandelles. — Être conduit par quatre soldats.

CHANDELLE. — Bouteille. — Nous allons chez le marchand de vin et je demande une chandelle à 12 sous. » (*La Correctionnelle.*)

CHANOINE, CHANOINESSE. — Rentier, rentière. (Colombey.) — Assimilation de la rente à la prébende du canonicat.

CHANTAGE. — Extorsion d'argent sous menace de révélations scandaleuses. — « Le chantage, c'est la bourse ou l'honneur... » (Balzac.) — « Le chantage existe partout. Et celui que l'on punit n'est pas toujours le plus dangereux. Il y a le *chantage* en gants paille, qui s'exerce dans un salon, qui prend des airs de vertu, qui, du haut de son équipage, éclabousse le passant ; celui-là, on ne l'atteint pas ! Mais le tribunal est la terreur de ces exploiteurs de bas étage qui proposent aux gens craintifs et aux pusillanimes une terrible alternative : la bourse ou le déshonneur ! Cette semaine, nous avons vu un de ces aventuriers à qui M. le procureur impérial demandait des comptes sévères. C'était à Mabille, celui-là, qu'il exerçait sa piraterie. Il vivait, lui et les siens (car ils formaient une bande), au moyen d'impôts qu'ils prélevaient sur le luxe des élégantes pécheresses. Il s'imposait dans les boudoirs les plus riches du quartier Bréda ; il menaçait de faire du scandale, de rappeler à lord B... ou au prince C... la liste de leurs prédécesseurs, si on ne lui payait point une liste civile convenable ! ou il découvrait une petite faute cachée, oubliée, et il menaçait de la faire revivre ; ou, au besoin, si dans le passé de la victime il ne trouvait point la tache désirée, il l'inventait !

« Nous avons vu autrefois au Palais un vieux professeur, fort connu, savant éminent. Ce malheureux, depuis un demi-siècle, était exploité par une bande de misérables qui lui demandaient de l'argent sous peine de lui imputer un vice ignoble. Le professeur avait craint le scandale ; il avait payé. Ce qu'il y avait de singulier, c'est que les premiers exploiteurs étaient morts ou retirés avec leurs rentes, et avaient cédé à des successeurs leur part dans l'exploitation de M. X... A chaque trimestre, un coup de sonnette se faisait régulièrement entendre dans la maison habituellement si tranquille du savant ; ce coup de sonnette faisait tressaillir le pauvre homme : c'était la diffamation qui venait réclamer le prix de son silence. Et M. X... a payé comme cela environ 300,000 francs.

« Enfin la justice a mis la main sur ces corsaires de la vie privée. Les douze coquins qui vivaient sur la fortune de M. X... ne vivront dorénavant qu'aux frais de l'État. » (*Figaro.*)

CHANTER. — Être victime d'un chantage. — « Tout homme est susceptible de chanter, ceci est dit en thèse générale. Tout homme a quelques défauts de cuirasse qu'il n'est pas soucieux de révéler. » (Lespès.)

CHANTER (FAIRE). — Rendre quelqu'un victime d'un chantage. Mot à mot : faire chanter (résonner) ses écus. *Chanter plus haut* voulait dire jadis donner une plus forte somme. Le *Dictionnaire de l'Académie* le donne avec ce sens. — « Puisque l'argot court aujourd'hui les boudoirs, nous dirons que faire chanter signifie obtenir de l'argent de quelqu'un en lui faisant peur, en le menaçant de publier des choses qui pourraient nuire à sa considération, ou qu'il a pour d'autres raisons un grand intérêt à tenir ignorées. » (Roqueplan, 1841.) — « Faire chanter, c'est faire payer une chose qu'on ne doit pas. » (Dhautel, 1808.) — Ce dernier exemple, qui est le plus ancien, ne semble pas donner au mot sa signification précise d'aujourd'hui.

Chanterelle (appuyer sur la.) — Toucher à un endroit sensible, ou serrer la gorge de quelqu'un à le faire crier. — Assimilation de la voix à la corde aiguë du violon.

Chanteur. — « Le chanteur s'est procuré un document important ; il demande un rendez-vous à l'homme enrichi. Si l'homme compromis ne donne pas une somme quelconque, le chanteur lui montre la presse prête à l'entamer, à dévoiler ses secrets. L'homme riche a peur, il finance. Le tour est fait. Vous vous livrez à quelque opération périlleuse, elle peut succomber à une suite d'articles : on vous détache un chanteur qui vous propose le rachat des articles. » (Balzac.)

Vidocq déclare *chanteurs :* 1° les journalistes qui exploitent les artistes dramatiques ; 2° les faiseurs de notices biographiques qui les offrent à tant la ligne ; 3° ceux qui proposent à des prix énormes des autographes ayant trait à des secrets de famille. — « Sans compter, ajoute-t-il, mille autres fripons dont les ruses défraieraient un recueil plus volumineux que la *Biographie Michaud.* »

On donne enfin ce nom aux hommes exploitant la crainte qu'ont certains individus de voir divulguer des passions contre nature. Ils dressent à cette fin des jeunes gens dits *Jésus* qui leur fournissent l'occasion de constater des flagrants délits sous les faux insignes de sergents de ville et de commissaires de police. La dupe transige pour des sommes considérables. » (Canler.) — Lacenaire était chanteur de cette classe, et a consacré à ce métier quelques pages de ses *Mémoires*, 1836.

Chantilly. — Dentelle de Chantilly. — « J'ai là une confection de velours avec des Chantilly. » (*Alm. du Hanneton.*)

Chaparder. — Marauder. — De *chat-pard :* chat tigre. — « La veille, il avait chapardé dans le village une grosse bûche. » (*Alm. du Hanneton*, 1867.)

Chapardeur. — Maraudeur, voleur. — « Si le sergent-major et le fourrier n'étaient pas aussi chapardeurs, nos rations nous suffiraient. » (*Commentaires de Loriot.*)

Chapelle (faire.) — Relever sa jupe pour se chauffer à un feu de cheminée.

Chapon. — Moine. (Colombey.) — Allusion à la chasteté obligatoire.

Charabia. — « Toutes ces affaires se traitent en patois d'Auvergne dit *charabia.* » (Balzac.)

Charabia. — Auvergnat. — « Que penseriez-vous d'un homme qui n'est ni Auverpin ni Charabia. » (Pr. d'Anglemont.)

Chargé. — Ivre. Mot à mot : chargé de boisson.

Charger. — Pour les cochers de fiacre, c'est prendre des voyageurs. Mot à mot : charger leurs voitures.

Charlemagne (faire.) — Se retirer du jeu lorsqu'on est en gain, sans plus de façon qu'un roi. — Il paraît que les rois avaient ce privilége sans manquer aux usages.

Ce terme contient en même temps un jeu de mots sur le roi de carreau, le seul dont le nom soit français. — « Le lansquenet fait fureur... Ah ! c'est qu'il est commode de pouvoir faire Charlemagne sans rougir, et Charlemagne est le roi du lansquenet. On se trouve en gain, on quitte la table, et tout est dit. » (E. Arago.) — « Si je gagne par impossible, je ferai Charlemagne sans pudeur. » (About.)

Charlemagne. — Poignard d'infanterie. — Allusion à l'épée du grand monarque.

Charlot. — « Le peuple et le monde des prisons appellent ainsi l'exécuteur des hautes œuvres de Paris. » (Balzac.)

Le mot est ancien. — « J't'avons vu faire la procession dans la ville, derrière le confessionnal à Charlot casse-bras, qui t'a *marqué* à l'épaule au poinçon de Paris. » (Vadé, 1744.) — « Que Charlot vous endorme ! Tirez d'ici, meuble du Châtelet. » (Idem.) V. *Garçon.*

On disait *Charlot casse-bras*, par allusion à la roue sur laquelle il cassait les bras des condamnés.

Charmant, charmante. — Galeux, galeuse. (Halbert.)

Charmante. — Gale. — « La charmante y fait gratter bien des mains, aussi la visite était-elle rigoureuse. » (Vidal, 1833.)

CHARON. — Voleur. (Vidocq.)— Diminutif de *Charrieur.*

> Dessus le pont au Change
> Certain agent de change
> Se criblait au charon. (Vidocq.)

CHARPENTER. — Tracer la charpente, le scenario d'une pièce. — « As-tu vu la pièce d'hier ? — Oui, c'est assez gentil. — Est-ce bien charpenté ? — Peuh ! couci-couci. » (La Fizelière.) — « Dans l'art dramatique, les gens de lettres ont bien voulu me reconnaître une importante qualité, celle de charpenter une pièce. » (Alex. Duval, 1833.)

CHARPENTIER. — Collaborateur chargé de charpenter une pièce. — « Il n'est pas si facile de se montrer un habile charpentier. » (A. Second.)

CHARRIAGE. — Escroquerie. — Action de charrier. V. *Charrier.*

CHARRIAGE A L'AMÉRICAINE. — « Il exige deux compères : celui qui fait l'Américain, un faux étranger qui se dit Américain, Brésilien et depuis quelque temps Mexicain, 2° celui qui lui sert de *leveur* ou de *jardinier.* Le leveur lie conversation avec tous les naïfs qui paraissent porter quelque argent. Puis on rencontre l'*Américain* qui leur propose d'échanger une forte somme en or contre une moindre somme d'argent. La dupe accepte et voit bientôt les charrieurs s'éloigner, en lui laissant contre la somme qu'il débourse des rouleaux qui contiennent du plomb au lieu d'or. » (Canler.)

Avec le temps, l'Américain s'est démodé. Il est devenu successivement un Brésilien et un Mexicain.

CHARRIAGE AU POT. — Il débute de la même façon que le précédent. Seulement l'Américain offre à ses deux compagnons d'entrer à ses frais dans une maison de débauche. Par crainte d'un vol, il cache devant eux dans un pot une somme considérable. Plus loin, il se ravise et envoie la dupe reprendre le trésor après lui avoir fait déposer une caution avec laquelle il disparaît, tandis que le malheureux va déterrer un trésor imaginaire.

CHARRIAGE A LA MÉCANIQUE. — Un voleur jette son mouchoir au cou d'un passant et le porte à demi étranglé sur ses épaules pendant qu'un complice le dévalise. — Ce genre de charriage s'appelle maintenant *vol au père François.*

CHARRIER. — Voler quelqu'un en le mystifiant, dit Vidocq. — Du vieux mot *charier :* mystifier. Mot à mot : mener en chariot. Il est à noter que *rouler* a conservé un sens analogue.

CHARRIEUR, CHARRON, CAREUR. — Voleur pratiquant le charriage. — Même observation que ci-dessus pour le mot *rouleur.*

CHARRIEUR CAMBROUSIER.—Charlatan nomade. (Halbert.)

CHASSE. — Mercuriale. (Dhautel, 1808.) — « C'est pas l'embarras, faut croire qu'il aura reçu une fameuse chasse pour être remonté si en colère. » (H. Monnier.)

CHASSE, CHASSIS. — Œil. — C'est un vrai châssis pour la tête. — « Je m'arc-boute et lui crève un châssis. » (Vidocq.) V. *Coquer, Balancer, Estorgue.*

CHASSE-COQUIN, CHASSE-NOBLE. — Gendarme. (Halbert.)

CHASSEPOT. — Fusil de munition se chargeant par la culasse. — Du nom de son inventeur. — « Dumanet, lorsqu'il ne fait pas merveille avec son chassepot, a de l'esprit comme quatre. » (V. Noir.)

CHASSER DES RELUITS. — Pleurer. Mot à mot : chasser les larmes des yeux.

CHASSER LE BROUILLARD.—Boire la goutte. V. *Brouillard.*

CHASSES D'OCCASE. — Yeux louches. Mot à mot : yeux mal assortis, achetés *d'occasion.* V. *Estorgue.* (Halbert.)

CHASSUE.—Aiguille. (Halbert.)—Son trou s'appelle *chas* dans la langue régulière.

CHASSURE. — Urine. (Halbert.)

CHAT. — Guichetier. (Vidocq.) — Allusion au guichet, vraie chatière derrière laquelle on voit briller ses yeux.

CHAT, CHATTE. — Sobriquet d'amitié. — « Alfred, mon gros chat ! — Qu'est-ce que tu veux, Minette ? » (Montépin.) — « Tu vas te trouver mal à présent, Fanny ! pauvre chatte chérie. » (H. Monnier.)

CHATAIGNE. — Soufflet. — Allusion.— Son bruit peut à la rigueur être comparé à celui de la châtaigne qui éclate au feu.

CHATEAU DE L'OMBRE. — Bagne. (Stamir.)

CHATTEMENT. — Avec la câlinerie d'une

chatte. — « Elle alla chattement à lui. » (Balzac.)

CHATTERIE. — Friandise, câlinerie.

CHAUD. — Coureur de belles, homme ardent et résolu. — Autrefois on disait *chaud lancier*. — « Le chaud lancier a repris Son Altesse Royale. » (*Courrier burlesque*, 2ᵉ p., 1650.)

CHAUD. — Artificieux, avide. — Forme du vieux mot *caut* : rusé qui a fait *cauteleux*. — On dit souvent dans ce sens : *c'est un chaud*, ou *vous êtes chaud, vous*.

CHAUD (ÊTRE). — Avoir l'œil au guet. (Colombey.)

CHAUD (IL Y FAISAIT). — Allusion aux feux de l'artillerie et de la monsqueterie. — La bataille était rude. — « Ah ! vous étiez à Wagram ? — Un peu. — Il y faisait chaud, hein ? — Oui, qu'il y faisait chaud. » (H. Monnier.)

CHAUD (IL FERA). — Jamais. Mot à mot : il fera un temps chaud comme il n'y en aura jamais. — « C'est bien. Quand tu me reverras, il fera chaud. » (Méry.)

CHAUDE-LANCE. — Gonorrhée. (Vidocq.) — Allusion à sa cuisson et à ses élancements.

CHAUDRON. — Mauvais piano, résonnant comme un chaudron.

CHAUFFE LA COUCHE. — Mari trompé et content. Mot à mot : chauffant pour un autre la couche conjugale. — « Les maris qui obtiennent le nom déshonorant de *chauffe la couche*. » (Balzac.)

CHAUFFER. — Montrer beaucoup d'ardeur pour faire marcher une affaire. — « La vente des collections léguées par feu le baron Bruel, était chauffée à faire éclater les soupapes de la fantaisie et de la vanité. » (De Pontmartin, 1866.)

CHAUFFER. — Presser le crédit. (1851, *Almanach des Débiteurs*.)

CHAUFFER. — S'animer, devenir très-ardent en parlant d'une bataille ou d'une entreprise quelconque. — « Il paraît que ça chauffe en Afrique. » (Balzac.) — « Oh ! tonnerre ! ça va chauffer ! » (E. Sue.)

CHAUFFER LE FOUR. — Boire avec excès, de manière à se brûler l'estomac. — « Il me restait encore quatre francs. J'avais chauffé le four depuis samedi. » (Mouselet.)

CHAUFFER UNE FEMME. — Courtiser avec ardeur. — « Toutes ses lettres disent : *je vous aime ! aimez-moi ! ! sinon je me tue ! ! !* Répéter cela pendant trois mois, cela s'appelle, dans la langue don juanique, chauffer une femme. » (E. Lemoine.)

CHAUFFER UN ARTISTE. — Applaudir chaleureusement. — « Elle recueillait les plaintes de son petit troupeau d'artistes... on ne les chauffait pas suffisamment. » (L. Reybaud.) V. *Empoigner*.

CHAUFFEUR. — Homme d'entrain. — « C'était un bon enfant... un vrai chauffeur. » (H. Monnier.)

CHAUFFEUR. — Amoureux. — « C'est l'officier, le chauffeur de la petite. » (H. Monnier.)

CHAUMIR. — Perdre. (Vidocq.) — C'est le verbe chômer avec changement de finale.

CHAUSSER. — Convenir. (Dhautel.) — « Les diamants ! ça me chausse, ça me botte. » (Mélesville.) — « Cela rentre dans vos études... cela vous chausserait. » (L. Reybaud.) V. *Brosse*.

CHAUSSETTES (ESSENCE DE.) — Mauvaise odeur provenant des pieds. Les raffinés disent : *extrait de chaussettes*.

CHAUSSETTE. — « La *chaussette* est un simple anneau de fer que porte à la jambe, comme signe de reconnaissance seulement, le forçat qui n'est plus accouplé. » (Moreau Christophe, 1837.)

CHAUSSON (VIEUX.) — Prostituée, avachie comme un vieux chausson, une vieille pantoufle. — On dit, en abrégeant, *chausson*. (J. Choux.)

CHAUSSON. — Science de se battre à coups de pied. De là le mot chausson. Dans le peuple, on dit *savate*. — « La savate que l'on appelle aujourd'hui chausson. » (Th. Gautier, 1845.) V. *Savate*.

CHAUVIN — VINISTE. — Patriote ardent jusqu'à l'exagération. — « Je suis Français ! Je suis Chauvin ! » (Cogniard, 1831.) — « Un spécimen du type Chauvin dans toute sa pureté. » (Montépin.) — Allusion au nom d'un type de caricatures populaires, comme le prouve cet exemple : « 1825, époque où un libéralisme plus large commença à se moquer de ces éloges donnés aux Français par les Français, de ces rail-

GOGUENOT EN PROMENADE

lerics lancées par les Français contre les étrangers. Charlet, en créant le conscrit *Chauvin*, fit justice de ces niaiseries de l'opinion. » (A. Jal, *Paris moderne*, 1834.)

CHAUVINISME.—Patriotisme ardent.—« Le chauvinisme a fait faire de plus grandes choses que l'amour de la patrie dont il est la charge. » (Noriac.) — « Le chauvinisme est peut-être la dernière vertu que nous ayons possédée. » (Berthaud.)

CHAUVINISME. — Se dit par extension de toute exagération banale. — « L'honneur et l'argent, magnifique écho du chauvinisme bourgeois. » (Mirecourt, 1855.)

CHAUVINISTE. — Patriote ardent.

CHEF. — Cuisinier, chef de cuisine.

CHEF. — Maréchal des logis chef.

CHEF DE CUISINE. — Contre-maître dirigeant la fabrication d'une brasserie. (Vinçard.)

CHELINGUER. — Puer.

Chelinguer des arpions ou de l'orteil. — Sentir mauvais des pieds.

Chelinguer du bec. — Sentir mauvais de la bouche.

CHEMINÉE. — « Il est de bon ton de porter un chapeau de soie, vulgo cheminée. » (*La Lune*, 1867.) — *Cheminée* doit être pris ici dans le sens de *tuyau de poêle*.

CHEMISES (COMPTER SES). — Vomir. — Allusion à la posture penchée de l'homme qui vomit.

CHEMISE (ÊTRE DANS LA) de quelqu'un. — Ne pas le quitter, être au mieux avec lui.

CHEMISE DE CONSEILLER. — Linge volé. (Colombey.)

CHENATRE. — Très-bon. (Grandval.) — Augmentatif de *chenu*.

CHÊNE. — Homme bon à voler, riche. — Abréviation de *chenu*. — « Qu'as-tu donc morfillé ? — J'ai fait suer un chêne, son auber j'ai enganté et ses attaches de cé. » (Vidocq.)

CHENIQUE, CHNIC. — Eau-de-vie. — Diminutif de *chenu : bon.* — « Le perruquier de régiment rase sans rétribution, mais en avant le chnic. » (Bataille, 1843.)

CHENIQUEUR. — Buveur de chenique.

Être ch'niqueur, railleur, vantard, gourmand,
Courir au feu comme à la gloire,
Du troupier français v'là l'histoire. (Wado.)

CHENOC. — Mauvais, avarié, et par extension vieil infirme. — C'est l'antithèse de *chenu*. — « Vous êtes un vieux birbe. — Comment ? un birbe. — Oui ! vous êtes un vieux ch'noc. » (*Dernier jour d'un condamné.*)

CHÉNU. — Excellent. — Dès 1718, le *Dictionnaire comique* de Leroux dit dans ce sens : *Voilà du vin chenu.* — Selon Dhautel (1808), *chenu*, signifiant au propre *blanc de vieillesse*, est appliqué au vin que la vieillesse améliore, et par extension à toute chose de première qualité. — « Ce doit être du chenu et du ficelé. » (*Phys. du matelot*, 1843.) — « Il met sur son nez une chenue paire de lunettes. » (La Bédollière.) — « Goujeon, une prise de tabac ? — Oui-dà, t'nez en v'là qu'est ben chenu. » (Vadé, 1755.) — « As-tu fréquenté les marchandes de modes ? c'est là du chenu ! » (P. Lacroix, 1832.)

Chenu sorgue. — Bonsoir. — « Chenu sorgue, roupille sans taffe. » (Vidocq.)

Chenu reluit. — Bonjour. V. *Fourgat.*

CHENUMENT. — Très-bien. — « Une ville a beau feindre de se défendre ch'nument. » (Vadé, 1755.) V. *Artie.*

CHER. — Rude, élevé. (Colombey.) — La cherté est prise ici au figuré.

CHÉRANCE. — Ivresse. (Idem.)

CHEVAL DE RETOUR. — Condamné conduit au bagne pour la seconde fois. — « C'est un cheval de retour, vois comme il tire la droite. » (Balzac.)

CHEVALIER DE L'AUNE. — Commis en nouveautés. — « Il n'y a que ces chevaliers de l'aune pour aimer la boue au bas d'une robe. » (Balzac.)

Chevalier du crochet. — Chiffonnier.

Chevalier du lustre. — Claqueur.

Chevalier du printemps. — Niais portant un œillet rouge à la boutonnière pour singer une décoration. Mot à mot : *chevalier de l'ordre du printemps.*

CHEVAUX A DOUBLE SEMELLE. — Jambes. — « Tiens, apprête tes chevaux à double semelle, prends ce paquet et valse jusqu'aux Invalides. » (Balzac.)

CHEVELU. — Romantique. — Les longs cheveux étaient de mode dans l'école romantique de 1830. — « Il peuplait mon salon de jeunes célébrités de l'école chevelue. » (L. Reybaud.) — « L'art chevelu a fait une révolution pour abolir les tirades de l'art bien peigné. » (Idem.) — « On connaît peu le restaurateur Dinochau. C'est un homme que le commerce des littérateurs chevelus a rendu spirituel. » (Marx, 1865.)

CHEVEU. — Inquiétude, souci aussi tourmentant qu'un cheveu dans le gosier. — « Veux-tu que je te dise, t'as un cheveu. — Eh bien ! oui, j'ai un cheveu. » (Monselet.)

CHEVEUX (IL A DE BEAUX). — Il a mauvaise mine. Se dit de n'importe quoi et de n'importe qui.

CHEVEUX (AVOIR MAL AUX). — Avoir la tête lourde un lendemain d'ivresse.

CHEVISTE. — Partisan de la réforme musicale de Chevé. — « Avant trois mois, les chevistes seront sur les dents. » (S. Loudier, 1872.)

CHÈVRE (GOBER OU PRENDRE SA). — Se mettre en colère. — La chèvre est peu endurante de sa nature. — Le mot est ancien. — « Prenez que la raison lui eût mis de l'eau dans son vin ou que son amitié d'autrefois fût fâchée d'avoir pris la chèvre. » (Vadé, 1744.)

CHEVRON. — Récidive. (Vidocq.)

CHEVRONNÉ. — Récidiviste. — Allusion aux chevrons qui marquent l'ancienneté du service militaire.

CHIC. — Mot d'acceptions fort diverses et fort répandues dans toutes les classes. — Vient du vieux mot de langue romane *chic*: finesse, subtilité, qui a fait notre mot *chicane*. — « J'espère avec le temps que j'entendrai le *chic*, » dit du Lorens, un poëte satirique du seizième siècle qui était en même temps magistrat. Dans la *Henriade travestie*, Fougeret de Monbron écrit plus tard :

> La Discorde qui sait le chic
> En fait faire un décret public.

Le *chic* était donc jadis *la science du fin*. Il s'emploie aujourd'hui dans les cinq acceptions suivantes :

CHIC. — Distinction. — Le mot serait ancien dans ce sens, à propos de Reine Audu, la reine des halles, une des héroïnes de nos fastes révolutionnaires, le Père Duchesne dit : « Quel chic la liberté donne aux femmes ! » (Intermédiaire du 10 octobre 1865.) — « Le port des ordres veut de l'élégance sans afféterie, de la tenue sans pose et une aisance qui ne soit pas du sans-gêne ; enfin ce qu'on appelait la *race* au siècle dernier ; le *bon ton* il y a cinquante ans ; c'était moins et c'était plus que le chic d'aujourd'hui. » (*Vie parisienne*, 1866.) — « Petite friponne ! auraient dit nos grands-pères... Elle a du chic, ou mieux encore elle a du chien, ou elle a du zing, s'écrient les gentlemen, leurs petits-fils. » (E. Villars, 1866.)

CHIC. — Élégance de toilette ou d'ameublement. — « Vous serez ficelé dans le chic. » (Montépin.) — « L'officier qui a du chic est celui qui serre son ceinturon de manière à ressembler à une gourde. » (Noriac.) — « Lambert fut enchanté de son gîte. C'est le dernier mot du vrai chic, dit-il. » (About.) — A l'école de Saint-Cyr, sous le premier empire, *chic* était déjà synonyme d'élégance militaire. V. *Tic*.

CHIC. — Cachet artistique, originalité. — « Il lui révéla le sens intime de l'argot en usage cette semaine-là, il lui dit ce que c'était que chic, galbe, etc. » (Th. Gautier, 1838.) — « Une première série du *Carnaval* de Gavarni est loin d'avoir le chic étourdissant de la seconde. » (E. de Mirecourt.)

CHIC. — Facilité banale, n'ayant rien de sérieusement étudié. — C'est le contraire de la signification précédente. Il y a eu sans doute réaction contre l'abus inconsidéré du mot. De là, cette divergence complète. — « C'étaient là de fameux peintres. Comme ils soignaient la ligne et les contours ! comme ils calculaient les proportions ! ils ne faisaient rien de *chic* ou d'après le mannequin. » (La Bédollière.) — « Un paysage d'une délicieuse naïveté. Il n'y a là dedans ni chic ni ficelles. » (Alph. Karr.)

Le mot *chic*, pris dans ce dernier sens, a fini par s'appliquer à la littérature, à l'art oratoire. — « Parleur de chic, comme disent les artistes, il fait de l'amplification. » (P. Véron.)

CHIC. — Mauvais genre, genre trop accusé. — « Ce chic que le tripot colle à l'épiderme des gens et qui résiste à toute lessive comme le masque des ramoneurs. » (P. Féval.)

CHIC, CHIQUE. — Distingué, opulent, qui a du chic. — « Ça un homme chic ! C'est pas vrai, c'est un calicot. » (*Les Cocottes*, 1864.) — « C'est chique et bon genre. » (Ricard.) — « Ah ! voilà ma femme chic ! Madame, j'ai l'honneur d'être. » (De Goncourt.) — « Ceux qui dansent ce sont des gueux. Les gens chic font cercle autour d'eux. » (Blavet.)

CHICAN. — Marteau. (Halbert.)

CHICANE (GRINCHIR A LA), CHERCHER CHICANE. — Prendre la bourse ou la montre d'une personne en lui tournant le dos. Ce genre de vol exige une grande dextérité. (Vidocq.)

CHICANDARD. — V. *Chicard, Chicarder*.

CHICANDER. — Danser le pas chicard. — « Chicard est français de cœur, sinon de grammaire, bien qu'il ne soit pas encore du Dictionnaire de l'Académie... L'homme de génie qui s'est fait appeler Chicard a modifié complétement la chorégraphie française... Chicard existe, c'est un primitif, c'est une racine, c'est un règne. Chicard a créé chicandard, chicarder, chicander ; l'étymologie est complète. » (Taxile Delord.) V. *Chicarder*.

CHICARD. — Personnage de carnaval (à la mode de 1830 à 1850). Son costume, bizarre assemblage d'objets hétéroclites, se composait le plus souvent d'un casque à plumet colossal, d'une blouse de flanelle et de bottes fortes. Ses bras à moitié nus s'enfonçaient dans des gants de grosse cavalerie. Le premier qui mit ce costume à la mode était un marchand de cuirs ; son *chic* le fit nommer Chicard. Il inventa un pas nouveau, dit *pas chicard*. — « Et puis après est venu Chicard, espèce de Masaniello qui a détrôné l'aristocratie pailletée des marquis, des sultans et a montré le premier un manteau royal en haillons. » (M. Alhoy.) — « La sage partie du peuple français a su bon gré à maître Chicard d'avoir institué son règne de mardi-gras. » (J. Janin.)

CHICARD, CHICANDARD, CHICOCANDARD, CHICANCARDO. — Très-chic, remarquable. — « On y boit du vin qu'est chicandard, chicancardo. » (Vacherot, *Chanson*, 1851.) — « Une dame très-belle, très-coquette, très-élégante, en un mot très-chicandarde. » (Ed. Lemoine.) — « Un auteur plus chicocandard. » (Th. Gautier.) — « Un déjeuner chicocandard. » (Labiche.) V. *Chocnoso*.

CHICARD (PAS). — Manière de danser imitant celle de M. Chicard. — « Mais qu'aperçois-je au bal du *Vieux Chêne*? Paméla dansant le pas chicard. » (Chauvelot aîné.)

Le pas chicard s'est conservé jusqu'à nous sous le nom de *chicorée*.

CHICARDER. — Danser le pas chicard. — « Quand un bal de grisettes est annoncé, le vaurien va chicarder avec les couturières. » — (Derrège.) — « Le nom de Chicard est devenu célèbre... Enfin on a fait un adjectif de ce nom-là et même on en a fait un verbe : *Homme-chiquart, habit-chiquart, chiquarder, chiquander*. » (Jules Janin.)

CHICARDOT. — Poli. (Halbert.)

CHICMANN. — Tailleur. (*Almanach des Débiteurs*, 1851.) — Allusion aux noms germaniques qui abondent chez les tailleurs.

CHICORÉE (FORT DE). — V. *Café*.

CHIEN. — Chien. — Compagnon. — « Tu passeras renard ou aspirant, après ça tu deviendras chien ou compagnon. » (Biéville.)

CHIEN. — Tracassier. — « Le chef est chien ou bon enfant. Le chien est dur, exigeant, tracassier, méticuleux. » (Balzac.)

CHIEN. — Avare. — Horace (l. II, sat. 2) emploie le mot *canis* pour signifier avare.

CHIEN. — Flamme artistique, feu sacré. — Abréviation de *sacré chien* (eau-de-vie), pris dans une acception figurée. — « X... disait de mademoiselle Honorine qu'elle a du chien dans la voix. — Du chien, fit Z..., c'est trop peu dire... C'est une meute !!! » (Marx.) — « Le style avait du fiou, l'alinéa du chien. » (Michu.)

CHIEN. — Eau-de-vie. Abréviation de *sacré chien*. V. ce mot.

CHIEN. — Originalité, cachet, feu, montant. Même abréviation.

> Qu'a donc, disait Chose à Machin,
> Ce laideron qui passe et repasse ?
> Du chien...
> C'est donc pour cela qu'elle chasse
> Si bien... (E. Villars.)

« Quel chien! Tourne-toi un peu. Et il sifflottait : c'est un Rubens. » (*Vie parisienne*, 1866.) — Elle a réellement du chien, cette femme-là. » (Droz.) V. *Sacré chien*.

CHIEN (DE). — Excessif. — On dit : *une faim de chien, un mal de chien, une soif de chien*.

CHIEN (N'ÊTRE PAS). — Être bon, de qualité supérieure. — « Voilà du pomard qui n'est pas chien. Il y en a six bouteilles. Je ne verse qu'une tournée. Nous boirons le reste à l'office. » (Bertall.)

N'être pas chien en affaires. — Aller grandement, sans chicane.

CHIEN, CHIENCHIEN. — Mot d'amitié. — Le chien symbolise la fidélité. V. *Chat, Bichette*.

CHIEN DE RÉGIMENT. — Caporal ou brigadier. — Sa mission est un peu celle du maître d'études.

CHIEN DE COMMISSAIRE. — Secrétaire de commissaire de police.

CHIEN DE COUR, CHIEN DE COLLÉGE. — Maître d'études. — « Il y a un sous-principal que les écoliers appellent *chien de cour*, parce que, semblable aux chiens de bergers, son emploi est de contenir la gent scolastique dans une grande cour, jusqu'au moment de l'ouverture des classes. » (Mercier, 1783.)

CHIEN DE FAIENCE (EN). — Aussi raide et immobile qu'un de ces chiens de faïence employés jadis pour décorer les portes et les perrons. — « Je fus ébloui et je restai comme un chien de faïence à la contempler. » (Villemessant.)

CHIEN NOYÉ. — Morceau de sucre trempé dans du café noir.—Plus petit et moins trempé, c'est un *canard*.

CHIEN DANS LE VENTRE (AVOIR DU). — Être de force à tout supporter.

CHIEN (PIQUER UN). — Dormir pendant la journée. Allusion à la facilité avec laquelle le chien s'endort dès qu'il est en repos. — On trouve dans Rabelais un exemple de *dormir en chien*.

> Sur l'étude passons. Il n'est qu'un seul moyen
> De la bien employer, c'est de piquer son chien.
> *(Souvenirs de Saint-Cyr.)*

CHIENDENT (VOILA LE). — Là est la difficulté. On sait qu'il est difficile d'arracher le chiendent, dont les racines longues et noueuses sont fort entrelacées.—Usité en 1808. — « Et c'est là le chiendent.» (Désaugiers.)

CHIENNERIE. — Avarice, ladrerie.

CHIENNERIE. — Luxure, passion bestiale, sans plus de retenue que celle des chiens en certaine saison. — « Oh! la belle chiennerie! Il ravale toutes les femmes au niveau des prostituées. » (Mismer.)

On dit dans le même sens *vacherie*.

CHIER DANS LA MALLE. — Faire affront à quelqu'un. Mot à mot : faire dans sa poche.

> Car aussi bien le monde a chié dans ma malle.

(Dulorens, *Satires*, 1846.) — Autrefois *malle* signifiait *poche*.

CHIER DU POIVRE. — S'en aller au moment où l'on a besoin de services.

CHIFFARDE. — Assignation. (Halbert.) Mot à mot : vieille chiffe, vieux chiffon.

CHIFFARDE. — Pipe. (Vidocq.)

CHIFFE. — Commerce des chiffonniers. — Aussi y a-t-il une espèce d'aristocratie dans la *chiffe*, ils comptent leur noblesse par génération ; il y a des chiffonniers de naissance et des parvenus. » (Privat d'Anglemont.)

CHIFFERTON. — Chiffonnier. (Vidocq.)

CHIFFON. — Mouchoir.

CHIFFON ROUGE. — Langue. (Halbert.) — Allusion de couleur et souplesse. V. *Balancer*.

CHIFFONNIER.—Voleur de mouchoirs. V. *Pègre*.

CHIFFORNION. — Foulard.

CHIGNER. — Pleurer.—« Ça lui fera du bien de chigner. » (Balzac.) Abréviation de *rechigner*.

CHIMIQUE. — Allumette chimique. —Abréviation. — « Ouvre la blague, prends une chimique, allume ta pipe. » (*La Maison du Lapin-Blanc*, typ. Appert.)

CHINER. — Aller en quête de bons marchés. — « Remonencq allait *chiner* dans la banlieue de Paris. » (Balzac.)

CHINEUR. — Les *roulants* ou *chineurs* sont des marchands d'habits ambulants qui, après leur ronde, viennent dégorger leur marchandise portative dans le grand réservoir du Temple. » (Mornand.) — « Les chineurs sont ceux qui viennent à domicile offrir des étoffes à bas prix. » (Du Camp.)

CHINOIS. — Cafetier. (*Almanach des Débiteurs*, 1851.)

CHINOIS. —Mot d'amitié. — « En mourant à Sainte-Hélène, Napoléon disait en parlant de ses serviteurs : « Mes pauvres Chinois! je « ne les oublierai pas. » (Dr Antommarchi, *Mémoires*.)

CHINOIS. — Homme singulier, bizarre d'aspect ou de caractère. — Allusion aux Chinois de paravent et à leur aspect étrange.— « Parmi les badauds attirés à Paris pour le sacre de Napoléon Ier, on distinguait les présidents de cantons, bonnes gens pour la plupart, souverainement ridicules, avec un air d'importance qui amusait les Parisiens ; on les appelait des Chinois, en leur qualité de *présidents de cantons*. Cette mauvaise plaisanterie eut du succès. » (Lamothe Langon, *Souvenirs d'une femme de qualité*, 1830.) — « *Chinois*, amène les liquides. » (Balzac, *Père Goriot*.) —« V'là mon Chinois qui se fâche. » (Monselet.)

CHIPER. — Dérober de petites choses. — Forme de *choper*, prendre. — « En chipant les sept cent cinquante mille francs. » (Balzac.)

CHIPEUR, CHIPEUSE. — Homme ou femme

qui chipe. — « Chipeur comme un gamin de Paris. » (Balzac.)

CHIPIE. — Femme acariâtre, revêche, querelleuse.

CHIQUANDART, CHIQUART. V. *Chicandard, chicard, chicarder.*

CHIQUE. — Supérieur, distingué. V. *Chic.*

CHIQUE. — Église. (Vidocq.) V. *Momir, Rebâtir.*

CHIQUE (COUPER LA). — Dérouter. — « De la réjouissance comme ça ! le peuple s'en passera. C'est c' qui coupe la chique aux bouchers. » (Gaucher.)

CHIQUE A QUINZE PAS (COUPER LA). — Se faire sentir de loin.

CHIQUE (POSER SA). — Mourir. — A l'usage de ceux qui ont chiqué du tabac toute leur vie.

CHIQUE ET FAIRE LE MORT (POSER SA). — Rester muet et immobile. — Acception figurée du terme précédent.

CHIQUÉ. — Ayant bonne tournure. — « Dis donc, Troutrou, nous ne sommes pas trop bien ficelés. — Zut ! y en a de moins chiqués. » (1841, Ladimir.) — « Je leur en ferai des discours, et des chiqués. » (Chenu.)

CHIQUEMENT. — Avec chic.

CHIQUER. — Faire avec chic, supérieurement.

> Auprès d'elle Eugénie
> Nu-bras,
> Nous chique avec génie,
> Son pas. (1846, P. d'Anglemont.)

CHIQUER. — Manger. — Vieux mot de langue romane. — « Je me dispose à chiquer les vivres. » (B. Carême, 1829.) — « Ne pourrions-nous pas chiquer un légume quelconque? mon estomac abhorre le vide. » (Balzac.)

CHIQUER. — Dépenser. — « Il m'a fallu tout mettre en plan. J'ons chiqué jusqu'aux reconnaissances. » (*Dialogue entre Suzon et Eustache*, 1836.)

§ CHIQUER (SE). — Se battre. Mot à mot : s'avaler. Même racine que la précédente. (Grandval.)

CHIQUEUR. — Glouton. — « On dit d'un homme qui mange beaucoup que c'est un bon chiqueur. » (Dhautel, 1808.)

CHIQUEUR. — Artiste dessinant de chic, sans étudier la nature.

CHNIC. — Eau-de-vie. V. *Chenique.*

CHOCNOSO, CHOCNOSOF, CHOCNOSOPHE, CHOCNOSOGUE, KOXNOFF. — Brillant, remarquable. — « Dans cette situation, comment dire ?... — Chocnoso... » (Balzac.) — Dans *Pierre Grassou*, Balzac écrit *Chocnosoff*. — « Je m'en vais chez le restaurateur commander un dîner koxnoff. » (Champfleury.) — « C'est koksnoff, chocnosogue, chicardo, snoboye. » (Bourget, *Chansons*.) — « Sa plume était chocnosophe, et ses goûts ceux d'un pacha. » (Commerson.) — « Ce jeune provincial dont vous riez aujourd'hui aura une tenue moderne, chicarde, chocnosogue. » (L. Huart.)

CHOLETTE. — Demi-litre. — *Double-cholette :* litre. (Vidocq.)

CHOPER. — Voler. (Vidocq.) — Du vieux mot *choper :* toucher quelque chose pour le faire tomber. (Roquefort.) — *Pierre d'achoppement* est resté dans la langue régulière.

CHOPER. — Prendre. — *Se laisser choper.* Se faire arrêter.

CHOPIN. — Vol. De *choper.* (Grandval.) — « Quand un voleur fait de la dépense, c'est qu'il a fait un chopin. » (Canler.)

CHOSE, MACHIN. — On appelle ainsi celui dont on ne se rappelle pas le nom. (Dhautel.) — « Chose est malade. — Qui ça, Chose? » (H. Monnier.) — « Figurez-vous que le petit Chose écrivait un journal. » (Balzac.) — La coutume est ancienne. Tallemant des Réaux conte que « M. le Mage, conseiller à la Cour des aides, dit toujours *Chose* au lieu du nom.»

CHOSE (MONSIEUR). — Le chemisier, dans l'argot des débiteurs. (1851, *Almanach des Débiteurs.*)

CHOSE. — Dignité. — « Tu me feras peut-être accroire que tu n'as rien eu avec Henriette? Vois-tu, Fortuné, si tu avais la moindre chose, tu ne ferais pas ce que tu fais... » (Gavarni.)

CHOSE. — Indignité. — C'est ce gueusard d'Italien qui a eu la chose de tenir des propos sur Jacques. » (Ricard.)

CHOSE. — Embarrassé, contristé. — Du vieux mot *choser :* gronder. (Roquefort.) — « Ma sainte te ressemble, n'est-ce pas, Nini ? — Plus souvent que j'ai un air chose comme ça ! » (Gavarni.) — « Ce pauvre Alfred a sa crampe au pylore, ça le rend tout chose. » (E. Sue.) — « Mam'selle, v'là qu'vous m'rendez tout chose, je vois bien que vous êtes un esprit fort. » (Rétif, 1783.) — « M. le prêtre, qui était tout chose de cette affaire, se scandalisa.» (Vadé, 1744.)

Chou. — Bête. — On dit : *bête comme chou.*

Chou (mon), mon chouchou. — Mot d'amitié. — « On dit : mon chou, comme on dirait : mon ange. » (E. Carré.)

Se dit surtout aux enfants, par allusion au chou sous lequel on prétend les avoir trouvés, quand on ne sait que répondre à certaines de leurs demandes.

Chou colossal. — Entreprise destinée à tromper le public par des promesses ridiculement alléchantes.

« Il y a deux ou trois ans, on vit à la quatrième page de tous les journaux un éloge pompeux d'un nouveau chou... Ce chou était le *chou colossal* de la Nouvelle-Zélande, servant à la fois à la nourriture des hommes et des bestiaux et donnant un ombrage agréable pendant l'été. C'était un peu moins grand qu'un chêne, mais un peu plus grand qu'un prunier. On vendait chaque graine un franc... On en achetait de tous les coins de la France. — Au bout de quelques mois, les graines du chou colossal avaient produit deux ou trois variétés de choux connues et dédaignées depuis longtemps. La justice s'en mêla. » (Alph. Karr, 1841.)

Chouan. — Légitimiste. — Allusion aux insurgés qui combattirent pour la monarchie dans nos provinces de l'Ouest. C'était une guerre de bois et de haies qui fit donner à ses acteurs le nom de Chouans, employé pour chats-huants dès le moyen âge.

Chouchouter. — Choyer tendrement. — « Tu seras *chouchouté* comme un chouchou, comme un dieu. » (Balzac.) V. *Chou.*

Choucroute (tête ou mangeur de). — Allemand.

Chouette, chouettard, chouettaud. — Bon, beau. — « Not' homme m'attend à la barrière pour faire une noce un peu chouette. » (M. Perrin.) — « C'est chouette, ça. » (J. Arago, 1830.) — « Elle est bonne, votre eau-de-vie. — « Oui, elle est chouette. » (H. Monnier.) — « Ah ! vous avez là une chouette femme. » (Gavarni.)

Voici peut-être un des premiers exemples du mot. Il nous en donne en même temps l'explication : — « Ma femme sera coincte et jolye comme une belle petite chouette. » (Rabelais.) V. *Biblot, Danse, Toc, Casquette.*

Chouette (être). — Être pris.

Chouettement. — Parfaitement.

> Suis-je près d'un objet charmant,
> Pour l'allumer chouettement,
> Mon cœur est comme une fournaise. (Festeau.)

Chourin. — Couteau.

Chouriner. — Donner des coups de couteau. — Formé des mots *surin* et *suriner,* usités dans le même sens.

Chourineur. — Tueur de chevaux. (Halbert.) — Le type du *Chourineur* créé par E. Sue dans les *Mystères de Paris* est resté célèbre.

Chrétien. — Étendu d'eau. — Allusion à l'eau du baptême chrétien. — « Une douzaine de drôlesses déguisées en laitières vendent du lait trois fois chrétien. » (Privat d'Anglemont.)

Chuter. — Faire une chute. — Pris au figuré. — « Si elle est bonne enfant, je la soutiendrai à son début au Gymnase... Ah ! je puis faire chuter qui je veux. » (Balzac.)

Ci-Devant. — Aristocrate dans la langue révolutionnaire. Mot à mot : ci-devant comte, duc ou baron. — Date de la suppression des titres de noblesse.

Ci-Devant. — Homme âgé. Mot à mot : ci-devant jeune. — « Le ci-devant de province n'abandonne jamais son rifflard. » (*Phys. du parapluie,* 1841.)

Cigale. — Pièce d'or. (Vidocq.)

Cigogne. — Préfecture de police. — « Railles, griviers et cognes nous ont pour la cigogne en partie tous paumés. » (Vidocq.) V. *Dab.*

Cinquième. — Mesure de liquide, cinquième de litre. — « Et quand, par hasard, il boit un cinquième sur le comptoir. » (Léo Lespès.)

Cintrer. — Tenir. (Colombey.) — Acception figurée. Pour cintrer dans une construction il faut contenir.

Cipal. — Soldat de la garde municipale. — Abréviation. — « Les danses ont été légèrement échevelées, mais,

> Le cipal n'a rien à dire
> Aux entrechats de la vertu.» (Naquet.)

CITRON. — Note aigre. — « Trois citrons à la clef. » (Nadar.)

CLAIR. — Œil. — Allusion à l'éclat du regard. — « Allumez vos clairs et remouchez. » (Balzac.)

CLAQUE. — Réunion de claqueurs, d'applaudisseurs à gages. — « Oublié par le *Dictionnaire de l'Académie*, qui admet cependant *Claquer* et *Claqueur*.

CLAQUES (FIGURE A). — Figure qu'on souffletterait volontiers. — « Oui, ces figures à claques, nous les caresserons. » (Cogniard.)

CLAQUER. — Mourir. — « Malheur du diable ! mon pauvre adjudant s'est laissé claquer. » (Noriac.)

CLAQUER. — Manger. — Allusion au claquement des mâchoires.

CLAQUER. — Dissiper. — C'est Manger pris au figuré. — « Quand on s'est permis cette gourmandise, plus rien à claquer. » (*Commentaires de Loriot.*)

CLARINETTE. — Fusil d'infanterie. — Du moment qu'on appelait le fantassin *troubadour* (V. *Troubade*), on devait appeler son instrument *clarinette*. Les deux termes s'expliquent l'un l'autre. — « Quant au fantassin, il est obligé de porter un fusil de quatorze livres, aimable clarinette de cinq pieds. » (Vidal, 1833.) — « Tout à l'heure les feux de deux rangs déchireront la toile, et nous verrons si vos clarinettes ont de la voix. » (Richard.) V. *Agrafer*, *Toile*.

CLAVIN. — Clou. (Halbert.) Vieux mot.

CLAVIN, CLAVINE, CLAVINEUR, CLAVINIER. — Raisin, vigne, vendangeur, vignoble. (Halbert.) Formés de Calvin et de ses dérivés.

CLÉ, CLEF (A LA). — Acception figurée de *clé*, qui signifie une marque réglant l'intonation de notes musicales. — « C'est bien cette grande queue de vache mal peignée. Trop de chignon à la clé. » (Villars.) — « Sa ville natale lui élève une statue ; c'est fort naturel. Je trouve même qu'elle aurait pu le traiter avec plus de respect, et l'inaugurer tout seul, sans agriculture ni archéologie à la clef. » (*Éclair*, 1872.)

CLICHÉ. — Banal, connu. — Synonyme de *Stéréotypé*, et emprunté comme lui à la typographie. — « Tel est le discours cliché que le vénérable baron a en réserve pour toutes les circonstances. » (*Figaro*.)

On dit : *c'est cliché*, pour *c'est immuable, c'est connu*. — *Cliché* se prend souvent comme substantif. V. *Guitare*.

Bientôt de la prison pour dettes
On sera, dit-on, affranchi.
Gare aux histoires toutes faites !
Ah ! que de clichés sur Clichy. (1867, Al. Flan.)

CLIQUOT. — Vin de Champagne portant la marque de feue madame Cliquot.

Elle boit beaucoup de cliquot
Et bat volontiers la campagne. (E. Villars.)

CLOPORTE. — Portier. — Calembour : *clôt-porte*. — « Je connais le truc pour apprivoiser les cloportes les plus farouches. » (Montépin.) — « Qu'a dit le vil cloporte ? — Le cloporte a dit : C'est huit sous. » (Champfleury.)

CLOU. — Prison. — On ne peut pas en bouger plus que si l'on y était cloué. — « Je vous colle au clou pour vingt-quatre heures. » (Noriac.) — « Comme de juste, on ne vient pas se mettre au clou soi-même. » (E. Sue.)

CLOU. — Mont-de-Piété. Mot à mot : prison d'objets engagés. — « Il avait mis le linge en gage ; on ne disait pas encore mettre *au clou*. » (Luchet.)

CLOU (METTRE AU). — Vendre un objet. (1851, *Almanach des Débiteurs*.)

CLOU DE GIROFLE. — Dent gâtée, dent noire et cassée comme un clou de girofle. — « Madame Cramoisi demanda à Santeuil combien ils étaient de moines à Saint-Victor. — Autant que vous avez de clous de girofle dans la bouche, dit Santeuil, voulant parler de ses dents noires et gâtées. » (*Santoliana*, 1764.) —

CLOUER. — Mettre en gage. — De *clou*, d'où dérivent aussi *accrocher, clouer, déclouer* et *surclouer*. (Engager, dégager et renouveler au Mont-de-Piété.) — « Jeune insensé, oublies-tu que nous avons passé le 20 du mois, et qu'à cette époque les habits de ces messieurs sont *cloués* et *surcloués* ? » (Murger.)

COCANGE. — Coquille de noix. — Le jeu de *cocange* ou de *robignolle* est un jeu tenu par les filous qui courent les foires.

COCANTIN. — Homme d'affaires, intermédiaire entre le débiteur et le créancier. (1851, *Almanach des Débiteurs*.)

LE CLOPORTE

COCARDE. — Tête. — En prenant la coiffure pour la tête, on dit *taper sur la cocarde, sur le pompon.*

COCARDE (AVOIR SA). — Être ivre, avoir le visage teinté comme une cocarde par un excès de boisson. — « J'y voyais en dedans. Todore ne parlait pas. Robert nous dit : « Vous avez « votre cocarde. » (Monselet.)

COCARDIER. — Homme zélé jusqu'à l'exagération de ses devoirs. Dénomination spéciale à l'armée. Le cocardier croit toujours avoir l'honneur de sa cocarde à soutenir. — « Cette vie de camp reposée est quelquefois troublée par des généraux nerveux ou cocardiers. » (*Vie parisienne*, 1865.)

COCASSE. — Rusé. (Colombey.)

COCASSERIE. — Drôlerie comique.

COCHON. — Ladre, avare.

BIBLIOTHÈQUE NATIONALE — R.F.

Cochon. — Libertin, polisson.

Cochonnerie. — Charcuterie. — « La viande de porc que lady Morgan, cette virago britannique, nomme de la cochonnerie. » (Ricard.)

Cochonnerie. — Acte indélicat. — « Le seul texte de ma lettre vous suffira pour répondre à toutes les cochonneries possibles ; je vous constitue donc pour mon défenseur officieux. » (*Lettre de Beurnonville*, ambassadeur de France en Prusse, à M. Besta, 1ᵉʳ germinal an VIII.) — « Oscar, *s'approchant avec dignité :* Marquis, vous me faites là une cochonnerie qui ternira à jamais votre blason. » (Marquet.)

Cochonnerie. — Salauderie, aliment dégoûtant, préparé par des gens malpropres comme des cochons. — « Vous ne mangerez pas de ça, c'est de la cochonnerie. » (Chenu.)

Cockney. — Badaud. — Anglicanisme. V. *Philistin*.

Coco. — Cheval. — « Ce grossier animal qu'on nomme vulgairement coco. » (Aubryet.) — « On entend la sonnerie de la botte, de la botte à coco, tu sais. » (*Vie parisienne*, 1866.)

Coco. — Nom d'amitié.

J' vais te donner un p'tit becquau.
Viens, mon coco.
(*Dialogue entre Suzon et Eustache,* chanson, 1836.)

Si l' grand emp'reur d'vant vous défile
Vous crirez tous : Eh ! v'là le coco.
(*Les Violettes et les Œillets,* chanson, août 1815.)

Coco. — Tête. — Allusion à la forme ovale de la noix de coco.

Mais, de ce franc picton de table,
Qui rend spirituel, aimable,
Sans vous alourdir le coco,
Je m'en fourre à gogo.   (H. Valère.)

Coco (dévisser le). — Étrangler.

Coco. — Œuf de poule.

Coco. — Homme peu digne de considération. — « Joli coco, pour vouloir me faire aller. » (Balzac.)

Coco (se passer par le.) — Manger. — Comparaison de l'estomac humain à celui du cheval. Le refrain populaire de la *Botte à Coco* en a donné l'idée à l'armée et au peuple.

Cocodès. — Jeune dandy ridicule. — Diminutif de *coco* pris en mauvaise part. — « Ohé ! ce cocodès a-t-il l'air daim ! » (L. de Neuville.) — Une *Physiologie du Cocodès* a paru en 1864.

Cocodète. — Femme d'un dandysme ridicule. C'est la femelle du cocodès. — « On s'y moque des cocodès et des cocodètes. » (Yriarte, 1867.)

Cocons. — Camarade de première année à l'École polytechnique. Mot à mot : co-conscrit.

Ton ancien tu tutoiras,
Et ton co-cons pareillement. (La Bédollière.)

Cocotte. — Jument. — C'est la femelle de *Coco* (Cheval). — « Les Garibaldiens tiraient, le commandant saluait au niveau des oreilles de son cheval. Mieux vaut que Cocotte l'attrape que lui. » (*Vie parisienne*, 1867.)

Cocotte. — Mal vénérien. — On lui a sans doute donné le nom de celle qui en est souvent la cause. V. plus bas. — « L'ai-je eue assez de fois, la Cocotte, à ce point qu'on m'appelait le roi des cocotiers. » (L. de Neuville.)

Cocotte. — Mal d'yeux. — Sans doute parce qu'on a les yeux *à la coque*, c'est-à-dire couverts d'une taie blanchâtre.

Cocotte (ma). — Mot d'amitié. — C'est un synonyme de *ma poule*. V. ce mot.

Cocotte. — Femme galante. — Mot à mot : courant au coq. — On disait jadis *poulette*. — « Madame Lacaille disait à toutes les cocottes du quartier que j'étais trop faible pour faire un bon coq. » (*Sabbat des Lurons*, 1817.) — « Les cocottes peuvent se définir ainsi : Les bohèmes du sentiment... Les misérables de la galanterie... Les prolétaires de l'amour. » (*Les Cocottes*, 1864.) *Cocotte* se dit aujourd'hui pour *lorette*. V. *Machin*.

Cocotterie. — Monde des cocottes. « Les courses ont fait de l'argent. J'y ai remarqué la plupart des bettings'men mêlés à la fleur de la haute cocotterie parisienne. » (*Figaro*, 1867.)

Coenne de lard. — Brosse. (Vidocq.) — Allusion aux soies qui garnissent la coenne. V. *Couenne*.

Cœur sur le carreau (jeter du). — Vomir. — Ce calembour se trouve déjà dans Le Roux (1718). — « La tête me tourne et j'étends mon cœur sur le carreau. » (*La Correctionnelle*, 1840.)

Coffier. — Tuer. (Halbert.) — Abréviation d'escoffier.

Cognac. — Petit verre d'eau-de-vie, dite de Cognac. — La dénomination est généralement fausse et ne trompe personne, mais on ne l'a conservée qu'avec plus d'amour.

COGNAC, COGNARD, COGNE. — Gendarme. — V. *Cicogne, Raille.* — Il est à remarquer que *carruche* et *canton* (prisons) ont le sens de *coins.* V. ces mots. Le *cognard* serait donc, à proprement parler, celui qui vous jette dans le coin, mot à mot qui vous *cogne.* Notre langue a conservé *rencogner* avec ce sens. *Cogne* est une abréviation. *Cognac* est un jeu de mots.

COGNADE. — Gendarmerie. V. *Garçon.*

COGNARD, COGNE. — Gendarme. V. *Cognac.*

COGNE. — Eau-de-vie. — Abréviation de *Cognac.*

COIFFER SAINTE CATHERINE. — Rester fille, ne pas se marier. — Allusion à la coutume qui permettait aux filles seules d'orner, aux jours de fête, la statue de sainte Catherine, patronne des vierges. — « Il y a un préjugé généralement accrédité contre les célibataires qui souvent coiffent sainte Catherine par égoïsme. » (*La Cloche,* août 1872.)

COIRE. — Ferme, métairie. (Halbert.)

COL (SE POUSSER DU). — Se faire valoir, passer la main sous le menton, près du col, en renversant la tête, est un geste présomptueux.

> Toi qui te poussais tant de col,
> Nous t'avons pris Sébastopol.
> (Remy, *Chanson,* 1856.)

COL CASSÉ. — Dandy ridicule. — Allusion au col droit cassé aux angles qui est à la mode en ce moment. — « Il y a là-bas une jolie provision de cols cassés, escortés de toute une cohorte demi-mondaine. » (P. Véron.)

COLABRE, COLAS, COLIN. (Vidocq.) — Cou, col. — Diminutifs et jeux de mots.

COLBACK. — Conscrit. — Comparaison de sa chevelure, qui n'est pas encore taillée militairement, au bonnet à poil, dit *colback,* porté autrefois dans une partie de la cavalerie.

COLLAGE. — Liaison difficile à rompre.

COLLANT. — Dont on ne peut se débarrasser. — « Nous sommes rabibochés. C'est une femme collante. » (L. de Neuville.)

COLLE. — Simulacre d'examen, examen préparatoire à un examen véritable. — Appelée ainsi parce qu'on cherche à y coller (embarrasser) l'étudiant. — Il n'y a pas à Paris d'institution sérieuse qui n'ait son *colleur.* — « On est toujours tangent à une colle, soit que le professeur vous interroge à l'amphithéâtre, soit que le sort vous ait désigné pour être examiné sur les travaux des huit jours précédents. » (La Bédollière.) — « La veille des épreuves, il leur poussait des colles. » (A. Marx.)

COLLÉGE. — Prison. (Vidocq.) — Le contact des prévenus en fait souvent une maison d'éducation pour le crime.

COLLÉGIEN. — Prisonnier. (Idem.)

COLLER. — Examiner, faire subir une collé.

COLLER. — Prendre en défaut. — « Voilà une conclusion qui vous démonte. — Me prêtes-tu 500 francs si je te colle ? » (E. Augier.)

Abréviation de *coller sous bande :* acculer dans une situation mauvaise. — Terme de billard. — « C'est fini, ils sont collés sous bande. » (Robquin.) V. *Bande.*

COLLER. — Jeter, mettre. — « On l'a collé au dépôt, envoyé à la Préfecture de police. » (Monselet.) V. *Clou.*

COLLER. — Donner.

> Pas un zigue, mêm' un gogo,
> Qui lui colle un monaco.
> (Léonard, *Parodie,* 1863.)

COLLER. — Contracter un collage. — « *Julia :* Qu'est-ce que va devenir Anatole ? — *Amandine :* Le monstre ! il est déjà collé avec Rachel. » (*Les Cocottes,* 1864.)

COLLEUR. — Répétiteur chargé d'examiner. « Un colleur à parler m'engage. » (*Souvenirs de Saint-Cyr.*)

COLLETIN. — Force. (Vidocq.)

COLLETIN. — Collet protecteur de cuir ou de tapisserie que mettent les forts de la halle pour porter leurs fardeaux sans se blesser.

COLLETINER. — Porter des fardeaux à la halle. On abrège en disant *colliner.*

COLLETINER. — Arrêter. (Grandval.) — Diminutif de *colleter,* prendre au collet.

COLLIER, COULANT. — Cravate. — Mots expressifs dans la bouche du voleur qui voit dans la cravate un moyen d'étrangler.

COLONNE (CHAPEAU EN). — V. *Bataille.*

COLOQUINTE. — Tête de forte dimension. — Allusion de forme. — « Je crois que vous avez la coloquinte tant soit peu dérangée. » (L. Desnoyers.)

Donne vite un fauteuil : je perds la coloquinte.
(*Rienzi*, 1826.)

COLTIGER. — Arrêter. — Diminutif de *Colleter*. — « J'ai été coltigé et trois coquins de railles sur mesigue ont foncé, ils m'ont mis la tortouse. » (Vidocq.)

COMBERGEANTE. — Confession. — On y compte (comberge) ses péchés.

COMBERGER. — Compter. (Vidocq.)

COMBERGO. — Confessionnal. (Halbert.)

COMBRE, COMBRIAU, COMBRIEU. — Chapeau. — Même observation pour ce mot que pour *cabe* et *calvin*. Le chapeau est ce qui ombrage la tête et, par contraction, ce *qu'ombre*. — *Combrieu* et *Combriau* sont des diminutifs. V. *Tirant*.

COMBRIE. — Pièce d'un franc. (Halbert.)

COMBRIER. — Chapelier.

COMBROUSIERS. — « C'est ainsi que les marchands forains nomment les paysans. » (Priv. d'Anglemont.) — Pour *cambrousier*.

COME. — Surveillant de bagne. V. *Cap*.

COMFORT. — Bien-être, aisance parfaite de la vie matérielle. — Anglicanisme. — « Il y avait introduit le comfort, la seule bonne chose qu'il y ait en Angleterre. » (Balzac.)

COMFORTABLE. — Qui a du comfort.

COMFORTABILISME. — Pratique du comfortable. — « Leur philosophie est sans doute soutenue par le comfortabilisme. » (Balzac.)

COMM. — Commerce. (Vidocq.) — Abréviation.

COMME IL FAUT. — De bonne compagnie. — « Elles hantent les endroits comme il faut. » (Lynol.) — « Il y a des personnes très comme il faut qui viennent chez elle. » (E. Sue.) — « Écoutez, je me connais en hommes comme il faut, celui-là en est un. » (Dumas fils, *Le Demi-Monde.*) V. *Courir (faire)*.

COMMISSAIRE. — « Depuis l'Ambigu jusqu'au théâtre Beaumarchais et dans les quartiers voisins, un broc de vin ou une pinte s'appelle *un commissaire*. » (J. Duflot.)

COMMODE. — Cheminée. (Halbert.)

COMMUNARD, COMMUNEUX. — Partisan de l'insurrection dite *de la Commune de Paris* (1871). — « Presque tous nos communards réfugiés à Genève y occupent des fonctions en rapport avec leurs goûts. » (*Éclair*, 1872.)

COMMUNARD se prend aussi adjectivement. — « Les *Enfants du désespoir*, tel est le titre d'une société secrète archi-démoc-soc-communarde qui vient de se créer à Genève. » (*Éclair*, 17 mai 1872.)

COMMUNIQUÉ. — Communication officielle à un journal. — Le mot et la chose datent du second empire. — « La note suivante a, en effet, une couleur semi-officielle de *communiqué* qui n'échappera à personne. » (*Éclair*, août 1872.)

COMPAS (OUVRIR, FERMER LE). — Activer, ralentir sa marche. — Comparaison des jambes aux branches d'un compas.

COMPLET. — Complétement ivre.

COMPTE (AVOIR SON). — Être complétement ivre, avoir absorbé son compte de liquide.

COMPTE (AVOIR SON). — Mourir, voir finir le compte de ses jours. — « J'ai mon compte pour ce monde-ci. C'est soldé. » (L. Reybaud.)

Son compte est bon. — Se dit d'un coupable à punir et dont on compte les méfaits.

COMTE DE CARUCHE, COMTE DE CANTON. — Geôlier. (Vidocq.) V. ces mots.

COMTE DE CASTU. — Infirmier. (Idem.)

COMTE, COMTOIS. — Niais. — « Sans doute qu'elle bat comtois. » (Decourcelle.) V. *C*.

CONDÉ. — Maire.

Demi-condé. — Adjoint.

Grand condé. — Préfet de police.

CONDÉ. — Permission. — Du nom du maire qui la donne. — « On leur donne le condé de stationner sur certaines places. » (Stamir, 1867.)

CONDÉ FRANC. — Magistrat corrompu. (Vidocq.) Mot à mot : condé affranchi. V. *Affranchir*.

CONDUITE (FAIRE LA). — Chasser avec voies de fait. — Mot à mot : reconduire.

Les Français-Anglais vont te faire la conduite.
(Layale, *Chansons*, 1855)

CONDUITE DE GRENOBLE (FAIRE LA). — Mettre quelqu'un à la porte. — « Sa grande visite au roi pour l'engager à faire la conduite de Grenoble à Montmorin et à Duportail et à nommer d'honnêtes gens à leur place. » (1793, Hébert.) — « Le populaire l'a attendu à la sortie et lui a fait ce qu'en style d'atelier on appelle la *conduite* de Grenoble. » (*Liberté*, 16 mai 1872.)

A PROPOS DE JAMBES

leton sans pareil. En parlant d'ça j'pourrais bien attraper un 'p'tit coup de soleil... Mais voyons si j'ai encore de la braise. » (Lamiral, *le Savetier en goguette*, 1838.) V. *Soleil.*

COUP DE TEMPS.—Accident subit, surprise. —Terme d'escrime.— « Je mettrai le trouble là-dedans par un coup de temps qui ne sera pas trop bête. » (*Le Solitaire*, pot pourri, 1821.) *Voir le coup de temps*, c'est le prévoir.

COUP DU LAPIN. — Coup mortel, comme celui qu'on donne au lapin sacrifié à la cuisine.

COUPE. — Misère. (Halbert.) — Mot à mot : *dans la coupe des vivres.*

COUPE (ÊTRE SOUS LA). — Être subordonné à quelqu'un.

COUPE (TIRER SA). — Nager. — « Rodolphe, qui nageait comme une truite... se prit à tirer sa coupe avec toute la pureté imaginable. » (T. Gautier.)

Coupe-Choux. — Sabre d'infanterie. — Avant de servir comme baïonnette, cette arme était, même en campagne, des plus pacifiques. — « Leur voit-on traîner d'une façon guerrière le coupe-choux de caporal ?» (A. Rolland.)

Coupe-Ficelle. — Artificier d'artillerie. — Allusion à la grande quantité de ficelle réclamée par ses fonctions.

Coupe-Sifflet. — Couteau. Mot à mot : coupe-gorge. V. *Sifflet*.

Coupe (ça te la). — Cela te déconcerte. — Abréviation de *ça te coupe la chique*, cela te contrarie, te déroute. (Dhautel, 1808.) — « Sous le premier Empire, M. de Beaumont annonça au cercle des Tuileries : « Madame la « maréchale Lefebvre ! »—L'empereur s'avance et lui dit : « Bonjour, madame la duchesse de « Dantzick ! » — Celle-ci se retourne et dit au chambellan trop laconique : « Ah! ça te la « coupe, cadet ! » (*Encyclopediana*.) V. *Sifflet*.

Couper. — Donner dans un panneau, accepter un mensonge. — « Ah! dit Marlot en faisant sauter l'or dans sa main, elle a donc coupé dans le mariage? » (Champfleury.)

Abréviation de *couper dans le pont*, qui a le même sens et qui vient du terme : *faire le pont* (plier légèrement les cartes à un endroit déterminé, de façon à guider la main de l'adversaire dans la portion du jeu où elle doit couper innocemment). — « Laisse-la couper dans le pont. » (Balzac.)

Couper la chique. — Interdire. V. *Chique*.

Couper la gueule, couper la gueule a quinze pas. — Exhaler une si mauvaise odeur qu'on la sent à quinze pas. — Cette expression ne manque pas de justesse, car la bouche semble souffrir autant que le nez en pareil cas.

> Quand elle a mangé du cerv'las,
> Ça vous coup' la gueule à quinz' pas. (Colmance.)

Couper la musette. — Couper la parole. — « Ta remontrance me coupe la musette. » (*Chansons*, Châteauroux, 1826.)

Couper la musette. — Couper la gorge. — « De Palzo j'ai coupé la musette, il ne peut plus te faire de mal. » (*Le Solitaire*, pot pourri, 1821.) V. *Sifflet*.

Couplard. — Couteau. (Halbert.) Mot à mot : coupe-lard.

Couplets de facture. — « C'est un morceau de poésie long d'un mètre, sur l'air des *Comédiens* ou de *Vive la Lithographie*. Feu Brazier et M. Clairville sont les maîtres ès couplets de facture. » (J. Duflot.)

Courailler. — Courir les filles. — '« Vous l'auriez empêché de courailler. » (Balzac.)

Courbe. — Épaule. (Vidocq.) — Elle se courbe souvent.

Courir. — Courir les filles. — « Monsieur n'est pas heureux quand il court. » (H. Monnier.) — On dit aussi *Courir la gueuse*.

Courir, faire courir. — Être propriétaire de chevaux de course. — « *Oscar :* Tenez, cher! je viens du club... j'ai beaucoup parié... j'ai perdu vingt-cinq louis et deux saladiers de vin sucré. — Vous savez, je fais courir. — *Le marquis :* La jeune noblesse ne saurait avoir de divertissement plus comme il faut. » (Marquet.)

Courir (se la). — S'enfuir.

Courir (se). — Se méfier. (Vidocq.) — De l'ancien verbe *se couvrir :* se couvrir, se protéger.

Courtaud de boutanche. — Commis de magasin, voleur. (Grandval.)

Couyonnade. — Sottise, lâcheté. — *Coyon* se trouve dans le *Dictionnaire de l'Académie*. — On dit aussi *couyonnerie*.

Cracher. — Parler. Mot à mot : cracher des paroles.

Cracher. — Décharger. — Le canon crache la mitraille.

Cracher, cracher au bassinet. — Donner de l'argent de mauvaise grâce. — Allusion au bassin en forme de crachoir présenté à l'église pour les quêtes, et aux pièces de monnaie qu'on y lance. — « Tu dois faire cracher encore 150,000 francs au baron. » (Balzac.)

Cracher dans le sac. — V. *Raccourcir*.

Crampe (tirer sa). — Fuir. — « Elle a pris ses grands airs et j'ai tiré ma crampe. » (Montépin.) — A aussi un autre sens qui n'est pas de notre ressort.

Cramper (se). — Se sauver. Mot à mot : tirer sa crampe. V. *Pré*, *Abouler*.

Crampon. — Importun aussi tenace qu'un crampon. — « Elle est assez jolie, cette femme. — Charmante ! mais quel crampon ! » (L. Leroy.) V. *Lâcher*.

CRACHOIR (TENIR LE). — Tenir le dé de la conversation. — Ironique. — « N'étudiant aucune question à fond, mais se contentant de prendre de chaque chose une teinture superficielle qui permet de tenir convenablement un crachoir, — terme vulgaire, mais juste, — d'une heure ou deux. » (*Paris-Journal*, 1872.)

CRAN (LACHER D'UN). — Abandonner subitement. — «Nous vous lâcherons d'un cran.» — (Vidal, 1833.)

CRAN (FAIRE UN). — Tenir bonne note.

CRANE. — Hardi. — « Est-il crâne, cet enragé-là. » (P. Lacroix, 1832.)

CRANE. — Beau. — « C'est ça qui donne une crâne idée de l'homme ! » (Gavarni.)

Mettre son chapeau en crâne. — Le mettre sens devant derrière, à la façon des tapageurs.

CRANE. — Bon. — « Quand j'étais sur la route de Valenciennes, c'est là que j'en avais du crâne du tabac ! » (H. Monnier.)

CRANEMENT. — Supérieurement. — « J'ai été maître d'armes... et je puis dire que je tirais crânement. » (Méry.) — « Elle prenait la brosse chez un peintre, et faisait une tête assez crânement. » (Balzac.) — « Je suis crânement contente de vous voir. » (E. Sue.)

CRAPAUD. — Homme petit, chétif. (Dhautel.) — Gamin. — Pris souvent en bonne part. — « Tiens ! Potier, je l'ai vu du temps qu'il était à la Porte-Saint-Martin. Dieux ! que c'crapaud-là m'a fait rire ! » (H. Monnier.)

CRAPAUD. — Bourse de soldat. — Elle est inférieure à la bourse de la masse dite aussi *grenouille*, comme le crapaud l'est à la grenouille.

CRAPAUD. — Cadenas. (Vidocq.)

CRAPAUD. — Fauteuil bas. — « Une bergère... Avancez plutôt un crapaud ! » (E. Jourdain.)

CRAPULOS, CRAPULADOS. — Cigare d'un sou. Mot à mot : le havane de la crapule. — Ironie à l'adresse des noms pompeux qui distinguent les cigares de la Havane. V. *Infectados.*

CRAQUELIN. — Menteur. (Grandval.) — De *craque*, mensonge.

CRASSE. — Indélicatesse. — « Elle m'a fait des crasses. Toi, tu m'inspires de la confiance. » (*Almanach du Hanneton*, 1867.)

CRÉATEUR. — Peintre. (Vidocq.) — Il crée sur la toile.

CRÉATURE. — Prostituée. — « Pour la grande dame qui se voit enlever ses adorateurs par une grisette, cette grisette est une créature. » (L. Huart.) — « Mon mari a eu l'infamie de faire venir cette créature dans ma maison. » (Gavarni.)

CREBLEU, CRELOTTE. — Jurons. — Abréviations de *sacrebleu, sacrelotte*. V. ces mots.

CREDO. — Profession de foi. — Latinisme. — « La meilleure réponse, c'est de publier le credo politique du vieux Cordelier. » (C. Desmoulins, 1790.)

CRÈME. — Superlatif, le meilleur ou la meilleure. — « Excellent !... Dis donc que c'est la crème des oncles. » (Beauvallet.)

CRÉ NOM. — Juron. — Abréviation de *sacré nom*. V. ce mot.

CRÊPER LE TOUPET, LE CHIGNON. — Prendre aux cheveux, battre. — « Nous v'là tous deux à nous crêper le toupet. » (Letellier, 1839.) — Les femmes *se crêpent le chignon*.

CRÉPIN. — Cordonnier. Mot à mot : enfant de saint Crépin, patron des bottiers et des cordonniers. — « Je défie bien le Crépin de me faire des bottes plus justes. » (*La Correctionnelle.*)

CRÉPINE. — Bourse. (Vidocq.) — De *crépin*. — C'est, comme le crapaud, une bourse de cuir.

CRÉPON. — « Des crépons, c'est-à-dire de ces petits paquets de crin que le beau sexe place sous ses cheveux pour les faire « bouffer.» (*Éclair*, 10 mai 1872.)

CRÈS. — Vite. (Halbert.)

CRESPINIÈRE. — Beaucoup. (Idem.)

CRÉTINISER. — Abrutir. — « Un Chazelle a vécu à vingt-deux sous par tête et s'est crétinisé. » (Balzac.) — « Tout le monde joue en France, dit-il ; qu'est-ce que cela prouve ? une seule chose : c'est que la France se crétinise au milieu de cette frénésie de spéculation. » (*Boursicotiérisme.*)

CREUSE. — Gorge. (Idem.) — La gorge est creuse.

CREUSER. — Approfondir, en parlant de l'exécution d'une œuvre artistique ou littéraire. — *C'est creusé* se dit d'une chose fort étudiée. — *Creuser son sujet,* c'est le préparer avec soin.

CREUX. — Logis, maison. (Grandval.)

CREUX. — Voix mâle et sonore.

CREVAISON. — Mort, chute. — « Cette rengaîne du fiasco n'en dissimulait pas moins une crevaison spontanée. » (Michu.)

CREVANT. — Ennuyeux à périr, à crever.

CREVÉ, PETIT CREVÉ. — Jeune élégant poussant à un degré tout féminin la recherche de sa toilette. — « Petit crevé se décollette avec grâce, épile son menton et cire sa moustache. Son teint délicat connaît les douceurs de la poudre de riz et du blanc de perle. » (Yriarte.) — C'est de ce visage blême qu'est venue selon nous l'expression de *crevé.*

CREVER, CREVER LA PAILLASSE.) — Battre, blesser, tuer.

CREVER (TU T'EN FERAIS). — Formule négative. V. *Cylindre, Mourir.*

CREVETTE. — Lorette. Mot à mot : fille à petits crevés. V. ce mot. — « Tous les essaims de vierges folles, biches dorées, cocottes, crevettes. » (Michu.) — « Les nuits de cancan carabinées des grandes crevettes et des petits crevés. » (Blondelet, 1867.)

CRIBLAGE. — Cri. — « On peut les pésiguer et les tourtouser en leur bonnissant qu'ils seront escarpés s'il y a du criblage. » (Vidocq.)

CRIBLEMENT. — Cri. (Colombey.)

CRIBLER. — Crier. — C'est *crier* avec changement de finale.

CRIC. — Eau-de-vie. V. *Crique.*

CRIC-CROC. — A ta santé. (Grandval.) — Harmonie imitative.

CRI-CRI. — Grillon. — Harmonie imitative de son cri. — « Un cri-cri que l'habitude de me voir avait apprivoisé. » (G. Sand.) — « Je sens quet'chose qui trifouille dans mon estomac. Je crois que c'est un cri-cri. » (H. Monnier.)

CRIE. — Viande. V. *Criolle.*

CRIMÉENNE. — « Large et longue capote à collet et à capuchon envoyée de France pour le soldat en Crimée. » (Cler, 1856.)

CRIN (ÊTRE COMME UN). — Être d'abord difficile. — Le crin est raide et piquant.

CRINS. — Cheveux. — Animalisme.

CRINS (A TOUS). — Très-chevelu, et au figuré : extrême dans ses opinions. — Allusion à la chevelure dont on ne veut rien retrancher, qu'on laisse pousser à tous crins. — « Les démocrates à tous crins, qui sont dans cette voie anti-catholique, ont-ils pris garde qu'ils se font ainsi les complices et les alliés des plus mortels ennemis de la France? » (Valfrey, *Moniteur,* septembre 1872.)

CRIOLLE, CRIE. — Viande. V. *Artie.*

CRIOLLIER, CRINOLIER. — Boucher. — « Nous allons barbotter demain la cambriolle d'un garçon crinolier. » (Canler.)

CRIQUE, CRIK. — Eau-de-vie. (Vidocq.) — « Un verre de criq' ne fait pas de mal. » (J. Choux.) — « Si on a donné une gratification de crik (eau-de-vie), il y a un changement complet. » (*Vie parisienne,* 1865.)

CRISTALLISATION. — Condensation intellectuelle. — On sait que la cristallisation unit et solidifie les parties d'une substance dissoute dans un liquide. — « Un homme d'esprit, Stendhal, a eu la bizarre idée de nommer cristallisation le travail que la pensée de la marquise fit avant, pendant et après cette soirée.» (Balzac.)

CRISTALLISER. — Paresser au soleil. — Terme de chimie : La cristallisation est un effet de la chaleur. — « Permis à tous de se promener dans les cours, de fumer leur pipe, de cristalliser au soleil. » (La Bédollière.)

CRISTI. — Juron. — Abréviation de *sacristi.* V. ce mot. — « Cristi ! que mon panaris m'élance. » (Marquet.)

CROC. — Escroc. — Abréviation.

CROCHER. — Sonner. (Halbert.) — Pour *crosser.* V. ce mot.

CROCHER (SE). — Se battre. — Abréviation de *s'accrocher.* — « Je grille de vous voir crocher avec le Maître-d'École, lui qui m'a toujours rincé. » (E. Sue.)

CROCS. — Dents. (Grandval.)

CROIRE QUE C'EST ARRIVÉ. — Se prendre trop au sérieux. — « Elle se disait regardant les vagues en courroux : Ce bon Neptune, il croit que c'est arrivé. » (Aubryet, 1870.) — « Au premier rang sont les gens qui croient que c'est arrivé. » (P. Mahalin, 1867.)

CROISANT, CROISSANT. — Gilet. (Vidocq.) — Il *croise* sur la poitrine.

CROIX. — Six francs. — Vieux mot qui faisait allusion à la croix empreinte sur certaines monnaies d'argent. — « Le carreau du Temple avait son argot ; il parlait par pistoles, croix, point, demi-point et rond. La pistole valait dix francs ; la-croix, six francs ; la demi-croix, trois francs ; le point, un franc ; le demi-point, cinquante centimes, et le rond, un sou. » (E. Sue.)

CROLLE. — Écuelle. (Fr. Michel.)

CROME. — Crédit. (Halbert.)

CROMPER. — Sauver. (Idem.) Pour *cramper*.

CROMPIR. — Pomme de terre. (Fr. Michel.) —Germanisme. De *Grundbirne* : poire de terre.

CRONÉE. — Écuelle. (Idem.)

CROQUE-MORT. — Porteur employé par les pompes funèbres. — « Le croque-mort est d'un naturel grivois ; il aime le vin, le jeu, les belles. » (Privat d'Anglemont.)

CROQUER. — Esquisser, dessiner. — « C'est un charbonnier de la grève que ce peintre a voulu croquer. » (*Santoliana*, 1764.) — « Si je croquais ce chêne avant de déjeuner ! » (Marcellin.)

CROSSE, CROSSEUR. — Ministère public. (Vidocq.) — Son réquisitoire frappe ou crosse les accusés. — On sait que *crosser* est pris ordinairement dans ce sens.

CROSSE, CROSSER. — Recéler, sonner. V. *Crossin*. — Mot à mot : frapper, crosser l'airain. — « Quand douze plombes crossent, les pègres s'en retournent au tapis de Montron. » (Vidocq.)

CROSSIN, CROSSE. — Recéleur. (Fr. Michel.)

CROTTE D'ERMITE. — Poire cuite. (Grandval.)

CROUPIONNER. — Remuer du *croupion*, faire bouffer un vêtement sur le croupion.

CROUTE. — Homme arriéré.

CROUTE DE PAIN (S'EMBÊTER COMME UNE) DERRIÈRE UNE MALLE. — Mot à mot : *dessécher* d'ennui.

CROUTÉUM. — Collection de croûtes ou de mauvais tableaux. — « Bientôt la boutique, un moment changée en croûtéum, passe au muséum. » (Balzac.)

CROUTON. — Mauvais peintre. Mot à mot : faiseur de croûtes.

CROUTON. — Vieil encroûté. — « Vous m'appelez vieux croûton, quand je vous nomme ma mie. » (Cabassol.) — « Les maîtres d'armes de régiments étaient, en ces temps reculés, de vieux croûtons. » (Villemessant.)

CROUTONNER. — Peindre des croûtes.

CROYEZ ÇA ET BUVEZ DE L'EAU. — Terme en usage pour se moquer des gens crédules. — Par allusion aux malades qui cherchent aux eaux la santé, et aux éloges exagérés de la vertu de chaque eau minérale. — « Croyez ça, puis buvez de l'eau. » (*Rienzi*, 1826.)

CRUCIFIX A RESSORT, CRUCIFIX. — Pistolet. — Comme le crucifix, il se montre à l'heure suprême. — « Godet, le limonadier, a abandonné ses bavaroises pour jouer du crucifix à ressorts dans le bois de Vincennes. » (*Calendrier du père Duchêne*, 1791.)

CUIR. — Peau. — « C'était aux nègres qu'il en voulait, à cause du coloris de leur cuir. » (L. Desnoyers.)

CUIR (TANNER LE). — Battre.

CUIR DE BROUETTE. — Bois. — Ironie. — Des sabots sont des *escarpins en cuir de brouette*.

CUIRASSER. — Parler en faisant des fautes de liaisons appelées *cuirs*. V. *Velours*. — « Frater au régiment, il en a conservé l'habitude du discours et cuirasse proprement. » (Bataille, 1843.)

CUIRASSIER. — Homme fréquemment coupable des fautes de liaison appelées *cuirs*.

CUISINE (LA). — La préfecture de police. — C'est le rendez-vous des *cuisiniers*.

CUISINE DE JOURNAL. — Tout ce qui regarde les petits détails et l'ordonnance matérielle d'un journal. — « C'est lui qui fait la cuisine du journal. » (L. de Neuville.)

CUISINER. — Travailler d'une façon quelconque, au figuré. — « C'est ainsi que M. Jules Breton s'est ingénié à cuisiner le genre rustique, sans rusticité. » (Th. Silvestre.)

CUISINIER. — Agent de police secrète. (Vidocq.) — « Lui qui avait servi plusieurs fois de cuisinier à la police. » (Canler.) — « Mauvais signe ! un sanglier ! comment s'en trouve-t-il un ici ? — C'est un de leurs trucs, un cuisinier d'un nouveau genre. » (Balzac.) V. *Coqueur*.

CUISINIER. — Avocat. (Halbert.)

CUISINIER. — Secrétaire de rédaction. Mot à mot : rédacteur chargé de la *cuisine* du journal.

CUISSE (ÇA ME FAIT UNE BELLE). — C'est un avantage illusoire pour moi. — Équivalent de : ça me rend la jambe bien faite. V. *Jambe*. — Villon fait dire dans le même sens à sa belle Heaulmière : *j'en suis bien plus grasse*.

CUIT. — Perdu. — « Cuits, cuits ! les carlistes, ils seront toujours cuits. » (*Métay*, 1831.)

CUITE. — Correction. — Il en cuit à celui qui la reçoit.

CUIVRE. — Monnaie de billon. — « T'as vu que ton *cuivre* déménageait. » (*Ricard*.)

CUL. — Homme bête et grossier.

CULBUTE. — Culotte. (*Grandval*.) — Jeu de mots. C'est dans la culotte qu'on *bute son cul*. — *Buter* signifiait jadis *pousser*. V. *Affure*.

CULOTTAGE. — Action de culotter une pipe. — « Il va paraître... un traité théorique et pratique du culottage des pipes. » (*Lespès*, 1866.)

CULOTTE. — Partie de dominos qui procure au gagnant un grand nombre de points. — « Le joueur de dominos préfère le double-six culotte avec six blancs dans son jeu. » (*Luchet*.)

CULOTTE. — Perte qui englobe toutes les autres.—« Un étudiant poursuivi par le guignon s'est vu mettre sur son compte toutes les demi-tasses consommées dans la soirée par tous les habitués du café. Cela s'appelle empoigner une culotte. » (*L. Huart*.) — « Vous vous asseyez à la table de baccarat, et vous vous flanquez une culotte de 500 louis. » (*Vie parisienne*, 1866.)

CULOTTE (SE DONNER UNE). — Faire excès de boire ou de manger. — Donné déjà par le Dictionnaire de Leroux, 1718. — Synonyme d'un terme fréquemment employé : *S'en donner plein la ceinture*. — « Un ivrogne ferait bien mieux de s'acheter un pantalon que de se donner une culotte. » (*Commerson*.)

CULOTTE se prend au figuré pour un excès de paroles. — « Nous nous sommes donné une fameuse culotte monarchique et religieuse. » (*Balzac*.)

CULOTTE DE PEAU. — Vieux soldat. — « N'appelle-t-on pas un vieux soldat culotte de peau ? » (*Gangam*, 1861.) — « Habit boutonné militairement. Culotte de peau, au physique et au moral. » (*Almanach du Hanneton*, 1867.)

CULOTTÉ. — Aguerri, teinté. — « Oh ! ma chère, je suis culottée, vois-tu. » (*Gavarni*.) — Allusion au culottage de la pipe.

On dit *un nez culotté* pour un nez rougi par l'ivrognerie, *des yeux culottés* pour des yeux cernés de bistre.

CULOTTER. — « Culotter une pipe, c'est imprimer, grâce à l'action du tabac brûlé dans son foyer, une couleur foncée à sa terre blanche. » (*Lespès*.) — C'est le culot du fourneau de la pipe qui brunit le plus. De là le mot.

CULOTTER (SE). — Se former, prendre une tournure décidée. — Même allusion. — « Voici un pied d'Andalouse, se dit-il, ceci est d'une bonne couleur, et ma passion se culotte tout à fait. » (*T. Gautier*, 1838.)

CULOTTER (SE). — Faire excès de boire ou de manger. — « Nous pouvons donc enfin nous culotter avec du vin du tyran. » (*Chenu*.)

CULOTTEUR. — Homme qui culotte des pipes par goût ou par métier.—« Tout culotteur un peu versé dans la partie métamorphose le petit fourneau où brûle son tabac en alambic pour cette production équivoque, la nicotine. » (*A. Luchet*.)

CUMULARD. — « Fonctionnaire qui cumule les émoluments de plusieurs places. » (*Lubize*.) — « Le cumulard se recommande par son industrie. Employé de ministère, il est musicien le soir, et le matin il est teneur de livres. » (*Balzac*.)

Malgré l'autorité de cet exemple, je dois dire qu'on appelle surtout cumulard ceux qui ont plusieurs sinécures grassement rétribuées par l'État. On a fait jadis un *Almanach des cumulards*.

CUPIDON. — Chiffonnier (*Vidocq*.) — Comparaison ironique du carquois et du trait de l'Amour à la hotte et au crochet.

CURIEUX. — Juge, juge d'instruction. — Il est curieux par métier. — « Le curieux a servi ma bille (mon argent.) » (*Vidocq*.)

Grand curieux. — Président. (*Halbert*.)

CYLINDRE (TU T'EN FERAIS ÉCLATER LE). — Tu en mourrais. — Formule de refus.

Une biche dit : « Mon p'tit homme,
Je mangerais bien des fraises, des p'tits pois,
Paye-m'en !... » La scène était à peindre.
Le cocodès dit en baissant la voix :
« Tu t'en ferais éclater le cylindre. » (*A. Duchenne*.)

D

DABE. — Dieu. — « Mercure seul tu adoreras comme dabe de l'entrollement. » (Vidocq.)

DABE. — Père. (Grandval.)

DABE. — Maître. (Idem.) — « C'est notre dabe, notre maître. » (Balzac.)

DABE (GRAND), DABE. — Roi. — « Mais grand dabe qui se fâche dit: Par mon caloquet. » (Vidocq.) — V. *Dasbuche*.

DAB DE LA CICOGNE. — Procureur général. — « On vient me chercher de la part du dab de la cigogne. » (Balzac.)

DABESSE. — Reine.

DABIN. — Tambour pour *tapin*. (Halbert.)

DABOT. — Préfet de police. — Augmentatif de Dabe.

DABOT. — Souffre-douleur, patito. — Ne se disait autrefois que de ceux qui perdaient au jeu pour tout le monde. — Du latin *dabo :* je donnerai (de l'argent).

DABUCAL. — Royal. (Halbert.)

DABUCHE. — Maîtresse, mère. (Grandval.)

DABUCHETTE. — Jeune mère, belle-mère. (Vidocq.)

DAIM. — Niais, dupe. — « L'une des grandes finesses des garçons de restaurant quand ils servent un homme et une femme dans un cabinet, est de pousser à la consommation... persuadés que le *daim* n'osera refuser aucune dépense. » (La Fizelière). V. *Cocodès*.

DAIM HUPPÉ. — Bourgeois riche. (Halbert.) — « Il y a de l'argent à gagner; c'est des daims huppés. » (E. Sue.) V. *Coup*.

DALE. — Argent. — Abréviation de *rixdale;* ancienne monnaie allemande. — « Faut pas aller chez Paul Niquet. Ça vous consomme tout vot' pauv' dale. » (P. Durand, 1836.)

DALLE DU COU, DALE. — Bouche. — Allusion à la pierre d'évier (appelée *dalle*) dans les cuisines parisiennes; elle est percée d'un trou qui sert comme le gosier à l'écoulement des liquides. — « La seule chose qui me chatouille la dalle, c'est la légume. » (Ladimir, 1842.) — « Avec ces messieurs je bois. Oui, nous nous rinçons la dalle. » (*Léonard,* parodie, sans date.) V. *Rincer*.

DANDILLER. — Sonner. (Idem.)

DANDILLON. — Cloche. (Idem.) — Allusion à ses dandinements pendant la sonnerie.

DANDY, DANDYSME. — « Cette fatuité commune à tous les peuples chez lesquels la femme est quelque chose, n'est point cette autre espèce qui, sous le nom de *dandysme*, cherche depuis quelque temps à s'acclimater à Paris. L'une est la forme de la vanité humaine, universelle; l'autre d'une vanité particulière et très-particulière de la vanité anglaise... Voilà pourquoi le mot *dandysme* n'est pas français. Il restera étranger comme la chose qu'il exprime... Bolingbroke seul est avancé, complet, un vrai dandy des derniers temps. Il en a la hardiesse dans la conduite, l'impertinence somptueuse, la préoccupation de l'effet extérieur et la vanité incessamment présente. » (Barbey d'Aurevilly, 1860.)

DANSE. — Grêle de coups. — Allusion ironique aux piétinements forcés de la lutte. — « Je prends le sabre... C'est dit, et à quand la danse ? » (About.) — « Je veux l'inviter à une chouette danse. — Du tabac ? — Tout de même. » (Monselet.)

DANSE. — Lutte. — A l'approche d'un combat on dit *la danse va commencer*.

L'expression est ancienne : « Qu'il commence la danse contre la France s'il se veut ruiner. » (*Le Trompette françois*, 1609.)

DANSER, DANSER DE. — Payer. — Faire danser ses écus. — « C'étaient d'assez bons pantres. Enfin ils savaient danser. » (De Lynol.) — « Et je me mets à faire danser mes 300 francs. Ça a été mon grand tort. » (Idem.) — « Je dansais pour c'te reine d'un joli châle tartan. » (A. Cahen.) V. *Lansq.*

DANSER (FAIRE). — Battre. — « Tu vas me payer l'eau d'aff, ou je te fais danser sans violons. » (E. Sue.)

DANSER (LA). — Être battu. — « Ah ! je te tiens et tu vas la danser. » (Idem.)

DANSER (LA).—Mourir. — « Ruffard la dansera. C'est un raille à démolir. » (Balzac.)

DANSER (LA). — Être maltraité en paroles. — « Quiconque poussait les enchères était empoigné, témoin une jeune fringante qui la dansa tout du long. » (Vadé, 1788.)

DANSER DEVANT LE BUFFET. — N'avoir rien à manger. — « Nous faudra danser sans musique devant le buffet, aux heures des repas. » (*Chansons*, Clermont, 1835.) — Se prend au figuré : « Je me suis lassé de danser devant le buffet de la gloire. » (Gaboriau.)

DANSER TOUT SEUL. — Infecter de la bouche. (Grandval.) — On abrége maintenant en disant *danser.*

DANTESQUE. — Taillé comme l'œuvre ou comme les héros du Dante. — « Diable ! douze vers dantesques et une ébauche de passion perdus, on regarde à cela. » (Th. Gautier.) — « O fortune ! pouvais-tu jouer un tour plus cruel à un jeune homme dantesque et passionné. » (Idem.) — V. *Pifferari.*

DARDANT.—L'amour. — C'est *l'archerot* des anciens poëtes, c'est Cupidon dardant son trait.

> Ici-caille est le théâtre
> Du petit Dardant ;
> Fonçons à ce mion folâtre
> Notre palpitant.   (Grandval, 1723.)

DAR-DAR, DARE-DARE. — Tout courant. — Impératif du vieux verbe Darer, aller vivement. — « Qu'il vienne tout de suite !... Oui, dardar... » (Labiche.)—« Puis le ramena dare-dare en la ville. » (Balzac, *Contes drôlatiques.*) — « Il part dar-dar en se rongeant les ongles de colère. » (E. Sue.)

DARIOLE. — Coup. — Du vieux mot : lancer vivement.

> V'là que je vous y allonge une dariole
> Qui r'pare avec son nazaret ;
>   Le raisinet coulait
> D' son nez comm' une rigole. (*Casse-Gueule*, 1841.)

DARIOLEUR. — Pâtissier faisant la pâtisserie commune ou dariole. — « Il y a même des darioleurs en chambre. » (Vinçard.)

DARON, DARONNE. — Patron, patronne. — « Il était maître de tout, jusqu'à manier l'argent de la baronne. » (De Caylus.)

DARON, DARONNE. — Père, mère. (Idem.)

DARON DE LA TAILLE, DE LA ROUSSE. — Préfet de police.

DARONNE DU MEC DES MEC.—Mère de Dieu. V. *Rebâtir.*

DARONNE. — Prune. (Halbert.)

DASBUCHE. — Roi. (Grandval.)

DAUFFE, DAUPHIN. — Pince à effraction. V. *Monseigneur.*

DAUPHIN. — Souteneur. (Halbert.) V. *Mac.*

DAUSSIÈRE. — Fille publique. (Idem.) — Pour *dossière.*

DÉBACLER. — Ouvrir. (Vidocq.) — Corruption de *Déboucler.*

DÉBACLER LA ROULANTE. — Ouvrir une voiture. (Grandval.)

DÉBALLAGE (AU). — Au déshabillé. — « Il est accablé de rhumatismes, ce qui le fait ressembler au déballage, à ces statuettes que vous avez sans doute remarquées dans la vitrine des bandagistes. »

DÉBALLAGE (ÊTRE VOLÉ AU). — Reconnaître dans les charmes d'une femme aimée autant d'emprunts décevants aux ressources de la toilette. — « Cependant, au déballage, j'ai été si souvent volé. » (L. de Neuville.) V. *Réjouissance.*

DÉBALLER. — Déshabiller. — « On ne les confondra jamais avec la marchande de plaisirs qui vient déballer en scène ses mollets et ses épaules. » (Villemot.)

DÉBANQUER. — Faire sauter la banque. — « Ils pourront à leur aise, avec l'argent des niais, faire quelque bonne *rafle* et *débanquer*, si c'est possible, la grande et la petite boursicoterie. » (*Boursicotiérisme.*)

DÉBARDEUR.—Personnage de carnaval dont le costume rappelait celui des débardeurs de bois des quais de Paris. Il y avait des débardeurs mâles et femelles. — « Un don Juan fit au bal Musard la conquête d'un débardeur des plus coquets. » (E. Lemoine.)

> Qu'est-ce qu'un débardeur ?... Un jeune front qu'incline
> Sous un chapeau coquet l'allure masculine,

LA VISITE DU MAJOR

Un corset dans un pantalon,
Un masque de velours aux prunelles ardentes,
Sous des plis transparents des formes irritantes,
Un ange doublé d'un démon. (Barthet. 1846.)

Délaissé aujourd'hui, le débardeur jouissait en ce temps-là d'une grande vogue.

DÉBINAGE. — Médisance. — « Compliments désagréables, indiscrétions et débinages. » (Commerson.)

DÉBINE. — Mot qui signifie déchéance, misère, pauvreté. (Dhautel, 1808.) — « La débine est générale, je suis enfoncé sur toute la ligne. » (Montépin.) V. *Tie.*

DÉBINER. — Décrier. — « On le débine, on le nie, on veut le tuer. » (A. Scholl.) — « La robe était de taffetas recuit... — Très-bien, débine la marchandise à présent. » (*Almanach du Hanneton*, 1867.)

DÉBINER (SE). — Disparaître. — « Quant à moi, je maquille une aff après laquelle j'espère pour mé débiner pour m'éloigner de la rousse. » (*Patrie*, 2 mars 1852.)

DÉBINER (SE). — S'affaiblir. — « Je me débine des fumerons. » (*Corsaire*, 1867.)

DÉBLOQUER. — Lever une consigne.

DÉBONDER. — Aller à la garde-robe.

DÉBOUCLER. — Faire sortir de prison. (Vidocq.)

DÉBOURRER. — Déniaiser. Mot à mot : dégrossir.

DÉBOUSCAILLER. — Décrotter.

DÉBRIDER. — Ouvrir. (Grandval.) — La chirurgie emploie ce mot dans un sens analogue. V. *Temps*.

DÉBRIDOIR. — Clef. (Vidocq.)

DÉBROUILLARD. — Homme qui sait se débrouiller.

DÉBROUILLER (SE). — Vaincre les obstacles. — Dans l'armée et dans la marine, *un homme qui se débrouille* est un homme aguerri, qui sait son métier. — « Ce *débrouillez-vous* est sacramentel dans la marine, et c'est à lui que les officiers du *grand corps* doivent leur personnalité. On donne n'importe quelle mission à un officier, on lui indique à grands traits ce qu'il doit faire, puis on ajoute : Au surplus, monsieur, faites comme vous l'entendrez, débrouillez-vous. » (De Leusse.)

DÉCANILLER. — Décamper. Mot à mot : sortir du chenil *(canil)*. — « Ils ont tous *décanillé* dès le patron-jacquette. » (Balzac.)

DÉCARADE, DÉCARREMENT. — Départ. — *Jorne du décarrement :* Jour de la mort. V. *Bachasse*.

DÉCARCASSER (SE). — Agir activement, remuer sa carcasse. — « Mais sapristi, mes enfants, il faut vous décarcasser un peu plus que ça. Vous avez tous l'air empaillé. » (*Vie parisienne*, 1866.)

DÉCARER. — Fuir. (Grandval.) Mot à mot : partir avec la vitesse d'un char. — « Faut décarer. Ces gens-là veulent m'assommer. » (*Dialogue entre Charles X et le duc de Bordeaux*, 1832.)

DÉCARRER DE LA GÉOLE. — Être mis en liberté par ordonnance de non-lieu. (Colombey.)

DÉCATIR (SE). — S'user, s'enlaidir. — Allusion au décatissage des tissus. — « Elle sentait la panne venir, elle se décatissait. » (*Les Étudiants*, 1860.)

DÉCAVAGE. — État du joueur décavé. —

> Un décavage affreux, signe de la déveine.
> (Alyge, 1851..)

DÉCAVÉ. — Homme ruiné, n'ayant plus de quoi *caver* à la roulette. — « A Bade, les décavés vivent sur l'espérance aussi somptueusement que les princes de la série gagnante. » (Villemot.) — Se dit aussi des joueurs de la Bourse malheureux. — « La Bourse reste attentive. Un peu plus, les décavés à la dernière liquidation diraient : J'attends l'emprunt. » (*Éclair*, 1872.)

DÈCHE, DÉCHET. — Ruine, misère. — « Elles se présentent chez les courtisanes dans la dèche. » (Paillet.)

> Sans argent dans l' gousset,
> C'est un fameux déchet. (*Chanson*, Avig., 1813.)

DÉCHIRER LA TOILE. — Comparaison du bruit de la fusillade à celui d'une toile qu'on déchire. Elle est assez juste. — « Tout à l'heure les feux de deux rangs déchireront la toile, et nous verrons si vos clarinettes ont de la voix. » (Ricard.)

DÉCLASSÉ. — Bohème, homme déchu de sa classe, de son rang social. Vallès a fait sous ce titre un livre fort connu. — « Ses bergères sont des couturières de banlieue, ou des déclassées de bourgade ; grisettes paresseuses et vaniteuses, cocottes en espérance. » (Th. Silvestre.)

DÉCLOUER. — Dégager du Mont-de-Piété.

DÉCOLLETÉ (ÊTRE). — Se conduire ou parler d'une façon plus que légère. — Acception figurée du décolletage de la toilette.

DÉCOUVERT (ACHAT, VENTE A). — Achat ou vente opérée dans les conditions ci-dessous.

DÉCOUVERT (ÊTRE A). — Spéculer à la Bourse sur des valeurs qu'on n'a réellement pas le moyen d'acheter ni de vendre. — « Quant au joueur à découvert, il est infailliblement perdu : il a contre lui la mauvaise exécution des ordres, les reports onéreux, le courtage, la nécessité de réaliser un bénéfice faible et la difficulté d'échapper à des reprises violentes ou à des baisses énormes. » (De Mericlet, 1856.)

DÉCROCHE-MOI CELA. — Fripier, habillement d'occasion. Allusion aux crochets qui servent à la montre des revendeurs. — « M. Auguste s'habille au *décroche-moi cela* : ce qui veut dire en français : chez le fripier. » (Privat d'Anglemont.)

DÉCROCHER. — Voler à la tire.

DÉCROCHER. — Faire tomber d'un coup de fusil.

DÉCROCHER. — Retirer du Mont-de-Piété. V. *Clou*. — « Les révolutions m'ont réduite à mettre au clou les diamants de ma famille... Faudra que tu me *décroches* ça, mon chéri. » (Lefils.)

DÉCROCHEZ-MOI ÇA. — « Un *décrochez-moi ça* est un chapeau de femme d'occasion. Que dites-vous du mot, madame ? n'est-il pas neuf et expressif ?... Au reste, qu'il ne vous fasse pas peur. J'ai vu au carré du Palais-Royal (du Temple) des *décrochez-moi ça* qu'on eût pu facilement accrocher au passage du Saumon. » (Mornand.)

DEDANS (METTRE, FOURRER). — Mettre en prison. (Dhautel.) V. *Trou*, *Sonder*.

DEDANS (METTRE). — Tromper, mettre dans l'erreur. — « Il met les gabelous joliment dedans. On a descendu plus de vingt fois dans sa cassine, — jamais on n'a rien trouvé. » (E. Süe.) — « Nous avons été mis tous dedans... Nous ignorons tous ici qui succède au général en chef. » (Poussielgue, *Lettre au général Vial*, 12 fructidor an VII.)

DEDANS (METTRE). — Griser. — « Quand on trinque avec une fille aimable, il est permis de se mettre dedans. » (Désaugiers.)

DEDANS (VOIR EN). — Être en état d'ivresse. S'applique aux ivrognes illuminés qui se tiennent eux-mêmes de longues conversations. V. *Cocarde*.

DÉDURAILLER. — Déferrer. (Colombey.)

DÉFALQUER. — Faire ses besoins. (Grandval.)

DÉFARDEUR. — Voleur. (Idem.) — Il vous soulage du fardeau de votre propriété.

DÉFARGUEUR. — Témoin à décharge.

DÉFIGER. — Réchauffer. (Colombey.) — Le froid fige.

DÉFILER LA PARADE. — Mourir. — Mot militaire. — On défile quand la revue est terminée. Il s'agit ici de la revue de la vie. —

« Alors tout l'monde défile à c'te parade d'où l'on ne revient pas sur ses pieds. » (Balzac.)

DÉFILER (SE). — Se sauver.

DÉFICHER. — Cité comme synonyme de *ficher* par Grandval dans l'acception de *donner*.

DÉFLEURIR. DÉFLOUER LA PICOUSE. — Voler du linge qui sèche sur une haie ou sur des perches dans les prés. (Grandval.) — Allusion à la couleur tranchante des objets étendus et aux épines de la haie.

DÉFOURAILLER. — Courir. (Halbert.)

DÉFOURAILLER. — Tomber. (Grandval.)

DÉFOURAILLER. — Sortir de prison. (Vidocq.) — Du vieux mot *defors* : dehors. V. *Babillard*.

DÉFRIMOUSSER. — Dévisager. V. *Frime*.

DÉFRISER. — Désappointer. — « C'qui les défrise, c'est un revenant qui vient en chemise couverte de sang. » (*Le Solitaire*, pot-pourri, 1821.)

DÉFRUSQUER, DÉFRUSQUINER. — Déshabiller. (Vidocq, Grandval.) Mot à mot : ôter les frusques.

　　Elle le poursuivait alors
　　Pour lui ôter son justaucorps
　　Afin de le défrusquiner. (*Virgile travesti*.)

DÉGEL. — Mortalité. — « Il y aura un rude dégel. » (Watripon.) — On connaît les effets dissolvants du dégel.

DÉGELÉE. — Volée de coups. — Même allusion que pour *cuite*. — « Nous nous sommes battus jusqu'à la nuit, qui est venue mettre fin à la dégelée que nous avons donnée aux Autrichiens. » (Général Christophe, *Lettres*, 1809.)

DÉGOMMAGE. — Ruine, destitution, usure.

DÉGOMMER. — Surpasser. — « Nous pourrions très-bien jouer la revue de Bobino et dégommer les esbrouffailles avec leurs poses plastiques. » (Villars.)

DÉGOMMER. — Destituer. — « Réélu !... Dégommé ! » (Gavarni.)

DÉGOMMER (SE). — Se faner, enlaidir. — Allusion au brillant de la gomme. — « Je me rouille, je me dégomme. » (Labiche.)

DÉGOMMER (SE). — S'entre-tuer.

　　Napoléon, ce vieux grognard,
　　D'ces jeux où l'on se dégomme
　　En queuqu's mots résumait l'art. (Festeau.)

DÉGOULINER. — Couler doucement. — Onomatopée. — « V'là au moins la vingtième (larme) qui *dégouline* sur ma joue. » (Ricard.) — M. Fr. Michel a cité un exemple de ce mot au dix-huitième siècle.

DÉGOURDI. — Maladroit, engourdi. — Ironie.

DÉGOÛTÉ (PAS). — Ambitieux. — « Se dit en plaisantant d'un homme qui, sans avoir l'air de choisir, prend le meilleur morceau. » (Dhautel.) — « Belle dame, vous êtes joliment jolie ce soir. Je souperais fièrement avec vous. — Tu n'es fichtre pas dégoûté. » (Gavarni.)

DÉGOÛTÉ (N'ÊTRE PAS). — Admettre des choses inadmissibles, n'être pas dégoûté quand on devrait l'être. V. *Cassine*.

DÉGRIMONER (SE). — S'agiter, se débattre.

DÉGUIS. — Déguisement. (Vidocq.) — Abréviation.

DÉGUISER EN CERF (SE). — Courir comme un cerf, très-vite.

DÉLICOQUENTIEUSEMENT. — Délicieusement. — « Pour y retrouver un Arthur délicoquentieusement séducteur. » (E. Lemoine.)

DELIGE. — Voiture publique. (Vidocq.) — Abréviation de *diligence*.

DEMAIN. — Jamais. — Terme ironique. — Demain ne sera jamais aujourd'hui.

DÉMANCHER (SE). — Se donner grand air ou grand mouvement.

> Et d' la façon dont j' me démanche,
> On nous verra r'quinqués à la papa.
> (Duverny, 1813.)

DÉMAQUILLER. — Défaire. V. *Maquiller*.

DÉMARGER. — Partir, s'en aller. — Du vieux mot *desmarcher*, qui a le même sens.

DÉMARQUEUR DE LINGE. — Plagiaire. — « Nous sommes très-flatté que les journaux nous fassent des emprunts, mais nous aimons aussi, pour employer une expression consacrée dans le journalisme, qu'on ne démarque pas notre linge. » (G. Charavay, 1866.)

DÉMÉNAGER. — Faire des extravagances, mourir. (Dhautel, 1808.)

DÉMÉNAGER A LA CLOCHE OU SONNETTE DE BOIS. — Déménager furtivement en tamponnant la clochette d'éveil adaptée aux portes de beaucoup d'hôtels garnis.

DÉMÉNAGER A LA FICELLE. — Déménager en descendant les meubles par la fenêtre à l'aide d'une corde.

DEMI-AUNE. — Bras. — « Il y avait deux heures que je tendais ma demi-aune sans pincer un radis. » (Luc Bardas.)

DEMI-CERCLE (PINCER AU). — V. *Cercle*.

DEMI-FORTUNE. — Voiture à un cheval. — « S'y faire mener, non pas dans *sa* demi-fortune, mais bien dans une bonne et douce calèche. » (Privat d'Anglemont.)

DEMI-MONDE (FEMME DU). — Femme née dans un monde distingué dont elle conserve les manières sans en respecter les lois. Le succès d'une pièce de Dumas fils a créé le mot. — « On écrit en toutes lettres que vous régnez sur le demi-monde. » (A. Second.)

DÉMOC-SOC. — Démocrate-socialiste. — Double abréviation. — « Messieurs les démocs-socs, vous voyez si vos menaces m'ont effrayé.» (Chenu, 1848.) V. *Liquid, Communard*.

DEMI-STROC. — Demi-setier. (Vidocq.) — Changement de finale.

DEMOISELLE. — Femme galante. — Se dit surtout au pluriel. — Béranger a chansonné *Ces Demoiselles*.

DEMOISELLE. — Mesure de liquide. V. *Monsieur*.

DÉMOLIR. — Maltraiter en actes, ou en paroles, ou en écrits. — « Deux champions prononçant la phrase sacramentelle : Numérote tes os, que je les démolisse. » (Th. Gautier, 1845.) — « On démolissait Voltaire, on enfonçait Racine. » (L. Reybaud.)

DÉMOLIR. — Supprimer, destituer. — « Puisqu'on vous propose de démolir M. Amici, le ministre des travaux publics, de grâce, acceptez. » (Mirès, 1858, *Lettre à Pontalba*.)

DÉMOLIR. — Tuer. — « Ruffard la dansera, c'est un raille à démolir. » (Balzac.) — « L'adjudant s'est fait démolir comme un héros. » (J. Noriac.)

DÉMOLISSEUR. — Médisant implacable, critique acerbe. — « Voltaire n'en reste pas moins le grand démolisseur religieux et moral du dix-huitième siècle. » (Assc.)

DÉMORGANER. — Se rendre à une observation. Mot à mot : perdre de sa morgue.

DÉMURGER. — S'en aller, évacuer. (Grandval.)

DENAILLE (SAINT-). — Saint-Denis. (Colombey.) — Changement de finale.

DENIER A DIEU. — Prime d'argent donnée au concierge par le locataire d'un appartement nouveau. — « C'est lui qui a décrété l'impôt de la bûche par voie, du denier à Dieu. » (Lamiral, 1823.) — Se prend au figuré. — « Par le mot amitié, je n'entends pas cette banalité traditionnelle que tous les amants s'offrent en se séparant et qui n'est que le denier à Dieu d'une indifférence réciproque. » (Dumas fils, *le Demi-Monde.*)

DÉPENDEUR D'ANDOUILLES. — Homme assez grand pour décrocher les andouilles du plafond dans les cuisines d'autrefois, plus hautes et mieux pourvues que celles d'aujourd'hui. — « Regarde donc, Jérôme, vois donc l'grand dépendeux d'andouilles. » (*Catéchisme poissard*, 1840.)

DÉPIOTER. — Enlever la peau. — « Si monsieur croit que c'est commode... on se dépiote les pouces. » (P. de Kock.)

DÉPLANQUER. — Exhiber, déterrer des objets cachés. V. *Vague.*

DÉPLUMER (SE). — Devenir chauve.

DÉPONNER, DÉPOUSSER. — Faire ses nécessités. (Halbert.) — Le premier vient de *ponant ;* le second s'explique de lui-même.

DÉPOT. — Dépôt de la Préfecture de police. — Prison où les gens arrêtés sont déposés en attendant l'instruction de leur affaire. — « Eune nuit... c'était hors barrière... on m' ramasse. De là, au dépôt. » (H. Monnier.)

DER. — Dernier. — Abréviation. V. *Preu.*

DÉRAGER. — Cesser de se mettre en colère. — « Depuis le jour de son arrivée, il n'avait pas encore déragé. » (E. Chavette.)

DÉRAILLÉ. — Déclassé. Mot à mot : homme jeté en dehors de la voie commune. — « Notre déraillé conçut le projet de faire des lectures à l'instar du grand Dumas. » (Michu.)

DÉRALINGUER. — Mourir. — Terme de marine.

DERNIER (AVOIR LE). — Avoir le dernier mot. V. *Double.*

DÉRONDINER. — Payer. (Halbert.) Mot à mot : faire sortir ses *ronds.* V. ce mot.

DÉROUILLER (SE). — Recouvrer sa souplesse, se mettre au fait d'un service.

DÉROULER (SE). — Passer un certain temps. — « Maintenant qu'elle est à la préfecture, elle va se dérouler six mois. » (Ch. de Mouchabœuf.)

DÉSARGOTER. — User de malice. (Halbert.)

DESARRER. — Fuir. (Idem.)

DESATILLER. — Châtrer. (Idem.)

DESCENDRE. — Jeter à terre. Mot à mot : faire descendre. — Une caricature de 1830 représente un soldat à cheval sur un chameau et criant : « A moi, Tatet, c'te chienne de bête va m'descendre. »

DESCENDRE. — Mettre hors de combat, tuer. — « J'ajuste le Prussien, et je le descends. » (Marco Saint-Hilaire.)

DESCENDRE LA GARDE. — Mourir. Mot à mot : ne plus garder la vie. — « Ce vilain brutal me voulut un jour faire descendre la garde. » (*Rienzi*, parodie, 1826.)

DÉSENFLAQUER. — Tirer d'un mauvais pas.

DÉSENTIFLAGE. — Séparation, divorce.

DÉSENTIFLER. — Se séparer de sa femme. (Vidocq.) V. *Antifler.*

DESGRIEUX. — Personnage ayant les faiblesses du Desgrieux de *Manon Lescaut.*

DESIDERATA. — Désirs. — Latinisme. C'est le pluriel du mot qui suit. — « Ces préoccupations toutefois ne l'empêchent pas de présenter un des nombreux *desiderata* du radicalisme. » (*Le Nord*, sept. 1872.)

DESIDERATUM. — Désir. — Latinisme. — « On manifestait pour la Pologne, cet éternel *desideratum.* » (Aubryet.)

DESSALER (SE). — Boire. (Halbert.) Mot à mot : dessaler ce qu'on vient de manger.

DESSALER. — Noyer. (Idem.) — On noie comme on dessale, en jetant à l'eau.

DESSOUS (TOMBER DANS LE TROISIÈME, dans le TRENTE-SIXIÈME). — Faire une chute complète, en parlant d'une pièce théâtrale, et, par extension, tomber dans le discrédit, dans la misère la plus complète. — « Il existe, dans le sous-sol de chaque théâtre, trois étages. Le premier dessous est destiné à recevoir les acteurs qui apparaissent ou disparaissent dans les pièces à trappes. Les deuxième et troisième dessous ne reçoivent que les décorations qui s'effondrent. Quand on dit d'une pièce : *elle est tombée dans le troisième dessous*, il est aisé de comprendre qu'elle aura de la peine à se relever. » (J. Duflot, *les Secrets des coulisses*, Paris, 1865.)

On voit par les détails précédents que *tomber dans le trente-sixième dessous*, est une simple figure.

DESSOUS. — Amant de cœur. (Halbert.) — C'est celui qu'on cache.

DESSUS. — Entreteneur. (Idem.) — Il couvre la situation.

DESSUS DU PANIER. — Ce qu'il y a de mieux en tout. — Allusion au procédé des marchands qui placent les plus beaux fruits au-dessus du panier. — « Il arrive des nobles étrangers. La province et l'étranger se sont cotisés pour envoyer le dessus du panier. » (A. Wolf.)

DESTUC. — De moitié dans un vol. (Halbert.) — Pour *d'estuc*. V. *Estuc*.

DÉTAFFER. — Aguerrir. V. *Taffe*.

DÉTAIL (C'EST UN). — C'est un accident grave. — Ironie parisienne... — « S'il entend parler d'un assassinat ou d'un tremblement de terre, il dit : c'est un détail. » (Monselet.)

DÉTAROQUER. — Démarquer. (Vidocq.) — Du vieux mot *taroter* : marquer.

DÉTELER. — Renoncer à l'amour. Mot à mot : ne plus s'attacher au char de Vénus.

DÉTOSSE. — Misère. (Halbert.) — Mot composé du *de* privatif et de *osse*, argent. V. *Os*.

DÉTOURNE (VOL A LA). — « Le vol à la détourne se fait à l'intérieur des magasins... Il est exercé surtout par les femmes. L'une occupe le marchand, l'autre détourne les coupons. » (M. du Camp.)

DÉTOURNER. — Voler dans l'intérieur d'une boutique.

DÉTOURNEUR. — Voleur à la détourne. — « Parmi les détourneurs on distingue :

« 1° Les *grinchisseuses à la mitaine*, assez adroites du pied pour saisir et cacher dans de larges pantoufles les dentelles et les bijoux qu'elles font tomber. Leur *mitaine* est un bas coupé pour laisser aux doigts leur liberté d'action.

« 2° Les *enquilleuses*, fourrant des objets entre leurs cuisses (*quilles*).

« 3° Les *avale-tout-cru*, cachant les bijoux dans leur bouche.

« 4° Les *aumôniers*, jetant le produit de leur vol à de faux mendiants. » (Vidocq.)

DETTE (PAYER UNE). — Être en prison. (Halbert.) Mot à mot : payer une dette à la justice.

DEUIL (ONGLE EN). — Ongle cerné de crasse noire comme un billet d'enterrement. — « J'aurai l'air d'être en deuil depuis la cravate jusqu'aux ongles, inclusivement. » (A. Second.) — « A qui cette main, monstre, ces ongles en demi-deuil ? » (Alhoy, 1841.)

DEUIL DE SA BLANCHISSEUSE (PORTER LE). — Être très-sale. — Jeu de mots. (Caillot, 1829.)

DÉVEINE. — Malheur constant. V. *Veine, Décavage*. — « Il paraît que la banque est en déveine. » (About.)

DÉVIDAGE. — Discours long comme le dévidage d'un écheveau.

DÉVIDAGE A L'ESTORGUE. — Mensonge, acte d'accusation. (Vidocq.) — Ce mot a sa moralité. Il nous prouve qu'on tient toujours à paraître honnête.

DÉVIDER, DÉVIDER SON PELOTON. — Bavarder, avouer, faire un discours aussi long qu'un peloton de fil à dévider. — « Il a le truc pour dévider son peloton, votre ami. » (*Vie parisienne*, 1866.) V. *Bayafe*.

DÉVIDEUR, DÉVIDEUSE. — Bavard, bavarde.

DÉVISSER SON BILLARD. — Mourir. (Colombey.)

DE VISU. — D'après ce qu'on a vu. — Latinisme. — « Un des écrivains spirituels de ce temps décrit *de visu*. » (Privat d'Anglemont.)

DÉVORANT. — Compagnon du devoir. Mot à mot : *devoirant*. — « Je ne suis pas un dévorant, je suis un compagnon du devoir de liberté, un gavot. » (Biéville.)

DIGUE-DIGUE. — Attaque d'épilepsie. — De *dinguer* : tomber. V. *Camboler*.

DIJONNIER. — Moutardier. (Vidocq.) — Dijon est la capitale de la moutarde.

DIMANCHE. — Jamais. — « Vous serez placé... dimanche. » (Désaugiers.) — C'est-à-dire le jour où ne se fait aucune nomination.

DINDE, DINDON. — Niais, niaise, dupe. — « J'ne veux pas être le dindon de vos attrapes. » (Vadé, 1788.) V. *Gogo*.

DINDON (MARI). — Mari trompé.

DINDONNER. — Duper. — « Je n'ai jamais été chiche avec les femmes, mais je n'aime pas à être dindonné. » (E. Sue.)

DINDORNIER. — Infirmier. (Colombey.)

DÎNER PAR CŒUR. — Ne pas dîner. Mot à mot : dîner pour mémoire.

DINGUER (ENVOYER). — Jeter à terre, et, au figuré, éconduire. — « Panama ! tu ne l'as donc pas envoyé dinguer? »(Léon de Neuville.)

DIS QUE ÇA (JE NE). — C'est-à-dire : il n'y a pas moyen d'en dire davantage, dans le sens admiratif. — « Les baronnes, mes sœurs, mettent leurs coiffures empire chargées de tortillons en rubis... je ne vous dis que ça. » (*Vie parisienne*, 1866.)

DISTANCER. — Dépasser. — Terme de sport hippique. — « Watteau et Boucher sont distancés. Vous arrivez première au charme des yeux et des cœurs. » (*Almanach du Hanneton*, 1867.) — « Madame Schontz qui distançait de trois blagues, disait-elle, tout l'esprit de ces dames. » (Balzac.)

DIX-HUIT. — « Le fabricant de dix-huit s'appelle le *riboui*... Le dix-huit n'est pas un soulier remonté ou ressemelé, c'est plutôt un soulier redevenu neuf : de là lui vient son nom grotesque de dix-huit ou deux fois neuf. » (Privat d'Anglemont.)

DIXIÈME (PASSER AU). — Devenir fou. — Terme usité parmi les officiers des armes spéciales. Frappés du nombre des camarades que leur enlevaient des atteintes d'aliénation mentale, ils disent : *Il est passé au dixième (régiment)*, pour montrer combien ils sont *décimés* par des pertes, sur lesquelles l'étude des sciences exactes n'est pas, dit-on, sans influence. — « L'officier du génie passe souvent au dixième. » (*Vie parisienne*, 1867.)

DOCTRINAIRE. — « On donne ce nom à une secte de gens bilieux, mais enchantés d'eux-mêmes, qui avouent que rien n'est plus raisonnable que leur propre raison. » (C. Blanc, 1844.)

DODO. — Lit. — Redoublement de la première syllabe de dormir.

DOG-CART. — Voiture de chasse. — Anglicanisme. — « Que le cheval de votre *dog-cart* soit fourbu, borgne ou tiqueur, peu importe !» (Marx.)

DOIGT DANS L'ŒIL (SE FOURRER LE). — S'abuser, ne pas voir les choses plus que si on avait l'œil bouché par un doigt. — « Il s'est un peu fourré le doigt dans l'œil, le brave garçon. » (De Goncourt.)

DOIGT DANS L'ŒIL JUSQU'AU COUDE (SE FOURRER LE). — Se faire de très-grandes illusions. — C'est la progression de la même image. — « J'ai l'honneur de te faire remarquer que tu t'es fourré le doigt dans l'œil jusqu'au coude. » (L. de Neuville.) — On abrège en disant *se fourrer dans l'œil*. — « Si madame se fourre dans l'œil qu'on restera chez elle pour six cents francs. Merci ! » (*Vie parisienne*, 1866.)

DOIGT DANS L'ŒIL (ÊTRE DE LA SOCIÉTÉ DU). — Compter parmi les nombreux mortels qui conservent quand même certaines illusions vaniteuses.

DOMINO. — Dent. — Allusion de forme et de couleur. — *Quel jeu de dominos* se dit de dents longues et jaunes. — Les jolies petites dents sont des *quenottes* ou des *loulouttes*.

DOMINOS (JOUER DES). — Signifie manger. (Balzac.)

DON JUAN. — Séducteur pourvu des séductions et des vices de *Don Juan*. V. *Centre de gravité*. — Pris ironiquement.

DONNER (SE LA). — Fuir. (Grandval.)

DONNER DANS. — S'abandonner à, croire à. — « La bonne peut avoir des chagrins. V'là c'que c'est que d'donner dans l'militaire. » (Lamiral, 1823.)

DONNER DES NOMS D'OISEAUX. — Roucouler amoureusement. V. *Oiseaux*.

DONNER DU VAGUE. — Chercher fortune. V. *Vague*.

DONNER QUELQU'UN. — Le dénoncer. Mot à mot : le donner à la justice.

DONNER UN PONT. — Tendre un piége. V. *Couper dans le pont*.

DONNER UNE AFFAIRE. — Céder les renseignements propres à commettre un vol.

DONT AUQUEL. — Auquel rien n'est comparable. — « Car moi, je suis un militaire dont auquel. » (Vadé, 1756.)

DORANCHER. — Dorer. (Colombey.)

DOS (SCIER LE). — Importuner. V. *Scier*. — « Moi, ça me scie le dos. » (Rétif, 1782.)

Dos (en avoir plein le).— Être assommé d'ennui. — « Tu sais que j'ai de la maison plein le dos ? » (Désaugiers.)

Dos d'azur, dos vert. — Souteneur. — Allusion au dos du maquereau. V. *Mac.* — « Je ne suis pas un miché, je suis un dos d'azur. » (L. de Neuville.) — « Deux femmes se battaient pour un dos vert. » (Stamir.)

Dose. — Désagrément, ennui, dégoût. Mot à mot : forte dose de désagrément.

> Chaqu' fois qu'on remet pour moi
> Des lettr's ou bien autre chose
> Il les garde plus d'un mois :
> Comment trouvez-vous la dose ? (L. Meidy.)

Dossière de satte. — Chaise. — On s'y adosse.

Dossière, daussière. — Prostituée de dernier ordre. Mot à mot : femme se mettant sur le dos. V. *Calége.*

Doublage, doublé. — Vol.

Double. — Sergent-major, maréchal des logis chef. — L'insigne est un *double* galon.

> Si son double, un soir,
> Pris d'humeur noire,
> Veut tempéter...
> Il n'a pas le dernier. (Wado.)

Doubler. — Voler.

Doubler un cap. — « C'est faire un détour, soit pour ne pas passer devant un créancier, soit pour éviter l'endroit où il peut être rencontré. » (Balzac.)

Doublette, doubleur, doubleux, doubleuse. — Voleur, voleuse. — « Tous les doubleurs de la riche toison. » (Grandval.)

Doublin. — Pièce de dix centimes. (Halbert.) Mot à mot : double sou.

Doublure. — Acteur chargé d'en suppléer un autre. — « Chaque chef d'emploi avait jadis sa doublure dans les théâtres de Paris. » (J. Duflot.)

Douce. — Soie. — Elle est douce au toucher.

Douce (a la). — Doucement. — « Comment qu'ça va, vous, à ce matin ? — Mais, merci, à la douce. » (H. Monnier.)

Douce (la passer, la couler). — Passer doucement la vie, sans souci ni travail. — « Mais les viveurs continuèrent à la passer douce. » (James Rousseau, 1842.)

Doucette. — Lime. (Vidocq.) — Elle opère petit à petit, tout doucettement.

Douceur (faire en). — Les voleurs emploient ce terme par opposition à celui de *faire à la dure,* c'est-à-dire voler avec voies de fait. On fait boire l'homme qu'on *lève en douceur.*

Douillard. — Homme riche ayant de la douille. — « Oh ! oh ! fit-il, un public ficelé ! rien que des hommes et des douillards. » (De Pène.)

Douille. — Argent. — « Il y a de la douille à grinchir. » (Paillet.) — « Cette douille est destinée à mon bottier qui me refuse des socques. » (*Paris étudiant,* 1854.)

Douille. — Cheveux. (Grandval.) — Du vieux mot *doille* : mou.

Douilles savonnés. — Cheveux blancs.

Douiller. — Donner de l'argent.

Douillet, douillette. — Crin. (Vidocq.)

Douillure. — Chevelure.

Douleur (étrangler la). — Boire un verre d'eau-de-vie. — « Les habitués viennent, au débit, étrangler la douleur du matin. » (*Vie parisienne,* 1865.)

Dousse. — Fièvre. (Halbert.)

Doussin. — Plomb. (Idem.)

Doussiner. — Plomber. (Idem.)

Doux (un verre de). — « Un verre de liqueur sucrée, par opposition à un verre de liqueur forte ou de *rude.* » (Dhautel, 1808.) V. *Tournée.*

Dragée. — Balle. — Allusion de forme. — « Nous entendons dire, mon camarade, que tu ne quittes pas l'ennemi, et que tu leur envoies des dragées à plein canon. » (Marceau, *Lettre à Westermann,* 1792.)

Dragueur. — Banquiste, faiseur. (Vidocq.) Pour *drogueur.*

Dringue. — Diarrhée.

Drogue. — Mauvaise femme. — Extension du terme *drogue (c'est de la drogue),* appliqué souvent aux choses de mauvaise qualité. — Plus mauvaise encore, la drogue devient un *poison.* V. ce mot. V. *Sterling.*

Drogue (petite). — Coureuse. — De *droguer :* attendre. — « Maintenant, allons dîner chez les petites drogues. » (Champfleury.)

Droguer. — Attendre en se promenant. —

Métaphore empruntée au jeu de la *drogue.* — « Vous droguez nuit et jour autour de sa maison. » (G. Sand.) — « Il m'a fait droguer plus d'une heure dans la rue. » (Dhautel, 1808.)

DROGUER. — Dire. V. *Girofle.*

DROGUERIE. — Demande. (Colombey.)

DROGUEUR DE LA HAUTE. — Escroc à langue dorée et sachant *droguer* aux dupes ce qu'il faut pour les dépouiller.

DROITE. — Parti législatif aristocratique. — Ainsi nommé parce qu'il occupe les bancs de l'extrême droite dans nos assemblées parlementaires. V. *Gauche.*

DROLE (PAS). — Ennuyeux, pas amusant. — « Tu sais aussi bien que moi que tu n'es pas drôle... Qu'y veux-tu faire, on vient au monde comme cela. » (G. Droz.) — « Et puis, ils ne sont pas drôles, ces pèlerins-là. » (Villars.)

DROLE (PAS). — Très-malheureux. — Expression singulière, dont le peuple de Paris connaît seul la valeur saisissante. Si quelqu'un est victime d'un accident, on le plaint par ces mots : « Pauvre homme ! ça n'est pas drôle ! » — Un homme sans ressources dira : « Je ne sais si je mangerai ce soir, et ça n'est pas drôle. » — « Et ça vous fiche des coups... — Ça c'est peu drôle. » (Gavarni.)

DROMADAIRE. — Variante de *chameau*. V. ce mot. — « Viens ! nous verrons danser les jeunes dromadaires. » (Gavarni.)

DROUILLASSE. — Diarrhée.

DULCINÉE. — « Une mijaurée qui s'en fait accroire fait la Dulcinée du Toboso. — Dulcinée veut dire aussi une femme galante, une donzelle. » (Dhautel, 1808.)

DUR, DURIN. — Fer. (Vidocq.)

DUR. — Eau-de-vie. — C'est un liquide dur au gosier. — « Pour faire place aux petits verres de dur. » (T. Gautier.)

DURAILLE, DURE. — Pierre. (Colombey.)

DURAILLES. — Diamants. (Halbert.)

DUR À CUIRE. — Homme solide, sévère, ne mollissant pas. (Dhautel.) — « En voilà un qui ne plaisante pas, en voilà un de dur à cuire. » (L. Reybaud.)

DUR A LA DÉTENTE. — Avare. Mot à mot : homme qui n'allonge pas volontiers son argent.

DUR (ÊTRE DANS SON). — « Travailler avec grande assiduité. Terme de typographes. » (J. Ladimir.)

DURE (LA). — Terre. (Grandval.)

DURÈME. — Fromage. (Vidocq.)

DURINER. — Ferrer. (Halbert.)

E

EAU D'AF, D'AFF, D'AFFE. — Eau-de-vie. — « As-tu bu l'eau d'af à c'matin? T'as l'air tout drôle, est-ce que t'es malade, ma mère? » (*Catéchisme poissard*, 1844.) V. *Aff, Paf*.

EAUX BASSES. — Manque d'argent. On dit de même : *être à la côte*, etc. — « Cette délicieuse noce dura au moins trois jours jusqu'à ce qu'enfin les eaux soient devenues tellement basses qu'il faille retourner à ce maudit atelier. » (Moisand.)

ÉCAFOUILLER. — Ecraser en projetant les débris.

ÉCARBOUILLER (S'). — Se retirer vivement. — « Je m'envole... Et moi, je m'écarbouille. » (Michu.)

ÉCARTER, ÉCARTER DU FUSIL. — Crachoter involontairement au nez de son interlocuteur.

ECCE HOMO. — Homme dont l'extérieur macéré rappelle un christ. — « Humilité incarnée, espèce d'ecce homo. » (J. David.)

ÉCHALAS. — Jambe maigre comme un échalas. — « Joue des guibolles, prends tes échalas à ton cou. » (Montépin.)

ÉCHASSES. — Jambes maigres et longues comme des échasses.

ÉCHASSIER. — Hommes à longues jambes.

ÉCHINER. — Critiquer violemment. — « On y prenait solennellement l'engagement d'*échiner* tel ou tel individu. Il n'y avait de bonne littérature que celle qui n'avait pas été souillée par les règles de Boileau. » (Privat d'Anglemont.)

ÉCHOTIER. — Rédacteur chargé des *Echos de Paris* dans un journal. — « Le mot n'a pas été dit, mais je connais des échotiers qui l'affirmaient. » (Chabrillat.)

ÉCLAIRER. — Montrer son argent. Mot à mot : le faire luire (éclairer). — « C'est pas tout ça, i' faut éclairer. C'est six francs. » (Monselet.) — « Ne passez jamais la main (au baccarat) et priez les femmes d'éclairer leurs bancos. » (Marx.)

ÉCORCHER. — Faire payer trop cher.

ÉCORNAGE (VOL A L'). — « On vient d'arrêter, dit le *Moniteur*, un individu qui avait ressuscité le vol *à l'écornage*. A l'aide d'un diamant de vitrier, Julien S... pratiquait une ouverture dans l'angle inférieur d'une vitre de magasin. Passant par cette ouverture une petite tringle, il attirait une pièce de dentelle. » (Mars, 1866.)

ÉCORNÉ. — Inculpé. (Vidocq.)

ÉCORNER. — Injurier. — « Entends-tu, vieux camphrier, avec ta voix enrhumée, t'as l'air de nous écorner. » (*Catéchisme poissard*, 1844.)

ÉCORNEUR. — Ministère public.

ÉCOSSAIS (EN). — Sans pantalon. — Les Écossais ont les jambes nues.

Hospitalité écossaise : hospitalité gratuite. —Usité depuis les représentations de la *Dame blanche.*

ÉCRASER UN GRAIN. — Boire la goutte. Nous croyons cependant cette expression plus applicable à l'alcool, dans lequel on conserve quelques grains de verjus.

ÉCREVISSE DANS LA TOURTE (AVOIR UNE) ou DANS LE VOL AU VENT. — Déraisonner. V. *Vol au vent.*

ÉCUME.—Étain. (Vidocq.) — L'étain en fusion ressemble à l'écume.

ÉCUMOIRE. — Visage troué, comme une écumoire, par la petite vérole.

ÉCUREUIL. — « Leur métier consiste à faire mouvoir les roues des tourneurs et des mécaniciens pour 35 à 40 centimes l'heure. » (E. d'Hervilly.)

ÉDREDON DE TROIS PIEDS. — Paille. — Ironie. — « Coucher dans un garni au dortoir, sur l'*édredon de trois pieds* (c'est ainsi qu'on nomme la paille), 10 centimes. » (Privat d'Anglemont.)

EFFAROUCHER. — Voler. — Jeu de mots.

— Effaroucher, c'est faire disparaître. — « Qu'est-ce qu'a effarouché ma veste ? » (H. Monnier, 1836.)

ÉGAYER. — Siffler au théâtre. — Ironie. (J. Duflot.)

ÉGRAILLER. — Prendre. (Grandval.)

EJUSDEM FARINÆ. — Du même genre. Mot à mot : *de même farine.* — Latinisme. — « Comment se fait-il qu'on ait supprimé le *Radical* plutôt qu'une autre feuille... *ejusdem farinæ ?* » (*Paris-Journal*, juillet 1872.)

ELBEUF. — Habit de drap d'Elbeuf.— « Si l'étoile du mérite n'orne pas mon elbeuf usé. » (Festeau.)

EMBALLER. — Arrêter, écrouer. — « Tu vas nous suivre à la Préfecture. Je t'emballe. » (Chenu.)

EMBALLER. — On dit d'un cheval emporté qu'il *emballe* son cavalier, sans doute parce que celui-ci est réduit au rôle passif d'un simple ballot. V. *Là-bas.*

Se prend aussi au figuré pour dépeindre un emportement quelconque. — « Cet homme s'emballait,c'est-à-dire qu'affolé par la musique, il exécutait une fantasia impossible à décrire. » (*Figaro*, août 1867.)

EMBALLER. — Finir lestement. —« Quant à la baronne Dudevant, ce fut bien lestement emballé, comme nous disions au quartier Latin. » (G. Sand.)

EMBALLES, EMBARRAS (FAIRE SES).— Faire beaucoup d'étalage pour peu de chose. » (Dhautel.) V. *Épate.*

EMBALUCHONNER. — Empaqueter. (Halbert.) V. *Baluchon.*

EMBARDER. — Se tromper. — Terme de marine.

EMBARRAS.— Draps de lit. (Halbert.)

EMBERQUINÉ. — Fadement moral. Mot à mot : aussi fade qu'un roman de Berquin. — « Cela flatte les instincts du bourgeois emberquiné et les prétentions du philistin à la poésie élégiaque. » (Th. Silvestre.)

EMBLÊME. — Mensonge, conte fait à plaisir. — Ironie à l'adresse de l'allégorie mythologique ou morale dont le peuple ne peut comprendre les finesses.—«Todore me répond : Je suis malade. — Des emblèmes ! » (Monselet.)

EMBLÉMIR. — Tromper. (Vidocq.)

EMBROUILLE (NI VU, NI CONNU ! JE T'). — Locution placée à la fin d'un récit pour peindre la rapidité d'un acte et la difficulté de l'expliquer. (Dhautel.)

ÉMÉCHÉ. — Ivre. — Comparaison de l'ivrogne à la mèche ravivée d'une chandelle. — « Quand je rentre un peu éméché après minuit, elle me dit : La cruche est dans le coin. Éteins-toi. » (Mouselet.)

EMM—DEMENT. — Peine, ennui violent. — « *Le président :* Dans ce moment où la justice vous atteint, qu'éprouvez-vous ? — *Coutaudier :* De l'emm—dement. » (*Dernier jour d'un condamné.*)

EMM—DER, EMMIELLER. — Figurément et d'une manière ignoble pour attraper, ennuyer, obséder, injurier. (Dhautel, 1808.)

Emmieller a le même sens, et n'est qu'un synonyme honteux (il y a de quoi) de cette ordure.

Nous répèterons de cette injure ce que nous disons d'une autre. (Voyez *M.*) Son usage est universel et déplorable. Beaucoup d'hommes qui n'appartiennent pas tous au dernier rang de la société, ont ce mot à la bouche continuellement.

Une caricature de 1830 fait rencontrer le dey d'Alger par Charles X qui lui dit : — « Qui aurait jamais pensé que nous nous retrouverions en mer, dey ? » — « J'em—de la cour, je respecte messieurs les jurés. » (*Dernier jour d'un condamné.*)

> M'emmiell'ra
> Qui voudra !
> Moi, j' n' m'emmielle guère. (Valère.)

ÉMOSS. — Émotion. — Abréviation.

ÉMOTIONNER. — Émouvoir, causer de l'émotion.

EMPAFFE, EMPAVE. — Drap de lit. (Grandval.)

EMPAFFER. — Énivrer, rendre *paf.* V. ce mot.

EMPAILLÉ. — Homme sans initiative, sans activité, ne se remuant pas plus que s'il était empaillé. V. *Décarcasser.*

EMPALER. — Duper. — Synonyme d'*enfiler.*

EMPAVÉ. — Carrefour. (Halbert.)

EMPIRE. — Suranné, de mauvais goût. — Allusion aux formes raides du premier empire. V. *Perruque.*

EMPLANQUER. — Arriver. — « La rousse emplanque. » (Halbert.)

EMPLATRE. — Homme sans consistance, sans activité.

EMPLATRE. — Empreinte. (Vidocq.) — Allusion à la couche de cire molle sur laquelle est prise l'empreinte.

EMPOIGNER. — Critiquer, invectiver. — « Attends donc à demain, mon cher, tu verras comment Lucien t'a empoigné. » (Balzac.) V. *Danser.*

EMPOIGNER. — Séduire, émouvoir. — « Me parlerez-vous de la fille aux yeux bleus ? Il paraît que vous avez été solidement empoigné. » (About.) — « Cette musique du maestro Gerolt est empoignante, c'est le mot. » (J. Chamarande.)

EMPOIVRER (S'). — S'enivrer. Mot à mot : s'empourprer, devenir *poivre.* V. ce mot.

EMPORTER. — Escroquer. V. *Bachotteur.*

EMPORTER LA PIÈCE, LE MORCEAU. — Blesser en paroles. V. *Morceau.*

EMPORTEUR A LA COTELETTE. — Grec exerçant son art dans les cafés et dans les restaurants, à la suite d'un déjeuner offert à sa dupe. (Vidocq.) — Il *emporte* l'argent de son invité *à la côtelette,* comme des troupiers emportent à la baïonnette une position.

EMPORTEURS. — « Malfaiteurs qui, sous prétexte de payer leurs achats à domicile, font emporter leurs acquisitions par des commis de magasin. Le grand point, c'est de séparer le commis de sa marchandise. Tantôt on le renvoie au magasin pour faire rectifier un prix de la facture, tantôt on le fait entrer par une porte dans un hôtel garni, et l'on en ressort par une autre. » (A. Monnier.)

EMPOUSTEUR. — Escroc faisant métier de vendre à des détaillants de mauvais produits dont le premier dépôt a été, pour les allécher, acheté par des compères. (Vidocq.)

ÉMU, LÉGÈREMENT ÉMU. — Troublé par les fumées du vin. V. *Paff.* — Le buveur *ému* est sur le point de s'attendrir. — « Tu me crois ému, vieux... Allone donc! je boirais dix fois autant. » (Frémy.) — « Girard et Maret-Boistrop rentrèrent au quartier légèrement émus,

et on ne put les réveiller à l'appel du soir. »
(Vidal, 1833.)

ENCARRADE. — Entrée. (Vidocq.)

ENCARRER. — Entrer. V. *Décarer.*

ENCHETIBER. — Arrêter. (Stamir, 1867.)

ENCIBLE. — Ensemble. (Colombey.) — Changement de la syllabe intermédiaire.

ENDÉCHER. — Ruiner. — « Je m'endèche de plus en plus ; je viens de mettre au clou la robe de soie. » (H. de Lynol.)

ENDORMEUR. — Voleur dévalisant ses victimes après leur avoir versé un narcotique. V. *Romamichel.*

ENDORMEUR. — Homme ennuyeux.

ENDORMI. — Juge. (Fr. Michel.) — Allusion au juge qui dort à l'audience.

ENDORMIR. — Tuer. (Colombey.) — La mort s'appelle dans la langue noble le *sommeil éternel.*

ENDROGUER. — Chercher un coup à faire. (Halbert.)

ENFANT DE CHŒUR. — Pain de sucre. (Vidocq.) — Allusion à sa petite taille et à sa robe blanche.

ENFANT DE GIBERNE. — Enfant de troupe.

ENFANT DE MAITRE JACQUES. — Membre d'une des trois grandes fractions du compagnonnage. (Vinçard.)

ENFANT DE SALOMON. — (Idem.)

ENFANT DU PÈRE SOUBISE. — (Idem.)

ENFILADE. — Série de pertes. — « Ils croient que la veine est revenue, mais ils ont une enfilade désespérante. » (Paillet.)

ENFILER (s'). — Se laisser aller à jouer gros et perdre. (Dhautel, 1808.)

ENFILER (s'). — Dépenser. — « Je m'enfile de douze sous. » (Monselet.)

ENFLACQUÉ. — Emprisonné, condamné, perdu. (Vidocq, Halbert.) — Du vieux mot *flacquer :* lancer violemment. — « C'est donner tout son argent à l'homme enflacqué. » (Balzac.)

ENFLÉE. — Vessie. (Vidocq.)

ENFONCER. — Dominer, écraser. — « Vous n'êtes pas de force au piquet ; je vous enfonce. » (Gavarni.)

ENFONCER. — Duper. — « Il m'apprenait la vie qu'il fallait mener pour ne pas être enfoncé. » (E. Sue.)

ENFONCER. — « Lorsqu'on réussit à perdre un journal à force de le décrier, ou un théâtre à force de blâmes, cela s'appelle *enfoncer* la feuille rivale ou le théâtre ennemi. » (*Biographie des Journalistes*, 1826.)

ENFONCEUR. — Agent d'affaires, faiseur. (Vidocq.)

ENFONCEUR. — Critique violent.

ENFOURAILLER. — Arrêter. Mot à mot : fourrer dedans. — « Va-t'en dire à ma largue que je suis enfouraillé. » (Vidocq.)

ENFRIMER. — Dévisager. (Vidocq.) V. *Frime.*

ENGAMÉ. — Enragé. V. *Happin.*

ENGANTER. — Voler, prendre, capter. C'est un équivalent d'*empoigner.* Le gant est pris pour la main. V. *Chêne.* — « Ce jeune homme modèle était méprisé par la demoiselle de comptoir qui, pendant longtemps, avait espéré l'enganter. » (Balzac.)

ENGERBER. — Arrêter. — « La police prévenue engerbe les filous. » (Stamir, 1867.)

ENGRAILLER, ÉGRAILLER, ÉRAILLER. — Attraper, prendre. (Halbert.) V. *Raille.*

ENGUEULEMENT. — Bordée d'injures. — « Vadé est le Démosthènes de l'engueulement. » (*Catéchisme poissard*, 1844.)

ENGUEULER. — Invectiver. — « Et puis j' vous engueule la vilaine. » (Rétif, 1783.)

ENGUIRLANDER. — Circonvenir doucement. V. *Trychine.*

ENLEVÉ. — Réussi, très-entraînant. — On dit : *un article enlevé*, au journal ; *une scène enlevée*, au théâtre. — Une œuvre s'enlève à la plume comme une position ennemie à la baïonnette. — « Un article vivant et enlevé. » (J. Lermina.)

ENLEVÉE. — Correction, réprimande.

ENLEVER (s'). — Mourir de faim. (Halbert.) — Ce mot expressif peint l'homme n'ayant plus rien dans le corps.

ENQUILLER. — Cacher entre ses jambes un objet volé. V. *Détourneur.*

ENQUILLER. — Entrer. Mot à mot : jouer des quilles dans. — Ancien mot, car Du Cange donne *déquiller :* sortir. V. *Baptême.*

ENSECRÉTER. — Agencer une marionnette. Mot à mot : lui donner le secret du mouvement. — « *Ensecréter un bouisbouis* consiste à lui attacher tous les fils qui doivent servir à le faire mouvoir sur le théâtre. » (Privat d'Anglemont.)

ENRHUMER. — Ennuyer. (Halbert.)

ENROSSER. — Donner une rosse pour un bon cheval. — « Des maquignons des Champs-Élysées les ont enrossés. » (Roqueplan.)

ENTAILLER. — Tuer avec une arme tranchante. (Halbert.)

ENTAULER, ENTOLER. — Pénétrer dans une maison. V. *Taule*.

ENTERVER, ENTRAVER. — Savoir. — Du vieux mot *entrever* : entrevoir. — « Électre le parlait, dit-on (l'argot). Iphigénie aussi l'entravait gourdement. » (Grandval, 1723.)

ENTIFFLE, ENTIFLEMENT, ENTIFLER. V. *Antifle, antifler*, etc.

ENTONNE. — Chapelle. (Halbert.) V. *Antonne*.

ENTORTILLER. — Circonvenir, capter.

ENTOURNURES (ÊTRE GÊNÉ AUX). — Être dans une situation aussi gênante que si l'on portait un habit trop étroit d'entournures.

EN-TOUT-CAS. — Ombrelle-parapluie. — « L'ingénue va les deux mains dans les poches de son paletot, l'en-tout-cas accroché à un bouton. » (E. Villars, 1866.)

ENTRAÎNER. — Soumettre à un régime d'amaigrissement. — « Il y a des gens entraînés, c'est-à-dire soumis à un régime d'exercice et d'aliments qui débarrasse leur chair de toutes les matières graisseuses. » (A. de Bréhat.)

Entraîner un cheval, « c'est l'animer et l'enivrer graduellement par la course et par des obstacles légers d'abord, dont le plus grand est le dernier. » (A. Karr.)

ENTRAÎNEUR. — Cavalier faisant métier d'entraîner les chevaux. — « Les entraîneurs sont presque tous Anglais. » (Paz.) — *Entraîneur* n'a pas tardé à se prendre au figuré. — « Vienne un homme fatal, sachant s'imposer à cette plèbe, et lui servir d'entraîneur, on sera épouvanté des résultats. » (J. de Précy.)

ENTRAVAGE. — Conception. (Colombey.) V. *Enterver*.

ENTREFILETS. — Note de journal insérée entre deux filets. — « Je lis dans le dernier numéro de la *Rue* cet entrefilet étonnant. » (V. Noir.)

ENTROLLEMENT. — Vol. V. *Dabe*.

ENTROLLER. — Emporter. V. *Antroller*.

ENVOYER EN PARADIS. — Tuer. — « Que j' t'y prenne à me faire des quenes, j' t'envoie en paradis. » (H. Monnier.)

ÉPATE. — Grand étalage. — « Tu fais tes épates avec ta pelure de velours de coton. » (*Les Cocottes*, 1864.) — « Ces jeunes troupiers font de l'épate, des embarras si vous aimez mieux. » (Noriac.)

ÉPATEMENT. — Stupéfaction. — « Tout était nouveau pour moi. J'étais dans l'épatement. » (*Commentaires de Loriot*.)

ÉPATER. — Stupéfier, émerveiller. — « Il nous regarda d'une façon triomphante, et il dit : « Je les ai épatés, les bourgeois. » (Privat d'Anglemont.) — « Elle porte toujours des robes d'une coupe épatante. » (*Les Étudiants*, 1860.)

ÉPATEUR. — Faiseur d'embarras.

ÉPICÉ. — Porté à un prix exagéré. V. *Épicier (cher)*.

ÉPICER. — Railler. (Vidocq.)

ÉPICERIE. — Mesquinerie. — « L'épicerie du siècle avait enfin rompu le cercle magique d'excentricité dont Rodolphe s'était entouré. » (Th. Gautier, 1838.)

ÉPICE-VINETTE. — Épicier. (Colombey.)

ÉPICIER. — « Les romantiques n'avaient de commun que leur haine des bourgeois qu'ils appelèrent génériquement épiciers (1830). La société ne se divisa plus à leurs yeux qu'en bourgeois et en artistes, — *les épiciers et les hommes*. » (Pr. d'Anglemont.)

ÉPICIER (CHER). — Homme qui se fait payer très-cher. — Allusion aux anciens frais de justice dits épices, encore plus considérables qu'aujourd'hui.

ÉPONGE. — Maîtresse. — C'est *épouse* avec changement de finale.

ÉPONGE D'OR. — Avoué. — Comme une éponge il absorbe l'argent des plaideurs.

ÉPINARD. — Peint en vert cru dit vert épinard. — « Le mercier amateur de jolis paysages épinard. » (Daumier.)

ÉPOUSER LA FOUCANDIÈRE. — Jeter le produit du vol de peur d'être arrêté. (Grandval.)

ÉPOUX, ÉPOUSE. — Amant, maîtresse. — « Vous pouvez amener vos épouses, il y aura noces et festins ; nous avons Adèle Dupuis, mademoiselle Millot, ma maîtresse. » (Balzac.) V. *Monsieur*.

ÉQUERRE (FENDRE SON.) — Fuir.

ÉQUIANGLE, ÉQUILATÉRAL, ÉQUIPOLLENT.— Indifférent, égal.— Ce synonyme géométrique n'est usité que dans les écoles spéciales.

ÉRAILLER. — Tuer. (Grandval.) — Acception ironique du mot qui se dit d'ordinaire pour écorcher légèrement.

ÉRAILLER. — Prendre. V. *Engrailler*.

ÉREINTEMENT. — Critique excessive.

ÉREINTER. — Maltraiter. — « Tu pourras parler des actrices... tu éreinteras la petite Noémie. » (E. Augier.) — « Donc le livre de Charles fut éreinté à peu près sur toute la ligne. » (De Goncourt.)

ÉREINTEUR. — Critique violent. — « Je me l'étais figuré, d'après sa polémique violente, comme un robuste éreinteur. » (*Événement*, mars 1866.)

Es. — Escroc. (Halbert.) — Abréviation. V. *Croc*.

ESBASIR. — Tuer. (F. Michel.)

ESBIGNER (s'). — S'enfuir. V. *Casser*.

ESBROUFFE. — Fanfaronnades, étalage de grands airs. — « Pas d'esbrouffe ou je repasse du tabac. » (P. Borel, 1833.) — « Faut pas faire ton esbrouffe, vois-tu ! ça ne prendrait pas. » (Cogniard, 1831.) V. *Caroubleur*.

ESBROUFFER. — Intimider, en imposer. — Du vieux mot *esbouffer* : éclabousser. — Le *Glossaire* de Ducange cite un exemple de cette acception à la date de 1389. — « Allons, mouche-lui le quinquet, ça l'esbrouffera. » (Th. Gautier.)

ESCANER. — Oter. (Halbert.)

ESCARCHER. — Regarder. — Pour *escracher*.

ESCAPER, ESCAPOUCHER. — Assassiner.

ESCARGOT. — Vagabond. (Colombey.) — Il porte, comme l'escargot, sa maison sur le dos puisqu'il n'a pas d'asile.

ESCARPE, ESCAPOUCHON. — « Voleur détournant après minuit sur la voie publique, par violence et quelquefois par assassinat. » (Canler.)

ESCARPER. — Assassiner. — Du vieux mot *escarper* : mutiler. — « Mais tu veux donc que je t'escarpe. » (E. Sue.) V. *Criblage*.

ESCAVER. — Empêcher. (Halbert.)

ESCLAVE. — Domestique, garçon de restaurant. — Cette ironie nous est venue avec Rachel et la renaissance de la tragédie.— « Faut-il annoncer mademoiselle Turlurette ? — Pas de bêtises, esclave ! annonce mademoiselle de Plumevert. » (C. Gripp.)

ESCLOT. — Sabot. (Halbert.) Vieux mot.

ESCLOTIER. — Sabotier.

ESCOBAR. — Homme qui escobarde. — Allusion à la subtilité dont le P. Escobar a fait preuve dans ses livres de casuistique religieuse.

ESCOBARDER. — Équivoquer sur les mots, régir cauteleusement. — Allusion au jésuite Escobar. — « J'en donne sept francs dix centimes. — Mais j'ai dit avant vous sept francs deux sous. C'est la même chose... Vous voulez escobarder. » (M. Alhoy.)

ESCOFIER. — Tuer. — Usité dès 1808. — — *Escofion* voulait dire autrefois *mauvais coup*. — « Trois sentinelles ont déjà été escofiées. » (Cogniard, 1831.)

ESCOUTES. — Oreilles. (Grandval.) — Effet pris pour la cause.

ESCRACHE. — Passeport, papiers. — C'est le vieux mot *escrit* avec changement de finale. — « Le curieux a servi ma bille, mais j'ai balancé mes escraches. » (Vidocq.)

ESCRACHE TARTE. — Faux passeport.

ESCRACHER. — Demander le passeport (escrache), interroger.

> En passant, le portier vous escrache ;
> J'étais fargué, mais l'habit cachait tout.
> Le jardinant, je frisais ma moustache ;
> Un peu d' toupet et je passe partout. (Halbert.)

ESGANACER. — Rire. (Halbert.)

ESGARD (FAIRE L'). — Dérober à ses complices une part de vol. (Vidocq.) Mot à mot : garder en dehors (exgarder).

ESGOUR. — Perdu. (Halbert.)

ESGOURNE. — Oreille. — Abréviation d'*esgouverne*.

> Pègres traqueurs, qui voulez tous du fade,
> Prêtez l'esgourne à mon dur boniment.
> (Lacenaire, *Mémoires*, 1836.)

ESGOUVERNE. — Oreille. (*Petit Dictionnaire d'argot*, 1844.)

ESPAGNOL. — Vermine. (Colombey.) Elle ne manque pas en Espagne.

ESPALIER. — Réunion de figurantes chargées de garnir un décor comme un espalier garnit un mur. — On rencontre déjà le mot au dernier siècle. — « Les petites filles qui se destinent à être danseuses et qui figurent dans les espaliers. » (Th. Gautier.) V. *Bouisbouis*.

ESPÉRANCES (AVOIR DES). — Avoir des espérances d'héritages importants. — Mot ignoble dont toute personne qui se respecte ne devrait jamais se servir.

ESPIGNER (S'). — Fuir. (Grandval.) Pour *s'esbigner*.

ESPRIT (FRAPPEUR). — Ce mot sert, depuis 1857 environ, à désigner la cause de certains coups qu'on prétend frappés par des esprits invisibles et qu'on s'est imaginé de traduire en langue vulgaire au moyen d'un alphabet de convention. Les esprits frappeurs ont leurs sociétés, dites spirites, leurs journaux et leurs souscripteurs.

ESQUE (FAIRE L'). — Dérober une part. — Abréviation *d'esgard*.

ESQUINTEMENT. — Fatigue extrême.

ESQUINTEMENT. — Effraction. — « Cambriolle tu maquilleras par carouble et esquintement. » (Vidocq.)

ESQUINTER. — Fracturer. — Roquefort donne avec le même sens le verbe *Esquatir*.

ESQUINTER. — Battre. — « Ceux qui veulent se faire esquinter peuvent venir me trouver, je m'appelle Bonne-Lame. » (Vidal, 1833.)

ESQUINTER. — Harasser. — « Que dirais-tu, si au lieu d'avoir le fouet à la main, tu étais obligé de t'esquinter comme nous à la limonière ? » (Buchon.)

ESQUINTEUR. — Voleur par effraction.

ESSUYER LES PLATRES. — Habiter le premier un appartement neuf. — « Ces locataires des bâtisses récentes reçurent dans l'origine le surnom disgracieux, mais énergique, *d'essuyeuses de plâtres*. L'appartement assaini, on donnait congé à la pauvre créature, qui peut-être y avait échangé sa fraîcheur contre des *fraîcheurs*. » (Th. Gautier, 1845.)

ESTAFON. — Chapon. (Grandval.)

ESTIO. — Esprit. (Halbert.) Pour *estoc*.

ESTIME (SUCCÈS D'). — Succès douteux et qui serait plus douteux encore sans l'estime dont jouit un auteur ou un artiste. — « Jus-

que-là je n'avais obtenu qu'un succès d'estime. mon grand succès commença. » (*Vie parisienne*, 1866.)

ESTOC. — Esprit, malice. — Acception figurée de *estoc*, pointe acérée. — On dit d'un homme spirituel : *il a de l'estoc*.

ESTOM. — Estomac. — Abréviation. — « Je lui appuie le genou sur l'estom. » (Monselet.)

ESTORGUE. — Fausseté. — *Chasses à l'estorgue :* Yeux louches. (Vidocq.) Du vieux mot *estor :* duel, conflit. — Des yeux louches, comme on dit dans le peuple, *se battent en duel*. V. *Dévider*.

ESTOUFFER. — Empocher sans bruit un bénéfice. — Le mot se comprend facilement.

ESTOURBIR. — Tuer. — Pour *étourdir*. *Basourdir* présente la même image. — « En goupinant de cette sorte, les parrains seront estourbis ; il sera donc impossible de jamais être marrons. » (Vidocq.)

ESTRANGOUILLER. — Étrangler. — Du latin *strangulare*.

ÉTAT-MAJOR. V. *Bureau arabe*.

ESTUQUE. — Part de vol. (Colombey.)

ESTUQUER. — Être frappé. (Grandval.)

ÉTALAGE (VOL A L'). — « Le vol à l'étalage se fait en partie double. Un voleur enlève un objet et se sauve. Son complice dit au marchand : On vient de vous voler, et vole à son tour quand le boutiquier se met à la poursuite du voleur. » (Du Camp.)

ÉTEIGNOIR. — Nez aussi ouvert qu'un éteignoir. — « Quel nez ! Rien que de l'aperccvoir, on dit : Quel éteignoir ! » (Guinod, 1839.) V. *Piton*.

ÉTEIGNOIR. — Personne assez maussade pour éteindre la gaieté de ses voisins, ou assez jalouse pour annihiler ceux qui l'approchent.

ÉTOILE. — Croix d'honneur. — « Ceux qui n'ont pas l'étoile disent : Bon ! je l'aurai une autre fois. » (E. Sue.)

ÉTOILES (AVOIR LES DEUX, LES TROIS). — Être nommé général de brigade, général de division. — Ces étoiles placées sur l'épaulette sont la marque de chaque grade.

ÉTOILE. — Femme réputée dans le monde officiel, le monde galant ou le monde dramatique. — « Quand, au sommet de l'affiche, un nom apparaît en gros caractères, c'est une

LE CHEVALIER DU CROCHET

étoile. On appelait jadis cette distinction *la vedette,* espèce de sentinelle avancée de l'art ; mais les femmes ont préféré l'*étoile.* C'est plus brillant. » (J. Duflot.) — « Il est temps d'éclairer sur le passé de ces étoiles poudrées de riz, qui ont la loge du concierge pour berceau.» (Marx.)

ÉTOUFFE, ÉTOUFFOIR. — Maison de jeu clandestine. (Colombey.) V. *Estouffer.*

ÉTOUFFER. — Avaler. V. *Bavaroise.*

ÉTOURDIR. — Solliciter. (Colombey.)

ÉTRANGÈRE (PIQUER L'). — Penser à des choses étrangères à celles qui doivent occuper.— « Il en est qui ne se font point scrupule de *piquer l'étrangère, bouquiner, piquer un chien,* c'est-à-dire rêver pendant les classes, lire des livres interlopes ou se pelotonner dans un coin pour dormir. » (La Bédollière.)

ÉTRANGLER. — Boire. V. *Perroquet.* — « Te v'là toi, rebut des savetiers, étrangleux de d'mi-s'tiers. » (*Fort en gueule*, 1820, in-12.)

ÊTRE (L'). — Être trompé par sa maîtresse ou par sa femme. — « C'est notre sort... C'en est fait... je le suis. » (De Perthes, 1836.) V. *Pincé.*

ÊTRE (L'). — Être vierge. — « Je le suis encore, m'a-t-elle dit en riant. » (Rétif, 1786.)

ÊTRE AVEC. — Être maîtresse ou amant. — « Être avec un Anglais, c'était pour les femmes une fortune. » (Villemot.)

ÊTRE (EN). — Être de la police secrète. — « Il n'est pas assez malin pour en être. » (Balzac.)

ÊTRE (EN). — « Ménage, dans ses *Origines*, avait commencé sa dissertation sur le mot *Bougre* par ces mots : *Bougre : Je suis de l'avis*, etc. — « Ah ! lui dit Bautru en se moquant, « vous *en êtes* donc aussi et vous l'imprimez. « Tenez ! il y a bien moulé : *Bougre je suis.* » (T. des Réaux.) — On dit encore, comme Bautru, et dans le même sens : *Il en est.* Sur ce terrain honteux, les synonymes pullulent ; ils prouvent la persistance d'un vice qui semble éprouver, dans les deux sexes, le besoin de se cacher à chaque instant derrière un nom nouveau. Nous rappelons ici pour mémoire et sans leur donner ailleurs une place, les mots : *pédé, pédéro, tante, tapette, corvette, frégate, jésus, persilleuse, honteuse, rivette, gosselin, emproseur, émile, gousse, gougnotte, chipette, maguusse*, etc., etc.

ÉTRILLAGE. — Perte d'argent.
Un bon coup d'étrillage est de l'argent prêté. (Alyge.)

ÉTRILLER. — Faire payer trop cher.

ÉTRUSQUE. — Suranné. V. *Mâchoire.*

ÉTUDIANTE. — Maîtresse d'étudiant. — « Toute étudiante pur-sang fume son petit cigare. » (L. Huart.) V. *Haute, Calicote.*

EURÉKA. — J'ai trouvé. — Hellénisme. — « Une demi-heure après, je pouvais, moi aussi, m'écrier comme Archimède : *Euréka.* » (Privat d'Anglemont.)

ÉVANOUIR (S'). — Mourir, s'enfuir.

ÉVAPORER (S'). — S'enfuir. — « Il se lève et me dit : Puisqu'il ne vient pas, je m'évapore. » (*Petit Moniteur* du 20 juillet 1866.)

EXBALANCER. — Renvoyer. V. *Balancer.*

EXCUSEZ, EXCUSEZ DU PEU. — Locution ironiquement admirative. — C'est comme si l'on disait : Excusez un si petit chiffre ! (quand ce chiffre est énorme). — « Il y avait 25,000 Français par terre... Excusez du *peu !* » (Balzac.)

EXCUSO. — Excusez ! V. ci-dessus. — Changement de finale. — « Oh ! attention ! V'là Oscar... il fume un cigare d'un sou... Excuso ! ça n' se refuse rien... décidément, je le crois calé. » (Marquet.)

EXÉCUTÉ, EXÉCUTER, EXÉCUTION. — « Une exécution en bourse, on le sait, n'est autre chose que la faillite du boursicotier ; faillite d'autant plus coupable que l'exécuté savait très-bien, au moment de son marché, qu'il ne pourrait pas tenir ses engagements à l'échéance ; mais comme on n'exécute en Bourse que l'honneur, l'exécuté se rit de sa propre exécution. » (*Boursicotiérisme.*)

EXPÉDIER. — Tuer. Mot à mot : expédier en l'autre monde.

EXPRESS. — Train rapide, vous conduisant à destination sans les arrêts ordinaires. — Abréviation de train express. — Anglicanisme.

EXTRA. — D'une qualité supérieure. — Latinisme. — Dans le commerce, on le met à toutes sauces et souvent mal à propos.

EXTRA. — Repas plus soigné qu'à l'ordinaire. — « Je crois qu'on peut bien se permettre un petit extra une fois par mois. » (Canler.) — Aux tables d'officiers, un *extra* est un invité. Au café ou au restaurant à prix fixe, on appelle *extra*, soit un plat demandé en dehors de la carte, soit un garçon supplémentaire venant aider au service.

EXTRA (VIN D'). — Bouteille de vin fin. — « L'étranger demande une bouteille de vin extra ; et voilà que domestiques et patrons délaissent le client d'un an pour le client d'un jour. » (Marx.)

F

FACE. — Monnaie. (Grandval.) — Allusion à l'effigie (*face*) royale. — « Je n'ai plus de faces. La drôlesse me chasse. » (Decourcelle, 1832.)

FACIES. — Figure, face. — Latinisme. — « C'est mon épouse... Un assez beau facies, hein ? » (Labiche.) — « Tu mériterais qu'on coulât ton facies en bronze. » (Montépin.)

FACTIONNAIRES. — Excréments déposés aux abords de certains murs, et semblant crier au passant : Au large ! — Dans les escaliers à chaque instant, elle vous pose des factionnaires qui ne crient pas : qui vive ! aux passants.

FAD, FADE. — Part de vol. — « Ruffart a son fade chez la Gonore, dans la chambre de la pauvre femme. » (Balzac.) V. *Esgourne*.

FADAGE. — Partage de vol.

FADARD, FADE. — Élégant. — « Eh ! va donc, grand fade ! » (Ricard.) — « Dieu m' damne ! y porte lorgnon ! ! ! est'y fadard ! » (*Catéchisme poissard*, 1844.)

FADER. — Partager un vol. (Grandval.) V. *Coquer*. — Du vieux mot *fadiar* : assigner.

FADEURS ! (DES). — « C'est Anna. — Avec qui est-elle ? — Avec son premier amour, je crois. — Des fadeurs ! » (Monselet.) — C'est comme si l'on disait : A d'autres ! nous savons à quoi nous en tenir sur ces fadeurs.

FAFFE, FAFFIOT, FAFIOT. — Papier, billet de banque. — Les deux derniers mots sont des augmentatifs du premier. *Faffe* est une harmonie imitative des papiers qu'on feuillette. — « On invente les billets de banque ; le bagne les appelle des fafiots garatés, du nom de Garat, le caissier qui les signe. Fafiot ! n'entendez-vous pas le bruissement du papier de soie ? Le billet de mille francs est un fafiot mâle ; le billet de cinq cents un fafiot femelle. » (Balzac.)

FAFFIOTEUR. — Papetier. (Vidocq.)

FAGOT. — Aspirant ou élève à l'École des eaux et forêts. — Allusion à ces dernières.

FAGOT, COTTERET, FALOURDE. — Ancien forçat. — « Eh ! mais ! je connais cet homme-là. C'est un fagot. » (V. Hugo.) — Vient, dit M. Fr. Michel avec vraisemblance, de ce que les forçats sont liés deux à deux, comme les fagots.

FAIRE. — Nouer une intrigue galante. — « Est-ce qu'un homme qui a la main large peut prétendre à faire des femmes ? » (Ed. Lemoine, 1840.)

Dans une bouche féminine, le mot *faire* unit le lucre à l'amour. — « Tu as donc *fait* ton journaliste ? répondit Florine. — Non, ma chère, je l'aime, répliqua Coralie. » (Balzac.)

FAIRE. — Faire la place, commercialement parlant. — « De tous les points de Paris, une fille de joie accourait faire son Palais-Royal. » (Balzac.) — « Je suis heureux d'avoir pris ce jour-ci pour faire la vallée de l'Oise. » (Idem.) — « Méfie-toi de ceux qui te diront : je fais les vins de Bordeaux. » (Monselet.)

FAIRE. — Voler. — « Son fils qui *fait* le foulard à ses moments perdus. » (Commerson.)

FAIRE. — Risquer au jeu. — « Nous faisions l'absinthe au piquet à trois. » (Noriac.)

FAIRE, REFAIRE AU MÊME. — Tromper. — « Garde-moi le secret, brûle ma lettre ; je veux *faire* ces drôles-ci... » (Rétif, 1776.) — « Les soldats s'imaginent toujours que les sergents-majors les refont au même. » (La Bédollière.) — « Ce brigand-là, dit-il, ferait le diable au même. » (Balzac.)

FAIRE DANS. — Faire des affaires de. — On dit : *faire la quincaillerie, l'épicerie, la banque*, etc., pour : Faire des affaires dans la quincaillerie, etc.

FAIRE (LA). — Faire croire une chose qui

n'est pas. — « Enfin, Anatole, j'allais devenir mère, lorsque l'infâme... — Je la connais celle-là, tu sais! il ne faut pas me la faire. » (*Vie parisienne*, 1865.) — « J'ai choisi du Saint-Émilion 54, et vous me donnez du 57. Vous savez, celle-là, il ne faut pas me la faire. » (Idem, 1866.)

FAIRE A (LA.) — Tromper en simulant tel ou tel sentiment. — On dit : *Il nous la fait à l'héroïsme, à la terreur, à l'innocence,* pour : *Il essaie de nous faire croire à son héroïsme,* etc., etc.

Les sentiments en question ont fini par être représentés par des analogies végétales. Voici quelques échantillons de cette botanique nouvelle :

FAIRE A L'OSEILLE (LA.) — Tromper grossièrement.— M. J. Richard nous apprend dans une chronique de l'*Époque* (mars 1866), qu'il faut aller chercher l'origine du mot dans une gargotte de l'ancien boulevard du Temple. Furieuse d'entendre critiquer la confection d'une omelette aux fines herbes qu'on ne trouvait pas assez verte, l'hôtesse du lieu s'écria un jour : « *Fallait-il pas vous la faire à l'oseille?* »

Les auditeurs firent la fortune du mot, qui aurait comporté plus tard des variétés innombrables. Nous ne suivrons pas le néologisme sur ce terrain sans bornes. Nous en ferons juges les lecteurs par ce dernier exemple : - - « Quelle charmante langue ! Quelle grâce ! Quel atticisme dans tout ce discours ! Ce qui n'a pas empêché une jeune femme qui se trouvait à côté de moi à la sortie de résumer ainsi la séance : *Camille Doucet nous l'a fait à la violette et Jules Sandeau à la verveine.* » (P. Dhormoys.)

Aujourd'hui, on ne se borne plus au règne végétal, et on nous *la fait* à n'importe qui ou n'importe quoi, selon ce que l'on veut simuler. Exemple : « Mademoiselle Q... une brune perfide comme Londres, vient d'être délaissée par son protecteur. Aussi elle a transformé son entre-sol en un rocher, du haut duquel *elle nous la fait à la Calypso.* » (Marx.)

FAISEUR.—« On entend par *faiseur* l'homme qui crée trop, qui tente cent affaires sans en réussir une seule, et rend souvent la confiance publique victime de ses entraînements. » (Les-pès.) — Pris souvent en plus mauvaise part. Le *faiseur* et le *banquiste* se confondent.

Pour Vidocq, le *faiseur* n'est qu'un escroc et un chevalier d'industrie.

FAITRÉ (ÊTRE). — Être sous le coup d'une condamnation infaillible.

FALOURDE. — Forçat libéré. V. *Fagot.* (*Petit Dictionnaire de l'argot,* 1844.)

FANAL. — Estomac. — Comparaison de l'estomac à une lanterne. — « Se bourrer le fanal de bouillon, de rata. » (Wado.) On dit de même : *Mettre de l'huile dans la lampe.*

FANANDE, FANANDEL. — « Ce mot de fanandel veut dire à la fois : frères, amis, camarades. Tous les voleurs, les forçats, les prisonniers sont fanandels. » (Balzac.)

FANFFE, FANVE. — Tabatière. (Vidocq.) — Halbert dit *fauve.*

FANFOUINER. — Priser. — Onomatopée qui rend assez bien le bruit produit par l'aspiration du tabac dans les narines.

FARA DA SE. — Agir seul, se suffire à soi-même. — Italianisme. — Se dit ironiquement chez nous depuis que les Italiens ont repoussé notre aide en criant : *Fara da se* et en se prétendant assez forts pour n'avoir pas besoin d'un secours que les bombes d'Orsini ont redemandé plus tard à leur façon. — « Il aurait murmuré, en parlant de l'épargne individuelle, le *fara da se* des Italiens. » (*Paris-Journal,* juillet 1872.)

FANTAISISTE. — Homme ayant pour principe de ne se soumettre à aucune règle, soit dans ses œuvres, soit dans sa conduite.—« Un doux souvenir ! me répondit le fantaisiste, les crins qui m'inspirèrent l'histoire du chignon de ma femme. » (Michu.) — « Il était du reste fantaisiste jusque dans les questions financières. On l'avait vu mettre sa montre au Mont-de-Piété, ayant dix mille francs dans son portefeuille. » dit M. de Villemessant en parlant de Roger de Beauvoir. — « Pichu le paysagiste est ici. Il est toujours le même fantaisiste effréné. » (Marx.)

FANTASIA. — Démonstration plus bruyante que sérieuse, comme une *fantasia* de cavaliers arabes. — « Avant de faire des acclimatations, avant de se lancer dans la *fantasia* (en pisciculture), multipliez les espèces que vous avez autour de vous. » (H. de la Blanchère.)

FARAUD, FARAUDE. — Monsieur, madame ou mademoiselle. (Halbert, Grandval.)

FARAUDEC, FARAUDENE. — Madame, mademoiselle. (Fr. Michel.)

FARCE. — Comique. — « C'est farce! Mais vous faites de moi ce que vous voulez. » (E. Sue.)

FARCES. — Infidélités. — « On ne peut pas faire des farces à sa Nini... v'là ce qui vous chiffonne. » (Gavarni.)

FARCEUR. — Homme sur lequel on ne peut compter.

FARCEUSE. — Femme galante. — « Lorsqu'une farceuse voudra me séduire, je lui dirai : Impossible. » (*Amours de Mahieu*, 1832.)

FARCHER DANS LE PONT. — Tomber dans le piége. (Halbert.)

FARGUE. — Charge. (Vidocq.)

FARGUER. — Charger. V. *Escracher.*

FARGUER. — Devenir rouge. (Grandval.)

FARGUEMENT. — Rougeur. (Colombey.)

FARGUEUR. — Témoin à charge. (Vidocq.)

FAROT. — Monsieur. V. *Faraud.*

FARRE. — Vite. — « Farre, sarre, la marcandière, nous serions béquillés. » (Vidocq.)

FASSOLETTE. — Mouchoir de poche. — Italianisme.

FAUBLAS. — Séducteur de femmes. — C'est le nom du héros d'un roman bien connu. — « Tous les hommes de dix-huit ans sont des Dons Juans, à moins qu'ils ne soient des Lovelaces ou des Faublas, ce qui est absolument la même chose. » (E. Lemoine.)

FAUBOURG-SAINT-GERMAIN. — Aristocratique. — « *Marshall :* Madame... je vous en remercie. — *Camélia :* Il n'y a pas de quoi. (*A part.*) Il est Faubourg-Saint-Germain. » (Carmouche.)

FAUBOURIEN. — Ouvrier turbulent et batailleur des faubourgs de Paris. — « Ces combats que la jeunesse dorée livrait non sans succès aux farouches faubouriens, aux septembriseurs endurcis. » (Roqueplan.)

FAUCHANT, FAUCHEUX. — Ciseaux. — Les ciseaux fauchent.

FAUCHER. — Guillotiner. — « Faucher dans leur langage, veut dire l'exécution de la peine de mort. » (Balzac.) V. *Colas, Terrer.*

FAUCHER DANS LE PONT. — Couper dans le pont. V. ce mot.

FAUCHEUR. — Voleur coupant (fauchant) les chaînes de montre.

FAUCHEUR. — Bourreau. (Halbert.) Il fauche les cous.

FAUCHON. — Sabre. V. *Greffier.* — Même allusion que ci-dessus.

FAUSSANTE. — Faux nom. (Halbert.)

FAUX TOUPET. — Suranné, vieillot. V. *Perruque, Mâchoire.*

FAUVE. — Tabatière. (Halbert.) — V. *Fanve.*

FÉDÉRÉ. — « Bête vous-même, grand fédéré ! » (H. Monnier, 1837.) — « Afin de comprendre pourquoi ce terme était pris en mauvaise part, il faut se reporter aux mauvais jours de 1815, où les fédérés, armés pour combattre l'étranger, se distinguèrent autant par leur patriotisme que par leur indiscipline dans les environs de Paris. »

Ainsi écrivions-nous dans la deuxième édition de cet ouvrage (1861). En mars 1871, nous avons eu d'autres fédérés, mais ce n'était plus l'étranger qu'ils combattaient.

FÉE. — Amour. (Halbert.) — Le mot est bien poétique pour des argotiers.

FÉESANT, FÉESANTE. — Amoureux, amoureuse. (Idem.)

FÉLÉ (ÊTRE). — Être un peu fou. Mot à mot : avoir le cerveau *fêlé.* C'est plus que *toqué*, c'est moins que *avoir une fissure.*

FELOUSE. — Poche. (Halbert.) — Pour *Fouillouse.*

FEMME (C'EST UNE). — C'est une femme de mauvaise vie. — Abréviation. — Il est à remarquer qu'on a fini par donner aux prostituées, par abréviation, tous les mots qui conviendraient à d'autres (*femme, fille, petite dame, ces demoiselles*). Tout dépend de l'inflexion de la voix et du reste du discours. — « Sans ce gros butor qui me répugne, j'aurais pu passer la nuit avec mon amant... Ah ! mon Dieu ! qu'une *femme*, — mot technique (*sic*), — est à plaindre. Telles sont les réflexions de ces demoiselles. » (*La Revue de l'an VIII ou les originaux du Palais-Royal.*)

Au dix-huitième siècle, on disait d'une

femme entretenue : « C'est une femme du monde. » L'expression complèterait la galerie, si elle s'était maintenue, mais elle est hors d'usage.

FENASSE. — Paresseux. Mot à mot : Mou comme du foin. — Du vieux mot *fen :* foin.

FENDRE (SE). — Commettre une prodigalité peu habituelle. — « Descends huit bouteilles. Puisque vous vous fendez, dit le peintre, je paye un cent de marrons. » (Balzac.)

FENDRE L'OREILLE. — Mettre à la retraite. — Vient de ce qu'on fend l'oreille des chevaux de cavalerie réformés. — « Le général Le Bœuf n'aura pas le chagrin de se voir fendre l'oreille. » (Blavet.)

FENÊTRE (METTRE LA TÊTE A LA). — Être guillotiné. — Allusion au passage de la tête dans la lunette. — « Qu'il fasse promptement mettre la tête à la fenêtre à l'infâme Brissot. » (Hébert, 1793.) V. *Raccourcir.*

FENÊTRE (FAIRE LA ou SA). — Raccrocher les galants en se montrant à la fenêtre.

FENOUSE. — Prairie. (Vidocq.) — Du vieux mot *fen*, foin, qui a fait *fenaison.*

FÉODEC. — Arbitraire. (Idem.) — C'est *féodal* avec la finale changée.

FER-BLANC (DE). — Sans valeur, sans solidité. — Par comparaison au fer. — « Ils éclaboussent de leur triomphe ces journalistes de fer-blanc, comme ils les appellent. » (Ad. Guéroult.)

FERLINGANTE. — Faïence, verre. — Harmonie imitative du bruit de leur choc.

FERME (JEU). — Jeu de Bourse. — « Le marché ferme engage à la fois le vendeur et l'acheteur, ses échéances ne dépassent pas deux mois, sa négociation se fait comme celle au comptant. » (*Boursicotiérisme.*)

FÉROCE (C'EST UN). — C'est un homme tout entier à son devoir, *féroce* sur l'exactitude avec laquelle il entend le remplir. *Il n'est pas féroce :* il n'est pas capable. V. *Méchant.*

FERRER LE GOUJON. — Faire mordre à l'appât. — « Le goujon est ferré, style de pêcheur, il n'y a plus qu'à tirer la ligne. » (M. Alhoy.)

FERTANGE, FERTILLANTE, FERTILLE. — Paille. (Grandval, Colombey.) — Harmonie imitative de son frétillement. V. *Greffier.*

FERTILLE. — Figure. (Halbert.)

FERTILLANTE. — Queue. (Vidocq.) — Elle frétille souvent.

FESTON (FAIRE DU, PINCER UN). — Avoir une démarche que l'ivresse accidente comme des festons de broderie. — « Nous nous cavalons, moi et Dodore, en pinçant un feston un peu fiscal. » (Monselet.)

FESTONNER. — Faire des festons. — « Il va encore, ma foi, très-droit... c'est à peine s'il festonne. » (E. Sue.)

FÊTE (ÊTRE DE LA). — Être riche, avoir les moyens de *festoyer.* — « Moi je suis toujours de la fête, j'ai toujours bogue et bon radin. » (Vidocq.)

FÉTICHE. — Signe représentatif d'un enjeu en argent. — « Le nouveau préfet de police veut, dit-on, interdire l'usage des fétiches sur les tables de jeux, dans les cercles. » (*Événement*, mars 1866.)

FÉTU. — La barre de fer dont le bourreau se servait pour rouer. (Grandval.) — Le mot n'est plus usité, mais il fera comprendre l'ironie de *barre* (aiguille). — Si l'aiguille est une barre, la barre devait être un fétu.

FEU (N'Y VOIR QUE DU). — Être ébloui, aveuglé. — « Et tu n'y verras que du feu. » (Cogniard, 1833.)

FEUILLE DE CHOU. — Guêtre militaire, mauvais journal, titre non valable. — « Dans une de ces feuilles de chou qui encombrent les cafés, nous lisons. » (J. Lovy.)

FEUILLETÉE (SEMELLE). — Semelle usée, dont les feuilles disjointes aspirent l'eau ou la poussière. On l'appelle aussi *pompe aspirante.* — « Parfois aussi elle n'a que des bottines suspectes, à semelles feuilletées qui sourient à l'asphalte avec une gaieté intempestive. » (Th. Gautier, 1845.)

FEUX DE FILE (NE PAS S'EMBÊTER DANS LES). — Être indépendant. Mot à mot : faire feu à volonté. — « Pour lors, not' coronel, qui ne s'embête pas dans les feux de file. » (*Ancien Figaro*, 1827.)

FIASCO. — Chute. — Italianisme.

FICELER. — Soigner dans sa tenue. Mot à mot : faire fine taille, la ficeler. — « Voilà maman Vauquer belle comme un astre, ficelée comme une carotte. » (Balzac.) V. *Trente et un*, *Chic*.

FICELLE. — Procédé de convention, acte de charlatanisme. Se dit à propos de tout.

« M... pour animer la statuaire, emprunte à la peinture quelques procédés ; je n'oserais l'en blâmer, si l'austérité de ce grand art ne repoussait les ficelles. » (Ch. Blanc.) — « Il n'est pas outillé pour le théâtre ; il ne connaît pas les ficelles de la scène. » (P. d'Anglemont.) — « Ferdinand lui indiqua plusieurs recettes et ficelles pour différents styles, tant en prose qu'en vers. » (Th. Gautier, 1833.)

FICELLE. — « Employé n'avançant qu'à l'aide de la flatterie, de la délation, de la bassesse. » (Naviaux, 1861.)

FICELLE. — Chevalier d'industrie.

> Cadet Roussel a trois garçons :
> L'un est voleur, l'autre est fripon ;
> Le troisième est un peu ficelle.
>
> (*Cadet Roussel*, chanson, 1793. Paris, impr. Daniel.)

FICELLE (CHEVAL). — Cheval de course léger et décousu.

FICELLE. — Espèce de menotte. — « On appelle ainsi un fil de laiton qui prend la main droite du détenu et dont l'agent tient un bout. » (Ponson du Terrail.)

FICHAISE. — Niaiserie, chose dont on peut se ficher.

> Le passé n'est qu'un songe,
> Une *fichaise*, un rien. (Vadé, 1756.)

FICHANT. — Navrant. — « N'est-ce pas, mon vieux, c'est tout de même fichant de se dire !... » (E. Sue.)

FICHE DE CONSOLATION. — Dédommagement. — Terme de whist.

FICHER. — (On prononce *fich'* en élidant.) — Ce verbe a un grand nombre de significations que nous allons passer en revue. Il n'est pas admis par le *Dictionnaire de l'Académie* qui donne cependant *fichu*.

FICHER. — Jeter. — « On va te fich' au violon. » (Gavarni.) — « Je l'ai fichue à l'eau. » (E. Sue.)

Dès la fin du quatorzième siècle, *ficher* se trouve dans le *Livre du mareschal de Boucicaut*. — « Quand Chateaumorant, avec la compaignée des autres prisonniers feurent arrivez

à Venise, adonc on les *ficha* en forte prison. » (Édit. Petitot, t. II, p. 83.)

FICHER. — Placer. — « Qui m'a fichu un couvert de la sorte ? Quel désordre ! » (Perrin.)

FICHER. — Donner. — « J'lui fiche un soufflet. » (1750, Cailleau.) — « J'y ai fichu des gifles. » (Gavarni.)

FICHER. — Faire. — « Mais, voyons, Limousin, avec un méchant budget de 50 millions par an, qu'est-ce que tu peux fiche ? » (Gavarni.)

Ne rien fiche. — Ne faire aucune affaire, commercialement parlant.

Ne rien fiche. — Ne rien faire, paresser.

FICHER (ALLEZ VOUS FAIRE). — Allez au diable. — « Ce mot cache un jurement très-grossier. » (Dhautel, 1808.) — « Eh bien ! dis à grand'maman qu'elle aille se faire fiche ! » (Gavarni.)

FICHER UNE COLLE. — Conter un mensonge.

FICHER UN POINT. — Coudre un point. — « Car pour l'ouvrage, je vous en souhaite ! Ça ne vous ficherait pas un point. » (Vadé, 1744.)

FICHER (SE). — S'habiller. — « Faut-y que ça soit chiche de ne pas se *fiche* en sauvage. » (Gavarni.)

FICHER (SE). — Se poster. — Le *Livre du mareschal de Boucicaut* (édit. Michaud), cité plus haut, dit qu'à une déroute de Sarrasins, « les jardins favorisèrent beaucoup leur retraite, car s'y *fichèrent ceulx qui eschapper peurent.* » (P. 276.) — La même année (1399), on nous représente les Vénitiens après un combat maritime s'en allant *ficher* en leur ville de Modon. » (P. 283.)

FICHER (SE). — Se moquer. — « Quand j'ai mangé la soupe et le bœuf, je me fiche du reste. » (La Bédollière.) — « Tu saboulis, ce grand drille, qui se fichait de moi. » (Rétif, 177e *Contemporaine*, 1783.)

J't'en fiche, j't'en ficherai. — Formule ironiquement négative, équivalant à : *je t'en moque.* — « Ah bah ! j't'en fiche ! il m'embrasserait toujours. » (L. Beauvallet.)

FICHER DANS LA CERVELLE, DANS LE TOUPET (SE). — S'imaginer. — « Ne va pas te ficher cela dans la cervelle. » (*Le Rapatriage*, parade du dix-huitième siècle.)

FICHER DU MONDE, DU PEUPLE, DU PUBLIC

(se).—Se moquer des hommes et de l'opinion.—
« Vous vous fichez du monde. » (Vadé, 1755.)

FICHER COMME DE COLIN-TAMPON (s'en). —
Ne faire aucun cas. (Dhautel, 1808.) — Jadis,
on appelait *colins-tampons* les Suisses en garnison à Paris. Les mazarinades en donnent
plus d'un exemple de 1648 à 1652.

FICHER DEDANS. — Tromper. V. *Dedans.*

FICHER LA MISÈRE PAR QUARTIERS. —
Mener une vie misérable.

FICHER LA PAIX. — Laisser tranquille. —
« Fiche-moi la paix. » (Jaime fils.)

FICHE LE CAMP. — Décamper. — « Mon
enfant, fiche-moi le camp. » (Rétif, 177ᵉ *Contemporaine*, 1783.)

FICHER LES PATTES. — Venir. Mot à mot :
mettre les pieds. — « Si vous vous permettez
de fich' les pattes ici quand j'y serai. » (Gavarni.)

FICHTRE. — Juron qui est à *fiche* ce que
fouchtra est à *f...tre.* — « Six heures ! fichtre,
il me semble que nous avons failli attendre. »
(E. Villars.)

FICHTREMENT. — Fièrement. — « C'est
fichtrement beau le coup de gueule du lion. »
(Commentaires de Loriot.)

FICHU. — Capable. — « Eh ! là-bas... y
sont fichus de ne point ouvrir... y faut donc
enfoncer la porte... » (H. Monnier.) — Le *Dictionnaire de l'Académie* admet *fichu* dans toutes
ses autres acceptions.

FICHUMACER. — Diminutif de *ficher.*

> D'mandez-moi donc où c'qu'est
> Allé c' flâneux d' Cadet ?
> C' qu'il peut fichumacer
>   A l'heure qu'il est ?   (Désaugiers.)

FIDIBUS. — Longue bande de papier pliée
ou roulée pour allumer la pipe. — Une communication de M. Fey assigne à ce mot une
origine allemande. Dans les universités de ce
pays, les admonestations officielles commencent par les mots : *Fidibus* (pour *fidelibus*) *dis-
cipulis universitatis,* etc. Les délinquants, qui
allument par forfanterie leurs pipes avec le
papier de l'admonestation, lui ont donné pour
nom le premier mot de sa première ligne. —
« Un roman de G. Sand dont il fera un fidibus
après l'avoir lu. » (Rouget.)

FIER. — Grand. (Dhautel.) V. *Blagueur,*

Venette, Poil. — « Ça lui portera un fier
coup. » (Lubize.)

FIÈVRE CÉRÉBRALE (ACCÈS DE). — Accusation pouvant entraîner la perte de la tête.
(Vidocq.) — Jeu de mots.

FIFI. — Vidangeur. Mot à mot : fi ! fi ! —
Allusion au dégoût inspiré par le métier.

FIGNOLER. — Exécuter avec fini. — « C'est
qu'vous fignolait (la contredanse). Dame, il y
allait de tête et de queue. » (Rétif, 1783.) —
« Quel style ! comme c'est fignolé. » (Labiche.)

FIGNOLEUR. — Qui fignole. — « C'est un
fignoleux, mais il fait trop le fendant à cause
qu'il a du bec. » (Vadé, 1788.)

FIL DE SOIE. — Voleur. De *filer*, voler. —
« Les grands centres de réunion sont inspectés
par la sûreté, car il n'y manque jamais de fils
de soie ou de joueurs de passe-passe. » (Stamir,
1867.)

FIL EN DOUBLE. — Vin. (Grandval.)

FIL EN QUATRE. — Eau-de-vie. — « Allons,
Auguste, un petit verre de *fil en quatre,* his-
toire de se velouter et de se rebomber le torse. »
(Th. Gautier.)

FILASSE. — Chevelure blanche et blonde
comme la filasse.

FILASSE. — Matelas. — Le contenu est
pris pour le contenant.

FILATURE, FILE. — Surveillance exercée
par un agent qui suit pas à pas. — « Ils ne le
perdirent pas de vue au second jour de file. »
(Stamir.)

FILER. — Faire avec soin. — Allusion au
travail de la fileuse. — « Vous vous êtes donné
un mal de nègre pour filer des scènes. » (*Abn.
du Hanneton*, 1867.)

FILER. — Voler. Mot à mot : faire filer un
objet qui ne vous appartient pas. De là,
filouter.

FILER, PRENDRE EN FILATURE. — Suivre,
espionner. — « *Être filé* signifie, dans le langage des débiteurs, que le recors vous suit à
la piste. » (Montépin.) — « Un garçon va dire
à la personne filée que quelqu'un la demande,
et là, des sergents de ville l'entourent pour la
remiser. » (Stamir.)

FILER LA MOUSSE. — Faire ses besoins.
(Grandval.) V. *Mousse.*

FILER LE PARFAIT. — Faire une cour assidue. Mot à mot : filer le parfait amour.

FILER LE PLATO. — « Cela veut dire : filer l'amour platonique. » (J. Duflot.)

FILER SON NŒUD. — Partir. — Terme de marine. — « Viens-tu ! ou je file mon nœud. » (H. Monnier.)

FILET. — Nuance délicate et tenue comme un *filet* d'eau. — « Peut-être aussi y a-t-il un filet de concetti shakspearien, mais c'est peu de chose. » (Th. Gautier.)

FILET COUPÉ (AVOIR LE). — Être d'une grande loquacité. — Allusion à la petite opération nécessitée par un certain embarras de la langue.

FILEUR. — « C'est un homme qui est chargé par la police, et le plus souvent par quelque ténébreuse officine privée, d'en suivre un autre. » (P. du Terrail.)

FILEUSE. — « Chanteur suivant les voleurs et les prenant en flagrant délit, dans le seul but de faire payer son silence par une remise de 15 p. 100. » (Vidocq.)

FILLE DE MARBRE. — Courtisane froidement avide. — Une pièce de M. Barrière a consacré ce terme, vers 1852. — « C'est à Paris que les filles de marbre apprennent péniblement le métier qui les fait riches en une heure. » (J. Janin.)

FILLE DE PLATRE. — Courtisane. — Vient du roman écrit sous ce nom par M. de Montépin, pour servir de pendant à la pièce des *Filles de Marbre*. — « Ces femmes ne sont que des filles de plâtre. » (1860, *les Étudiants du quartier Latin*.)

FILOCHE. — Bourse. (Vidocq.) — Du *filet* qui était employé pour la confection des bourses. — « Si ta filoche est à jeun (si ta bourse est à vide). » (E. Sue.)

FILOU. — Rusé. — L'acception d'*escroc* se trouve dans le *Dictionnaire de l'Académie*.

FILS DE FER. — Jambes excessivement minces. — Mot imagé.

FILS DE PUTAIN. — « Injure à laquelle le peuple n'attache la plupart du temps aucune idée fixe. — J'ai entendu une poissarde dire à son fils : « Petit polisson ! attends, fils de putain, « je te ferai voir que je suis ta mère. » (Dhauthel, note manuscrite de son dictionnaire, 1808.)

Du temps de Rabelais, cette triste plaisanterie était déjà de mode. A la fin de la tempête (livre IV, chap. XXII), Pantagruel appelle un matelot : « Fils de putain ». — « Tu es bien aise, homme de bien, dist frère Jean, au matelot d'entendre nouvelles de ta mère. »

FIN (FAIRE UNE). — Se marier, en finir avec la vie de jeune homme. — « Cependant il faut absolument faire une fin. Dame ! le siècle est positif. » (Deriége.) V. *Papillonner*.

FINE. — Excrément. — Allusion à la fine moutarde, on dit aussi *la plus fine*. V. *Numéro cent*. — « Un vidangeur de mes amis, nous a chanté la plus fine. » (Aubry, 1836.)

FINE. — Fine champagne. V. ce mot.

FIOLE. — Figure. (Halbert.)

FION (COUP DE). — C'est la dernière main mise à un ouvrage. — « Un François enseignoit à des mains royales à faire des boutons ; quand le bouton était fait, l'artiste disoit : *A présent, Sire, il faut lui donner le fion*. A quelques mois de là, le mot revint dans la tête du roi ; il se mit à compulser tous les dictionnaires, et il n'y trouva pas le mot. Il appela un Neuchâtelois qui étoit alors à sa cour, et lui dit : « Dites-moi ce que c'est que le « *fion* dans la langue françoise ?—Sire, reprit « le Neuchâtelois, le *fion*, c'est la bonne grâce. » (Mercier, 1788.) — « Elle se lève pour prendre la salière qui doit, dit-elle, donner le dernier fion à la dinde. » (Ricard.) — « Les peintres n'ont plus que trois jours pour donner à leurs tableaux ce qui s'appelle le coup de fion. » (Marx, 1866.)

FIONNER. — Faire l'élégant. — « Ça s' fionne, ça se pavane et ça se carre. » (Bourget.)

FIONNEUR. — Élégant. — « Le fionneur possède une glace, huile antique, pommade du lion et cire à moustaches. » (Berthall.)

FIQUES. — Hardes. (Colombey.) — Ce doit être un vieux mot, car beaucoup de paysans disent encore dans le même sens *affiquet*.

FIQUER. — Poignarder. (Idem.) — Pour *ficher* : planter.

FISCAL. — Élégant. — C'est Ficelé avec changement de finale. — « A ses favoris côt'lettes... A son costume fiscal... » (*Léonard*, parodie, 1863.) V. *Feston*.

FISSURE (AVOIR UNE). — Être un peu fou. V. *Fêlé*.

FISTON. — Terme amical. Mot à mot : petit fils. — « Par ma fé, mon doux ami, mon fiston. » (*Contes d'Eutrapel*.) V. *Gadoue*.

FLA. — Note rudimentaire de la batterie du tambour. V. *Ra*. — « Le tambour-major bat la mesure des *ras* et des *flas*. » (M. Saint-Hilaire.)

FLACHE. — Plaisanterie. (Halbert.) Pour *flanche*.

FLACUL. — Sac d'argent. — « Le vioque a des flaculs pleins de bille ; s'il va à Niort, il faut lui riffauder les paturons. » (Vidocq.) — Vient de *flaque*. V. ce mot.

FLACUL. — Lit. — Il a la forme d'un grand sac. V. ci-dessus. — « Je raplique au flacul qui m'attend. » (Vidocq.)

FLAFLA. — Grand étalage. — Allusion aux claquements de fouet. On dit dans le même sens *faire claquer son fouet*.

FLAMBANT, FLAMBARD. — Éclatant, superbe.
— « Les caporaux y trouvent une table un
peu *flambarde*. » (La Bédollière.) — « T'es flam-
bante comme une Vénus. » (E. Sue.)

FLAMBANT. — Artilleur à cheval.

FLAMBARD. — Matelot. — « Eugène Sue
est cause que la plupart des canotiers s'appellent flambards. » (Roqueplan.)

FLAMBARDE. — Chandelle. (Halbert.)

FLAMBART. — Poignard. (Vidocq.)

FLAMBE. — Épée. — Allusion au flamboie-
ment de la lame. Abréviation de *Flamberge*.

FLAMBER. — Briller entre tous. — « Des
raretés qu'on offre à des filles qui aiment à
flamber. » (Balzac.)

FLAMBERT. — Poignard. (Halbert.)

FLAMSIQUE. — Flamand. (Colombey.) —
Changement de finale.

FLAN (DU). — Non. — « Si on leur présen-
tait *zut, du flan et des navets* comme le fonds
de la langue des vaudevillistes. » (Villemot.)
V. *Zut*.

FLAN (C'EST DU). — C'est bon. Ici flan
garde ses bonnes qualités, si appréciées par le
gamin de Paris. — « J'aime mieux gouêper,
c'est du flan. » (Vidocq.)

FLAN (A LA). — Sans préméditation. V. *Caroubleur*. — Abréviation de *à la bonne flan-
quette*.

FLANCHE. — Malice, ruse, biais. — « Ro-
bert voit le flanche, et dit : il faut le fouiller. »
(Monselet.) V. *Mettre (le)*.

FLANCHE. — Jeu de roulette.

FLANCHER, FLACHER. — Plaisanter. (Halbert.)

FLANELLE. — C'est le mot *flâneur* avec
changement de finale. — « Lèves-tu ce soir ?
— Ah ouiche ! tous rapiats. — Et celui-là qui
t'allume ? — Flanelle ! » (L. de Neuville.)

FLANOCHER, FLANOTTER. — Flâner tout
doucement. — « Il fit la rencontre d'un beau
page de Marie-Thérèse qui flânochait en rê-
vant. » (Commerson.) — « Nous flânottons
depuis quinze heures. » (M. Michel.)

FLAQUE. — Sac de femme. (Grandval.) —
Du vieux mot *flac*, flacon. — Allusion de
forme.

FLAQUER. — Aller à la selle. (Vidocq.) —
Onomatopée.

V'là vot' fille que j'vous ramène,
Elle est dans un propr' état ;
Depuis la barrière du Maine
Elle a tout flaqué dans ses bas.

(Chanson connue.)

FLATAR. — Fiacre. (Halbert.)

FLEME, FLEMME. — Paresse subite et invincible. — « Lundi, la flemm' m'accroche. »
(A. Cahen.)

FLEURANT. — Bouquet. (Halbert.) Pour
fleurissant.

FLEUR DE MARIE. — Virginité. (Vidocq.)
— Allusion à l'Immaculée.

FLEUR DES POIS. — Personne à la mode.

FLIC-FLAC (FAIRE LE). — « C'est démantibuler la gâche d'une serrure à l'aide du monseigneur. » (Du Camp.) V. *Fric-frac*, qui est
le vrai terme.

FLIGADIER. — Sou. (Colombey.)

FLIGUE A DARD. — Agent de police. (Colombey.) Mot à mot : policier à épée. V. *Flique*.

FLINGOT. — Fusil d'infanterie.

FLIQUE. — « Un commissaire de police est
un flique dans l'argot des filles. » (Parent-Duchatelet.)

FLIRTATION. — Badinage galant, manége
de coquetterie. — Anglicanisme. — « J'occu-
pais mes moments perdus à une innocente flirtation avec le baron de L... » (*Vie parisienne*,
août 1872.) — « Lady Elphinsbary avait ré-
primé la flirtation dans ses domaines. » (Aubryet, 1872.)

FLIRTER. — Se livrer à la flirtation.

FLOPPÉE. — Volée de coups. (Halbert.)

FLOPPÉE. — Foule.

FLOQUOT. — Tiroir. (*Dict. d'argot*, 1844.)

FLOTTE. — Pension en argent. Mot à mot :
ce qu'il faut pour flotter pendant quelque
temps. Quand on ne peut flotter, on se trouve
à sec, à la côte. — « Je viens de recevoir ma
flotte : 300 francs, plus quelque menue monnaie. » (Villemessant.)

FLOTTANT. — Poisson. (Vidocq.)

FLOTTER. — Nager.

FLOTTER (FAIRE). — Noyer.

FLOU, FLOUTIÈRE. — Rien. (Grandval.)

FLOU. — Vaporeux, fluide. — Répond exactement, comme prononciation, au latin *fluidus*
(prononcez *flouidous*). — C'est en effet un

vieux mot. On le retrouve dans le *Testament* de Villon. — Il est à remarquer que ce terme, usité d'abord dans les arts et admis à ce seul titre dans le *Dictionnaire de l'Académie*, a conservé partout la même signification de *lâché* et de mollesse harmonieuse. — « Tu as dans le style on ne saurait dire quel moelleux, quelle grâce, quel flou. » (L. Reybaud.) — « Manquant de grâce, de tout ce qui jette du charme et du flou dans l'existence. » (*Paris étudiant*, 1854.)

FLOUANT. — Jeu. (Halbert.)

FLOUER. — Voler au jeu. (Halbert.)

FLOUER. — Escroquer. V. *Galier*.

FLOUERIE. — Escroquerie, abus de confiance. — « La flouerie est au vol ce que la course est à la marche : c'est le progrès, le perfectionnement scientifique. » (Philipon, 1840.)

FLOUEUR. — Escroc.—« Il est des floueurs de tout âge, de tout visage et de tout rang. Il existe aussi des floueuses non moins variées. » (Philipon.) — Ne s'est dit d'abord que des voleurs au jeu, car Grandval ne donne *floueur* qu'avec ce sens.

FLOUME.—Femme. (Vidocq.)— Anagramme de *fumelle*.

FLOUTIÈRE. — Non, rien. V. *Flou*.

FLUTE. — Canon. — Allusion de forme. — « Jusqu'ici il n'y a qu'eux qui aient fait aller leurs flûtes. Les nôtres auront bien leur mérite. Il y en aura bien trois cents de part et d'autre pour ouvrir le bal. » (Général Christophe, *Lettres*, 1812.)

FLUTE, FLUT. — Non. — Abréviation du terme suivant : *(Des flûtes)*.—« Le noble étranger m'a lâchée en me disant : Flûte ! » (*Almanach du Hanneton*, 1867.) — « Flûte ! s'il grogne trop. » (Villars.) V. *Zut !*

FLUTES (DES). — Non.—On a dit des flûtes (pains longs) comme on a dit *des nèfles, du flan, des navets.* — « *Oscar :* Qu'entends-je ? Mais vous m'aviez promis. — *Le marquis :* Des flûtes ! » (Marquet.)

FŒTUS. — Élève de première année à l'école de chirurgie militaire. — Ce terme répond exactement à celui d'*embryon* qui se prend également au figuré dans la langue régulière.

FOIRE D'EMPOIGNE (ACHETER A LA). — Voler. — L'ironie n'a pas besoin d'être expliquée.

— « Les tableaux du capitaine Cluseret ont été achetés à la foire d'empoigne. » (*Moniteur*, 31 mai 1872.)

FOIRER. — Avoir peur.— On connaît l'effet du danger sur les intestins.

FOIREUX. — Poltron. — Vieux mot. — « Vous n'aurez en vostre armée que des foireux en danger d'estre renvoyés aux foyres de Francfort. » (*Paraboles de Cicquot*, 1593.)

FOIROU. — Derrière. (Vidocq.)

FOLICHONNER. — Folâtrer. — « Puis nous irons retrouver Florine et Coralie au Panorama dramatique où nous folichonnerons avec elles dans leurs loges. » (Balzac.)

FOLICHONNE, FOLICHONNETTE. — Fille réjouie, aimant le plaisir. — « Je fus épris, comme un toqué, d'une aimable folichonnette. » (J. Kehn.) — « Une folichonneuse cancane et me plaît mieux. » (Aubry.)

FOLLE DU LOGIS. — On donne ce nom très-bien trouvé à l'imagination et aussi à la poésie. — « L'imagination, cette folle du logis, a remplacé les lois naturelles par des lois arbitraires. » (Mismer.)

FONCÉ. — Radical. Mot à mot : appartenant au parti rouge foncé. V. *Rouge*.

Quatre sous-préfets et vingt maires,
Choisis parmi les plus foncés,
S'épandront en plaintes amères. (G. Jollivet.)

FONCER. — Se précipiter. — Abréviation d'*enfoncer*. — « Trois coquins de railles sur mesigue ont foncé. » (Vidocq.)

FONCER. — Donner. V. *Babillard, Dardant*.

FONCER. — Payer. — Mot ancien. — Abréviation de *foncer à l'appointement*.

FONDANT. — Beurre. (Colombey.) — La propriété est prise pour l'objet.

FONFE, FONFIÈRE. — Tabatière. (Idem.)— C'est une forme de *fanfe*. — Même harmonie imitative du reniflement de la prise de tabac.

FORESQUE. — Marchand forain. (Halbert.) — C'est *forain* avec changement de finale.

FORÊT DE MONT-RUBIN. — Égout, cloaque. (Idem.)

FORT EN THÈME. — Jeune homme qui a eu du succès au collége.

FORTIN. — Poivre. (Halbert.) — Diminutif de *fort*, dans le sens de : âcre, fort au palais.

FORTINIÈRE. — Poivrière. (Idem.)

FOSSILE. — Suranné. V. *Académicien.*

FOUAILLER. — Manquer son effet. (*Dictionnaire d'argot*, 1827.)

FOUCADE. — Idée subite. — Élan imprévu.

FOUCHTRA. — Auvergnat, charbonnier et porteur d'eau. — Allusion à son juron favori. — « Fouchtra, vous qui avez une bonne poigne, tirez-moi donc mon pantalon. » (Ed. Morin.)

FOUILLER (TU PEUX TE). — Tu n'auras rien. Mot à mot : si tu veux avoir mon argent, tu peux fouiller dans ta poche. — Se prend au figuré. — « Les garibaldiens avaient de bons fusils ; sans l'artillerie, nous pouvions nous fouiller. » (*Vie parisienne*, 1867.) — « Madame, daignez-vous accepter mon bras ? — Tu peux te fouiller, calicot. » (*Almanach du Hanneton*, 1867.)

FOUILLOUSE. — Poche. Mot à mot : endroit où l'on *fouille.* — « Et vous aurez, sçavez-vous quoy ? force d'aubert en la follouse. » (*Vie de saint Christophe*, Grenoble, 1530.)

FOUINER. — S'échapper. — Vieux mot. — « S'il est pressé, qué qui l'empêche de fouiner? » (Vadé, 1755.)

FOUR. — Gosier. V. *Chauffer le four.*

FOUR (FAIRE). — Ne pas réussir. — Se disait autrefois des comédiens qui renvoyaient les spectateurs parce qu'ils n'avaient pas assez de monde. Se dit maintenant à propos de tout. — « Nous faisons four, dit Lousteau, en parlant à son compatriote la langue des coulisses. » (Balzac.)

FOUR. — Portion la plus élevée d'une salle de théâtre. La chaleur y est plus forte qu'ailleurs. — « Je quitte le four et je poursuis ma promenade aux quatrièmes loges. » (De Boigne.)

FOUR BANAL. — Omnibus. (Colombey.) — Tout le monde peut s'y enfourner.

FOUR IN HAND. — Voiture à quatre chevaux. (Paz.) — Anglicanisme. — « Il nous a été permis d'apercevoir l'élégante Anglaise conduisant elle-même un *four in hand.* » (*Éclair*, août 1872.)

FOURBI. — Friponnerie. — De *fourberie.* — Mot de langue franque, importé par notre armée d'Afrique. — « Quel fourbi, mon Dieu! quel fourbi ! » (*Commentaires de Loriot.*)

FOURCHETTE. — Homme de grand appétit, sachant bien jouer de la fourchette. — « Bonne fourchette, excellent gobelet, plus il mangeait, plus il buvait. » (E. Villars.)

FOURCHETTE (VOLER A LA). — Voler en introduisant les deux doigts dans la poche.

FOURCHETTES (JOUER DES). — S'enfuir.

FOURCHU. — Bœuf. (Vidocq.) — Ses cornes font fourche.

FOURGA, FOURGAT, FOURGUE, FOURGASSE. — Recéleur, recéleuse. — *Fourgat* est la forme la plus ancienne, car elle est seule donnée par Grandval. — De *fourguer.*

FOURGAINE. — Canne de jonc. (Halbert.)

FOURGONNIER. — « On nomme ainsi le cantinier du bagne. » (Ponson du Terrail.)

FOURGUER. — Vendre à un recéleur. — Du vieux mot *fourgager :* placer dehors à moitié profit, ce qui serait beau pour un voleur. Les fourgats donnent moins que cela.

FOURLINE, FOURLINEUR. — Voleur à la tire.

FOURLINER. — Voler. — Du vieux mot *fourloignier :* écarter. V. *Litrer.*

FOURLOURE. — Malade. (Vidocq.)

FOURLOUREUR. — Assassin. (Idem.)

FOURMILLANTE. — Foule. (Colombey.)

FOURMILLER. — Marcher.

FOURMILLON. — Marché public. — Le mot peint le fourmillement des vendeurs et des acheteurs. V. *Parrain.*

FOUROBER. — Fouiller. (Colombey.) — Synonyme de notre *dérober.*

FOURRIER (MAUVAIS). — Homme servant de son mieux les ayants droit, même quand ce devrait être à son détriment. On comprend l'ironie de cette locution qui a pris naissance dans l'armée où les fourriers sont chargés des répartitions.

FOUTAISES. — « Bagatelles de peu d'importance. On dit moins incivilement *fichaise.* » (1808, Dhautel.)

FOUTIMACER. — Ne faire ou ne dire rien qui vaille. (Dhautel.) — « Ne foutimacez plus les oreilles des dames. » (*Paroles grasses de Caresme-prenant*, 1626.)

FOUTREAU. — Combat, action de se f—tre des coups. — « Oh! il va y avoir du foutreau, le commandant s'est frotté les mains. » (Balzac.)

FOUTRIQUET. - - Homme nul. — « Tous les foutriquets à culottes serrées et aux habits carrés. » (1793, Hébert.)

FRAIS (FAIRE SES). — Percevoir le dédommagement qu'on croit dû à ses frais d'esprit, d'amabilité ou de toilette. — « J'en obtiens un rendez-vous, et quoi qu'il arrive maintenant... j'ai fait mes frais. » (E. Sue.) — « La littérature, primée en ce moment par la peinture, ne fait pas ses frais. » (Villemot.)

FRALIN, FRALINE, FRANGIN, FRANGINE. — Frère, sœur. V. *Servir*, *Altèque*.

FRANC, FRANCHE. — Bas, basse. (Halbert.)

FRANC. — Hanté par les *affranchis*. V. ce mot. V. *Tapis*, *Romamichel*.

FRANCHIR. - - Baiser. (Halbert.)

FRANGIN DABE, FRANGINE DABUSCHE. — Oncle, tante. Mot à mot : frère de père, sœur de mère.

FRANGIR. — Casser. (Colombey.) Vieux mot.

FRANÇOIS (LA FAIRE AU PÈRE). — Étrangler quelqu'un en lui jetant autour du cou une courroie à boucle sans ardillon, disposée de façon à faire nœud coulant. Pendant qu'on serre le patient, un complice le fouille. La courroie est nommée *père François*, du nom de l'escarpe qui s'en servit le premier. Cela se rapproche beaucoup de l'ancien *charriage à la mécanique*.

FRAPOUILLE. — Guenille, et, au figuré, vaurien. Pour *fripouille*.

FRAPPER AU MONUMENT. — Mourir. Mot à mot : frapper à la porte du monument funèbre. V. *Inférieur*.

FRÉGATE. — Chapeau bicorne. Terme de marine. Renversé, il ressemble assez à la coque d'un bâtiment. — « Prenez votre frégate, ayez soin qu'elle soit petite, cambrée, inclinez-la à 45 degrés. » (*Vie parisienne*, 1867.)

FRÉMILLANTE. — Assemblée. (Halbert.) — C'est une forme ancienne de *fourmillante*. Nous disons encore *fourmillement humain*.

FRÉMION. — Violon. (Idem.) — Il vous fait *fourmiller*, danser.

FRÈRE ET AMI. — Démagogue. — Allusion à la formule confraternelle usitée dans le parti. Elle a eu cours dès 1848. — « Là-dessus, grande colère des frères et amis. On organise chez le marchand de vin du coin une souscription. » (Fr. Sarcey, juin 1872.)

FRÈRE FRAPPART. — Marteau. — Jeu de mots.

FRETILLANTE, FRETILLE. — Queue, paille. (Grandval.)

FRETILLANTE, FRETILLER. — Danse, danser. (Vidocq.)

FRETIN. — Poivre. (Idem.) Pour *fortin*.

FRICASSÉ. - - Perdu, détruit. — « La ruyne générale dont le royaume est menacé si Paris estoit fricassé. » (*Second Courrier françois*, Paris, 1649.) — Le *Dictionnaire de l'Académie* admet *fricasser* : dépenser.

FRIC-FRAC. — Effraction. — Onomatopée. - - C'est le bruit de la chose qu'on casse. V. *Caroubleur*, *Flic-flac*.

FRICHTI. — Régal. — Corruption de l'allemand *früstück* : déjeuner. — « Voilà ce que je te conseille : c'est de payer un petit frichti. » (Champfleury.)

FRICOTER. — Vivre de maraude, de profits peu réguliers.

FRICOTEUR. — Maraudeur. — « Ces mauvais troupiers pillaient tout sur leur passage. On les appelait des fricoteurs. » (M. Saint-Hilaire.)

FRIGOUSSER. — Faire des frigousses. Mot à mot : petits fricots.

FRILEUX. - - Poltron. — Allusion au tremblement produit par le froid comme par la peur. — « Je suis un ferlampier qui n'est pas frileux. » (E. Sue.) V. *Frousse*.

FRIME, FRIMOUSSE. — Visage, physionomie. — Du vieux mot *frume*. V. *Coquer*, *Altèque*, *Gouêpeur*. — « C'est bien là le son du grelot, si ce n'est pas la frimousse. » (Balzac.)

FRIMER. — Feindre, contrefaire. — « Ils commencent par leur battre comtois en *frimant* de se disputer. » (Stamir, 1867.)

FRIMOUSSER. — Tricher. (Vidocq.) Mot à mot : se réserver les cartes à figures ou *frimousses*.

FRIPOUILLE. — Vaurien. Mot à mot : fripe, chiffon.

FRIQUET. — Mouchard. (Colombey.)

FRISÉ. — Juif. (Vidocq.) — La frisure est un signe de la race.

FRISES (TOUCHER LES, ALLER AUX). — S'élever au sublime sur la scène dramatique. Mot à mot : montrer un talent assez grand pour toucher la frise du théâtre. — « Toucher les frises est le *nec plus ultra* de l'art du comédien. Mademoiselle Rachel, dans la scène de Camille, touchait les frises. » (J. Duflot.)

Frit. — Perdu, condamné. — Vieux mot. — « Nous ne savons plus quel boys tordre. Les gueux sont frits, je le vous dis. » (*La Vie de saint Christophe*, 1530.)

Rien à frire : rien à manger. — « La guerre fut en tous lieux si amère... tellement que plus rien à frire n'entrèrent à Paris. » (*La Juliade*, 1651.)

Frite. — Pomme de terre frite. — « Le modèle lui donne quelques conseils en lui prenant quelques frites. » (Bertall.)

Froid aux yeux (n'avoir pas). — Être courageux. — Les lâches pleurent et le froid fait pleurer. — « Ces gaillards-là n'auront pas froid aux yeux. » (*Rienzi*, 1826.)

Froisseux, frollant, frollaux. — Traître, calomniateur. (Vidocq.)

Froller, froller sur la balle. — Dire du mal.

From. — Fromage. — Abréviation.

Froteska. — Danse polonaise qui essaya, il y a une trentaine d'années, de détrôner la polka. — « L'on ne pourrait, le soir, faire vis-à-vis à la reine Pomaré au bal Mabille pour une polka, mazurka ou froteska. » (Th. Gautier, 1845.)

Frotin. — Billard. Il est frotté par les billes.

Froufrou. — Froissement d'étoffe. — Onomatopée. — « Son oreille recueille précieusement le froufrou que fait la soie de sa robe. » (Ricard.)

Frousse. — Peur. Du vieux mot *frillouseté* : frisson. V. *Frileux*.

Fruit-Sec. — « A l'École polytechnique les fruits-secs sont ceux qui, après leur examen de sortie, ne sont pas déclarés admissibles dans les services publics. » (La Bédollière.)

Les autres écoles ont aussi leurs fruits-secs. — « Ce sont apparemment des fruits-secs, ou des quatrièmes accessits de Conservatoire. » (Mornand.)

Enfin on a donné ce nom à tous ceux qui ne répondent pas aux espérances qu'ils ont fait concevoir. — « Note bien qu'il est un des fruits-secs de son temps, juge d'après lui ! » (About.)

L'*Intermédiaire* de mai 1865 dit à ce sujet : « Vers 1800, un polytechnicien avait reçu le nom de *fruit-sec* à cause de nombreux envois de fruits secs que lui faisait sa famille. Cet élève n'ayant pas été reconnu capable d'entrer dans les services publics, le nom de fruit-sec passa à tous ceux auxquels un pareil malheur arrive.»

Frusquer. — Donner. (Colombey.)

Frusques. — Vêtements. Abréviation du vieux mot *frusquin* : garde-robe, bien mobilier. — « Les vêtements, en terme générique, sont des *frusques* ; une *pelure* est un habit ou une redingote ; le pantalon est un *montant*. » (Mornand.) V. *Bibloter*.

Frusquin, frusquiner, frusquinneur. — Coquetterie de toilette, habiller, tailleur. (Halbert.)

Fumé. — Radicalement perdu. — « Trahison ! nous sommes fumés. » Mélesville.)

Fumer. — Se battre. (Grandval.)

Fumer, fumer sans tabac. — Bouillir d'impatience. Qui bout fume. — « J'ai cent mille fois, étant au bivouac, fumé sans tabac. » (Duverny, 1815.) — « Ma femme à la mod' va se conformer et cela va mé faire fumer. » (Metay.)

Fumerons. — Jambes maigres. — Allusion de forme. Le fumeron est un gros brin de fagot. V. *Gueule*.

Fumiste. — Trompeur, mystificateur. Mot à mot : homme qui fait *fumer* les gens.

Furia francese. — Impétuosité qui caractérise la première attaque d'une troupe française. — Italianisme. — « Les commandants supérieurs mettent des entraves à l'élan, à l'impulsion, à la furia francese. » (*Impressions du siège de Belfort*, 1870.)

Fusée. — Vomissement. — Allusion à la violence de l'expulsion. — « V'là qu' Jean-Louis s' mit à faire z'un renard qu'était comme un' fusée d' la fête du premier vendrémiaire. » (*Catéchisme poissard*, 1840.) — « Nous allumâmes un punch de six litres... Gare les fusées ! » (Michu.)

Fusil. — Gosier. — Allusion à la forme

ronde et creuse du fusil. — « A présent, mon vieux, colle-toi ça dans le fusil. — Une bouteille de vitriol m'eût moins chauffé. » *(Commentaires de Loriot.)*

FUSIL (REPOUSSER DU). — Sentir mauvais de la bouche. Jeu de mots sur les bouches de l'arme et de l'individu, ainsi que sur leur action répulsive. V. *Écarter.*

FUSILLER. — Envoyer de petits crachats en parlant. V. *Écarter.*

FUSILLER. — Donner un mauvais dîner. — Usité dans l'armée.

G

GABEGIE. — Fraude. Du vieux mot *gaberie :* tromperie. — « Assurément il y a de la gabegie là-dessous. » (Deslys.)

GABELOU. — Employé des contributions indirectes. — Du vieux mot *gabloux :* officier de gabelle. — « Bras-Rouge est contrebandier... il s'en vante au nez des gabelous. » (E. Sue.)

GADOUE. — Sale femme. — Du vieux mot *gadoue :* ordure. — « File, mon fiston, roule ta gadoue, mon homme, ça pue. » (*Catéchisme poissard*, 1844.)

GAFE, GAFEUR, GAFFRE, GAFRE. — Soldat en sentinelle, voleur aux aguets pour ses complices, surveillant de prison. Ils *gafent* tous trois.

GAFER. — Guetter. (Vidocq.)

GAGAT. — « Les gagats, c'étaient primitivement les houilleurs et les forgerons de Saint-Étienne ; puis le mot s'est étendu à tous les habitants de la localité sans distinction. » (Rathery.)

GAI. — Excité, égayé par la boisson. — « Avoue-le, l'autre jour j'étais un peu lancé, n'est-ce pas ? — Oh ! gai tout au plus. » (Chavette.)

GAIL. — Cheval. (Colombey.) — Abréviation de *galier.*

GALAPIAT. — Galopin. — Modification du mot. — « Il dit aux avocats : Vous êtes un tas de galapiats qui vous fichez du monde. » (Balzac.)

GALBE. — « Quoique nez roturier, de galbe il est pourri. » (*Vie parisienne*, 1866.)

GALE. — Personne aussi incommode et insupportable que la gale.

GALETTE. — Matelas. (*Petit dictionnaire d'argot*, 1844.) — Le nom dit assez qu'il s'agit d'un matelas mince.

GALETTE. — Homme nul et plat ; contre-épaulette portée autrefois par les soldats du centre. — « Pour revêtir l'uniforme et les galettes de pousse-cailloux. » (La Bédollière.)

GALIER, GALLIER. — Cheval. — Vieux mot. — Dans la *Vie de saint Christophe* (Lyon, 1530), un larron s'écrie :

> Cap de Dio ! tout est despendu
> J'ai mon arbaleste flouée,
> Et le galier pieça vendu.

GALIENNE, GALIÈRE. — Jument. (Halbert.) V. ce mot.

GALIFARD. — « Commissionnaire, saute-ruisseaux qui porte au client les marchandises vendues au Temple. » (Mornand.)

GALIFFAR. — Bouchon. (Grandval.)

GALIOTTE, GAYE. — Partie entamée entre

GIGOLO ET GIGOLETTE

une dupe et deux grecs. — Le second mot est une abréviation.

GALOCHE. — Menton. (Halbert.)

GALONS (ARROSER SES). — Payer à boire lorsqu'on est promu sous-officier. — « Je ne dis pas que... avec les camarades, pour arroser mes galons. » (Cormon.)

GALOP. — Réprimande énergique. — « Tu as tant fait, que ma mère va me donner un galop. » (Champfleury.)

GALOUSER. — Chanter. (Halbert.) — Anagramme de *goualer*.

GALTRON.— Poulain. (Halbert.)— Diminutif de *galier :* cheval.

GALUCHE. — Galon. (Colombey.) — Changement de finale.

GALUCHER. — Galonner. — « J' li ferai porter fontange et souliers galuchés. » (Vidocq.)

GALUCHET. — Valet de cartes. — Allusion aux *galons* de sa livrée. — « Cinq atouts par le monarque, son épouse et le galuchet. « (Montépin.)

GALURIN. — Chapeau. — *Galurin à viskop :* Chapeau à larges bords.

GALVAUDAGE. — Tripotage. — « Surtout pas de galvaudage ni de chipoteries. » (Balzac.)

GALVAUDER (SE). — Compromettre sa réputation par des galvaudages.

GAMBETTISTE. — Partisan de M. Gambetta, fonctionnaire nommé par M. Gambetta pendant l'organisation de la défense en province.

GAMBILLE. — Jambe. — Diminutif du vieux mot : *gambe.*

GAMBILLER. — Danser. — Mot de langue romane. V. *Coquer.*

GAMBILLEUSE. — Coureuse de bals, fille folle pour le plaisir.

GAME. — Rage, hydrophobie. (Halbert.)

GAMME (MONTER UNE). — Gronder, tancer.

GANCE. — Clique. (Halbert.)

GANDIN. — Dandy ridicule. Allusion à l'exboulevard de Gand, leur promenade favorite. — « L'œillet rouge à la boutonnière, les cheveux soigneusement ramenés sur les tempes, le faux-col, les entournures, le regard, les favoris, le menton, les bottes ; tout en lui indiquait le parfait gandin, tout, jusqu'à son mouchoir fortement imprégné d'essence d'idiotisme. » (*Figaro*, 1858.)

GANDIN. — Tromperie. — Du vieux mot *gandie :* tromperie. — *Gandin d'altèque :* Croix, décoration. (Vidocq.) Mot à mot : tromperie aristocratique. → *Monter un gandin :* Dans l'armée d'Afrique, c'est essayer de consommer sans payer le cabaretier ou *maltais.*

GANDINERIE, GANDINISME. — Genre du gandin. — « La population du quartier Latin aspira à la gandinerie, elle n'eut plus qu'un but, le luxe. » (*Le Passé de ces Dames*, 1860.) — « Le gandinisme, c'est le ridicule dans la sottise. » (G. Naquet.)

GANTS (DONNER POUR LES). — Donner une gratification en sus du prix convenu. — Cette expression était prise au dix-septième siècle dans l'acception générale de *pourboire.* Elle venait de l'espagnol *paragante.* — « Et le luy rendoit moyennant tant de *paragante.* » (T. des Réaux.)

GANT JAUNE. — Quand on dit d'un homme qu'il porte des gants jaunes, qu'on l'appelle un gant jaune, c'est une manière concise de dire : un homme comme il faut. (Alph. Karr, 1841.) — « Quand on a relevé les cadavres des émeutiers, qu'a-t-on trouvé en majorité ? — Des malfaiteurs et des gants jaunes ! » dit M. Granier de Cassagnac dans son apologie du coup d'État de Louis Napoléon.

GARÇON DE CAMBROUSE. — Voleur de campagne. — Au moyen âge, *garson* signifiait souvent *vaurien.* — « La cognade à gayet servait le trèpe pour laisser abouler une roulotte farguée d'un ratichon, de Charlot et de son larbin et d'un garçon de cambrouse que j'ai reconobré pour le petit Nantais. » (Vidocq.)

GARDANNE. — « Si par rognures vous entendez les morceaux de coupons de soie, ou *gardannes*, vous ne vous êtes pas inquiété d'une branche fort lucrative de l'industrie parisienne. » (Privat d'Anglemont.)

GARDE A CARREAU (AVOIR UNE). *Se garder à carreau.* — Se tenir prêt à parer tout accident. — Ce doit être un jeu de mots. Carreau signifiait jadis : trait, projectile. — « Je m'aperçus bientôt qu'il avait plus d'une garde à carreau. » (*Mémoires de Rovigo*, 1829.)

GARÉ DES VOITURES. — Prudent, rangé. — Allusion aux dangers de la circulation parisienne. — « Je suis honnête homme maintenant... un bourgeois garé des voitures. » (Madame Ratazzi, 1866.)

GARGAMELLE. — Gosier. — Vieux mot.

GARGARISER (SE). — Boire à pleines rasades. V. *Taper sur les vivres.* C'est l'équivalent exact de *se rincer le gosier.*

GARGOT. — Gargote. — Abréviation. — « Dans les crèmeries borgnes et dans les gargots de la grande truanderie. » (P. Parfait.)

GARGOUENNE, GARGOUINE, GARGOINE, GARGOUILLE, GARGUE. — Gosier. — Du bas latin *gargaillus :* Gosier. — Nous disons encore *gargariser.* — « La gargouine me démange, il faut l'humecter, c' gosier, afin d' pouvoir recommencer. » (*Catéchisme poissard*, 1844.) — « Ouvre la gargouine. Prends le bout de ce foulard dans tes quenottes. » (E. Sue.)

GARIBALDI (COUP DE). — Coup de tête donné par un malfaiteur à celui qu'il veut dépouiller le soir dans la rue. — « Arrivé près de sa victime, il se précipite sur elle en lui donnant un violent coup de tête dans l'estomac. Ils appellent cela le coup de Garibaldi. » (*Notes d'un agent.*)

GARIBALDI. — Courte chemise rouge, petit chapeau de feutre. — Allusion au costume du fameux patriote italien. — « On peut faire le dandy, le Garibaldi sur le coin de l'oreille. » (*Le Gai Compagnon maçon.*)

GARNAFIER, GARNAFLE. — Fermier.

GARNI. — Chambre garnie. — « Un lit en bois peint, une commode en noyer, un secrétaire en acajou, une pendule en cuivre, des vases de porcelaine peinte, cela s'appelle un garni. » (Champfleury.) V. *Poussier.*

GARNI. — Petit hôtel meublé. — « Une maison garnie s'appelle aussi un garni en raison du bas prix des loyers. » (E. Sue.)

GARNISON. — Vermine à demeure dans un lit ou sur un individu. V. *Grenadier, Négresse.*

GAUCHE (LA). — Le parti de l'opposition démocratique. — Ainsi nommé parce qu'il se place d'ordinaire au côté gauche de nos assemblées législatives. — « Des sommets de la gauche, il fit pleuvoir des interpellations. » (E. d'Hervilly.)

GAUCHE (DONNER A). — Se tromper. Mot à mot, s'écarter de la ligne droite.

GAS. — Malin. — « L'employé était un gas. » (Stamir, 1867.) — Mot à mot : un garçon.

GATEAU (PAPA, MAMAN). — Se dit des parents qui gâtent leurs enfants. — Jeux de mots sur le verbe *gâter*, et sur le gâteau qui le symbolise d'ordinaire. — « Soit que le hasard, — ce papa gâteau des rêveurs, — ait à leur endroit des préférences spéciales. » (Marx.)

GATEUX. — Imbécile. — Acception figurée d'un mal connu. Bien qu'elle soit assez malpropre, on en use, en remplacement d'*idiot* et d'*infect*, qui ont fini par sembler fades. — « Puis il faut avouer, me dit M. de B....., que cet Allemand est un joli gâteux. » (*Nord*, septembre 1872.)

GAUDILLE. — Épée. (Grandval.)

GAUDINEUR. — Décorateur. — Du vieux mot *gaudiner :* s'amuser. — La gaieté des peintres en bâtiment est proverbiale.

GAULÉ. — Cidre. Mot à mot : Vin gaulé dans les pommiers.

GAULOIS. — « Autrefois c'était peut-être un compliment à un écrivain que de dire : Vous êtes Gaulois. L'esprit gaulois, c'est-à-dire la belle humeur triviale, est devenu un anachronisme. » (Aubryet.)

GAUX - PICANTIS. — Pou. (Grandval.) — Halbert dit *époux*, ce qui n'est pas la même chose, mais c'est une faute d'impression.

GAVÉ, GAVIOLÉ. — Ivre. Mot à mot : gorgé jusqu'au gosier. — Du vieux mot *gaviot.*

GAVOT. — Compagnon. V. *Dévorant.*

GAVROCHE. — Gamin. — Type des *Misérables* de V. Hugo. — « Augustine Brohan en gavroche. » (*Vie parisienne*, 1867.)

GAY. — Laid, drôle. (Vidocq.)

GAYE. — Fausse partie. V. *Galiotte.*

GAYE, GAYET. — Cheval. — Abréviation de *galier.* V. *Garçon.* — *Gayerie :* cavalerie.

GAZ (ÉTEINDRE SON). — Mourir. Mot à mot : s'éteindre comme un bec de gaz. — « La pauvre vieille éteint son gaz... Une indigestion d'andouillettes. » (About.)

GAZ (LACHER LE). — Péter. — Allusion à la nature et à l'odeur de l'expulsion. — « D'autres dans un coin, mais sans honte, lâchent le gaz et font des renards. » (*Chansonnier*, 1836.)

GAZ (FAIRE SON). — Aller à la garde-robe. (Grandval.)

GAZON. — Perruque mal peignée, ébouriffée comme une touffe d'herbe.

GAZOUILLER. — Parler, chanter. — Vieux mot. — « Laquelle de tous les deux qu'a le plus de choses dans le gazouillage ? » (Vadé, 1788.)

GÊNEUR. — Importun, causeur gênant. — « On ne pouvait plus faire un pas dans la rue sans rencontrer un de ces gêneurs. » (P. Véron.)

GENOU. — Tête aussi nue qu'un genou. — « Il ébauchait une calvitie dont il disait lui-même sans tristesse : Crâne à trente ans, genou à quarante. » (V. Hugo.)

GENREUX. — Homme qui fait du genre, poseur ridicule.

GENTLEMAN. — Gentilhomme, dans la langue des anglomanes. — « Nous sommes certes de parfaits gentlemen. » (Frémy.)

GENTLEMAN RIDER. — « Homme du monde qui monte dans les courses. » (Paz.)

GENTRY. — Société aristocratique. — « Im-

posant à la gentry par son nom et sa fortune. »
(Aubryet.)

GEORGET. — Gilet. Vieux mot.

GERBER. — Juger. (Vidocq.) Mot à mot :
réunir tous les actes de la vie passée, en faire
une gerbe, un faisceau pour l'accusation?
V. *Manger*.

GERBER A LA PASSE. — Condamner à mort.
— On dit souvent en parlant de la mort : Il
faut la *passer*. — « On va le buter. Il est depuis
deux mois gerbé à la passe. » (Balzac.)

GERBERIE, GERBIER. — Tribunal, juge.

GERNAFLE. — Ferme. — Pour *garnafle*.

GÉRONTOCRATIE. — Puissance de la routine.
— Représentée au théâtre par le type de Gé-
ronte. — M. James Fazy, de Genève, a débuté
dans les lettres par un ouvrage intitulé : *De la
Gérontocratie, ou Abus de la sagesse des vieillards dans le gouvernement de la France*, 1828.

GI. — Oui. (Halbert.) — V. *Gy*.

GIBERNE. — Derrière. — Allusion à la place
ordinaire de la giberne. — « Il donne en riant
une légère tape sur... la giberne de Léa. —
Léa : Insolent. » (L. Leroy.) V. *Pinceau*.

GIGOLETTE. — Grisette, faubourienne courant les bals publics.

GIGOLO. — Petit jeune homme fréquentant
les lieux où se rencontre la gigolette.

GILET EN CŒUR. — Élégant, fashionable.
— « Si, avec cela, vous n'êtes pas reçu membre de la Tribu des gilets en cœur, brûlez-vous
la cervelle... » (Marx, 1867.)

La description suivante donne l'étymologie
du mot, elle est prise également aux *Histoires
d'une minute*, d'Adrien Marx. — « Cela fait, re-
gagnez votre domicile, glissez les jambes dans
un pantalon simulant la vis au cou-de-pied ;
encadrez le plastron de votre chemise dans un
gilet ouvert jusqu'au nombril, et endossez
l'habit noir préalablement orné d'un œillet
blanc. »

GILMONT. — Gilet.

GINGINER. — Faire une œillade. — « Elle
gingine à mon endroit... » (Gavarni.)

GILBOCQUE. — Billard. (Halbert.) — Onomatopée. C'est le bruit de la bille qui en rencontre une autre.

GINGLARD, GINGLET. — Piquette. — Du vieux
mot *ginguet :* petit vin aigre. — Le vin nou-

veau qui est aigre, s'appelait jadis *jain*. V. Lacombe. — « Nous avons arrosé le tout avec
un petit ginglard à six qui nous a fait éter-
nuer... oh ! mais, c'était ça ! » (Voizo.)

GINGUER. — Envoyer des coups de jambe.
— De *gigue*. — Vieux mot.

GIROFLE. — Jolie, aimable, bonne. — « Montron drogue à sa largue : bonnis-moi donc,
girofle. » (Vidocq.) — V. *Coquer*.

GIROFLÉE A CINQ FEUILLES OU A PLUSIEURS
FEUILLES. — Soufflet. — Les cinq feuilles re-
présentent les cinq doigts de la main. — « Je
vous lui donnai une giroflée à cinq feuilles sur
le musiau. » (Rétif, 1783.)

GIROFLERIE. — Amabilité. (Vidocq.)

GIROFLETTER. — Souffleter. — De *giroflée
à plusieurs feuilles :* soufflet. — « Ah ! l'a-t-elle
girofletté ! » (Balzac.)

GIROLLE. — Oui, soit. (Vidocq.)

GIRONDE. — Jolie prostituée. (Idem.)

GIROUETTE. — Homme politique dont les
opinions changent selon le vent de la fortune.
On a publié depuis 1815 quatre ou cinq dictionnaires de *Girouettes*.

GITRE. — J'ai. (Grandval.) — Mot à mot :
j'itre. — V. *Itrer*. — Vidocq donne à tort,
croyons-nous, le verbe *gitrer*.

GIVERNEUR. — Vagabond couchant dans la
rue. (Vidocq.)

GLACE, GLACIS. — Verre à boire. (Grandval.)
Nom de matière appliqué à l'objet. — *Glacis* est
un diminutif.

GLACIÈRE PENDUE. — Réverbère. (Halbert.)
V. *Pendu*.

GLAVIOT. — Crachat. — Dhautel dit *Claviot*.

GLIER, GLINET. — Diable. (Grandval.)

GLISSANT. — Savon. (Vidocq.) — Allusion
d'effet.

GLISSER. — Mourir. — On dit le plus souvent : *il s'est laissé glisser*. — Quand on glisse,
on tombe, et c'est de la grande chute qu'il s'a-
git ici. — « C'est là (à un restaurant de la
chaussée du Maine), que j'ai appris, entre autres bizarreries, les dix ou douze manières d'annoncer la mort de quelqu'un : Il a cassé sa
pipe, — il a claqué, — il a fui, — il a perdu le
goût du pain, — il a avalé sa langue, — il s'est
habillé de sapin, — il a glissé, — il a décollé le

billard, — il a craché son âme, » etc., etc., (Delvau.)

GLORIA.—Petit verre d'eau-de-vie versé dans une demi-tasse. — De même que le *gloria patri* se dit à la fin des psaumes, ce gloria d'un autre genre est la fin obligée d'un régal populaire. — « A la chaleur d'une demi-tasse de café bénie par un gloria quelconque. » (Balzac.)

On appelle aussi *gloria*, une demi-tasse. — « Ne fût-ce qu'un absinthe ou un gloria. » (About.)

GLORIEUSES (LES). — Les journées de la révolution de 1830, qu'on qualifiait ordinairement de *glorieuses* dans le langage officiel d'alors. — « Les trois journées de février qui répondirent aux trois glorieuses de 1830 avec une si fatale symétrie. » (Aubryet.)

GLOU-GLOU. — Action de verser du vin à la ronde. — Harmonie imitative du bruit du liquide en s'échappant du goulot. V. *Absorption*.

GNAN-GNAN.—Être mou, nul. — Redoublement du vieux mot *niant :* rien. — Talma écrit à madame Bourgoin, le 19 septembre 1825 : « Vous avez prouvé au public et à vos camarades que vous êtes en état de jouer autre chose que des gnans-gnans. »

GNOGNOTE.—Chose sans valeur. — De *niant :* rien. — « Josepha... c'est de la gnognote. » (Balzac.) Diminutif de *gnan-gnan*.

GNIAF, GNIAFFE.—Savetier, et par extension : homme grossier, mal élevé.—« C'est le cordonnier gniaffe que nous nous sommes proposé surtout de peindre. » (P. Borel.) — « Je dis, monsieur le baron, que vous êtes un gniaf, et que vous me prenez pour un autre. » (E. Villars.)

GNIOL, GNIOLLE, GNOLLE. — Sans valeur, sans initiative. — Vient de *gnan-gnan* avec changement de finale. — On a écrit ce mot de toutes les façons. La plus ancienne, celle de 1805, doit être préférée. — « Des journalistes très-ignorants se servent du mot césarisme dans une très-mauvaise acception. Il faut avoir été de l'hôtel de ville pour être aussi gniol que cela. » (J. Richard.) — « Mais il est si gniolle, ce gouvernement ! il est si feignant ! si propre à rien. » (Montépin.)—« Pas si gnolle, c'est des gosses, ça. » (Rousseliana, 1805.)

GNOLE. — Tape. — Abréviation de torgnole.— « Quoi ! tu n'peux ly fiche une gnole dessus la tronche. » (*Dialogues poissards*, dix-huitième siècle.)

GOBANTE (femme). — Femme très-séduisante. Mot à mot : vous gobant, vous prenant tout entier à première vue.

GOBBE. — Calice. (Vidocq.) — Abréviation de *Goblet*.

GOBE-MOUCHE. — Espion. (Halbert.) Mot à mot : *mouche*, faisant métier de *gober* (avaler) les gens. V. *Mouche*.

GOBER (LA). — Mourir, être victime d'un accident. — « Ce poltron-là, c'est lui qui la gobe le premier. » (L. Desnoyers.) V. *Billet* (*donner son*).

GOBER. — Être fort épris.

GOBER (SE). — Se croire une supériorité.

GOBESON. — Verre. (Vidocq.) — Diminutif de *Gobbe*.

GOBETTE. — Verre. (Halbert.)

GOBEUR, GOBEUSE. — Homme crédule, femme crédule. — « Venu au monde avec toute la naïveté d'esprit qui constitue le gobeur, je rencontre à chaque instant des sceptiques. » (A. Marx.)

GOBICHONNADE. — Régal, festin. — Même étymologie. V. *Bitture*. — « En avant la gobichonnade ! » (Labiche.)

GOBICHONNER. — Se régaler. — Diminutif du vieux mot *Gobiner*. — « Il se sentit capable des plus grandes lâchetés pour continuer à gobichonner de bons petits plats soignés. » (Balzac.)

GOBICHONNEUR. — Gourmand. — « Le roi, le triomphateur des gobichonneurs. » (La Bédollière.)

GOBILLEUR.—Juge d'instruction. (Halbert.) — Il avale (gobille) les réponses du prévenu.

GOBSECK. — Usurier. — C'est le nom d'un type de *la Comédie humaine*, de Balzac.

GODAN. — Conte *fait* à plaisir. — Du vieux verbe *Goder*, se réjouir, s'amuser *(gaudere)*.— « Quand on parle de doctrines nouvelles aux gens qu'on croit susceptibles de donner dans ces godans-là. » (Balzac.)

GODARD. — Mari d'une femme qui accouche.—Voici deux exemples, dont l'un est ancien :

Bientôt ma femme est en couche;
J'suis d'abord Godard. (*Chansons*, Toulon, 1830.)

Molé leur a dit : *ergo glu!*
Servez Godard, sa femme accouche !
Ce ne sera pas par ma bouche
Que l'édit sera lu, s'il l'est ;
   Il ne me plaist pas.
      (*Le Courrier burlesque*, 1650, 2e partie.)

GODDEM. — Anglais. — Allusion au juron favori des Anglais.

Un gros Auvergnat, piqué jusqu'au vif.
Au Goddem mettant le poing sous le pif. (Festeau.)

GODICHE, GODICHON. — Ridicule. — « Que tu es donc godiche, Toinon, de venir tous les matins comme ça ! » (Gavarni.)

GOFFEUR. — Serrurier. (Colombey.)

GOGO. — Dupe, vieux homme crédule, facile à duper. — Abréviation du mot *gogoyé :* raillé, plaisanté. — Villon paraît déjà connaître *gogo* dans la ballade où il chante les charmes de la grosse Margot qui...

   Riant, m'assit le point sur le sommet,
   Godo me dit et me lâche un gros pet.

— « C'est encore ces gogos-là qui seront les dindons de la farce. » (E. Sue.) — « Avec le monde des agioteurs, il allèche le gogo par l'espoir du dividende. » (Deriége.)

GOGUENOT. — Grand quart, vase de fer-blanc de la contenance d'un litre dont se munissent les troupiers d'Afrique. Il va au feu, sert à prendre le café, s'utilise comme casserole et comme gobelet.

GOGUENOT, GOGUENEAU. — Pot de nuit, baquet servant de latrines portatives. — « La meilleure place, la plus éloignée de la porte, des vents coulis et du *goguenot* ou thomas. » (La Bédollière.)

GOGUENAUX. — Lieux d'aisance. — « Il fumera dans les goguenaux aux jours de pluie. » (La Cassagne.)

GOGUETTE. — Société chantante. — Au moyen âge, ce mot signifiait : Amusement, réjouissance. — « Il y a environ trois cents goguettes à Paris, ayant chacune ses affiliés connus et ses visiteurs. » (Berthaud.)

GOGUETIER. — Membre d'une goguette. — « Le goguetier est Parisien, il est chansonnier, il aime la musique, les refrains bruyants. C'est d'ailleurs un ouvrier laborieux et honnête. » (Berthaud.)

GOINFRE. — Chantre. — Allusion à sa bouche toujours ouverte pour chanter aux offices.

GOITREUX. — Niais. — Cette injure est une variante de *crétin ;* on sait que les crétins sont généralement goitreux. — « Il vient à Bullier deux sortes de gens, l'une composée de jeunes goîtreux de l'autre côté de l'eau, de ramollis aux ongles roses. » (A. Brun, 1867.)

GONZE, GONZESSE. — Niais, niaise. — « Mais votre orange est fichée. Elle n'a point de queue ? — Allez donc, gonze. » (Vadé, 1788.) V. *Aplomb. Regout, Raleur.*

GOSSE, GOSSELIN, GOSSELINE. — Enfant, petit garçon, petite fille. — Le premier est une abréviation, car Grandval ne donne que *Gosselin.*

GOSSE. — Mensonge, conte en l'air. — Vient du verbe *se gausser.* On disait autrefois *gausse.* — « Conter des gausses, faire des mensonges badins. » (Dhautel, 1808.) V. *Gnolle.*

GOTEUR. — Paillard. (Halbert.)

GOTON. — Fille de mauvaise vie. — Abréviation de *Margoton.* — « Est-ce que tu nous prends pour ta goton, avec ta familiarité ? » (*Catéchisme poissard*, 1840.)

GOUALANTE. — Chanson. (Halbert.) Mot à mot : *gueulante.* Une chanson se chante à pleine voix.

GOUALER. — Chanter. Mot à mot : *gueuler.* — Du vieux mot *goule :* gosier.

GOUALEUR, GOUALEUSE. — Chanteur, chanteuse. (Idem.) — Eugène Sue a donné ce nom à l'un des types les plus populaires de son roman : *les Mystères de Paris.*

GOUAPE. — Vie de gouapeur. — « J'aime mieux jouer la poule. — Parce que t'es un gouapeur, mais ceux qui préfèrent le sentiment à la gouape, c'est pas ça. » (Monselet.) — « Mes amis, unissons nos voix pour le triomphe de la gouape. » (C. Reybaud.)

GOUAPPE, GOUAPEUR, GOUAPEUSE, GOUÊPEUR. — Vagabond, fainéant, débauché.

Sans paffes, sans lime, plein de crotte,
Aussi rupin qu'un plongeur.
Un soir, un gouêpeur en ribote
Tombe en frime avec un voleur.   (Vidocq.)

Le *Dictionnaire d'argot* publié à la suite du *Cartouche* de Grandval (édition non datée, 1827?) ne donne que la forme *gouapeur* avec la signification « homme sans asile ».

On trouve une physiologie complète du

type dans une chanson de J.-E. Aubry, qui a paru en 1836 : *le Gouappeur*.

« Pauvre Dupuis, marchand de vin malheureux, que de gouapeurs trompèrent ta confiance ! » (Monselet.)—« Quant aux vagabonds adultes qu'on désigne en style d'argot des goêpeurs. » (M. Christophe.) V. *Halène*.

. GOUÊPER. — Vagabonder. — « J'ai comme un brouillard d'avoir goûpé dans mon enfance avec un vieux chiffonnier. » (E. Sue.)

GOUJON (AVALER LE). — Mourir. — « Quoi qu'on dise et quoi qu'on fasse, il faut avaler le goujon. » (Francis, 1815.)

GOULOT. — Bouche. — Du vieux mot *Goule*. — « Plomber du goulot, sentir mauvais de la bouche. — *Jouer du goulot*, absorber des petits verres. » (*Almanach des Débiteurs*.)

GOULU. — Poêle. (Vidocq.) — Il est goulu de bûches.

GOULU. — Puits. (Idem.) — Il ouvre une grande gueule comme un goulu.

GOUPINE. — Mise étrange. (Halbert.)

GOUPINER.—Voler. V. *Buttuer, Estourbir*. — « Voilà donc une classe d'individus réduite à la dure extrémité de travailler sur le grand trimar, de goupiner. » (*Cinquante mille voleurs de plus à Paris*, Paris, 1830, in-8.) — « J'ai roulé de vergne en vergne pour apprendre à goupiner. » (Vidocq.)

GOUPLIN, GOUPLINE. — Pot, pinte. (Halbert.) :

GOURBI. — Hutte de branchages. — « On fait des gourbis et des gabions. » (*Commentaires de Loriot*.) Mot d'Afrique.

GOURDEMENT. — Bien, beaucoup. V. *Pavillonner, Artie*.

GOURER. — Tromper. (Halbert.) Vieux mot.

GOUREURS. — « Les *goureurs* sont de faux marchands qui vendent de mauvaises marchandises sous prétexte de bon marché. Le faux marin qui vend dix francs des rasoirs anglais de quinze sous... *goureur*. Le chasseur d'Afrique qui rapporte d'Alger des cachemires... *goureur*. L'ouvrier qui a trouvé une montre d'or et qui veut la vendre aux passants... *goureur*. » (Paillet.)

GOURPLINE. — Plainte. (Halbert.)

GOUSPIN. — Mauvais gamin. Diminutif du vieux mot *gous*, chien. — « Quarante ou cinquante jeunes gouspins bruyants et rageurs. » (Commerson.)

GOUSSET PERCÉ (AVOIR LE). — N'avoir pas un sou en poche. — « Comment faire quand on a le gousset percé ? » (Letellier, 1839.)

GOUTTE. — Portion d'eau-de-vie (un décilitre en général). — « J'appelai ma mère qui buvait sa goutte au petit trou. » (Rétif, 1783.) V. *Pégossier*.

GOYE. — Dupe, niais. Signifie *chrétien* chez les juifs. — « Le goye te mire, le pante te regarde. » (Monselet.)

GRAILLON. — Femme sale. Mot à mot : sentant le graillon de la cuisine.

GRAILLONNER. — Parler. (Vidocq.) Du vieux mot *grailler* : croasser.

GRAILLONNER.—Écrire. (*Petit dictionnaire d'argot*, 1844.) Mot à mot : cracher sur le papier.

GRAILLONNEUR. — Homme qui expectore souvent. — « Comme c'est ragoûtant d'avoir affaire avant son déjeuner à un graillonneur pareil ! » (H. Monnier.)

GRAIN. — Écu. (Grandval.) C'est un vieux mot qu'on rencontre souvent. Dans la *Vie de saint Christophe* (imprimée à Grenoble en 1530), deux brigands méditent une attaque contre le premier passant. « S'il avoit des grains, dit Brandimas, on lui raseroit le mynois. »

GRAIN (AVOIR UN). — Déraisonner. Mot à mot : avoir un grain de folie dans le cerveau.

GRAISSE. — Argent. — *Il y a de la graisse* : il y a un bon butin à faire.

GRAISSE (VOLER A LA). — Se faire prêter sur des lingots d'or et sur des diamants qui ne sont que du cuivre et du strass. (Vidocq.)

GRAISSER. — Gratter. (Halbert.)

GRAISSER LA MARMITE. — Payer sa bienvenue dans un régiment.

GRAISSER SES BOTTES. — Se préparer au départ, et, au figuré : être près de mourir, recevoir les saintes huiles.

GRAND BONNET.—Évêque. (Halbert.)—Allusion à sa mitre.

GRAND TURC. — Formule négative.—« Ma chère, il pense à toi comme au Grand Turc. » (Balzac.)

GRANDE. — Poche. (Colombey.)

GRANDE BOUTIQUE. — Préfecture de police. (Halbert.)

GRANITIQUE. — Grandiose, impérissable.— Allusion au granit qui forme la matière de certains monuments renommés. — « Ce drame pyramidal, obéliscal et granitique qui m'a fait frémir. » (*Alm. du Hanneton*, 1866.)

GRAS (IL Y A). — Il y a de l'argent. — « Faire tant d'embarras quand dans le gousset il n'y a pas gras. » (Métay.) V. *Train, Graisse.*

GRAS-DOUBLE.— Feuille de plomb. (Grandval.) Il s'agit ici de la feuille employée pour la toiture et enlevée par des voleurs qui le roulant autour du corps, sous les vêtements, se donnent un second gras-double, c'est-à-dire un embonpoint factice.

GRASDOUBLIER. — Voleur de plomb. V. *Limousineur.*

GRATOUSE. — Dentelle. (Grandval.) Elle gratte légèrement la peau.

GRATTE. — Abus de confiance. — « Il y a de la gratte là-dessous. » (*La Correctionnelle.*)

GRATTE. — Gale. (Colombey.) — Effet pris pour la cause.

GRATTE. — Pièce grattée, retenue en cachette par la couturière sur les étoffes confiées par la pratique.

GRATTE-COUENNE. — Barbier. (Halbert.) Mot à mot : gratte-peau.

GRATTE-PAPIER. — Fourrier. — Allusion à ses fonctions de scribe. V. *Rogneur.*

GRATTER. — Arrêter. (Vidocq.)

GRATTER. — Voler. Mot à mot : faire la gratte. — « Au diable la gloire, il n'y a plus rien à gratter. » (M. Saint-Hilaire.)

GRATTOIR, GRATTON. —Rasoir.

GREAT ATTRACTION.—Grande attraction.— Anglicanisme. — « Le great attraction de la soirée, c'est le début d'Albert Glatigny. » (*La Lune*, 1867.)

GREC. — Homme faisant métier de filouter au jeu. — Il faut reconnaître que jamais le peuple grec n'a été renommé pour sa bonne foi. Saint Jérôme l'a dit nettement : *Impostor et Græcus est* (épître X *ad Furiam*). Cicéron appelait la Grèce *Græcia mendax*. Toutefois, M. Francisque Michel paraît n'avoir trouvé un exemple de la signification actuelle que dans un livre de 1758 : *L'histoire des Grecs ou de ceux qui corrigent la fortune au jeu.*

GREFFER. — Manquer de nourriture.

GREFFIER, GRIFFON. — Chat. — Allusion à ses griffes.

> C'est la dabuche Michelon
> Qu'a pomaqué son greffier,
> Qui jacte par la venterne
> Qui le lui refilera.
>
> Le dab Lustucru
> Lui dit : « Dabuch' Mich'lon,
> Allez ! votre greffier n'est pas pomaqué ;
> Il est dans le roulon,
> Qui fait la chasse aux tretons,
> Avec un bagafre de ferlange
> Et un fauchon de satou.
>
> (Chanson argotique de *la Mère Michel*, citée par M. Michel.)

GREFFIR. — Dérober finement comme le chat. (Grandval.)

GRÊLE. — Patron ou maître tailleur.

GRÊLE. — Tapage. (Halbert.) — Allusion au bruit de la grêle.

GRENADIER. — Gros pou. Mot à mot : pou d'élite. Il faut se rappeler ici le sens de Garnison. V. ce mot.

GRENASSE. — Grange. (Grandval.) — Vient de *grain*, comme *grenier.*

GRENOUILLE. — Caisse, grosse somme. Mot à mot : réunion de *grains* (écus). V. *Grain.* On a joué sur les mots en écrivant *grenouille* au lieu de *grainouille.* — « Il tenait la grenouille. » (Vidal, 1833.) — « Les soldats s'imaginent toujours que les sergents-majors mangent audacieusement la grenouille. » (La Bédollière.) — « Il a fait sauter la grenouille de la société.» (L. Reybaud.)

GRENU, GRENUCHE. — Blé, avoine. (Grandval.) V. *Grenasse.*

GRENUE, GRENUSE. — Farine. (Idem.)

GRIFFARD. — Chat. (Grandval.)— Il griffe.

GRIFFLEUR. — Brigadier de prison. (Halbert.) — Il fouille ou *griffe* les prisonniers.

GRIFFONNER. — Jurer. (Halbert.)

GRIFLER. — Prendre. (Grandval.)

GRÈS. — Cheval. (Colombey.)

GRÉSILLONNER. — Demander du crédit. (*Almanach des Débiteurs.*)

GRÉVISTE. — Ouvrier en grève. — « La réunion des grévistes a l'honneur de vous faire

part de ses conclusions. La journée de travail sera réduite de dix heures à huit, dont trois consacrées au repos. » (Sardou.)

GRILLER UNE (EN). — Fumer. — « Passe-moi du tabac que j'en grille une. » (L. de Neuville.)

GRIME. — Arrêté. (Halbert.)

GRINCHE, GRINCHISSEUR, GRINCHISSEUSE. — Voleur. — « Après avoir choisi l'écrin, le grinche paye le joaillier. » (Paillet.)

GRINCHER, GRINCHIR. — Voler. V. *Turbinement, Plan, Douille.*

GRINCHEUX. — Grognon.

> Es-tu grincheux, es-tu maussade ?
> Digères-tu mal tes repas ?
>   (G. Jollivet.)

GRINCHISSAGE. — Vol. V. *Parrain.*

GRIPIS. — Meunier. (Grandval.) V. *Grispis.*

GRIPPE-JÉSUS. — Gendarme. (Vidocq.) — Inventée par des voleurs, l'épithète prouve à quel point on tient à passer pour être honnête dans tous les métiers.

GRIS. — Vent. (Grandval.) — Vieux mot de langue romane. La *bise* est la sœur du *gris*. On dit encore : *un froid noir*.

GRISPIN, GRISPIS. — Meunier. (Halbert.) — La farine lui donne une couleur grise.

GRISES (EN FAIRE VOIR DE). — Faire endurer des souffrances à quelqu'un, qui ne peut voir en rose. — « Ma tante Aurélie qui disait l'autre jour à maman qu'elle t'en ferait voir des grises... » (Gavarni.)

GRIVE. — Guerre. (Grandval.) — Vieux mot signifiant fâcheux, méchant. On dit encore : *grièvement blessé :* dangereusement blessé. — « Les drilles ou les narquois, en revenant de la grive, en trimardant, quelquefois basourdissent les orgues. » (Vidocq.)

GRIVE. — Garde, patrouille. (Halbert.) — GRIVIER. — Soldat. (Halbert.)

GROGNARD. — Vieux soldat. — Allusion à l'humeur *grognonne* des vétérans. — Voici le plus ancien exemple du mot : « On appelle grognard, à l'armée, les soldats qui ont déjà beaucoup de service et qui portent des moustaches. » (Cadet-Gassicourt, 1809.)

GROOM. — Petit valet. — « Savez-vous ce que c'est qu'un petit groom? Eh bien ! c'est un petit bas des reins qu'est pas plus haut que ma botte. » (Festeau.)

GROS FRÈRES, GROS TALONS, GROS LOLOS. — Cavaliers de réserve. — « Ces solides et imposants cavaliers que nous appelons des gros frères. » (Trochu, 1867.) — « Gros lolo, gros talon, c'est le sobriquet donné aux carabiniers et aux cuirassiers. » (La Bédollière.)

GROSSE CAVALERIE. — Cureurs d'égout. — Allusion à leurs grandes bottes.

GROUCHY (PETIT). — « Article arrivé en retard à l'imprimerie. » (Balzac.) — Allusion à la tradition contestée qui impute à Grouchy la lenteur de sa marche sur Waterloo.

GROUIN. — Visage. — Animalisme. — « Allons, venez, z'amoureux des vingt mille vierges, que j' vous applique mon visage sus l' grouin. » (*Catéchisme poissard*, 1840.)

GRUE. — Sot, sotte. — « Les regnards ne perchent plus au poulailler ; le monde n'est plus grue. » (*Paraboles de Cicquot*, 1593.)

GRUE. — « C'est ordinairement une grande belle fille qui, ne sachant que faire, un beau matin s'improvise actrice et s'en va solliciter un engagement dans un théâtre de vaudeville. » (Duflot.)

GUEDOUZE. — Mort. (Colombey.)

GUELTE. « La guelte était une prime accordée aux commis qui réussissent à vendre des marchandises défectueuses... Mais bientôt on s'aperçut que les employés ne s'occupaient que des articles gueltés. Alors on mit de la guelte sur toutes les marchandises. » (Naviaux.)

GUENAUD, GUENAUDE. — Sorcier, sorcière. (Halbert.)

GUEULARD. — Gourmand. Mot à mot : sur sa gueule. — « V'là du résiné pour Zidore ; toi, t'auras rien, t'es trop gueulard. » (Ourliac.)

GUEULARD. — Braillard.

GUEULARD. — Poêle, sac. (Vidocq.) — L'un et l'autre ouvrent de grandes gueules.

GUEULARDISE. — Friandise.

GUEULE. — Grosse voix. — La cause est prise pour l'effet. — « Molière était l'ami de l'avocat Fourcroi qui avait une voix de tonnerre. Une discussion s'éleva entre eux à table. Molière finit par dire à Despréaux qui était resté simple spectateur : « Qu'est-ce que la rai- « son avec un filet de voix contre une gueule « comme celle-là ? » (Abbé Raynal, *Anecdotes littéraires.*)

GUEULE (FAIRE SA). — Faire le dédaigneux. Mot à mot : faire sa tête.

GUEULE (CASSER, CREVER LA). — Frapper à la tête. — « Tu me fais aller, je te vais crever la gueule. » (A. Karr.)

GUEULE (TAIRE SA). — Cesser de parler. — Une caricature de 1840 porte cette légende : « Tu vas taire ta gueule, ou j'te repasse un coup de savate par les fumerons. »

GUEULETON. — Repas plantureux. Mot à mot : dont on a plein la gueule. — « Je ne vous parle pas des bons gueuletons qu'elle se permet, car elle n'est pas grasse à lécher les murs. » (Vidal, 1833.) — « Chacun d'eux suivi de sa femme, à *l'Image de Notre-Dame*, firent un ample gueuleton. » (Vadé, 1788.)

GUEULETONNER. — Faire des gueuletons.

GUEUSARD. — Terme amical. V. *Gueuxgueux.* « Appelle-moi gueusard, scélérat, lui dis-je. » (*Amours de Mathieu*, 1832.) — « Et vous fiancez souvent, gueusard ! » (E. Sue.)

GUEUSE. — Prostituée. — « Il se ruina avec des gueuses, » écrit, en 1712, Saint-Simon parlant du duc de Sully. V. *Courailler*.

GUEUX, GUEUSE. — « Que j'en ai gagné de c'te gueuse d'argent ! » (H. Monnier.) — Pris en bonne part.

GUEUX. — Chaufferette. — « Les dames des halles se servent de ces horribles petits pots en grès qu'on nomme des *gueux*. Elles les posent sur leurs genoux pour se réchauffer les doigts.» (P. d'Anglemont.)

GUEUX-GUEUX. — Mot d'amitié.

Puis, quand c'est fini, le gueux-gueux
Se bichonne avec élégance.   (Marquet.)

GUIBE, GUIBOLLE, GUIBON. — Jambe. — Vieux mot, car on disait jadis *guiber* pour *se débattre des pieds*. — « Si nous prenions place. Ça me botte, vu que j'ai les guibolles affaiblies. » (1842, J. Ladimir.)

GUICHEMAR. — Guichetier. (Vidocq.)

GUIGNOLANT. — Malheureux. — De *guignon*.

GUIMBARDE. — Vieille voiture. — « Monsieur, pourquoi votre guimbarde n'est-elle pas prête ? » (Cormon.)

GUINAL. — Juif. (Vidocq.) Mot à mot : circoncis. — De *guinaliser* : circoncire.

GUIRLANDE. — Chaîne d'accouplement des forçats. — « Le poids de la manille et de la chaîne est de douze livres à peu près. — On appelle cette chaîne *guirlande*, parce que, remontant du pied à la ceinture où elle est fixée, elle retombe en décrivant un demi-cercle, dont l'autre extrémité est rattachée à la ceinture du camarade de chaîne. » (Moreau Christophe, 1837.)

GUITARE. — Rengaîne. — Allusion ironique à l'école des troubadours classiques de 1820. Chaque volume de vers avait alors son portrait d'auteur drapé dans un manteau à grand collet et faisant vibrer son luth (guitare classique) au milieu de ruines éclairées par la lune. — « On désigne au théâtre sous le nom de *guitare* une sorte de plainte incessante, revenant comme le son monotone. » (Duflot.)

GY, GIROLLE. — Oui, bien, très-bien. (Grandval.)

H I

HABILLÉ DE SOIE. — Cochon. Mot à mot : habillé de *soies*. — Jeu de mots.

HABIN, HABINE. — Chien, chienne. (Halbert.) Pour *Happin*.

HABIT ROUGE. — Anglais. — C'est la couleur favorite de leur uniforme. — « Les habits rouges voulaient danser, mais nous les avons fait sauter. Vivent les sans-culottes ! » (Mauricault, 1793.)

HALÈNES. — Outil de voleur. — Allusion aux alènes de cordonnier ? — « Crois-moi, balance tes halènes. » (Vidocq.)

HALLEBARDES (IL TOMBE DES). — Il tombe une forte pluie. Mot à mot : une pluie à vous percer jusqu'aux os. — « Je pianoche, quand il tombe des hallebardes. » (Villars.)

HALOT. — Soufflet. (Halbert.) — C'est le hâle du feu.

HANDICAP. — Genre de courses dont la distance et les poids ne sont indiqués qu'après l'engagement. (Paz.)

HANDICAPER. — Homme chargé de répartir la surcharge entre les chevaux figurant au *handicap*. (Paz.)

HAPPIN. — Chien. (Grandval.) — De *happer :* saisir.

HAPPINER. — Mordre.

HARIA, ARIA. — Embarras. — « C'est un haria que de chasser si loin. » (Balzac.)

HARIADAN BARBEROUSSE. — Christ. — Allusion à la barbe rousse du Christ. — « Il rigolait malgré le sanglier qui voulait lui faire bécoter Hariadan Barberousse. » (Vidocq.)

HARICOT VERT. — Voleur maladroit.

HARMONIE (FAIRE DE L'). — Faire tapage. (Grandval.) — Ironie.

HARPE. — Barreau de fer servant à griller une fenêtre de prison. — Abréviation de *harpion* qui signifiait *griffe* au moyen âge. — La harpe est une grille de fer retenant le détenu.

HARPION. — Mains, pieds. (Grandval.) V. *Arpion.*

HAUSSIER. — Boursier jouant à la hausse. — « Il est bien entendu que le haussier n'achète que pour revendre, comme le baissier vend pour racheter. » (*Boursicotiérisme.*)

HAUSSMANNISER. — Exproprier, démolir et reconstruire sur une grande échelle, selon les errements de M. Haussmann, ancien préfet de la Seine. — « Nous sommes décidément haussmannisés, mes chères. La moitié du jardin y passe. » (E. Villars, 1866.)

HAUTE (LA). — La partie riche de chaque caste sociale. Il y a des lorettes de la haute, des voleurs de la haute. — Le misérable qui se trouve en fonds dit en plaisantant : *Je suis de la haute.* — « Jamais aussi le sportsman n'a couru les salons et *la haute,* comme on dit au club. » (R. d'Ornano.) — « Des dames de la haute?... Non, des étudiantes. » (Carmouche.) — « Il y a lorette et lorette. Mademoiselle de Saint-Pharamond était de la haute. » (P. Féval.) — « Si nous ne soupons pas dans la haute (dans un restaurant fashionable), je ne sais guère où nous irons à cette heure-ci. » (G. de Nerval.)

HAVRE, GRAND HAVRE. — Dieu. (Halbert.) Mot à mot : port, grand port. — *Dieu est le port du salut.*

HERPLIS. — Liard. (Idem.)

HERS. — Maître. (Colombey). — Vieux mot dans lequel on retrouve le *herus* latin.

HIC (VOILA LE). — Voilà le difficile de l'affaire. — Latinisme. — Vieux mot.

HIGH LIFE. — Grand monde. — Anglicanisme. — « Les chroniqueurs de high life trempent leurs plumes pour décrire les magnificences du bal. » (*L'Éclair,* 1872.) — « Madame de Blanchet, une de nos charmantes élégantes du high life parisien. » (*Moniteur.*)

HOMICIDE. — Hiver. (Halbert.) — Sa rigueur tue les misérables.

HOMME DE BOIS. — Nom qu'on donne dans les imprimeries à celui qui rajuste les planches avec des petits coins en bois. (*Cabarets de Paris,* 1821.) — Jeu de mots.

HOMME DE LETTRES. — Faussaire. (Vidocq.) — Jeu de mots.

HOMME DE PAILLE. — Homme étranger aux choses accomplies sous la responsabilité de son nom. — « Quoi qu'il arrive, M. Bitterlin aurait été... son homme de paille, son gérant, son compère. » (About.) — « J'ai un prête-nom, un homme de paille, je lui confie mon argent, et il s'en sert à mon profit. » (Montépin.)

HOMMELETTE. — Homme sans force et sans énergie. (Dhautel.) — Jeu de mots.

HONNÊTE. — Printemps. (Halbert.)

HOPITAL. — Prison. (Vidocq.) V. *Malade* et *Fièvre cérébrale* qui complètent l'allusion.

HORREURS. — Propos libertins.

> Quand les bégueules ont des masques,
> Elles raffolent des horreurs. (Festeau.)

Faire des horreurs. — En venir des paroles à l'action.

HOTERIOT. — On nomme ainsi la hotte des chiffonniers. (P. d'Anglemont.) — Diminutif de *hotte.*

HUGOLATRE, HUGOPHILE. — Admirateur exclusif de Victor Hugo. — « Ah ! tu es hugophile. Tu es donc un géant pensif. » (Michu.)

HUILE. — Argent. (Grandval.) V. *Beurre.*

HUILE. — Soupçon. — Il pénètre et s'étend comme une tache d'huile. — « L'huile, c'est le soupçon. » (Du Camp.)

HUILE DE BRAS. — Vigueur corporelle.

HUILE DE COTRET. — Coup de bâton. (Dhautel.) — « Il n'a plus à courir après l'offenseur, chargé de cotrests. » (*Le grand*

Gersay battu ou la canne de M. de Beaufort.
Paris, 1649, in-4.)

> Nos bastonnades sont sûres.
> Nous panserons les blessures
> Avec l'huile de cottrets.
>
> (A. Leullier, *Ronde des Gourdins.*)

Huit ressorts. — Voiture très-suspendue.
— « Jamais Anna Deslion, Julia Barucci,
Adèle Courtois, n'ont dans le huit ressorts
promené de mine aussi noble. » (*Les Cocottes.*)

Huitre. — Graillon. — Allusion d'aspect.
— « Dis donc, cousin d'mon chien ! mangeux
d'huîtres sans citron. » (*Cat. poissard*, 1840.)

Huitre. — Imbécile. — « Combien il a
fallu d'huîtres pour fournir un pareil collier !
disait un vaudevilliste à la jolie femme. — Oh !
il n'en a fallu qu'une ! répondit-elle en sou-
riant. » (Marx.)

Huitre de varennes. — Fèves de marais.
(Halbert.)

Huitrifier. — Abrutir.

Humanitaire. — L'humanitaire est le
zélateur d'une secte récente... L'humanitaire
est le radical par excellence. Petites ou grandes,
à ses yeux, toutes les réformes se tiennent. »
(Michel Raymond, 1833.)

Humecter (s'). — Boire. V. *Casque.*

Hunter. — Cheval de chasse. (Paz.) —
Anglicanisme.

Huré. — Riche. (Halbert.) Pour *huppé.*

Hussard a quatre roues. — Conducteur
d'artillerie, soldat du train des équipages. —
« Aussi partagent-ils avec le train des équipages militaires le sobriquet de *hussards à
quatre roues.* » (La Bédollière.)

Hussard de la guillotine. — « Le gendarme a différents noms en argot : quand il
poursuit le voleur, c'est un *marchand de lacets;* quand il l'escorte, c'est une *hirondelle de
la Grève;* quand il le mène à l'échafaud, c'est
un *hussard de la guillotine.* » (Balzac.)

Hust must. — Grand merci. (Grandval.)

Icicaille, icigo. — Ici. — Adjonction de
finale. — V. *Dardant.*

Idéaliste. — Artiste ou écrivain plaçant
l'idée au-dessus de la réalité dans l'exécution.
— « Ces idéalistes-là trouvent toujours qu'il
y a trop de couleur : pourquoi pas trop de
toile ! » (J. Richard, 1872.)

Idée (une). — On dit une *idée*, un *soupçon*,
un *scrupule*, une *larme*, pour *quelques gouttes*
de liquide.

Avoir des idées : avoir d'amoureu désirs.

Idiot. — Insulte vague. Elle peut s'adresser
à des gens d'esprit. — « Il a l'air d'un chien
de chasse. Est-il idiot, hein? — Aussi, tu l'a-
gaces, ma chère. » (E. Villars.)

Illico. — De suite. — Latinisme. — « Sans
égards pour vos larmes, ils vous conduiraient
illico à Saint-Lazare. » (*Événement*, 1866.)

Illico. — Grog confectionné en fraude dans
les hôpitaux. — Allusion à un terme de for-
mulaire.

Immortel. — Membre de l'Académie française.

Impair. — Bévue, ânerie, dans le monde des
coulisses. (Duflot.)

Impériale. — Bouquet de poils plus grand
que la *mouche* et moins grand que la *bouquine.*
— « Sous le règne de Napoléon, la royale, peu
en vogue du reste, prit le nom d'*impériale.* »
(*Histoire de la Cravate*, 1854.)

Importance (d'). — Fortement. — « La
grosse Irma, j'vas t'la moucher, mais... d'importance, aie pas peur. » (H. Monnier.)

Impossible. — Impossible à figurer. — « Avec
son col exorbitant et ses lunettes impossibles. »
(Delvau.)

Impot. — Automne. (Halbert.)

Incommode. — Réverbère. (Colombey.) — Il
incommode les voleurs.

Inconséquent. — « Lorsque, dans le monde,
une jeune dame n'a pas très-bien su étendre
le voile par lequel une femme honnête couvre
sa conduite, là où nos aïeux auraient rudement tout expliqué par un seul mot, vous vous
contentez de dire : « Ah ! oui, elle est fort aima-
« ble, mais... — Mais quoi ? — Mais elle est
« souvent bien *inconséquente.* » (Balzac.)

Inde iræ. — De là les colères. — Latinisme. — « M. Littré, scrupuleux observateur
de la loi, vient de voter le rétablissement des
écoles des frères. *Inde iræ.* » (*Liberté*, 1872.)

Indifférer. — Être indifférent. — « J'ai
beau consulter mon pauvre cœur : — Oscar
m'indiffère, Chamoisy m'est égal. » (Marquet.)

Inexpressible. — Pantalon. — « Au sortir
des bancs du collège, où nous avions usé peu-

dant huit années, ce que la pruderie anglaise exprime par *inexpressible*. » (Mornand.)

INFANTE. — Se dit ironiquement, comme *donzelle*, d'une fille de médiocre vertu.

INFÉRIEUR (ÇA M'EST). — Cela m'est indifférent, mot à mot : je suis au-dessus de cela. — « Après ça, que le momignard frappe au monument, ça m'est inférieur. » (De Goncourt.)

INFECT. — Laid. — L'infection n'est prise qu'au figuré. — « Viens-tu voir la petite nouvelle ? — Pardieu ! et si elle n'est pas trop infecte, nous l'emmenons à la Maison-d'Or. » (*Ces Petites Dames*, 1862.) — « Tout ce qui se dit, s'écrit, se pense à l'heure qu'il est, est incontestablement infect. » (*Vie parisienne*.)

INFECTADOS. — Cigare d'un sou. — L'ironie n'a pas besoin d'être expliquée.

INGLICHMANN. — Anglais. — « Avec ça que l'amiral l'avait fait habiller en inglichmann. » (Louis Desnoyers.)

INGRISTE. — Peintre de l'école d'Ingres. — « A vous Lehmann, Ziegler, Flandrin, et autres *ingristes*. » (C. Blanc.)

INODORES. — Latrines. — « Fournier aux inodores présente le papier. (*Revue anecdotique*.) V. *Calme*.

INTÉRESSANTE (SITUATION). — Grossesse. V. *Polichinelle*.

INSOLPÉ. — Insolent. (Colombey.) — Changement de finale.

INTERVER. — Comprendre. (Grandval.) — Pour *enterver*.

INTIME. — Claqueur. — C'est un intime pour le théâtre. — « Adolphe allait en intime au Théâtre de Madame. » (*Cinquante mille voleurs de plus à Paris*, 1830.)

INVALO. — Invalide. — Changement de finale. — « Viens-tu entendre tousser le brutal sur l'esplanade des Invalos. » (*Alm. du Hanneton*.)

IRRÉCONCILIABLE. — Ennemi irréconciliable du gouvernement de Napoléon III. — Le mot date des dernières années de l'Empire.

ISOLER. — Abandonner. — Effet pris pour la cause. — On isole celui qu'on abandonne.

ITRER. — Avoir. — Abréviation de *litrer*. — Il se conjugue sans le *l*. — « Ires-tu picté ce luisant : as-tu bu aujourd'hui ? » (Halbert.)

J K

JABOT. — Estomac. — « Enlevé la miche ! cinq minutes après, nous l'avions dans le jabot. » (*Comment. de Loriot*.)

JACQUELINE. — Fille de mauvaise vie. — Dans son *Vieux Cordelier*, Camille Desmoulins apostrophe ainsi Hébert : « Le banquier Kocke, chez qui toi et ta jacqueline vous passez les beaux jours de l'été. »

JACTER. — Crier. Mot à mot : jeter (*jactare*) les hauts cris. V. *Greffier*.

JAFFIER. — Jardin. (Halbert.)

JAFFIN. — Jardinier. (Idem.)

JALO. — Chaudronnier. (Halbert.)

JAMBE (FAIRE UNE BELLE). — *Rendre la jambe mieux faite* : Donner un avantage illusoire. — « Tu as maudit ton père de t'avoir abandonné ? — Ça m'aurait fait une belle jambe. » (E. Sue.)

JAMBE (S'EN ALLER SUR UNE). — Ne boire qu'une tournée. — « Dès l'aube, on s'offre la goutte, on s'offre le canon, on s'offre le rhum, on s'offre l'absinthe ou le bitter, et l'on ne veut jamais s'en aller sur une jambe. » (La Bédollière.)

JAMBE (LEVER LA). — Danser le cancan (haute école). — « Elle levait la jambe avant Rigolboche. » (*Les Étudiants*, 1860.)

JAMBON. — Violon. — Allusion de forme. — « Il y avait longtemps que je n'avais entendu râcler le jambon en pleine rue. » (Th. Gautier.)

JAPPE. — Bavardage. — « Tais ta jappe. » (*Almanach du Hanneton*, 1867.)

JAR, JARS. — Argot. — Vieux mot jadis usité dans la bonne société. Voir *les Psaumes des Courtisans, dédiés aux braves esprits qui entendent le jars de la cour*, petit in-12 publié en 1620. *Jars* est une abréviation de *jargon*.

JARDINER. — Ricaner, parler en se moquant. V. *Escracher*.

JARDINIER. — Voleur à l'américaine. V. *Charriage*.

JARNAFFE. — Jarretière. (Idem.) — Changement des dernières syllabes.

JASER. — Prier. (Halbert.) — Allusion au récitatif de la prière.

JASPIN. — Oui. (Grandval.)

JASPINER. — Parler, causer. — Vieux mot dont *jaser* nous paraît le père. — « Ils jaspinaient argot encore mieux que français. » (Grandval, 1723.) — « Je lui jaspine en bigorne : N'as-tu rien à morfiller ? » (Vidocq.)

JAUNE. — Été. (Halbert.)

JAUNE. — Eau-de-vie. — Allusion de couleur. — Nous prenons ces trois vers dans la *Maison du Lapin blanc*, brochure publiée vers 1858, sur le dernier « tapis » de la Cité.

> Lapin blanc, que me veux-tu ?
> Avec ton jaune et ton camphre
> Tu déranges ma faible vertu.

JAUNE D'ŒUF (AIMER AVEC UN). — Tromper. — Allusion à la couleur du cocuage. — « Vous murmuriez à l'oreille de madame Cocodès : Je vous adore ! — Avec un jaune d'œuf, vous répond-elle. » (Monselet.)

JAUNET. — Pièce d'or. — « Un seul regret, celui de n'avoir pu débarrasser les pigeons de leurs jaunets. » (Paillet.)

JAVANAIS. — « Argot de Bréda où la syllabe *va*, jetée après chaque syllabe, hache pour les profanes le son et le sens des mots, idiome hiéroglyphique du monde des filles qui lui permet de se parler à l'oreille, — tout haut. » (De Goncourt.) — Exemple : Jaunet. *javaunavet ;* jeudi, *javeudavi :* etc.

JAVARD. — Lin. (Halbert.)

JAVOTTE. — Bavard. — « Tu n'es qu'une mauvaise langue, une javotte. » (Marquet.)

JAVOTTER. — Bavarder. — Forme de *jaboter*. — « Elle sifflotte, elle parlotte, elle javotte. » (*Physionomie du Protecteur*, 1841.)

JEANFESSE, JEANF—TRE. — Coquin, misérable. — « Ça, c'est un jeanfesse. » (Ricard.) — « Grande colère du père Duchesne contre les jeanf—tres de chasseurs, qui ont voulu faire une contre-révolution. » (Hébert, 1793.)

JEAN-JEAN. — Conscrit, naïf, niais. — On qualifie de *Jean-Jean* le jeune indigène que la conscription a arraché à l'âge de vingt ans d'un atelier ou d'une charrue. » (M. Saint-Hilaire.)

JE NE SAIS QUOI. — Cachet indéfinissable. — « Le savoir-vivre, l'élégance des manières, le je ne sais quoi, fruit d'une éducation complète. » (Balzac.)

JARGOLLE, JERGOLE. — Normandie. (Halbert.) — On appelle les Normands *Jargolliers* ou *Jergoliers*.

JEANNETON. — « Servante d'auberge, fille de moyenne vertu. » (Dhautel.)

JÉSUITE. — Dindon. (Vidocq.) — C'est aux jésuites qu'on doit l'acclimatation du dindon.

JÉSUITE. — Cafard. — « On l'appelle le jésuite, il dénonce un peu, il espionne beaucoup, il y met de l'adresse ; on y est toujours pris. » (Balzac, 1842.)

JETTARD. — Cachot. (Halbert.)

JEUNE (TROP.) — Dépourvu de l'expérience. — Cela peut se dire à un octogénaire.

JEUNE FRANCE. — « Les romantiques se divisèrent en *Bouzingots* et en *Jeune France*. » (Privat d'Anglemont.) — « Ils ont fait de moi un *Jeune France* accompli. J'ai un pseudonyme très-long et une moustache fort courte ; j'ai une raie dans les cheveux à la Raphaël. Mon tailleur m'a fait un gilet... délirant. Je parle art pendant beaucoup de temps sans ravaler ma salive, et j'appelle bourgeois ceux qui ont un col de chemise. » (Th. Gautier, 1833.)

JEUNE HOMME (AVOIR SON.) — Être gris. Mot à mot : avoir bu le broc de quatre litres que les marchands de vin appellent *Petit homme noir.* V. ce mot. — « Un individu en blouse qui semblait avoir son petit jenne homme. » (G. de Nerval.)

JEUNESSE. — Fillette. — « Une jeunesse, une marchande de cols. » (Cormon.)

JIROBLE. — Joli. (Halbert.) Pour *Girofle.*

JOB. — Niais. — Abréviation du vieux mot *jobé :* nigaud. — « Si j'étais assez job pour croire que vous me donnez toute une fortune. » (E. Sue.)

JOBARDER. — Duper. — Je ne veux pas être jobardé. » (Balzac.)

JOBERIE. — Niaiserie. (Vidocq.)

JOB (MONTER LE). — Tromper.

JOCKO. — Pain long à la mode depuis 1824, année où le singe Jocko était à la mode. — « Des gens qui appellent un pain jocko un singe de quatre livres. » (Bourget.)

JOCKO. — Boulanger. (*Almanach des Débiteurs,* 1851.)

JOLI GARÇON. — Dans une vilaine position. — Ironie. — « Nous v'là jolis garçons. » (Désaugiers.)

JONC. — Or. (Vidocq.) — Allusion à sa couleur jaune. V. *Bogue.*

JONCHER. — Dorer. (Halbert.)

JORNE. — Jour. — Vieux mot. V. *Poisser.*

JOSEPH (FAIRE SON). — Affecter un air chaste. V. *Putipharder.* — « Je me disais aussi : Voilà un gaillard qui fait le Joseph. Il doit y avoir une raison. » (Dumas fils.)

JONQUILLE. — Trompé par sa femme. — Allusion à la couleur du cocuage. — « Personne ne dessine mieux que lui la tête d'un mari jonquille. » (Rivarol, 1842.)

JOUSTE. — Près. V. *Juxte.*

JOUER DE. — Faire marcher à sa guise. — « Nachette, en un mot, joua parfaitement du baron. » (De Goncourt.)

JOUER DU VIOLON. — Scier des fers. (Colombey.) La scie va et vient comme l'archet.

JUDACER. — Trahir. — Allusion biblique. — « Judacer, c'est dénoncer quelqu'un. » (Du Camp.)

JUGE DE PAIX. — Bâton. (Colombey.)

JOUVIN. — Gant de la fabrique Jouvin. — « Mes Jouvin eussent atténué peut-être l'effet de cette pression inconnue. » (Marx, 1866.)

JUGEOTTE. — Jugement, avis. — « Dis-moi z'un peu franchement, là-dessus ta petite jugeotte. » (*Léonard,* parodie, 1863.)

JUS DE BATON. — Coup de bâton. — « Pour passer votre rhume, j'ai du jus de bâton. » (Aubert, 1813.)

JUSTE-MILIEU. — Parti ou partisan du *statu quo* politique, se maintenant entre la *gauche* et la *droite.* V. *Centrier.* — « Voilà quels hommes composent le gouvernement dit juste-milieu. » (*L'Écho français,* 1833.)

JUSTE-MILIEU. — Derrière. — « Mayeux envoya la pointe de sa botte dans le juste-milieu de mademoiselle Justine. » (Ricard.)

JUXTE, JOUSTE. — Près, contre. (Halbert.) — Vieux mot. — C'est le *juxta* latin que nous avons conservé dans *Juxtaposer.*

JY. — Oui. (Colombey.) — Pour *Gy.*

KAISERLICK. — Autrichien. — De l'allemand *Kaiserlich :* impérial. — « Les Kaiserlicks ont été étourdis du coup. » (Balzac.)

KOGXNOFF, KOXNOFF. — Très-bien. — De *Chocnosoff.* Voir ce mot.

L

LA (DONNER LE). — Donner le ton. — Terme de musique. — « Boyards et boyardes donnent le *la* de l'élégance en ce moment. » (*Vie parisienne,* 1866.) — « Quelques articles inspirés donnent le *la* dans les grandes circonstances. » (J. de Précy.)

LE LEVAGE

LABAGO. — Là-bas. (Colombey.)

LA-BAS. — Maison de correction de Saint-Lazare. — « *Julia à Amandine :* Comme ça, cette pauvre Augèle est là-bas ?— Ne m'en parle pas. Elle était au café Coquet à prendre un grog avec Anatole. Voilà un monsieur qui passe, qui avait l'air d'un homme sérieux avec des cheveux blancs et une montre. Il lui offre une voiture, elle accepte, un cocher arrive, et... emballée ! Le monsieur était un inspecteur ! » (*Les Cocottes*, 1864.)

LA-BAS. — Au bagne. — « Ils croyaient m'avoir vu là-bas. Là-bas, cela veut dire au bagne. » (Lacenaire, 1836.)

LABOURER. — Préparer les voies. (*Almanach des Débiteurs*, 1851.)

LACHER. — Négliger l'exécution d'un travail. — « Elle vit Lousteau travaillant au dernier moment et lâchant, comme disent les peintres d'une œuvre où manque le faire. »

Lâcher de (se). — Livrer avec effort. — « Je suis obligé de me lâcher de ma douille en marronnant. » (Monselet.)

Lacher la perche. — Mourir. — « Le plus blakibollé, le plus inconnu pendant sa vie, devient aussitôt qu'il a lâché la perche un grand homme. » (*Corsaire*, 1868.)

Lâcheur. — Homme sur lequel on ne peut compter. Mot à mot : qui *lâche* ses amis. — « Le lâcheur est la lorette de l'amitié. » (A. Scholl, 1858.)

Lago. — Là. (Colombey.)

Lagout. — Eau à boire. (Halbert.) Mot à mot : l'agout. Du vieux mot *agua*, eau (prononcez *agoua*).

Laine. — Mouton. (Vidocq.) — Partie prise pour le tout.

Lacher l'écluse. — Uriner. — « Allons ! il faut lâcher l'écluse du bas rein. » (*Parodie de Zaïre*, dix-huitième siècle.)

Lait a broder. — Encre. (Vidocq.) — Allusion ironique à la couleur de l'encre.

Laius. — Discours. — « A l'École polytechnique, tout discours est un *laïus*, depuis la création du cours de composition française en 1804. L'époux de Jocaste, sujet du premier morceau oratoire traité par les élèves, a donné son nom au genre. Les députés à la Chambre, les avocats au barreau, les journalistes dans les premiers-Paris, *piquent des laïus.* » (La Bédollière.)

La Mine. — Le Mans, ville. (Halbert.)

Lampas. — Gosier. — De *lamper :* boire. « Pour l'histoire de s'assurer de la qualité du liquide et s'arroser le lampas. » (Ladimir.)

Lampion. — Sergent de ville. — Allusion au chapeau.

Lampion. — Bouteille. — De *lamper :* boire. — « Y a pu d'huile dans le lampion, dit Boizamort. » (Ladimir, 1841.)

Lampion. — Chapeau à cornes. — « Je passe le pantalon du cipal et je coiffe le lampion. » (Bourget.)

Lampion. — Œil. — Il éclaire.

> Si j' te vois fair' l'œil en tir'lire
> A ton perruquier du bon ton,
> Calypso, j'suis fâché d' te l' dire,
> Foi d'homme ! j' te crève un lampion.
>
> *(Chanson populaire.)*

Lance. — Eau. — « C'est gagné ! faites servir ! six litres de vin ! six litres sans lance ! » (*Catéchisme poissard*, 1844.)

Lancé. — Gris. — « Patara, au moins aussi lancé que le cheval, tapait sur la bête à tour de bras. » (*Phys. du Matelot*, 1848.)

Lancé. — Rapide projection de la jambe. — « Paul a un coup de pied si vainqueur et Rigolette un si voluptueux saut de carpe ! Les admirateurs s'intéressaient à cet assaut de *lancés* vigoureux. » (1847, Vitu.)

Lancequiner. — Pleuvoir. (Grandval.) V. *Lansquiner.*

Lancer. — Pisser. Mot à mot : lâcher l'eau.

Lancer. — Bien poser, mettre en renom. — « Poil de biche ! Nous ne la connaissons pas... Elle ne doit pas être lancée. » (Villars.)

Lanciers (les). — C'est comme si l'on disait : Quelle rengaine ! — « Et tu donnes làdedans ? Allons donc ! les lanciers ! » (Monselet.) — Allusion à la danse de ce nom.

Lanceur. — Homme expert en l'art de *lancer* une affaire. — « La gravure et le journal ont coûté bien de la peine aux lanceurs d'affaires. » (Villemessant.)

Landau a baleines. — Parapluie. (Grandval.) Mot à mot : voiture conduite à la nage par des baleines. — Jeu de mots ironique.

Landernau (il y aura du bruit dans). — Se dit ironiquement d'une chose destinée à émouvoir un certain monde seulement. — « Il y aura bien eu des potins dans le Landernau de la convoitise. » (*La Cloche*, août 1872.)

Landernau a été mis là sans raison, comme une petite ville éloignée dont le nom a paru bizarre. C'est ainsi que Carpentras, Pézénas ou Brives-la-Gaillarde ont été mis à contribution.

Landier. — Blanc. (Halbert.)

Landier. — Commis d'octroi. (Colombey.)

Landière. — Boutique de foire. (Colombey.) — De la foire du Landit.

Langue (avaler sa). — Mourir.

Langue aux chiens, aux chats (donner sa). — Renoncer à deviner. — « Je donne ma langue aux chiens, dit Jérôme, je renonce. » (E. Sue.)

Languiner. — Pleuvoir. (Halbert.) — Pour *lansquiner.*

LANSQ, LANCE. — Partie de lansquenet. — « Cette espèce de cornichon qui l'a dansé de 1,500 francs hier au lansq. » (Jaime.)

LANSQUINER. — Pleurer, pleuvoir. — De *lance* : eau. — « Bien des fois on rigole qu'on devrait lansquiner. » (Vidocq.)

LANTERNE. — Fenêtre. (Grandval.)

LANTERNES DE CABRIOLET. — Yeux fort saillants. — « Oh ! c'est vrai ! t'as les yeux comme les lanternes de ton cabriolet... » (Gavarni.)

LANTIMÈCHE. — Allumeur de becs de gaz. Mot à mot : l'anti-mèche. — Jeu de mots. Le gaz n'a pas de mèche.

Lantimèche est aussi un synonyme de *Chose*, *Machin*.

LAPIN. — Homme déterminé. (Grandval.) — « C'est un fameux lapin, il a tué plus de Prussiens qu'il n'a de dents dans la bouche. » (Ricard.) — « L'homme qui me rendra rêveuse pourra se vanter d'être un rude lapin. » (Gavarni.)

LAPIN. — « Et puis le jeune homme était un *lapin*, c'est-à-dire qu'il avait place sur le devant, à côté du cocher. » (Couailhac.)

LAPIN. — Apprenti compagnon. — « Pour être compagnon, tu seras lapin ou apprenti. » (Biéville.)

LARBIN. — Valet de cartes. — « Le roi sur le neuf n'osa plus enjamber, le larbin reparut. » (Alyge.)

LARBIN, LARBINE. —Domestique. (Vidocq.) — « Le faux larbin va se poster sous la porte cochère. » (Paillet.)

LARD (FAIRE DU). — Paresser au lit. — « La femme ronfle et fait du lard. » (Festeau.) *Faire son lard.* — Se rengorger.

LARDER. — Percer d'un coup de pointe.

LARDOIRE. — Épée. — « Vous verrez si je manie bien la *lardoire*. » (Ricard.)

LARGE (N'EN MENER PAS). — Être mal à son aise. — Se dit soit au physique, soit au moral.

LARGE DES ÉPAULES. — Avare. (Dhautel.) — Équivoque ironique sur le mot *large* qui signifie aussi généreux.

LARGUE, LARQUE. — Femme de voleur, prostituée âgée. (Halbert.) V. *Ménesse.* — « Si j'éprouve quelque malheur, je me console avec ma largue. » (Vidocq.) V. *Coquer, Momir.*

LARIFLA. — Refrains. — Allusion au refrain d'une chanson populaire au quartier Latin. — « Je mêle des lariflas dans mes plaidoiries. Je rêve un costume de débardeur sous ma toge. » (*Paris étudiant*, 1854.)

LARTIE, LARTIF, LARTON. — Pain. — On devrait dire *l'artie, l'artif, l'arton.*

LARTIN. — Mendiant. (Grandval.)

LARTON BRUTAL. — Pain noir. Mot à mot : pain brut.

LARTON SAVONNÉ. — Pain blanc. Mot à mot : aussi blanc que du linge savonné.

LARTONNIER. — Boulanger.

LASCAILLER. — Pisser. (Grandval.) — De *lance* : eau. — On dit encore : *lâcher de l'eau.*

LASCAR. — Fantassin. — De l'arabe *el-askir* qui a la même signification. — « Le contraste était vraiment trop drôle entre ce sous-lieutenant de demoiselles et les lascars à tous crins qu'il venait commander. » (About.)

LATTIFE. — Linge blanc. (Halbert.) — On dit *s'attifer* : faire toilette.

LAUMIR. — Perdre. (Halbert.)

LAVABES. — Billet ou porteur de billet à prix réduit pour le service de la claque. — « Les lavabes sont ceux que l'on fait entrer au parterre des théâtres, en ne payant que quinze sous par place. » (50,000 *voleurs de plus à Paris*, 1830, in-8.) — « Gustave achetait un *lavabe* pour les Variétés. » (Idem.)

LAVAGE, LESSIVE. — Vente au rabais, opération désastreuse. — « Les quatre volumes in-12 étaient donnés pour cinquante sous... Barbet n'avait pas prévu ce lavage. » (Balzac.)

LAVER, LESSIVER. — Vendre, c'est-à-dire envoyer ses effets à une lessive dont ils ne reviennent jamais. — Même allusion dans *Passer au bleu* et *Nettoyer.* — « Comme ce n'était pas la première fois que j'avais lavé mes effets sans savon. » (Vidal, 1833.) — « Il a lavé sa montre, ses bijoux, pour dire qu'il les a vendus. » (1808, Dhautel.)

LAZAGNE. — Lettre. (Vidocq.) — Italianisme. V. *Balancer.*

LAVEMENT AU VERRE PILÉ. — Verre d'eau-de-vie. — L'alcool éraille le gosier comme le verre pilé. — « Todore fait venir deux lavements au verre pilé que nous avalons en douceur. » (Monselet.)

LEADER. — Orateur. — Anglicanisme. — « On ne voudrait pas que les préfets de la République conservatrice descendissent jusqu'à une espèce de polémique avec les *leaders* de la démocratie rouge. » (*Moniteur,* 1872.)

LÉGITIME. — Épouse légitime. — « Ces messieurs battent la campagne tandis que leurs légitimes sont à leurs trousses. » (E. Blavet.)

LÉGITIME (MANGER SA). — Dissiper sa fortune légitime.

LÈGRE. — Foire. (Vidocq.)

LÉGRIER. — Marchand forain.

LEM (PARLER EN). — Cette méthode spéciale consiste : 1° à ajouter la syllabe *lem* à chacun des mots qu'on a l'intention de changer ; 2° à troquer la lettre *l* de *lem* contre la première lettre du mot qu'on prononce. — « Et alors que tous les trucs seront *lonbem* (bons). » (*Patrie,* 2 mars 1852.) — Cet argot a été d'abord spécial à la corporation des bouchers.

On parle en *luch* comme en *lem.* On combine quelquefois les deux.

LÉON. — « Léon n'est autre que le président de la cour d'assises. » (Du Camp.)

LERMON. — Étain. (Halbert.)

LERMONÉ. — Étamé. (Idem.)

LESCAILLER. — Pisser. (Halbert.) — Pour *lascailler.*

LESSIVE, LESSIVER. V. *Lavage, Laver.*

LEVAGE. — Opération consistant, de la part d'un homme, à conquérir ou *lever* la première femme venue. De la part d'une femme, c'est amener un homme à lui faire des propositions. — Terme de chasse. — « Pas de levage, pas d'entrain. » (1861, Mané.)

LEVÉE. — Arrestation. — « Si la levée a lieu dans un café, on en fait part au patron. » (Stamir, 1867.)

LÈVE-PIEDS. — Escalier, échelle. (Vidocq.) — Effet pris pour la cause.

LEVER. — Voler. — Abréviation d'enlever. — « Robert dit : « Je suis levé, » et il vous appelle filous. » (Monselet.) — « Tiens, dit le voleur, voici un pantre bon à lever. » (Canler.)

LEVER. — Faire un levage. — « Tiens, Xavier qui vient d'être levé par Henriette. »

(Monselet.) — « J'irai ce soir à Bullier, et si je ne lève rien... » (Lynol.) V. *Flanelle.*

LEVER. — Capter. — « Il lève un petit jeune homme. Vous verrez qu'il en fera quelque chose. » (De Goncourt.)

Être levé. — « Dans l'argot des débiteurs et des créanciers, avoir à ses trousses un recors, qui vous a vu dans la rue ou déterré quelque part. » (Montépin.)

LEVER DE RIDEAU. — Pièce en un acte jouée au commencement d'une soirée. — « La petite pièce, celle qu'on nomme vulgairement lever de rideau, celle qui fait vivre les vaudevillistes intimes et fricoteurs. » (*Phys. du théâtre,* 1841.)

LEVER DE RIDEAU. — Prime en argent. — « Il y a l'auteur qui, outre ses droits et ses billets, touche une prime sous le nom de lever de rideau. » (*Physiologie du théâtre,* 1841.)

LÉZARD. — Camarade sur lequel on ne peut compter. (Colombey.) — Il lézarde au soleil ou se cache dans les trous.

LÉZARD. — « Le lézard vole des chiens courants, des épagneuls et surtout des levrettes. Il ne livre jamais sa proie sans recevoir la somme déclarée. » (*Almanach du Débiteur,* 1851.)

LICE. — Bas de soie. — Il est plus lisse que les autres.

LICHARD, LICHEUR. — Buveur. Vieux mot.

LICHE. — *Être en liche :* faire bombance.

LICHER. — Boire. (Grandval.) — Les glossaires du moyen âge disent *licharder.*

<blockquote>
Puis il liche tout' la bouteille :
Rien n'est sacré pour un sapeur. (Housset.)
</blockquote>

LICHETTE. — Petit morceau.

LICHEUR. — Qui aime à boire aux dépens d'autrui. (Grandval.) — « Boizamort, menuisier, bon enfant mais licheur. » (Ladimir.)

LIÈGE. — Gendarme. (Colombey.)

LIGNARD. — Officier ou soldat d'infanterie de ligne. — « Les obus de nos forts viennent d'allumer un incendie, et nos lignards se gaudissent à cette vue. » (P. Véron.)

LIGNE (TIRER A LA). — Écrire des phrases inutiles dans le seul but d'allonger un article payé à tant la ligne.

LIGNE (VIVE LA). — « Je rapporte un petit magot. Ah ! quelle chance ! Vive la ligne ! » (*Léonard,* parodie, 1863.)

Ce vivat, fréquent à certains jours d'émeute où on a voulu gagner les troupes de ligne, s'applique ironiquement à tous les cas d'enthousiasme.

LIGNE (PÊCHEUR A LA), FAISEUR DE LIGNES. — Rédacteur qui tire à la ligne. — « Le pêcheur à la ligne, dit M. de Balzac, est un rédacteur qui, comme le pêcheur, vit de sa ligne. » (Marc Fournier, 1844.)

LIGNE (AVOIR LA). — Avoir une certaine pureté de contours. — « Mon Dieu, elle n'est pas très-jolie ; mais vous savez, elle a la ligne.» (Yriarte.)

LIGORE. — Cour d'assises. (*Petit Dictionnaire d'argot*, 1844.)

LIGOTTANTE, LIGOTE. — Lien, corde. — Vieux mot qui est le frère de *ligament*.

LILLANGE. — Lille.

LILLOIS. — Fil. (Vidocq.) — On en fait beaucoup à Lille.

LIMACE, LIME, LYME. — Chemise. (Vidocq, Grandval.) — Vieux mots, car le glossaire de Du Cange donne *limas*, et on trouvera en se reportant au mot *Passant* (soulier), un exemple ancien de *lyme*. — « Quand la limace est bien blanche, avec ses creux et ses montagnes, ça me met sens sus d'sous. » (L. de Neuville.)

LIMACIER, LIMACIÈRE. — Chemisier.

LIMANDE. — Homme nul et plat comme le poisson de ce nom. (Vidocq.)

LIME. — Chemise. — Abréviation de *Limace*.

LIMONADE. — Assiette. (Vidocq.) — Comparaison de l'assiette à une rouelle de limon.

LIMOUSIN. — Maçon. — Allusion au pays d'où la plupart des maçons sont originaires. — « La nuit, ça représente encore, mais le jour, ça ferait renauder des Limousins. » (*Courrier français*, 1er février 1868.)

LIMOUSINE. — Plomb. V. *Limousineurs*.

LIMOUSINEURS. — « On donne le nom de *voleurs au gras-double* ou de *limousineurs* à des ouvriers couvreurs qui volent le plomb des couvertures, en coupent de longues bandes avec de bonnes serpettes, puis l'aplatissent et le serrent à l'aide d'un clou. Ils en forment ainsi une sorte de cuirasse qu'ils attachent, à l'aide d'une courroie, sous leurs vêtements. »

(*Petit Journal*.) — De là le nom de Limousineur qui compare ces vêtements de plomb aux gros manteaux nommés *limousines*.

LIMOUSINIER. — Entrepreneur de maçonnerie. — « Celui-ci était un *limousinier* (maçon qui dresse les murs). Il avait des avances : il loua un terrain pour y bâtir. » (Privat d'Anglemont.)

LINGE (AVOIR DU). — Avoir une fraîche toilette. — « Et Bovarine ! qu'est-ce que c'est ? Ça a-t-il du linge ? » (L. de Neuville.)

LINGRE. — Couteau. (Vidocq.) — *Lingrer :* frapper à coups de couteau. — *Lingrerie :* Coutellerie. — *Lingriot :* Canif. — Quadruple allusion à Langres, si renommée pour sa coutellerie.

LINSPRÉ. — Prince. (Vidocq.) — Anagramme.

LION. — Homme à la mode. — « Aujourd'hui, pour être *lion*, la moindre chose suffit : avec un paletot jaune, un chapeau neuf, des moustaches, vous êtes reçu *lion* d'emblée. Nous avons eu des *muscadins*, des *incroyables*, des *impayables*, des *élégants*, des *beaux*, quelques *fashionables* ; mais appeler *lions* des jeunes gens qui mangent doucement de pauvres patrimoines, c'est une parodie bien amère. » (Roqueplan, 1841.)

LIONCEAU. — Lion ridicule. — « La moustache cirée d'un jeune lionceau du boulevard. » (L. de Neuville.)

LIONNES. — « C'étaient de petits êtres féminins, richement mariés, coquets, jolis, qui maniaient parfaitement le pistolet et la cravache, montaient à cheval, prisaient fort la cigarette et ne dédaignaient pas le champagne frappé. » (Deriége.)

LIONNERIE. — Monde des lions. — « Nous étions installés dans un restaurant cher à la lionnerie. (Mornand.)

LIQUID. — Liquidation de Bourse. — « Liquid est mis ici pour liquidation. Le coulissier facétieux se plaît à abréger ses formules, et dit *liquid* comme on dit *d'autor, d'achar, soc* ou *démoc.* » (Mornand.)

LISETTE. — Gilet long. — Doit avoir la même racine que *Lice*. V. *Tirant*.

LISETTE ! (PAS DE ÇA) — Formule négative. — « Un jeune drôle fait la cour à ma nièce. Pas de ça, Lisette ! » (Ricard.) — L'expression se rouve déjà dans une brochure publiée en 1786, *l'Ane promeneur.*

LITRER. —Contenir, posséder. — Vient de *litre* comme *cuber* vient de *cube.* — « J'avais balancé le bogue que j'avais fourliné et je ne litrais que nibergue en valades. » (Vidocq.)

LOCANDIER. — « Le *locandier* est une des nombreuses variétés des voleurs au bonjour. Sous prétexte d'examiner un logement à louer, il vole avec dextérité. » (A. Monnier.)

LOCHE. — Oreille.

LOCHER. — Écouter. (Vidocq.)

LOFAT.—Aspirant au grade de compagnon. — « C'était pour le baptême d'un lofat... On devait le baptiser à la Courtille. » (*La Correctionnelle.*)

LOFFIAT. — Maladroit, naïf, imbécile. (*Petit Dictionnaire d'argot*, 1844.)

LOFFITUDE. — Naïveté. (Idem.)

LOLO. —Lait. — Mot redoublé.

LOLO, LORETTE. — La première syllabe du mot est seule conservée et redoublée. — « On donne le nom de lolos aux jeunes beautés du quartier Notre-Dame-de-Lorette... La lolo déjeune souvent avec un pain de gruau, mais elle boit du champagne. » (*Almanach du Débiteur*, 1851.)

LONDRÈS. — Cigare de la Havane. — « Je me rejetai dans le fond de la voiture et j'allumai un londrès. » (Mornand.)

LONG. — Niais, simple. (Grandval.)

LONGCHAMP. — « Cour oblongue, bordée d'une file de cabinets dont nous laissons deviner la destination. Comme c'est le seul endroit où, pendant les heures d'étude, les élèves de l'École polytechnique puissent aller fumer, le *longchamp* a acquis une grande importance. » (La Bédollière.)

LONGUE, LONGE. — Année passée au bagne. (Grandval.) — L'année y est longue à passer. — « Quelle veine que t'as. Dix longes, ça se tire, mais perpette ! pas toujours ! » (Stamir.)

LOPHE. — Faux, contrefait. — Anagramme précédé d'une L. V. *Fafiot.*

LOQUES. — « Le gamin de Paris a sa monnaie qui se compose de tous les petits morceaux de cuivre façonné qu'on peut trouver sur la voie publique. Cette curieuse monnaie prend le nom de *loques.* » (V. Hugo.)

LORETTE. — Femme galante. — « Chassées des quartiers sérieux, les plus ou moins jeunes personnes qui se livrent à la perdition des fils de famille refluent donc vers ces constructions, qui forment une espèce de ville nouvelle, partant du bout de la rue Laffitte jusqu'à la rue Blanche, comprenant les rues Neuve-Saint-Georges, La Bruyère, Bréda, Navarin, et prenant son nom de la rue principale, Notre-Dame-de-Lorette. L'ensemble de ces rues s'appelle le quartier des Lorettes, et par extension toutes ces demoiselles reçoivent dans le langage de la galanterie sans conséquence le nom de lorettes. » (Roqueplan, 1841, *Nouvelles à la main.*) — « Les lorettes, moi, j'aime cela ; c'est gentil comme tout, ça ne fait de mal à personne !... des petites femmes qui... gagnent à être connues. » (Gavarni.)

LORGNE. — Borgne. (Vidocq.) — Abréviation de *Calorgne.*

LORGNE. — As. (Idem.)

LOUBION. — Bonnet.

LOUBIONNIER. — Bonnetier.

LOUCHE. — Main. — Comparaison de la main à la grande cuiller appelée *louche.*

LOUCHER (FAIRE). — Faire changer de manière de voir, d'opinion. — « Avec qui que tu veux que je soye ? Est-ce que ça te fait loucher? » (Monselet.)

LOUCHÉE. — Cuillerée. (Halbert.)

LOUGÉ. — Agé. (Idem.)

LOULOU. — Mot d'amitié. — Redoublement de loup. On dit aussi *mon gros loup.* — « Mon loulou, j'suis heureux quand je t'embrasse. » (Aug. Hardy.) — « La louloutte à son chéri. » (Montépin.)

LOULOUTTE. — Petite dent. — Allusion aux dents du loup dont on parle toujours aux petits enfants.

LOUP. — Sottise, erreur.

LOUP. — Dette criarde, créancier. — « Un loup ! un créancier si vous aimez mieux. » (Décembre-Alonnier.)

LOUP DE MER. — Marin aguerri.

LOUPE. — Fainéantise, flânerie. — « Ma salle devient un vrai camp de la loupe. » (Decourcelle, 1836.)

LOUPER. — Flâner. — « Quand je vais en

loupant, du côté du Palais de Justice. » (*Le Gamin de Paris*, 1838.)

LOUPEUR. — Rôdeur. — « Que faisaient-elles, ces loupeuses ? » (Lynol.)

LOURDAUT. — Portier. (Grandval.)

LOURDEUR, LOURDIÈRE, LOURDE. — Porte. — On ne les faisait pas légères jadis et pour cause. V. *Bocson, Trembland*.

LOUSTEAU. — Domicile, diable. (Halbert.)

LOVELACE. — Séducteur de femmes. C'est le nom du héros du roman de *Clarisse Harlowe*. (Richardson.) Voyez *Faublas*.

LUCARNE. — Lorgnon, monocle. — « Du malheureux monde comme ça, ça n'y voit que d'un œil, et encore pas sans lucarne. » (Gavarni.)

. LUCH (PARLER EN). — V. *Lem*.

LUISANT, RELUIT. — Jour. — Allusion de lumière. — « Pitanchons pivois chenâtre jusques au luisant. » (Grandval.)

LUISANTE. — Nuit, fenêtre. (Halbert.)

LUISANTE. — Lune. (Vidocq.)

LUISARD. — Soleil. (Idem.)

LUISARDE. — Lune. (Halbert.) — « Tous les chiffonniers savent ce patois énergique qui appelle la lune une luisarde. » (La Bédollière.)

LUNCH. — Collation. — C'est d'Amérique que viennent le mot et la mode. — « Les frais de ce *lunch* ne sont plus à la charge des mariés. » (*Petit Moniteur*.)

LUNE, PLEINE LUNE. — Derrière. — Allusion de forme. — « En voilà une bonne ! il a pris la lune de Pétronille pour sa figure. » (P. de Kock.) V. *Cadran*.

LUNE. — Variation d'humeur influant sur l'homme comme la lune influe sur le temps. — « C'est un musicien qui ne doit pas être commode. Il doit avoir des lunes. » (*Commentaires de Loriot*, 1869.)

LUNE. — Figure ronde comme la lune. — « Cora P. est à Maisons-Laffitte, elle engraisse énormément.' C'est tellement visible qu'on ne l'appelle plus que la lune rousse. » (*Éclair*.)

LUQUES, LUQUET. — Faux papiers. (Grandval.)

LURON. — Saint-sacrement. (Colombey.) — Allusion au rond de l'hostie.

LUSQUIN. — Charbon. (Halbert.)

LUSQUINES. — Cendres. (Idem.)

LUSTRE. — Juge. (Idem.)

LUSTRE (ADMIRATEUR, CHEVALIER DU). —Claqueur posé au parterre sous le lustre. — « Les admirateurs du lustre donnèrent, mais le public resta froid. » (L. Reybaud.)

LUSTRER. — Juger. (Idem.)

LYONNAISE. — Soierie. (Vidocq.) — Lyon est le centre de la fabrication des soieries.

M

M..... — Merde! Abréviation d'une injure employée déjà par Rabelais. — « Mot ignoble et grossier dont le bas peuple se sert dans un sens négatif », écrivait Dhantel en 1808. Nous redirons après lui ce que nous avons dit pour *emm—der*. Et ce n'est plus seulement dans le bas peuple, que M... est usité, comme on va le voir par les textes suivants. Celui-ci est extrait du *Temps* du 16 août 1872.

INCIDENT D'AUDIENCE AUX ASSISES.

L'accusé Lhermine est un jeune homme de vingt-cinq ans, mais qui paraît à peine âgé de dix-huit : blond, grêle, court. Sa petite figure blême et vicieuse semble taillée en lame de couteau.

Il n'a pas commis moins de quarante-sept vols qualifiés. C'est lui-même qui, au cours de l'instruction, les a indiqués au magistrat et en fait vérifier les détails. Il est en outre accusé de coups volontairement portés à sa mère légitime.

M. le président se tourne vers l'accusé et, comme il est prescrit par la loi, il l'interroge.

M. le président. — Accusé, levez-vous. Vos nom et prénoms ?

L'accusé. — Auguste Lhermine.

M. le président. — Votre âge ?

L'accusé. — M...

Ce mot ordurier prononcé à haute voix, est entendu par tout le monde. L'auditoire fait entendre des rumeurs.

M. le président. — Accusé, dans votre propre intérêt, je dois vous engager à la circonspection. Vous avez peut-être été victime d'habitudes grossières ou d'un mouvement irréfléchi. Magistrats, nous voulons bien oublier cet outrage, qui ne saurait d'ailleurs nous atteindre. Veillez sur vous désormais. Votre défenseur va vous entretenir. Il vous conseillera. Je le répète, c'est dans votre propre intérêt que je parle.

Après un quart d'heure de suspension, les jurés reprennent place, au milieu de l'émotion vive de l'auditoire, et la cour reprend séance.

M. le président. — Messieurs les jurés, mon devoir m'oblige à faire subir, avant la prestation de votre serment, un interrogatoire à l'accusé pour constater son identité, je vais la reprendre.

Accusé, vos nom et prénoms ?

L'accusé ne répond pas.

M. le président renouvelle sa question.

L'accusé, d'une voix plus décidée. — M...

Des murmures éclatent dans toute la salle.

Sur les réquisitions du ministère public, la cour condamne Lhermine à deux ans de prison. C'est le minimum de la peine en cas d'outrage à la cour.

Notre second texte (pris dans la *Liberté* du 8 septembre) rend compte d'une affaire jugée le 7 septembre 1872, par le tribunal de Pont-l'Évêque. Voici la déposition d'un témoin :

Le troisième témoin, Leprêtre (Auguste-Émile), vingt-quatre ans, douanier à Deauville, est appelé.

Lecture est donnée de sa déposition devant le juge d'instruction.

Le 14 août, vers cinq heures, j'étais de service sur la jetée de Deauville, avec mon camarade Ollivier, lorsque je vis rentrer une embarcation. Des personnes qui s'y trouvaient, criaient : « Vive Napoléon ! A bas Thiers ! Vive la France ! M... pour Thiers ! » Ces cris ont été poussés à plusieurs reprises par quatre personnes. Ils ont continué jusqu'à l'avant-port. Nous laissâmes approcher l'embarcation et pûmes prévenir notre capitaine. Je remarquai surtout une personne criant.

Mis en présence de l'inculpé, le témoin a reconnu M. de Valon pour être la personne la plus animée.

M. de Valon fut condamné à trois jours de prison, mais la politique s'en mêlant, il vit plaider sa cause par un certain nombre de journaux, dont pas un n'exprima son dégoût pour le mot.

MAC, MAQUE, MACQUE, MACCHOUX, MACROTIN. — Souteneur, entremetteur. — Le dernier mot est un diminutif de *maquereau;* l'avant-dernier est une modification du même mot par changement de finale ; les trois premiers sont des abréviations. Il y a de plus des synonymes innombrables, rappelant tous le côté ichthyologique du mot. Tels sont *barbeau, barbille, barbillon, dauphin, dos vert, dos d'azur, brochet, poisson,* etc.

Aussi a-t-on été chercher vainement de ce côté l'origine du mot. Le poisson n'y est pour rien ; *maquereau* est un simple calembour, comme le mot *grenouille.* Au moyen âge, le mot *maque* signifiait : *vente, métier de marchand.* De là sont venus *maquerel* et *maquillon,* qui a fait *maquignon.* Le maquereau n'est qu'un maquignon de femmes, et pendant tout le moyen âge il s'est appelé *maquerel* ou *maqueriau.*

« Le métier de mac autrefois n'était guère exercé que par des voleurs et des mouchards... (Vidocq.) — « Le macque est le souteneur des filles de la plus basse classe. Presque toujours c'est un repris de justice. » (Canler.)

MACA. — « Entremetteuse, femme vieillie dans le vice. » (Dhautel, 1808.) — Même origine que le mot précédent.

MACAIRE. — Filou. — Le mot date du drame de *l'Auberge des Adrets;* il doit moins sa fortune à Frédérick-Lemaitre, créateur du rôle de Macaire, qu'aux nombreuses caricatures qui ont fait ensuite de l'assassin Macaire le type du filou cynique. — « Ils se croyaient des Macaires et n'ont été que des filous. » (Luchet.)

MACARON. — Dénonciation. — Même origine que *mac.* — Celui-ci vend des hommes au lieu de vendre des femmes. — « Dans le nez toujours tu auras macarons et cabestans. » (Vidocq.)

MACARONER. — Trahir. (Halbert.)

MAC-FARLANE. — Pardessus sans manches, avec grand collet sur le devant. — « Ils portent des mac-farlanes. » (*Les Étudiants,* 1860.) — Anglicanisme.

LE PITRE

MACHABÉE. — « On appelle Machabéc tout
être, homme ou animal privé de vie, que l'on
rencontre flottant sur un cours d'eau ou échoué
sur le rivage. » (V. Dufour.)

MACHABÉE. — Juif. — Allusion biblique.

MACHER (NE PAS LE). — Parler sans détour.
Mot à mot : sans mâcher les paroles entre ses
dents. — « Quand j'ai lieu d' vous en vouloir.
Ah ! n'ayez pas peur que j' vous l' mâche ! »
(Longchamps, 1809.)

MACHIN. — Homme ou chose dont on ne se
rappelle pas le nom. — « Monsieur Machin,
pardon ! je ne me rappelle jamais votre nom. »
(H. Monnier.) — Dans la *Gabrielle* d'E. Augier, l'avoué Chabrière prie sa femme de lui
faire « un machin au fromage ». V. *Chien*.

MACHINE. — Œuvre quelconque, œuvre dramatique.— « C'était à Nohant, l'illustre écrivain
venait de lire trois actes. L'auditoire semblait
hésitant : « Allons, dit l'auteur, il faudra faire

« une autre machine, » et elle jette le manuscrit au feu. » (E. Lemoine.)

MACHOIRE. — Suranné. — « L'on arrivait par la filière d'épithètes qui suivent : *ci-devant, faux toupet, aile de pigeon, perruque, étrusque, mâchoire, ganache,* au dernier degré de la décrépitude, à l'épithète la plus infamante, *académicien et membre de l'Institut.* » (Th. Gautier, 1833.) — « *Vieille mâchoire :* Personne sans capacité, ignorant, sot. » (Dhautel.)

MADRICE. — Malice. (Colombey.)

MADRIN. — Malin. (Idem.) — C'est *madré*, avec changement de finale.

MAIL COACH. — Voiture attelée en poste, à grandes guides. (Paz.)

MAIN. — Série de coups heureux au lansquenet. V. *Pharamineux.* — On a pris cette expression au figuré, et on dit *il a la main*, pour il obtient une série de succès.

MAIN CHAUDE (JOUER A LA). — Être guillotiné. V. *Raccourcir.*

MAISON (FILLE, FEMME, MAITRESSE DE). — Habitante ou propriétaire d'une maison de tolérance. Le mot est plus vieux qu'on ne croirait. Un petit livre intitulé la *Revue de l'an huit* contient une description des filles qui se promenaient au Palais-Royal : « Leurs bas de soie à coins brodés que la dame de maison, — c'est le mot technique (*sic*), — avait lavés le matin, se dessinoient sur un mollet arrondi. »

MAKACH. — Formule négative originaire d'Algérie. — « Les Mauresques ont des costumes adorables. Quant à leurs figures, makach !... Incognito complet. » (Loriot.)

MAJOR DE TABLE D'HOTE. — Officier de contrebande, portant un grade et des croix qui ne lui ont jamais appartenu. — « Sans sa jambe de bois et sa décoration, on l'eût pris pour un de ces majors légendaires qui ornent les tables d'hôte et les tripots. » (Marx.)

MAJOR. — « Le chirurgien, le tambour-major, le sergent-major, sont dénommés indistinctement *majors.* » (Louis Huart.)

MAL (FAIRE). — Faire pitié. — « Qu'on vienne baiser son vainqueur ! — Comme tu me fais mal. » (Gavarni.)

MALADE. — Prisonnier.

MALADE DU POUCE. — Fainéant dont la paresse constitue la seule infirmité.

MALADE DU POUCE. — Avare. — « Il est malade du pouce. Ça empêche les ronds de glisser. » (Monselet.)

MALADIE. — Emprisonnement. (Vidocq.)

MAL BLANCHI. — Nègre. — « Va donc ! mal blanchi, avec ta figure de réglisse. » (Bourget.)

MALHEUREUX. — Trompé par sa femme. — « S'il est malheureux dans son intérieur, il le sait, tandis qu'à Paris un employé peut n'en rien savoir. » (Balzac, 1841.)

. MALINGRER. — Souffrir. (Vidocq.) — *Malingre* se dit encore pour *souffreteux.*

MAL PEIGNÉE. — « Pour le moment, c'est sous cette épithète que l'on désigne une courtisane (nous avons pour ces dames un vocabulaire qui menace de devenir par trop volumineux). » (P. de Kock, 1865.)

MALTAIRE. — Louis d'or. (Halbert.) — Pour *maltaise.*

MALTAIS. — Café-restaurant de bas étage. — Cabaretier. — Beaucoup de Maltais exercent cette profession en Algérie.

MALTAISE. — Pièce d'or. (Colombey.)

MALTOUZE. — Contrebande. V. *Pasquiner.*

MALTOUZIER. — Contrebandier.

MANCHE DE VESTE (JAMBE EN). — Arquée comme une manche d'habit. — « Mosieu Belassis, moi j'ai pas des jambes en manches de veste. » (Gavarni.)

MANCHE A (ÊTRE). — Avoir fait autant de progrès qu'un adversaire. Mot à mot : être manche à manche. — Terme de whist. — « Ça nous met manche à manche. A quand la belle ? » (E. Sue.)

MANCHE (FAIRE LA). — Faire la quête. — « La fille du barde fait la manche. Elle promène sa sébile de fer-blanc devant les spectateurs. » (H. Monnier.)

MANDOLET. — Pistolet. (Halbert.)

MANETTE (M\u1d52\u1d52). — Malle. (Vidocq.) — Jeu de mots sur *manne* (malle) et sur le nom propre.

MANGER. — Avouer. (Grandval.)

MANGER LE MORCEAU, MANGER SUR L'ORGUE. — Dénoncer. — « Le morceau tu ne mangeras, de crainte de tomber au plan. » (Vidocq.) — « Paumé, tu ne mangeras dans le taffe du gerbement. (Idem.) — « François a mangé sur vous. » (Canler.)

MANGER DE CE PAIN-LA (NE PAS). — Refuser des moyens d'existence dont la source ne paraît pas honorable.—« Moi, que j'dis, merci, je n' mange pas de ce pain-là! » (H. Monnier.)

MANGER DU PAIN ROUGE. — Vivre du produit d'un assassinat.

MANGER LA SOUPE AVEC UN SABRE. — Avoir une grande bouche. — Ironie. — « Une bouche grande à faire croire que le prévenu mange la soupe avec un sabre (style de régiment). » (*Courrier de l'Ouest*, 1872.)

MANGEUR. — Dissipateur.

MANGEUR DE BLANC. — Homme vivant de la prostitution. (Dhautel.) — « Le mangeur de blanc se fait donner des appointements fixes par ses maîtresses. » (*Almanach du Débiteur*.)

MANGEUR DE BON DIEU, DE MESSES. — Dévot. — « Quittez vos tanières, antiques comtesses, mangeuses de messes. » (*Départ de la Cour*, 1830.) — Allusion au symbole de l'hostie.

MANGEUR DE GALETTE. — Délateur vivant de dénonciations. (Colombey.)

MANGEUR DE GALETTE. — Fonctionnaire vénal. (Vidocq.)

MANIÈRE (1re OU 2e OU 3e). — Se dit de diverses manières de faire en rapport avec l'âge, le talent, ou les calculs d'un individu.— « Faustine en était encore au désintéressement, sa première manière, ainsi qu'elle disait elle-même, en empruntant le langage des artistes. » (Achard.)

MANIÈRES. — Airs d'importance. — « Ça fait des manières et ça a dansé dans les chœurs... » (Gavarni.)

MANILLE. — Anneau. V. *Guirlande*.

MANIVAL. — Charbonnier. (1851, *Almanach des Débiteurs*.)

MANNEQUIN. — Homme ou femme méprisable. — « Va donc, mann'quin d'marchand de vin ; va-t'en donc avec tous tes vieux lapins... » (*Catéchisme poissard*, 1844.)

MANNEZINGUE, MINZINGUIN. — Marchand de vin. — « Quel est celui-là ? — Un ami, un vrai, un marchand de vin... — Un mannezing ? » (G. Bourdin.) — « Le roi est un bon zigue qui protége les minzinguins. » (Cabassol.)

MANQUILLER. — Faire. (Halbert.) — Pour *maquiller*.

MAQUE. V. *Mac*.

MAQUI (METTRE DU). — Se mettre du rouge. (Grandval.)

MAQUILLAGE. — Travail. V. *Roulant*.

MAQUILLAGE. — Action de se farder, mettre du maqui. — « Le maquillage est une des nécessités de l'art du comédien. » (J. Duflot.)

MAQUILLER. — Farder. — « J'espère qu'en voilà une qui se maquille ! murmure Thélénie à une de ses voisines... » (Paul de Kock.)

MAQUILLER. — Agir, machiner, travailler. — « C'est par trop longtemps boire ; il est, vous le savez, heure de maquiller. » (Grandval, 1723.) V. *Brème, Momir*.

MAQUILLER. — Chicaner, battre. (Halbert.)

MAQUILLEUR. — Joueur de cartes. — « Par cent coups contre toi, les maquilleurs s'amassent, mais, bientôt nettoyés, autour de toi croassent. » (Alyge.)

MAR. — Désinence arbitraire, de la même famille que *rama*, dont elle paraît être l'anagramme. V. *Rama*. — « On se bornait (vers 1840) à retrancher la dernière consonnance pour y substituer la syllabe *mar*. On disait *épicemar* pour épicier, *boulangemar* pour boulanger, *cafemar* pour café, et ainsi de suite. C'était de l'esprit dans ce temps-là. » (Pr. d'Anglemont.) — « Méfie-toi... Le jeune *épicemar* est très-fort au billard et au piquet. » (Champfleury.)

MARCANDIER. — Marchand. — Du vieux mot *mercadier*. V. *Solir, Furre*.

MARCANDIER. — Celui qui dit avoir été volé. (Grandval.)

MARCASSIN. — « Le marcassin est le rapin du peintre d'enseigne. » (E. Bourget, 1845.)

MARCHAND D'HOMMES. — Agent de remplacement militaire. — « D'un marchand d'hommes, je vois l'enseigne. » (*Léonard*.)

MARCHAND DE LACETS. — Gendarme. — Allusion aux menottes qu'il tient en réserve.

MARCHAND DE SOUPE. — Maître de pension spéculant sur la nourriture de ses élèves. — « Style universitaire ! Les marchands de soupe doivent être bien fiers. » (L. Reybaud.)

MARCHANDISE. — Excrément.

> Y s' roul' dans la marchandise,
> Qué cochon d'enfant. (Colmance.)

MARCHE A TERRE. — Fantassin. — « Quand

tu étais dans la cavalerie, tu n'étais pas dans les marche à terre. » (Vidal, 1833.)

MARCHER, MARCHER AU PAS (FAIRE). — Contraindre à obéir. — « Empereur Nicolas, les Français et les Anglais te feront marcher au pas. » (Layale, 1855.)

MARCHER, MARCHER TOUT SEUL. — Se dit du fromage et des aliments corrompus où les vers grouillent assez pour donner à cet objet matériel une sorte de vie, au figuré, *pour le faire marcher.* — *Cela danse* indique le plus haut degré de la décomposition, dans le même ordre d'idées.

MARCHEUSE. — « La marcheuse est un *rat* d'une grande beauté que sa mère, fausse ou vraie, a vendu le jour où elle n'a pu devenir ni 1er, ni 2e, ni 3e sujet de la danse, et où elle a préféré l'état de coryphée à tout autre, par la grande raison qu'après l'emploi de sa jeunesse, elle n'en pouvait pas prendre d'autre. » (Balzac.)

MARCHEUSE. — « Un simple bonnet la coiffe ; sa robe est d'une couleur foncée et un tablier blanc complète ce costume. Les fonctions de la marcheuse sont d'appeler les passants à voix basse, de les engager à monter dans la maison qu'elle représente, où, d'après ses annonces banales, ils doivent trouver un choix exquis de jeunes personnes. » (Béraud.)

MARÉCAGEUX (ŒIL). — Œil langoureux, à demi noyé.

> Mais que tu danses bien la galope
> Avec ton œil marécageux. (*Chanson populaire.*)

MARGAUDER. — Décrier la marchandise.— « Madame trouve moyen de margauder. » *(La Correctionnelle.)*

MARGOT, MARGOTON. — Fille de mauvaise vie. — Diminutif de *Marguerite.* — « Nom fort injurieux donné à une courtisane, à une femme de mauvaise vie. » (1808, Dhautel.)— « Nous le tenons. Nous savons où demeure sa margot. » (E. Sue.)

MARGOULETTE. — Bouche. — Pour *gargoulette.* — « Tu ne sortiras pas d'ici sans avoir la margoulette en compote. » (Vadé, 1756.)

MARGOULIN. — Débitant, dans la langue des commis-voyageurs. — « Parfois le margoulin est fin matois. » (Bourget.)

MARGUINCHON. — C'est *Margot* avec chan-

gement de finale. Même signification. — « Entends-tu, Marie-Couche-toi là , la marguinchon de tous les goujats. » (*Catéchisme poissard*, 1840.)

MARIAGE A L'ANGLAISE. — Mariage après lequel chacun vit de son côté. — « Après une lune de miel fugitive, M. de L... reprit ses habitudes de garçon. N'avait-il pas fait ce que l'on appelle un mariage à l'anglaise? » (E. Villars.)

MARIN DE LA VIERGE MARIE. — Marinier d'eau douce. — « Ce sont les carapatas ou marins de la vierge Marie, ainsi nommés parce qu'ils ne courent jamais aucun danger, race amphibie qui ne vit que sur les canaux. » (Privat d'Anglemont.)

MARINGOTTE. — Grande voiture de famille de saltimbanques. — « C'était une des deux grandes voitures nommées maringottes servant à la caravane en voyage. » (O. Féré.)

MARIOL. — Malin. (Grandval.) — « Si c'est un mariol, on emploie le surin, et on joue des jambes. » (Colombey.)

MARIVAUDER. — Se complaire dans les détails, défaut reproché aux écrits de Marivaux. — « Allons un peu plus vite, tu marivaudes. » (Balzac.) — L'action de *marivauder* s'appelle du *marivaudage.*

MARLOU, MARLOUSIER. — Souteneur.—Corruption du vieux mot *marlier :* sacristain. — Les souteneurs étaient autrefois appelés *sacristains.* — « Un marlou, c'est un beau jeune homme, fort, solide, sachant tirer la savate, se mettant fort bien, dansant le *chahu* et le *cancan* avec élégance, aimable auprès des filles dévouées au culte de Vénus, les soutenant dans les dangers imminents. » (50 *mille voleurs de plus à Paris*, 1830.)

MARLOU. — « Par extension, on appelle marlou tout homme peu délicat avec les femmes, et même tout homme qui a mauvais genre. » (Cadol.)

MARLOU (C'EST UN). — C'est un malin.

MARLOUSERIE. — Malice. (Colombey.)

MARMIER.—Berger. (Idem.)—Vieux mot.

MARMITE. — Fille publique *nourrissant* un souteneur. — « Un souteneur sans sa marmite est un ouvrier sans ouvrage. » (Canler.)

MARMITE DE TERRE. — Prostituée ne gagnant pas d'argent à son souteneur.—La *Marmite de fer* gagne un peu. — La *Marmite de cuivre* rapporte beaucoup. (Halbert.)

MARMOT (CROQUER LE). — Être dans la situation d'un homme qui ne voit pas arriver ce qu'il attend. — *Croquer le marmot* n'est qu'un équivalent de *marmotter*, comme le prouve cet exemple : « Marmonnant de la langue : *mon! mon! mon !* comme un marmot. » (Rabelais, *Pantagruel*, L. IV, Ch. xv.)

On a, comme cela se produit souvent, pris l'effet pour la cause. V. *Marronner.*

MARMOTTIER. — Savoyard. (Colombey.) — Mot à mot : montreur de marmottes.

MARMOUSE. — Barbe. (Halbert.)

MARMOUSET. — Pot, marmite. (Idem.)

MARNER. — Se livrer à un travail pénible.

MARNER. — Voler. — Du vieux mot *marronner :* pirater. — « Il y a des cambrioleuses très-habiles qui, feignant une erreur, s'élancent dans les bras du voyageur qu'elles veulent *marner :* « C'est toi, mon loulou, s'écrient-« elles, viens donc que je t'embrasse ! » On prétend que ces *donneuses de bonjour* sont rarement mises à la porte. » (A. Monnier.)

MARON. — Sel. (Grandval.) V. *Muron.*

MAROTTIER. — Marchand ambulant.

MARQUANT. — Ivrogne. *(Petit Dictionnaire d'argot*, 1844.)

MARQUANT. — Souteneur. (Halbert.) Mot à mot : homme de la *marque.* V. ci-dessous.

MARQUE. — Prostituée. (Halbert.)

MARQUE DE CÉ. — Femme légitime de voleur. (Colombey.) Mot à mot : femme d'argent.

MARQUE-FRANCHE, MARQUISE.— Maîtresse de voleur. (Idem.)

MARQUER MAL. — Se faire remarquer sous de mauvais rapports.

MARQUIN. — Couvre-chef. (Halbert.)

MARQUISE. — Breuvage composé de vin blanc, d'eau de Seltz, de sucre et de citron.

MARRON. — En flagrant délit de vol ou de crime. — Du vieux mot *marronner :* faire le métier de pirate, de corsaire.

Paumer marron, servir marron : prendre sur le fait. — « J'ai été paumé marron. » *(La Correctionnelle.)* V. *Servir, Estourbir, Raille.*

MARRON. — Cocher en contravention. — « Le cocher marron est un cocher mal vêtu,

mal chaussé, ayant mauvaise mine, conduisant une mauvaise voiture et un mauvais cheval. » (P. du Terrail.)

MARRONNER UN GRINCHISSAGE. — Manquer un vol. (Colombey.)

MARRONNER. — Bouder, murmurer. — Du vieux mot *marmonner.* — « Tu pourras marmonner tout bas : Ah ! couyon, tu ne me tiens pas. » (*La Berne Mazarine*, 1654.) — « J'peux pas voir ça, moi ! je marronne tout haut. » (Cogniard, 1831.) V. *Lâcher, Marmot.*

MARSEILLAISE. — Pipe courte et poreuse fabriquée à Marseille. — « Et tout en parlant ainsi, il chargeait et allumait sa marseillaise. » (Luchet.)

MARTEAU (AVOIR UN COUP DE).—V. *Toqué.*

MARTINET. — Fer de correction au bagne. Cet instrument répressif qui tient captive la jambe du forçat, a une trempe plus forte que celle de l'acier. » (Moreau Christophe, 1837.)

MASTROQUET. — Marchand de vin. Mot à mot : *l'homme du demi-setier.* — De *mi-stroc :* demi-setier.— « Le cocher avale vivement son mêlé-cassis et sort de chez le mastroquet. » (Sauger.) V. *Corne.*

MATCH.— « Pari entre deux chevaux pour une distance convenue. » (Paz.)

MATELOT. — « Tous deux amis et se nommant mutuellement mon matelot : ce qui est le plus grand terme d'affection connu sur le gaillard d'avant. » (*Phys. du Matelot*, 1843.)

MATHURINS. — Dominos. (Halbert.) — Abréviation de *mathurins plat.* On donnait ce nom par allusion au costume des moines dits Mathurins qui, avec leur robe blanche et leur manteau noir, paraissaient avoir le revers noir et la face blanche, comme les dominos.

MATIGNON. — Messager. (Halbert.)

MATRIMONIUM. — Mariage. — Latinisme.

MATURBES. — Dés à jouer. (Grandval.) — C'est *mathurin* avec changement de finale.

MAUGRÉE. — Directeur de prison. (Halbert).— Il *maugrée* par état.

MAUVE. — Parapluie de coton. — « Sa forme conserve une certaine ressemblance avec la feuille de mauve, ce qui lui a fait récemment donner le nom de cette plante. La mauve est toujours en coton rouge ou vert. » (*Phys. du parapluie*, 1841.)

MAUVAISE (ELLE EST OU JE LA TROUVE). — « Cette charge est mauvaise. » Avouez, mesdames, que vous ne vous attendiez pas à celle-là, et que vous vous dites peut-être : « Je la « trouve mauvaise. » (Villars.)

MAYEUX. — Bossu. — *Mayeux* est une forme du vieux nom *Mahieu* (Mathieu). — Vers 1830, les caricatures populaires de Traviès eurent pour objet un bossu nommé Mayeux : c'était le type d'un homme ridiculement contrefait, vaniteux et libertin, mais brave et spirituel à ses heures. De là son nom donné à ceux qu'afflige la même infirmité. — « Ici d'affreux petits mayeux. » (De Banville.)

MAZARO. — Prison militaire qu'il ne faut pas confondre avec la salle de police (*ours*). Dans celle-ci on passe seulement la nuit sur une paillasse ; dans l'autre, on reste jour et nuit sur la planche. — « Mon ami, c'est le trou, le clou, le mazaro, la salle de police. » (*Commentaires de Loriot.*)

MAZAGRAN. — Café servi dans un verre.

MEA CULPA (FAIRE SON). — Confesser sa faute. — Latinisme. — « Il leur faudra faire leur *mea culpa* de cette fameuse démarche du 20 juin. » (*Moniteur*, juillet 1872.)

MEC. — Maître. V. *Meg*.

MÉCANISER. — Vexer, critiquer. — « Canalis regarda fixement Dumay qui se trouva, selon l'expression soldatesque, entièrement mécanisé. » (Balzac.) — « Ne vous avisez pas de mécaniser son ouvrage, car alors, qui que vous soyez, il ne vous resterait plus qu'à numéroter vos os. » (Moisand, 1841.)

MÉCHANT (PAS). — On dit d'une toilette mesquine, d'un homme inepte, d'un livre sans valeur : *Ça n'est pas méchant, ça ne mord pas!* — « Achetez un caloquet plus méchant, votre tuyau de poêle n'est pas trop rup. » (L. de Neuville.)

MÈCHE (IL Y A MÈCHE, IL N'Y A PAS). — Il y a moyen, il n'y a pas moyen. Mot à mot : on peut ou non allumer l'affaire. — « Lorsque les ouvriers proposent leurs services au prote de l'imprimerie, ils demandent *s'il y a mèche*, c'est-à-dire si on peut les occuper. » (Dhauthel, 1808.) — « Il voudrait en garder un pour la montre, mais il n'y a pas mèche. » (*Rienzi*.)

Être de mèche : Être de moitié. (Vidocq.)

Six plombes et mèche : six heures et demie.

MÉCHI. — Malheur. (Idem.) — Abréviation du vieux mot *méchief*.

MECQUE. — Homme. — Pour meg. — « T'as refroidi au moins un mecque. » (Stamir.)

MECQUE A LA COLLE FORTE. — Voleur redoutable. (Idem.)

MÉDAILLE. — Pièce d'or. — « La jolie voix! dit Schaunard en faisant chanter les pièces d'or. — Comme c'est joli, ces médailles! » (Mürger.)

MÉDAILLON. — Derrière. (Vidocq.) — Allusion de rondeur.

MÉDECIN. — Avocat. (Vidocq.) — Il soigne les *malades*. V. ce mot.

MÉDECINE. — Conseil. — Même allusion.

MÉDIUM. — Homme qui prétend servir d'intermédiaire entre ses semblables et certains esprits invisibles. — Ses évocations sont désignées aussi par un adjectif nouveau : *médianimique.* — « C'est un sultan qui n'a qu'à jeter un mouchoir, un médium qui fascine les dames. » (P. de Kock, 1865.)

MEG, MEC. — Maître. V. *Chique*. — Du vieux mot *Mége*, chef souverain. — « *L'abbé :* Au nom du Père. — *Coutaudier :* Du?... Ah! du meg. » (*Dernier jour d'un condamné*.)

MEC DES MECS. — Dieu. V. *Rebâtir.* — Il est à remarquer que *meck* signifie grand dans l'ancienne langue tudesque.

MÉGO. — Boni, excédant de la recette sur la dépense. — « Quand il y a du mégo, je le mets dans une tirelire. » (P. de Kock, 1840.)

MÊLÉ. — Mélange d'eau-de-vie et de liqueur. — « Aimez-vous l'eau-de-vie? Dame! on vend y tout du mêlé. » (Vadé, 1755.) V. *Noir.*

MELET, MELETTE. — Petit, petite. (Halbert.)

MÉLO. — Mélodrame. — Abréviation. — « La soirée d'hier a été mortellement ennuyeuse ; le bon gros *mélo* a fait son temps. » (*Paris-Journal*, août 1872.)

MELON. — Élève de première année à l'École Saint-Cyr. — « Me brimer, moi, malheureux melon. » (*Souvenirs de Saint-Cyr*.)

MELON. — Imbécile. — « Vous êtes si melons, à Châtellerault. » (Labiche.)

MENÉE. — Douzaine. (Grandval.)

MENER PAS LARGE (N'EN). — Être mal à son aise. — « Quel rugissement! Nous n'en menions pas large, je t'assure. » (Loriot.)

MENESSE. — Prostituée, maîtresse. (Halbert.)

MENESTRE. — Potage. Vieux mot.

MENTEUSE. — Langue. (Vidocq.)

MÉPHISTO. — Diabolique. — Abréviation du Méphistophélès de *Faust*.

MÉQUARD. — Commandant. (Idem.)—Augmentatif de *mec :* maître.

MÉQUER. — Commander. (Idem.)

MERCADET. — Faiseur. — De la pièce de Balzac, *Mercadet le faiseur*. — « A une époque où la fièvre du *bibelot* sévit, il est bon de connaître les ficelles des Mercadets. (Frébault.)

M—DE (FAIRE SA). — Faire l'important.

M—DEUX. — « Terme injurieux qui se dit d'un poltron, d'un fat sans esprit. » (Dhautel, 1808.) — Se prend plutôt aujourd'hui dans le second sens. V. *Bâton*.

MÈRE. — « Lorsqu'un compagnon va au siége de la société, il dit : Je vais chez la mère. Si l'aubergiste chez lequel se tiennent les réunions n'était pas marié, on dirait de même : Je vais chez la mère. » (Perdiguier.)

MERLAN. — « Sobriquet donné à un perruquier à cause de la poudre qui couvre ordinairement ses habits. » (Dhautel.) — « La Peyronie est chef de perruquiers qu'on appelle merlans parce qu'ils sont blancs. » (*Journal de Barbier*, 1744.)

MERLAN FRIT (ŒIL DE). — Œil pâmé. — « Enfin cet homme de brelan a les yeux faits comme un merlan. » (*Troisième Suite du Parlement burlesque*, 1652.)

MERLANDER. — Coiffer.

MERLIN. — Jambe. — Allusion à la hache dite *merlin*. Le fer figure le pied, et le manche est un vrai *fumeron*.

> I veut se r'lever, mais j' le redouille
> A coups d' passifs dans les merlins.
> (Chanson de Fanfan le Bâtonniste.)

MERRIFLAUTÉ. — Chaudement vêtu. (Halbert.)

MÉRUCHÉ, MÉRUCHON. — Poêle, poêlon.

MERVEILLEUX. — Homme à la mode.

MESS. — Cercle d'officiers. — « Les officiers maugent par corps en mess. » (*Vie parisienne*, août 1867.) — Bien que le mot soit, comme l'usage, d'importation britannique, il est plus français qu'on ne pense, et il en est de lui comme de *tunnel*, qui n'est pas autre chose que notre mot *tonnelle*. Ainsi le grand glossaire de Du Cange donne *prendre metz* avec le sens de *manger ensemble*. Il cite même une lettre de rémission de l'an 1443, mentionnant des compagnons associés pour *prendre metz* pendant les travaux de la moisson.

MÉTAL. — Argent. — « Et t'as pas de métal. » (Ricard.)

MÉTIER. — Habileté d'exécution. —« Vois toutes ces esquisses : il y a de la main, du métier, mais où est l'idée ? » (L. Reybaud.)

METTRE A QUELQU'UN (LE). — En faire accroire, tromper. — « Du reste, c'est un flanche. Vous voulez me le mettre... Je la connais. » (*Le Dernier jour d'un condamné*.)

METTRE A TABLE (SE). — Dénoncer. — On se met à table pour *manger*. V. *Table, manger*.

METTRE AVEC (SE). — Vivre maritalement. — « En se mettant avec Lise, le général aurait dû nous dire : J'ai ça et ça à payer ; il ne l'a pas dit, et ce n'est pas délicat. » (Ricard.)

MEUBLE. — Personne de triste mine. — « Voyez c'vieux crocodile. Ah ! l'beau meuble ! » (Vadé, 1756.) — « Prends garde à toi, vieux meuble, affreuse bohémienne ! » (*Les Folles Nuits du Prado*, 1854.)

MEULARD.—Veau. (Vidocq.)— Allusion au mugissement du veau. V. *Pavillonner*.

MEUNIER. — Recéleur achetant le plomb volé. (Colombey.)

MEZIÈRE. — Homme simple, bon à voler. (Grandval.) V. *Regout*.

MEZIÈRE, MEZIGUE.— Moi. (Idem.)

MICHÉ. — Niais. — Du nom propre *Michel*, qui avait jadis ce sens proverbial. V. *Mikel*.— « Loupat : Le sergent, j'imagine, m'en voudra. — La Ramée, à part : Le bon miché ! » (Vadé, *les Raccoleurs*.)

MICHÉ. — Homme fréquentant et payant les filles. — Même étymologie que ci-dessus. — Dans une liste de fausses *Protestations des filles de Paris* contre la guerre (1790), on lit : « Ce pourfendeur de Mars avait bien affaire aussi de se présenter pour nous enlever nos michés. » — « Les jeunes gens dont ces dames font leurs amants de cœur, et que certaines susceptibilités des *michés* empêchent d'avoir un facile accès. » (*Ces Dames*, Vermorel.)

MICHÉ SÉRIEUX. — Amant riche et généreux. — « Le *miché sérieux* équivaut à l'*entreteneur*... Les jeunes gens se disent souvent, comme un mot d'ordre : *Messieurs, ne parlez pas à la petite une telle, elle est ici avec son miché sérieux*. Le même individu se désigne aussi par ce mot : *Ponteur*. Ce dernier mot, pris dans le vocabulaire des jeux, vient du verbe *Ponter*. » (Cadol.) — « Les avant-scènes sont réservées aux michés sérieux. » (*Petits mystères de l'École lyrique*.) — V. *Persiller*.

MICHÉ DE CARTON. — Miché peu généreux ou peu fortuné. V. *Carton*.

MICHETON. — Petit miché. — « All' me dit : « Mon fiston, étrenne ma tirelire. » Je lui réponds : « Ma poule, tu m' prends pour un mich' ton. » (*Le Bâtonniste à la Halle*, 1813.)

MICHON. — Argent. (Halbert.)

MIDI (IL EST). — Il n'est plus temps. — Date du temps où midi était l'heure du repas, celle où cessait toute affaire.

MIE DE PAIN. — Vermine. (Vidocq.) — Allusion à la démangeaison causée par une mie de pain égarée.

MIETTE (UNE). — Un peu. — « Minute ! je me chauffe les pattes une miette. » (Gavarni.)

MIKEL. — Miché, dupe. (Vidocq.) — C'est le nom de Michel.

MILIEU. — Derrière. — « L'arme de Pourceaugnac convient à nos grands hommes. Elle atteint ce milieu, leur amour et leur but. » (Nugent, *Étrennes à Dobau*, 1833.)

MILLIARD. — Gueux porte-bissac. (Grandval.)

MILLERIE. — Loterie. (Halbert.)

MILORD. — On donne moins ce nom aux Anglais qu'à ceux dont les largesses rappellent l'opulence britannique. — « Le gros tailleur se dit négociant. A sa tournure, il n'est pas milord russe. » (Sénéchal, 1852.) — « Être sur le boulevard de Gand, se donner un air milord. » (Éd. Lemoine.) — « Je ne suis pas précisément un milord, je n'ai pas des millions. » (*Semaine*, 1847.)

MILORD. — Entreteneur. — « Le notaire est son milord. » (Balzac.)

MILORD. — « La lorette professe un enthousiasme fébrile pour le cabriolet à quatre roues, dit cabriolet milord. » (Alhoy, 1841.)

MINCE. — Très-médiocre en n'importe quoi. Mot à mot : de mince valeur. — Abréviation.

MINCE. — Papier à lettres. (Vidocq.) — Allusion à son peu d'épaisseur.

MINET, MINETTE. — Mot d'amitié. — Synonyme de *mon chat, ma chatte*. — « Oui, minette, je me calme. » (De Courcy.)

MINEUR. — Manceau. (Halbert.)

MINOTAURE, — RISÉ. — Cocu. — « Quand une femme est inconséquente, le mari serait, selon moi, minotaurisé. » (Balzac.) V. *Dernier de M. de Kock*.

MINUIT. — Nègre. (Vidocq.) — Allusion de couleur. — Il est noir comme la nuit.

MINZINGUIN. — V. *Mannezingue*.

MIOCHE, MION. — Bambin. — *Mion* est un vieux mot. — « C'est à moi que reviendra le droit d'être le parrain de tous les mioches. » (Bourget.) V. *Dardant*.

MION DE BOULE. — Filou. (Grandval.)

MIRADOU. — Miroir. (Vidocq.)

MIRETTE. — Œil. (Idem.) — L'œil est un petit miroir.

MIROIR A PUTAINS. — Garçon d'une beauté vulgaire.

MIRLIFLOR. — Élégant à la mode de 1820. V. *Œil de verre*.

MIROBOLAMMENT. — Merveilleusement. — « A meubler mirobolamment sa maison. » (Balzac.)

MIROBOLANT. — Merveilleux. — « La cravate mirobolante. » (E. Lemoine.) — « Je me sens d'une incapacité mirobolante. » (Balzac.)

MIRZALE. — Boucle d'oreille. (Vidocq.)

MISÉRABLE. — Petit verre. V. *Monsieur*.

MISELOQUIÉ, MISELOQUIÈRE. — Acteur, actrice. Mot à mot : metteur de loques (costumes).

MISERERE. — Supplication. Mot à mot : ayez pitié. — Latinisme. — « La marchande à la toilette épie le moment où l'entreteneur se trouve là pour recommencer son miserere. » (*Almanach du Débiteur*, 1851.)

MISLOQUE. — Comédie. (Vidocq.) — « Je joue la mislocq pour un fanandel en fine pégrenne. » (Balzac.)

MISTON. V. *Allumer*.

MISTOUFLES (FAIRE DES). — Tracasser, peiner quelqu'un.

MITRAILLE. — Monnaie de cuivre. — On disait autrefois *mitaille*.

> Si celui-là fait danser ta mitraille,
> Tach' d'amasser quelques sous en secret.
>
> (Debraux.)

MITRE. — Cachot. (Vidocq.) — Au moyen âge le *mitre* était le bourreau.

MOBILE. — Garde mobile (1830, 1848, 1870). — Une caricature de Traviès, datée de 1830, représente Mayeux s'échappant du domicile conjugal en criant : « Lâchez-moi, madame Mayeux, je suis de la mobile, n... de D...! — Qui sait comment cela eût fini si la mobile ne s'en fût mêlée ? Brave mobile ! » (L. Reybaud, 1848.)

MOBLOT. — Garde mobile (1870-1871). — Diminutif. — « J'ai vu passer un jeune sous-lieutenant de la garde mobile, et derrière lui un simple *moblot.* » (P. Véron.)

MODERNE. — Fashionable. — « J't'en vas donner du goujat, moderne! » (Gavarni.)

MOELLE. — Energie. — « On a de la moelle ou on n'en a pas. T'as jamais eu de la moelle pour un décime. » (Monselet.)

MOITIÉ (LA PLUS BELLE). — Le sexe féminin. Mot à mot: la plus belle moitié du genre humain. On abrége aussi en disant *la belle moitié.* — « Je ne vois pas pourquoi on obligerait *la belle moitié* à vivre avec l'autre. » (E. Villemot.)

MOINEAU. — Homme de mince valeur. — Le moineau n'est pas un aigle. — « Voilà un beau moigneau pour se f..... des airs de qualité. » (*Catéchisme poissard,* 1840.)

MOKA. — Café. — Ce nom de provenance est généralement ironique. — « Il s'achemine ensuite vers son café, y savoure le moka (chicorée pur-sang). » (*Phys. du Parapluie,* 1841.) V. *Café.*

MOLANCHE. — Laine. (Halbert.) Elle est molle au toucher.

MOLLARD. — Graillon, expectoration laborieuse. Du vieux mot *moller:* s'efforcer.

MOLLASSE. — Mou. — « Ils sont mollasses. » (J. Arago, 1838.)

MOMAQUE, MOME, MOMIGNARD. — Petit enfant. — Du vieux mot *momme:* grimace, qui a fait *momerie.* — Les petits enfants en font beaucoup. — « Les rats dont nous voulons parler sont des mômes. » (Paillet.) — « Elle entre avec un enfant dans un magasin et en faisant semblant de poser son momignard à terre. » (Idem.) V. *Inférieur.*

MOMIÈRE, TIRE-MOMES. — Sage-femme.

MOMIR. — Accoucher. — « Ma largue aboule de momir un momignard d'altèque qu'on trimbalera à la chique à six plombes et mèche, pour que le ratichon maquille son truc de la morgane et de la lance. » (Vidocq.)

MONAC. — Sou. — Abréviation de *monaco.* — « C'est là ce qui estouffe les monacs, aux peches les attache. » (Alyge, 1854.)

MONACO. — Sou. — Appellation ironique dont il faut chercher la cause dans l'exemple suivant : — « Honoré V, mort de dépit en 1841, de n'avoir pu faire passer pour deux sous en Europe ses monacos, qui ne valaient qu'un sou. » (Villemot.) V. *Coller.*

MONANT, MONANTE. — Ami, amie. (Vidocq.)

MONARQUE. — Roi de cartes. — « Ou si c'est un roi qu'elle relève, elle s'écrie : « Je « pince le monarque. » (Alhoy.)

MONARQUE. — Pièce de cinq francs. (Grandval.) — Allusion à l'effigie royale. — « Il va nous donner quéqu'vieux monarque pour y boire à la santé... » (Gavarni.)

MONNAIE DE SINGE. — Grimace. — « Il la payait, comme dit le peuple, en monnaie de singe. » (Balzac.)

MONOCLE. — Lorgnon à un œil. — « Adapte donc un monocle à l'arcade de ton œil gauche! » (Montépin.)

MONSEIGNEUR. — Petite pince à forcer les portes. (Grandval.) — Jeu de mots. — Quelle est la porte ne s'ouvrant pas devant Monseigneur? — Si, comme l'affirme M. Fr. Michel, on a dit autrefois *Monseigneur le Dauphin* et par abréviation *Dauffe,* nous voyons encore là un calembour sur le *dos fin* de la pince qui permet son introduction. V. *Caroubleur.*

MONSIEUR. — Entreteneur. V. *Amant de cœur.* — « En argot de galanterie, le mot d'*époux* désigne l'entreteneur; mais il n'est pas le seul. Suivant le degré de distinction d'une femme, elle dit : *mon époux,* — *mon homme,* — *mon monsieur,* — *mon vieux,* — *monsieur chose,* — *mon amant,* — *monsieur,* — ou enfin *monsieur un tel.* — Sauf dans la haute aristocratie où l'on dit : *Monsieur un tel,* ce mot *mon époux* est général, il se dit dans toutes les classes. » (Cadol.)

MONSIEUR (FAIRE LE). — Trancher du maître, du fashionable. — « Sa suffisance le fait haïr, il fait le monsieur. » (Hilpert.)

MONSIEUR. — Mesure de capacité. — « Il existe de plus une certaine eau-de-vie dont le prix varie suivant la grandeur des petits verres. Voici ce que nous lûmes sur une pancarte: Le monsieur, *quatre sous;* la demoiselle, *deux sous;* le misérable, *un sou.* » (G. de Nerval.)

MONSTRE. — Monstrueux. — « J'en ai assez de vos monstres de concerts. » (P. de Kock.) V. *Crapaud.* — N'est pas toujours pris en mauvaise part. Une femme peut appeler *monstre d'homme* celui qu'elle adore.

MONSTRE. — Colossal. — « Elle lui apporte un bouquet monstre. » (Alhoy.)

MONSTRICO. — Petit monstre. — « Ce petit monstrico ! » (Balzac.)

MONT. — Mont-de-piété. — Abréviation. — « Elle tient comme qui dirait un petit mont bourgeois... elle prête sur gages et moins cher qu'au grand mont. » (E. Sue.)

MONTANT, MONTANTE. — Pantalon. — Le mot date du temps où les culottes montaient haut. V. *Tirant, Frusques.*

MONTANT. — Qui excite les désirs. — « La robe la plus montante... c'est une robe décolletée. » (Decourcelle.)

MONTANTE. — Échelle. (Colombey.)

MONTER. — Enflammer, surexciter, enivrer de vin, de colère ou d'amour. — « *Urinette* (apercevant Florestan qui la regarde par-dessus le paravent) : Qu'est-ce que vous faites ? Vous montez sur une chaise pour me voir ? — *Florestan :* Oui ! ça me monte !... » (L. de Neuville.)

MONTER A L'ÉCHELLE. — Être guillotiné. Mot à mot : monter à l'échelle de l'échafaud. — « Galetto ne veut pas « monter à l'échelle » seul. « Il faut, aurait-il dit, que Ribetto, qui « m'a dénoncé, m'y accompagne. » (*Petit Moniteur.*)

MONTER SUR LA TABLE. — Avouer ses crimes et ceux de ses complices. (Vidocq.) — Augmentatif de *se mettre à table.* V. *Table.*

MONTER UN COUP. — Inventer un prétexte, tendre un piége. — « C'est des daims huppés qui veulent monter un coup à un ennemi. » (E. Sue.) — « Je monte plus d'un coup pour vanter l'auteur Dorville. » (1817, Brazier.)

Se monter le coup. — S'illusionner. Mot à mot : se tromper soi-même.

MONTEUR DE COUPS. — Menteur, mystificateur, escroc.

MONTMORENCY. — Cerise. — Du nom de l'endroit où elles sont réputées. — On dit de même *Montreuil* pour pêche, *Fontainebleau* pour raisin et *Valence* pour orange.

MORASSE. — Ennui.

MORASSE (BATTRE). — Crier à l'assassin. (Vidocq.) Mot à mot : *à la mort.*

MORCEAU. — Fille sale, suspecte.

MORCEAU (FAIRE LE). — Briller dans le détail, artistiquement parlant. — « Bien que Léopold Robert n'eût pas de grandes vues, il faisait très-bien le morceau. » (Th. Silvestre.)

MORDANTE. — Scie. (Colombey.)

MORDRE (NE PAS). — Être sans force, sans esprit, sans talent. V. *Méchant.*

MORFE. — Repas, mangeaille. (Halbert.)

MORFIANTE. — Assiette. (Grandval.) — De *morfier.*

MORFIER, MORFIGNER, MORFILER. — Faire, manger. — *Morfier* est un vieux mot d'où les deux autres dérivent. — « Calvi morfile sa dernière bouchée. » (Balzac.) V. *Chêne.*

MORGANE. — Sel. (Vidocq.) — Il mord. V. *Morganer, Momir.*

MORGANER. — Mordre. (Idem.) — Vieux mot.

MORICAUD. — Broc de vin. (Vidocq.) — Allusion à sa couleur sombre.

MORILLO. — Chapeau à petits bords. — « C'était le temps de la lutte de l'Amérique méridionale contre le roi d'Espagne, de Bolivar contre Morillo. Les chapeaux à petits bords étaient royalistes et se nommaient des morillos ; les libéraux portaient des chapeaux à larges bords qui s'appelaient des bolivars. » (V. Hugo.)

MORNANTE. — Bergerie. (Halbert.)

MORNE. — Mouton. (Vidocq.) — Du vieux mot *moraine :* laine.

MORNÉE. — Bouchée. (Halbert.)

MORNIER. — Berger. (Idem.) — De *morne.*

MORNIFLE. — Monnaie. (Colombey.)

MORNIFLEUR TARTE. — Faux monnayeur.

MORNOS. — Bouche. (Grandval.)

MORT, MORTE. — Condamné, condamnée. (Colombey.) V. *Malade.*

MORT (FAIRE UN). — Jouer le whist à trois personnes, en découvrant le jeu d'un quatrième partenaire qui n'existe plus. — « M. d'Ajuda proposa d'aller faire *un mort* avec le duc de Grandlieu. » (Balzac.)

MORUE. — Femme abjecte. — « Vous voyez, Françoise, ce panier de fraises qu'on vous fait trois francs ; j'en offre un franc, moi, et la marchande m'appelle... — Oui, madame, elle vous appelle... *morue!* » (Gavarni.)

MOTS (AVOIR DES). — Échanger des reproches. — « En rentrant du bal avec ton amant, vous avez eu des mots, et il t'a flanquée à la porte. » (Montépin.)

MOUCHAILLER. — Regarder. (Grandval.)

MOUCHARDE. — Lune. — Elle moucharde les voleurs. V. *Cafarde.* — « Mais bientôt la patraque, au clair de la moucharde, nous reluque de loin. » (Vidocq.)

MOUCHE. — Vilain, laid. (Halbert.) — « *Mouche,* pour ceux qui ne comprendraient pas le langage parisien, signifie mauvais. » (Troubat.) — « Avez-vous été hier soir aux Variétés ? — Toc. — Et Ambroise ? — Mouche. » (Lemercier de Neuville.)

MOUCHE. — Bouquet de barbe placé sous la lèvre inférieure. — Allusion à sa petitesse. — « Le ministre de la guerre vient de trancher la question du port de la mouche. » (Du Casse.)

MOUCHE (FAIRE). — Tirer assez juste pour aplatir la balle sur un point noir (mouche), au centre de la cible. — « Elles font mouche à tout coup et tuent les hirondelles au vol. » (A. Second.)

MOUCHES (TUER LES). — Infecter. Mot à mot : avoir une haleine infecte assez puante pour tuer les mouches au vol.

> Tiens, Paul s'est lâché du col ;
> Est-y fier depuis qu'il promène
> Clara, dont la douce haleine
> Fait tomber les mouches au vol. (Colmance.)

Non, c'est que je me mouche, que je tousse : Réponse ironique à celui qui demande une chose qu'il devrait savoir.

MOUCHER DU PIED (NE PAS SE). — Agir grandement, et non comme celui qui, après s'être mouché avec les doigts, efface du pied sa morve. — « Mais c'est des artistes... qui ne se mouchent pas du pied. » (Désaugiers.)

Pris ensuite au figuré pour signifier une supériorité quelconque, comme le prouve cet exemple de J. Moinaux : — « Ce petit vin colorié ne se mouche pas du pied. »

On a dit dans le même sens : *Ne pas se moucher du talon.* — « C'est un gaillard qui ne se mouche pas du talon. » (P. de Kock.)

MOUCHER. — Remettre les gens à leur place, *éteindre* leur insolence.

MOUCHER. — Frapper, battre. — « Allons,

mouche-lui le quinquet, ça l'esbrouffera. » (Th. Gautier.)

MOUCHER. — Tuer. Mot à mot : éteindre la flamme de la vie. — « Aussi ne se passait-il guère d'heures sans qu'il n'y eût quelqu'un de mouché. » (*Mém. de Sully,* seizième siècle.) — « Je l'enfile par un coup droit. Encore un de mouché. » (Randon.)

MOUCHERON. — Enfant. — « La portière et son moucheron. » (*Léonard,* parodie, 1863.)

MOUCHETTES (DES). — Non. — « Tu m'as volé ! tu vas rendre ! — Des mouchettes ! » (Idem.)

MOUCHIQUE. — Vilain. — De *mouche.* — « On s'en dégois' de mouchiques : quand les uns s'appellent feignants, les autr's leur-z'y répond'nt : muff's. » (Cabassol.)

MOUILLANTE. — Soupe, morue. (Halbert.)

MOUILLÉ (ÊTRE). — Être apprécié à sa valeur. (Colombey.) — Allusion aux tissus qu'on mouille dans le même but.

MOULE. — Visage irrégulier. — Ironie.

MOULE EST CASSÉ, ON N'EN FAIT PLUS (LE). — Se dit d'une personne inimitable.

MOULE DE GANT. — Soufflet. — La main est un moule de gant. — « Te goberges-tu de nous ? Je te bâillerai d'une paire de moule de gant. » (Vadé, 1744.)

MOULIN. — Magasin de recéleur. (Colombey.) V. *Meunier.*

MOULINER. — Bavarder. (Idem.) — On appelle de même *moulin à paroles* un bavard.

MOULOIR. — Bouche. (Halbert.) — Elle moule les aliments.

MOURIR (TU T'EN FERAIS), TU T'EN FERAIS CREVER. — Ces formules négatives s'emploient surtout contre ceux qui sont trop avides ou qui manifestent des prétentions excessives. — « Un joueur propose, à quoi l'on répond, si l'on refuse : « Tu t'en ferais mourir. » (Boué de Villiers.) V. *Cylindre.*

MOUSCAILLER. — Faire ses besoins. (Vidocq.) V. *Mousse.*

MOUSSANTE. — Bière. (Colombey.) — Effet pris pour la cause.

MOUSSEUX. — Redondant. — « J'estime celui qui est un peu mousseux dans sa façon de parler. » (La Bédollière.)

MOUSSUE. — Châtaigne. (Halbert.)

MOUSSE. — Excrément. — Se trouve déjà dans le *Dictionnaire blesquin* de 1618. Dans le peuple, on s'injurie encore par ces mots : *Vent et mousse pour toi!*

MOUSSELINE. — Pain blanc. (Halbert.) — Allusion de douceur et de blancheur.

MOUSSELINE. — Pièce d'argent. (*Petit Dictionnaire d'argot*, 1844.) — Même allusion.

MOUSSER. — S'impatienter, s'irriter. Mot à mot : écumer de colère. — « Ne moussez pas comme ça. » (Labiche.)

MOUSSER. — Faire sa mousse. V. ce mot.

MOUSSERIE. — Latrine. (Halbert.)

MOUZU. — Mamelle. (Halbert.)

MUETTE. — Conscience. — Le mot nous paraît trop ingénieux. Ce doit être (comme pour *arche de Noé*) une invention de Saint-Edme qui a rédigé l'œuvre de Vidocq, où *muette* a paru pour la première fois.

MUFFLE, MUFFETON. — Homme bête et grossier. — « Eh! dis donc, la belle blonde, tu vas quitter ces deux muffles et t'en venir avec moi. » (E. Sue.) — « Vois-tu, muffeton, lui disait la dame. » (G. de Nerval.)

MURON, MURONNER, MURONNIÈRE. — Sel, saler, salière. (Halbert.)

MUSETTE. — Figure. — C'est *museau* avec changement de finale. V. *Couper*.

MUSICIEN. — Dénonciateur. V. *Coqueur*.

MUSICIENS. — Haricots. (Colombey.) — Allusion au bruit des vents qu'ils forment.

MUSIQUE (PASSER LA). — Être confronté avec les dénonciateurs ou *musiciens*.

N O

NAGEOIR. — Poisson. (Vidocq.) — Il nage.

NAGEOIRE. — Favori large s'écartant de la joue comme une nageoire de poisson. — « L'ampleur de ses favoris qu'il persiste à appeler des nageoires. » (M. Saint-Hilaire.)

NASE, NAZE. — Vieux mot. — « Elle est mieux que la Hollandaise, mais ça n'est pas pour mon nase. » (Madame de Solms, 1866.)

NAVETS (DES). — Non. — « Est-ce que j'en suis? Toi, mon bonhomme, beaucoup de navets! » (Montépin.) — « M'exposer à Saint-Lazare pour ça... Des navets! » (Jaime.)

NAVET. — « Hypocrite de salon, tartufe à l'eau de rose, il était de ceux qu'on appelle dans le vieux style un pédant, et dans notre belle langue un *navet*. » (A. de Pontmartin.)

NAZARET. — Grand nez. V. *Dariole*. — Augmentatif de *naze*.

NAZICOT. — Petit nez. — Diminutif.

NAZONANT, NAZONNAUT. — Gros nez. (Grandval, Halbert.) — Augmentatif.

NÈFLES (DES). — Non. — « Souper avec vous, des nèfles! Les panés, il n'en faut pas. » (*Les Cocottes*, 1864.)

NÉGOCIANT (FAIRE LE). — Aller se promener, terme suprême du matelot pour exprimer un homme qui n'a rien à faire. » (*Physionomie du Matelot*, 1843.)

NÉGOCIANT. — Entreteneur. (Halbert.)

NÉGRESSE. — Paquet couvert de toile cirée noire. (Vidocq.)

NÉGRESSE. — Punaise. — « Je sentis bien, quand nous étions couchés, qu'il ne manquait pas de négresses et même de grenadiers. » (Lecart.) — Allusion à la couleur foncée de la punaise. Quant aux *grenadiers*, qui sont des poux de forte taille, il faut se rappeler que les *grenadiers* étaient des soldats d'élite. Les gros poux sont donc les *grenadiers* de la *garnison.* V. *Garnison.*

NÉGRESSE. — Bouteille. (Colombey.) — Allusion à son aspect foncé.

NÉNAIS, NÉNET. — Sein. — « Tenez, mon cœur, voilà le corset, ajustez-moi ça sur mes nénets. » (Ricard.) — « Petite maman s'est fait des nénais avec du coton. » (Gavarni.)

NÉO-CATHOLIQUE, NÉO. — « Je passai en revue les diverses sectes des néo-chrétiens dont Paris était inondé. Il y avait les néo-chrétiens du journal *l'Avenir*, les néo-chrétiens de M. Gustave Drouineau, les néo-catholiques et une foule d'autres, tous possédant le dernier mot du problème social et religieux. » (L. Reybaud, 1843.)

NEP. — Voleur brocantant de faux bijoux, de fausses décorations. (Vidocq.)

NERF, NERF DE LA GUERRE. — Argent. V. *Os.* — « Le nerf de la guerre manquait à ce point qu'il n'avait pas le strict nécessaire. » (*Vie parisienne,* 1867.)

NERFS (AVOIR SES). — Être sous l'empire d'une irritation nerveuse. Jadis on disait : *J'ai mes vapeurs.* — « Madame aurait ses nerfs ? Nerfs contre nerfs. Apportez-moi le nerf de bœuf. » (Michu.)

NETTOYER. — Ruiner, vendre, dévaliser. — « Je lui nettoie sa pelure du haut en bas. J'trouve une demi-veilleuse. » (Mousclet.) V. *Lavage, Maquilleur.*

NETTOYER. — Tuer. — « Oh ! les gredins, je les nettoierai. » (F. Pyat.)

NEZ QUI A COUTÉ CHER A METTRE EN COULEUR. — Nez dont la teinte rubiconde atteste que son porteur a payé plus d'une bouteille.

NEZ (AVOIR DANS LE). — Détester quelqu'un. Mot à mot : ne pouvoir le sentir. — « Il ne faudrait pas que la demandé vînt de vous. M. Fafiaux vous a dans le nez. » (About.)

NEZ CREUX (AVOIR LE). — Être malin, perspicace. — Les nez creux ont plus de capacité que les autres.

NEZ LONG (AVOIR LE), FAIRE SON NEZ. — Paraître désappointé. — « Nous nous sommes payé le billard, j'en ai rendu vingt-cinq de trente à Lahure, qui faisait un nez aussi long que sa queue de billard. » (Voizo.)

NEZ (SE PIQUER LE). — S'enivrer. — Un nez piqué rougit comme celui qu'empourpre l'ivresse. — « Qui ne s'est pas piqué le nez une pauvre fois dans sa vie ? » (Grévin.)

NEZ OU IL PLEUT. — Nez tout à fait retroussé. — On voit d'ici l'allusion. — « Mademoiselle Kid était une petite drôlette, avec un nez où il pleut dedans. » (Stop, *Journal amusant,* 1870.)

NIB, NIBERGUE, NIBERTE, NIENTE. — Rien. — *Niente* est un vieux mot qui a fait *Néant.* Nib est une abréviation de *Nibergue,* qui est un anagramme de *bernique.* — « N'avoir pas le sou, s'articulait *nib de braise* ou *nisco boursicoto.* » (Lespès.)

NICDOUILLE, NIGUEDOUILLE, NIGAUDINOS. — Nigaud. — « Vous vous êtes en allé fâché, désespéré, nigaudinos. » (Balzac.) — « Tais-toi donc, nicdouille. » (*Phy. du Matelot,* 1843.)

NICHONS. — Seins. — Allusion à la double niche qu'ils occupent dans le corsage.

NI NI, C'EST FINI. — Formule négative. — Redoublement de la dernière syllabe de *fini.* — « Ne me parlez plus de rien..., ni, ni, fini. » (*Rousseliana,* 1805.) — « N, i, n, i, c'est fini, plus de Malvina. » (L. Reybaud.)

NINI, NINICHE. — Mot d'amitié. Diminutif d'Eugénie. — « Quand maman aime bien petit papa, elle appelle petit papa ma niniche. » (Gavarni.)

NIOLLE, NIOLLEUR. — « Un niolle est un chapeau d'homme retapé. Les niolleurs sont les marchands de vieux chapeaux. » (Mornand.)

NIORT (ALLER A). — Nier. — Jeu de mots. — « Je vois bien qu'il n'y a pas moyen d'aller à Niort. » (Canler.)

NISCO, NIX. — Non. — *Nisco* est un diminutif du vieux mot *nis :* pas un. — *Nix* est un germanisme (*nicht*). — « Fût-il un phénix, Nix. » (Désaugiers.)

NISETTE. — Olive. (Halbert.)

NIVET, NIVETTE. — Chanvre, chanvrière, filasse. (Idem.)

NOCE. — Débauche. — Allusion aux excès gastronomiques qui accompagnaient les noces d'autrefois. — « V'là deux jours que je fais la noce. » (H. Monnier.) V. *Chouette, Eaux-basses.*

NOCER. — Faire la noce. — « Est-ce que tu

as nocé aujourd'hui ?...—Nocé ! ah, bien oui ! »
(E. Sue.)

Noir. — Café. — Allusion de couleur. — « Je
paye le noir et le mêlé, et je m'enfile de douze
sous. » (Monselet.)

Nom d'un ! —*Nom d'un nom ! Nom d'une
pipe ! Nom d'un petit bonhomme ! Nom d'un
tonnerre !*—Abréviations de *sacré nom de D...!*
que les modernes jureurs ont modifié de façon
à ne se voir reprocher aucun blasphème. —
« 86,000 francs par an ! nom d'un petit bonhomme ! c'est joli. » (L. Reybaud.) — « Nom
d'une pipe ! si vous m'approchez... » (Mélesville, 1830.)

Nombril. — Midi. (Halbert.)

Nonne (faire). — Faire un attroupement
simulé pour aider à un vol. (Vidocq.)

Nonneurs. —Compères de voleurs à la tire.
—Ils s'attroupent et créent des embarras
(nonnes) pour l'aider à voler.

Notaire. —Épicier qui fait crédit. (*Almanach des Débiteurs.*)

Noujon. — Poisson. (Halbert.)

Nourrir. — Préparer de longue main. —
« Ce garçon qui devait avoir nourri ce *poupon*
pendant un mois. » (Balzac.) V. *Poupard.*

Nourrisseur. — « Les *nourrisseurs* prépa-
rent et nourrissent une affaire ; ils savent le
moment où le rentier touche sa rente et les
jours de rentrée du négociant ; ils étudient la
maison et les habitudes des gens qu'ils veulent faire voler. » (A. Monnier.)

Nouzailles, nousiergue, nousailles,
nouzières, nouzigo. — Nous. (Halbert, Colombey.)

Noyaux. — Les pièces de monnaie. — Du
vieux mot *noiau :* bouton d'habit.

> Le sacré violon qu'avait joué faux
> Voulut me demander des noyaux. (Vadé, 1760.)

Noyaux de pêche (rembourré de). — Se
dit des siéges fort durs. — Allusion à leurs as-
pérités et à leur dureté. « On est en train de
remplacer les noyaux de pêches des stalles par
des nouveaux beaucoup plus frais. (*Éclair,*
1872.)

Numéro un, premier numéro. — Premier
par ordre de mérite. — « C'est de la folie à
l'état de numéro un. » (Jules Janin.) — « Une

lanterne de premier numéro et d'un tel reflet
qu'on dirait un phare. » (Deslys.)

Numéro (bon). — « Deux papas très-bien,
ce sont deux papas d'un bon numéro. Com-
prenez-vous? — Pas trop. — Deux pères parfaitement ridicules. » (Th. Gautier.)

Gros numéro. — Maison de prostitution. —
Allusion au gros numéro peint sur la porte.

Numéro cent. — Latrines. — « Dans toutes
les maisons du monde j'ai ma chambre au numéro cent. » (J. Choux.)—Jeu de mots né dans
les hôtelleries à chambres numérotées, où les
latrines portent le numéro 100 pour que personne ne s'y trompe. C'est aussi le numéro qui
sent le plus.

Connaître le numéro de quelqu'un. — Être
fixé sur sa valeur morale. — « Je sais d'où tu
viens, je sais par où tu as passé, je connais
tous tes numéros. » (*Ces Dames*, 1860.)

Retenir son numéro, c'est le menacer de re-
présailles.

Numéro sept. — Crochet de chiffonnier. —
Allusion de forme.

Numéroter ses os. — S'apprêter à être
roué de coups. Mot à mot : à pouvoir retrouver
ses os pour les remettre en place si on les
casse. V. *Démolir.*

Nymphe. —Femme galante. —Allusion railleuse aux comparaisons mythologiques affec-
tionnées par nos pères. V. *Piger.*

Obéliscal. —Merveilleux.—Date du trans-
port de l'obélisque sur la place de la Concorde.
—« Admirable ! pyramidal ! obéliscal ! » (*Almanach de la Polka*, 1845.) V. *Granitique.*

Objet. — Amante. Mot à mot : objet d'a-
mour. — « Il apprend que le cher père a cloîtré
son objet. » (Désaugiers.)

Occase. — Occasion. — Abréviation. —
« Deux francs cinquante de bénef, profitez de
l'occase. » (A. Second.)

Occasion. — Chandelier. (Halbert.)

Occir. — Tuer. — Vieux mot relevé par
les romantiques. — « O surprise ! j'avais occi
le bandit qu'on cherchait depuis huit jours. »
(Marx.)

Œil. — Crédit. — Noté dans le Dictionnaire
de *Cartouche* de Grandval (édit. de 1827). —
« Je vous offre le vin blanc chez Toitot ; j'ai
l'œil. » (Chenu.) — « La mère Bricherie n'en-

tend pas raillerie à l'article du crédit. Plutôt que de faire deux sous d'*œil*, elle préférerait, etc. » (Pr. d'Anglemont.) — « La fruitière n'a jamais voulu ouvrir d'œil : elle dit qu'elle a déjà perdu avec des artistes. » (Champfleury.)

Œil. — Bon effet produit à première vue. — Se dit de n'importe qui et de n'importe quoi. — « La chose a de l'œil. C'est léger. » (A. Scholl.)

Œil de verre. — Lorgnon. — « Ces mirliflors aux escarpins vernis, aux yeux de verre. » (Festeau.)

Œil (faire de l'). — Lorgner amoureusement. — « Sous prétexte de voir essayer le chapeau, il ne manquait pas de faire de l'œil à la modiste. » (P. de Kock.)

Œil (mon). — Formule négative. — Abréviation d'une autre phrase reçue qui consiste à dire : Regarde de quelle nuance est mon œil. — « Et quand tu m'auras bien aimée, en serai-je plus avancée, je te prie ? Regarde donc de quelle nuance est mon œil. » (Monselet.) — « Quand le démonstrateur expose la formation des bancs de charbon de terre, mon voisin s'écrie avec un atticisme parfait : *Oui, mon œil.* » (Villetard.)

Œil (tape a l'). — Borgne. — Il ferme ou tape un œil.

Œil (taper de l'). — Dormir. — C'est le *clore la paupière* du peuple. — « Monsieur, faites pas tant de bruit, je vais taper de l'œil. » (Vidal, 1833.) V. *Taper dans l'œil.*

Œil (tirer l'). — Attirer l'attention.

Œil (tortiller, tourner de l'). — Mourir. — « J'aime mieux tourner la salade que de tourner *de l'œil.* » (Commerson.) — « J' voudrais ben m'en aller, dit le pot de terre en râlant. Bonsoir, voisin, tu peux tortiller de l'œil. » (Thuillier.)

Œuf (casser son). — Faire une fausse couche.

Ogre, ogresse. — Usurier, marchande à la toilette. — Ils finissent toujours par dévorer leur clientèle.

Ogre. — Il y a deux espèces de compositeurs d'imprimerie : 1° les *ogres,* bons pères de famille qui travaillent pour leurs enfants ; ils sont à la conscience, c'est-à-dire qu'ils gagnent un prix fixe par jour ; 2° les *caleurs* ou *goip-*

peurs qui à chaque instant se dérangent ; ceux-là travaillent aux pièces. » (Moisand, 1841.)

Ogre. — Agent de remplacement. (Vidocq.) — Il a toujours besoin de chair humaine.

Ogre. — Chiffonnier, recéleur. — « Les chiffonniers donnent ce nom à celui qui achète le produit de leurs recherches nocturnes pour les revendre en gros. Il fut un temps où ce nom était synonyme de recéleur. Dans ce but, l'*ogre* possédait à côté de son établissement d'achat de chiffons un débit de liqueurs qu'il faisait gérer par un affidé ou un compère ; il y recevait clandestinement des malfaiteurs qui apportaient là les produits de leurs rapines. » (Castillon.)

Ogresse. — Maîtresse de maison. (Halbert.) — Elle est comme les ogres en quête de chair fraîche (féminine).

Oignon. — Montre. — Allusion de forme.

Oignons ou oignes (aux petits). — Très-bien. — Les oignons sont en grande faveur dans la cuisine populaire. — « Les *lanciers !* demandez la nouvelle danse, arrangée aux petits oignons. » (Randon.) — « Ça n' t'empêchera pas de faire ça aux petits oignes. » (L. de Neuville.)

Oignon (il y a de l'). — Il y a des gémissements. — Allusion aux pleurs que l'oignon fait verser. — « S' prend' de bec, c'est la mode, et souvent il y a de l'oignon. » (Dupeuty.)

Oiseau. — Triste personnage. — « Minute ! quel est c't oiseau-là ? » (*Léonard,* parodie.)

Oiseau fatal. — Corbeau. (Vidocq.) — Le corbeau a depuis longtemps cette réputation.

Oiseaux (aux). — Très-bien. — « Il est meublé aux oiseaux. » (Balzac.) — « Pour exprimer qu'un homme est très-bien fait, qu'une femme est très-belle, on dit qu'ils sont aux oiseaux. » (Dhautel, 1808.)

Oiseaux (se donner des noms d'). — Roucouler amoureusement. — « Nous nous donn'rons des noms d'oiseaux. » (Hardy.)

Olivet. — Ognon. (Halbert.)

Omnibus. — Prostituée. Mot à mot : femme de *tous.* — Latinisme. — « On y remarque aussi quelques pauvres beautés omnibus. » (*La Maison du Lapin-Blanc.*)

Omnibus de coni. — Corbillard. (Vidocq.) Mot à mot : voiture de mort.

TROUBADES AU POSTE

ONCLE. — Usurier. — « Ce mot symbolise l'usure, comme dans la langue populaire *ma tante* signifie le prêt sur gage. » (Balzac.)

ORANGE. — « La pomme de terre est aussitôt saluée par l'argot d'orange à cochons. » (Balzac.)

ORDINAIRE. — « On lui donnait un ordinaire, c'est-à-dire un bouillon et un bœuf. » (Scholl, 1866.)

OREILLARD. — Anc. (Vidocq.) — Allusion à ses longues oreilles.

ORFÉVRE. — Personne cherchant à faire prévaloir ses intérêts particuliers sous un autre motif. — Abréviation d'une réponse bien connue : « *Vous êtes orfévre, monsieur Josse?* » faite par Sganarelle à l'orfévre Josse, qui lui conseille l'achat d'un écrin comme le seul moyen de guérir la mélancolie de sa fille. (Molière, *Amour médecin.*)

ORGUE (JOUER DE L'). — Ronfler. — Allusion aux ronflements des tuyaux d'orgue. — « Il prenait toujours une stalle sur le derrière de l'orchestre, afin de ne pas être dérangé. Il s'y installait commodément, et là *il piquait son chien*, comme nous disions au collége ; *il cassait sa canne*, comme nous disons aujourd'hui ; *il jouait de l'orgue*, comme disent les titis ; ou bien il *roupillait*, selon les linguistes. » (Privat d'Anglemont.)

ORLÉANS.—Vinaigre. (Vidocq.) Celui d'Orléans est le plus renommé.

ORNIE, ORNICHON, ORNION, ORNIE DE BALLE. — Poule, poulet, chapon, dinde.

ORPHELIN. — Orfévre. (Vidocq.) — Changement de finale.

ORPHELIN DE MURAILLE. — Excrément isolé. Mot à mot : abandonné par son *auteur* contre un mur.

ORPHELINS. — « C'est sous ce nom que l'on veut dire en argot : une bande de voleurs. » (A. Durantin.)

Os. — Argent. — Si l'argent est *le nerf* de la guerre, pourquoi ne serait-il pas *l'os* de la vie civile ? Cette étymologie nous paraît préférable à celles qu'on a risquées jusqu'ici. — « Dans la langue populaire parisienne, on appelle *os* le numéraire. » (Mornand.) .

OTHELLO. — Mari jaloux. — Allusion à l'Othello vénitien. — « Modifier vos bonnes et douces habitudes pour vous métamorphoser en Othello, c'est vous y prendre un peu tard. » (Ed. Lemoine.)

OUICHE.—C'est un oui ironique.—« Croyez-vous qu'il viendra me chercher ?... Ah bien ouiche ! » (About). — « Ah ouiche ! v'là encore un beau pleutre ! » (*Le Chirurgien anglais*, parade, 1774.)

OURS. — « Ancien compagnon pressier. Le mouvement de va-et-vient qui ressemble assez à celui d'un ours en cage, par lequel les pressiers se portent de l'encrier à la presse, leur a valu sans doute ce sobriquet. » (Balzac.)

OURS. — Salle de police. — « Je fus passer deux jours dans un lieu ténébreux qu'on appelle l'Ours. » (*Souvenirs de Saint-Cyr.*) V. *Mazaro*.

OURS. — Pièce qui a vieilli dans les cartons d'une direction de théâtre. Elle ne se joue que dans la belle saison quand les théâtres sont déserts. — Allusion à l'ours qui dort pendant l'hiver et qui se montre pendant l'été. — « Au théâtre des refusés, d'ours il fait commerce. » (Al. Flan.)

OURS (ENVOYER A L'). — Envoyer promener. Mot à mot : envoyer voir l'ours au Jardin des Plantes, si cher aux flâneurs.

OURSON. — Bonnet à poil d'ours. — « J'allais me coiffer de l'ourson dévolu aux voltigeurs. » (L. Reybaud.)

OUTILS. — Instruments de voleurs. V. *Vague*.

OUVRAGE. — Vol. (Vidocq.)

OUVRIER. — Voleur. (Idem.)

OVALE. — Huile. (Halbert.)

P Q

P (FAIRE LE). — Faire mauvaise mine. (Grandval.) V. *Pet*.

PACANT.—Homme de campagne. (Halbert.)

PACANT. — Passant. (Grandval.)

PACQUELIN, PACLIN, PASQUELIN. — Pays. (Vidocq, Halbert.)

PACQUELINAGE. — Voyage. (Idem.)

PACQUELINEUR , — NEUSE. — Voyageur, voyageuse. (Idem.)

PACSIN. — Paquet. (Grandval.) — De paquet, avec changement de finale.

PAF. — Eau-de-vie. V. *Paffer*.

Paf. — Ivre. — Abréviation de *Paffé.* V. *Paffer.* — « Vous avez été joliment paf hier. » (Balzac.)

Paffe. — Soulier. Abréviation de *Passif.* V. *Gouêpeur, Empaffe.*

Paffer, empaffer. — Enivrer. Mot à mot : remplir de *paf.* — Le *Paf* représentait au dernier siècle *la goutte* d'aujourd'hui. En voici de nombreux exemples. — « Viens plutôt d'amitié boire avec nous trois un coup de paffe. » (Vadé, 1758.) — « Voulez-vous boire une goutte de paf ? — J'voulons bien. — Saint-Jean, va nous chercher d'misequier d'rogome. » (L'Écluse, 1756.) — « Il m'proposit le paf. Ça me parlit au cœur si bien, que j'y allis..... dans une tabagie de la rue des Boucheries, où que j'bure du ratafia après le coco. » (Rétif, 177e *Contemp.*, 1783.) — « Au milieu de cette plèbe bariolée qui se paffe de vin bleu. » (Delvau.) — « Nous allons à la Courtille nous fourrer du vin sous le nez, quand nous sommes bien empaffés. » (Vidal, 1833.)

Pagne. — Secours envoyé à un détenu par un ami. (Vidocq.) — Abréviation de *panier* (à provisions).

Paillasse. — Sauteur politique. — Allusion à la chanson de Béranger.

> Paillass', mon ami,
> N' saut' pas à demi,
> Saute pour tout le monde, etc.

De là aussi le synonyme de *Sauteur.*

Paillasse. — Ventre. — Les intestins s'en échappent comme la paille d'une paillasse. — « Il s'est fait crever la paillasse, il s'est fait tuer. » (Dhautel, 1808.)

Paillasse, paillasse de corps de garde. — Prostituée de dernier ordre. Comme les paillasses de corps de garde, elle change journellement de coucheurs. — « Qu'es-tu, toi ? larronnesse, paillasse de corps de garde ! » (*Dialogues poissards*, dix-huitième siècle.)

Paillasson. — Homme fréquentant les filles publiques. — « Quand finirez-vous, libertin, de courir les catins ? Encore, ce vieux paillasson, parl'-t-il d'morale en action ! » (*Catéchisme poissard.*)

Paille. — Dentelle. (Vidocq.) — Elle est légère comme une paille.

Paille au c--l (avoir la). — Être mis à la réforme. — On expose, ordinairement, avec un bouchon de paille, les objets à vendre isolément. — « La paille au cul, repassez la frontière, cafards. » (*La Paille au cul*, 1832.)

Paille de fer. — Dans le récit d'un combat, H. Monnier fait dire à un vieux sergent : — « A toi, à moi la paille de fer. » — Allusion au hasard qui expose chaque combattant à un coup de pointe.

Pain ! (et du) — As-tu de quoi manger ? — Donnez des conseils à un malheureux affamé, il vous ramène à la question par ces mots : *Et du pain ?* — Gavarni montre un trois masque abordant à l'Opéra un domino femelle, qui l'attend, binocle à l'œil : — « Pus qu'ça de lorgnon, dit-il. Et du pain ? » — La question déchire d'un seul coup les faux dehors de cette femme élégante qui n'a peut-être pas dîné pour acheter des gants.

Pain rouge (manger du). — Vivre d'assassinats. (Halbert.)

Ne pas manger de ce pain-là : Se refuser à vivre d'argent mal acquis.

Paladier, palladier. — Pré. (Halbert.)

Palette. — Dent, main. (Colombey.)

Pallas. — Boniment de saltimbanque. — « Il salua les visiteurs qu'avait attirés la parade. Bientôt il commença son pallas. » (Champfleury.)

Pandore. — Gendarme. — Nom d'un des gendarmes de la fameuse chanson de Nadaud. — « Il n'y avait plus à en douter, j'avais tous les Pandores de la contrée à mes trousses. » (Marx.)

Pallas (faire). — Faire des manières. — L'argot paraît s'être piqué là de connaissances mythologiques, car Minerve faisait parfois la renchérie. — « Au pré finira ton histoire, et là l'on n'y fait plus Pallas. » (Vidocq.)

Pallotte. — Paysanne. (Vidocq.)

Palot, pallot. — Paysan. (Halbert.)

Palper. — Toucher de l'argent. (Dhautel, 1808.)

Palpitant. — Cœur. (Halbert.) — C'est le cœur ému. V. *Battant, Coquer.*

Pana. — « Vieux *pana* se dit d'un homme avare, laid et âgé, qui se laisse difficilement ruiner par les lorettes. » (Champfleury.)

Panas. — « S'emploient dans le *Diction-*

naire de la Curiosité avec le sens de tessons, de loques, de débris de toutes sortes ; ceux qui les vendent sont des *panailleux*. » (Champfleury.) Vient de *panne :* haillon, comme le mot précédent.

PANADE. — Sans consistance, sans valeur. — « Notre gouvernement est joliment *panade !* » (Ricard.)

PANADE. — Objet repoussant, femme laide. (Colombey.) De *Panné.*

PANAMA. — Chapeau tressé avec des joncs que nos fabriques vont chercher à Panama. — « J'ai dû chanter contre la crinoline et m'égayer aux frais du *panama*. » (J. Choux.)

PANIER. — Voiture basse, à caisse d'*osier*, à la mode vers 1860. — « Ange ! tu m'as transporté... je suis homme à mettre à tes pieds un *panier* en pur osier. » *(Les Pieds qui r'muent, 1864.)*

PANIER A SALADE. — Voiture de prisonniers. — « Ce surnom vient de ce que primitivement la voiture était à claire-voie de tous côtés. » (Balzac.) — « L'on nous fit entrer vingt-quatre dans un ignoble *panier à salade*. » (Chenu.)

PANNE, PANE. — Misère, manque d'argent. — Du vieux mot *panne :* haillon. Roquefort donne *pannoseux* dans le sens de *couvert de haillons, misérable.* — « Il est dans la panne et la maladie. » (Ricard.) V. *Décatir.*

PANNE. — Se prend au théâtre dans un sens figuré. — « La panne est le mot par lequel se désigne au théâtre un mauvais rôle de quinze ou vingt lignes. » (De Jallais, 1854.)

PANNÉ. — Misérable. — « Ça marche sur ses tiges, ben sûr ! Pas *pus* de braise que dans mon œil. Ohé ! panné ! panné ! » (Ricard.)

PANOUFLE. — Perruque. (Vidocq.) — Du vieux mot *panufle :* guenille.

PANTE, PANTRE, PANTINOIS, PANTRUCHOIS. — Bourgeois bon à exploiter ou à voler. — *Pante* et *Pantre* sont des formes abrégées de *Pantinois* et *Pantruchois* qui veulent dire *Parisiens.* V. *Pantin.* — « J'ai reniflé des pantes rupins. » (Paillet.) V. *Lever, Pantre, Abouler.*

PANTHÈRE. — Vers 1840, il a été de mode d'appeler panthères les beautés à la mode. C'était, par analogie, une race inférieure à celle de la *lionne*, qui florissait vers le même temps, mais elle était plus carnassière, plus mangeuse d'hommes. — « Dans les griffes d'une panthère ou d'une lionne du boulevard de Gand, le parapluie est d'une délicieuse coquetterie. « (*Phys. du parapluie*, 1841.)

PANTIN, PANTRUCHE. — « Pantin, c'est le Paris obscur, quelques-uns disaient le Paris canaille, mais ce dernier s'appelle, en argot, *Pantruche.* » (G. de Nerval.) — Cette définition manque de justesse. *Pantin* est aussi bien le Paris beau que le Paris laid. Et la preuve, c'est qu'on dit : *dans le goût de Pantin*, pour : *élégant, à la mode de Paris.* V. *Pantinois, Pré.* — *Pantruche* est son seul péjoratif. Il est probable que le peuple a donné à Paris, par un caprice ironique, le nom d'un village de sa banlieue (Pantin). V. *Pré.* — « Là ! v'là qu'est arrangé dans le goût de Pantin. » (Zombach.)

PANTINOIS. — Parisiens. (Halbert.) V. *Pante.*

PANTOUFLE (ET CÆTERA). — Injure peu traduisible. Pour la comprendre, il faut savoir qu'on appelle aussi *c-a pantoufle* un homme nul. — « L'animal le traitait alors de fainéant, de poule mouillée et d'et cætera pantoufle. » (L. Desnoyers.)

Et cætera pantoufle. — Quolibet dont on se sert lorsqu'un ouvrage pénible et ennuyeux vient à être terminé. » (Dhautel, 1808.)

PANTRE. — Dupe. — V. *Pante.* — *Pantre argoté :* imbécile. — *Pantre arnau :* volé s'apercevant du vol. Mot à mot : pantre qui renaude. — *Pantre désargoté :* homme difficile à voler. (Halbert.)

PANTRUCHE. — Paris. V. *Pantin.*

PANTRUCHOIS. — Parisien. V. *Pantruche.*

PANTURNE. — Fille de mauvaises mœurs. (Grandval.)

PANUCHE. — Femme élégamment mise.

PAPA (A LA). — Bourgeoisement, sans éclat. — « Ce sont des enchères à la papa. Tout s'y passe à la douce. » (Champfleury.)

PAPA (A LA). — Supérieurement. — Le père est maître au logis.

On nous aura r'quinqués à la papa...
Tu riras là, mais j' dis à la papa...
Ou sinon d' çà, j' te brosse à la papa...
(Le Casse-Gueule, ch., 1814.)

Il va nous juger ça à la papa. (Désaugiers.)

PAPELARD. — Papier. (Vidocq.) — Changement de finale.

PAPILLON. — Blanchisseur. (Idem.) — Comme le papillon, il arrive de la campagne, et ses ailes blanches sont représentées par les paquets de linge qu'il porte sur l'épaule.

PAPILLON (VIEUX). — Vieillard conservant les allures galantes de la jeunesse. V. *Papillonner.*

PAPILLONNEUR. — Voleur exploitant les voitures des blanchisseurs qui apportent le linge à Paris. (Vidocq.)

PAQUECIN , PAQUEMON. — Paquet. — « Ne faut-il pas que *baluchons* et *pacquecins* disparaissent subitement? Personne n'égale le cambrioleur dans l'art de déménager. » (A. Monnier.)

PAQUELIN. — Flatteur. (Halbert.) — C'est *patelin* avec changement d'une consonne.

PAQUETS (FAIRE DES). — Tricher en interposant des cartes préparées dans son jeu.

PARADIS (PORTER EN). — « Vous voulez parlez du coup de poing... Oh ! le beau jeune homme ne portera pas cela en paradis ! » (Ricard.) — C'est-à-dire : il me le payera avant sa mort. V. *Envoyer.*

PARALANCE. — Parapluie. (Vidocq.) Mot à mot : pare à l'eau. V. *Lance.*

PARISIEN. — Homme indiscipliné et négligent. — « Ah ! mille noms ! faut-il être Parisien ! j'ai oublié l'ampoulette ! » (*Phys. du Matelot.*)

PARLER PAPIER. — Écrire. — « C'est lui qui parle papier pour moi à mon oncle. » (Vidal, 1833.)

PARLOTTE. — Lieu où l'on parle, où l'on confère. — « La Chambre des députés n'est plus qu'une buvette, un cercle, une parlotte. » (A. Karr.)

PAROISSIEN. — Individu. — « Que de paroissiens fameux dont il ne serait plus question par ici, si un homme de talent n'était là pour leur y tailler une couronne de n'importe quoi sur la mémoire. » (Gavarni.)

PAROLIER. — Auteur de livret d'opéra ou de romance. — « Parolier pour chansonnettes, il a eu l'insigne honneur d'être mis en musique par Offenbach. » (E. Blondet.)

PARON. — Carré, palier. (Colombey.)

PAROUFLE. — Paroisse. (Halbert.) — Changement de finale.

PARRAIN. — Témoin. — Allusion à la fonction du parrainage qui consiste à donner votre nom, à faire constater votre identité. — « Des parrains aboulés dans le burlin du quart d'œil ont bonni qu'ils reconobraient ma frime pour l'avoir allumée sur la placarde du fourmillon, au moment du grinchissage. » (Vidocq.)

PARTAGEUR, PARTAGEUX. — Communiste croyant à la possibilité du partage égal de tous les biens.

PARTERRE (PRENDRE UN BILLET DE). — Tomber. — Calembour.

PARTI. — Endormi. — « Allons, les voilà partis, dit Vautrin en remuant la tête du père Goriot et celle d'Eugène. » (Balzac.)

PARTI. — Ivre. — Même allusion que pour *lancé.* C'est un degré de moins.

PARTICULE. — Se dit de la particule *de* qui précède les noms aristocratiques. — « Ce maître d'écriture, fou de la particule, se prétendait d'origine nobiliaire. » (Néel de Lavigne, 1850.)

PARTICULIÈRE. — Prostituée. — Mot ancien. — « Tu t'es meslé et accouplé avec des putains et des infâmes particulières. » (*Le tableau du tyran Mazarin*, 1649.) — « Les mauvaises têtes du quartier qui tiraient la savate pour les particulières de la rue d'Angoulême. » (Ricard.) — « Voilà qu'un mouchard m'amène une particulière assez gentille.» (Vidal, 1833.)

PARTICULIÈRE. — Maîtresse. — « Ce terme, si trivial en apparence, appartient à la galanterie la plus raffinée et remonte aux bergers du Lignon. On lit à chaque instant dans *l'Astrée : Particulariser une dame, en faire sa particulière dame*, pour lui adresser ses hommages. » (Laveaux.)

Dans l'armée, *particulier* et *particulière* sont synonymes de *bourgeois* et *bourgeoise.*

PARTIE. — Représentation dramatique exceptionnelle où figurent des artistes amateurs. — « Santiquet monta une partie au théâtre Chantereine. » (De Boigne, 1857.)

PARTIES (FILLE A). — « La fille à parties n'est qu'une prostituée en carte ou isolée, mais avec plus de formes... elle se fait suivre par sa tournure élégante ou par un coup d'œil furtif. » (F. Béraud.) — La maison où aboutit la rencontre, se nomme *maison à parties* ou *maison de passe*. L'acte des clientes est qualifié de *passe* ou *passade*. Le terme remonte au dix-huitième siècle.

PARTIES CHARNUES. — Derrière. — C'est la partie la plus charnue du corps. V. *Postérieur*.

PAS (NE, NE RIEN). — Négation ironiquement prise pour une affirmation.—« *Ernest :* Avec qui que tu veux que je soye donc ? — *Eugène :* Merci, tu n'es pas rageur. » (Mouselet.)—On dit de même : *Il n'est pas chien*, pour *il est avare ; il n'est rien dégoûté* pour *il est difficile*.

PAS GRAND'CHOSE.—Personne de médiocre vertu. — « Tu as filé avec ta pas grand'chose. » (P. de Kock.)

PASQUELIN, PACLIN. — Pays. (Halbert.)

PASQUINER LA MALTOUSE. — Faire la contrebande. (Halbert.)

PASSACAILLER. — Se faufiler avant les autres, supplanter. (Vidocq.)

PASSANT. — Soulier. — Vieux mot.—« Les passants rompus et la lyme trouée. » (*Vie de saint Christofle*, Grenoble, 1530.)

PASSE. — Secours. —« Demander la passe, c'est demander un secours aux ouvriers où l'on passe. » (Moisand, 1841.)

PASSE (FAIRE UNE). — V. *Parties*.

PASSE (GERBER A LA). — V. *Gerber*.

PASSE. — Guillotine. V. *Gerber*. — Allusion à la passe de la fatale lunette.

PASSE-CRICK. — Passeport. (Vidocq.)

PASSE-LACET. — Fille publique.

PASSE-LANCE. — Bateau. (Vidocq.) V. *Lance*. Mot à mot : *passe-eau*.

PASSE-SINGE. — Roué, homme dépassant un singe en malice.

PASSER AU BLEU. — S'effacer, disparaître. — On sait quel rôle l'indigo joue dans le blanchissage. — « Le pont rouge est passé au bleu... bien et dûment écroulé. » (De Charny.) — « Plus d'un jaunet passe au bleu. » (Jouvet.) V. *Laver, Nettoyer, Lessiver*.

PASSER AU DIXIÈME. — Devenir fou. — Terme usité parmi les officiers d'armes spéciales. Frappés du nombre de camarades que leur enlevaient des atteintes d'aliénation mentale, ils disent : *Il est passé au dixième (régiment)*, pour montrer combien ils sont *décimés* par des pertes, sur lesquelles l'étude des sciences ne serait pas, dit-on, sans influence. — « L'officier du génie passe souvent au dixième. » (*Vie parisienne*, 1867.)

PASSER L'ARME A GAUCHE. — Mourir, militairement parlant. Aux enterrements, le soldat passe l'arme sous le bras gauche. — « Toute la famille a passé l'arme à gauche. » (Lacroix, 1832.)

PASSER LA JAMBE. — Donner un croc-en-jambes, et par extension, renverser. — « Son ennemi roulait à ses pieds, car il venait de lui passer la jambe. » (Vidal.)

PASSER LA JAMBE A THOMAS. — Être de corvée à la caserne pour l'enlèvement des *goguenots*. — Allusion à l'action de les renverser dans les latrines.

PASSIER, PASSIF, PASSIFLE. — Soulier. — Formes diverses de *passant*. V. *Merlin*.

PASSIFLEUR. — Cordonnier.

PASTIQUER. — Passer. — Changement de finale. V. *Abadis*.

PASTIQUER LA MALTOUSE. — Passer de la contrebande.

PATAFIOLER.—Confondre.— « Aux gardes du commerce !... Que le bon Dieu les patafiole !... » (Gavarni.)

PATAPOUF. — Gros homme toujours essoufflé. — Onomatopée. — « Chaque fois que j'allais chez ce gros patapouf de M. Frontboisé... » (L. Bienvenu.)

PATE (LA). — Lime. (Grandval.)

PATÉE. — Correction. — « Il avait voulu manger un grand gaillard. Aussi a-t-il reçu une pâtée. » (Delagny, *les Souteneurs*, 1861.)

PATENTE. —« C'était une de ces casquettes molles rabattant sur le nez qui font aux souteneurs de barrières une coiffure si caractéristique. — Comme elle n'est portée que par eux, elle est en quelque sorte la patente de leur ignoble métier. » (Paul Parfait, 1872.)

PATIRAS, PATITO. — Souffre - douleur, homme qui pâtit. — Le second mot est italien.—« Moi qui tout à l'heure étais le *patiras* de tout le monde. » (E. Sue.) — « Le professeur se traîne dans les fers de la signora, grevé des servitudes d'un patito. » (Heine.)

PATISSIER (SALE). — Homme malpropre, tripoteur d'affaires véreuses. V. *Boulette*.

PATRAQUE. — Patrouille. (Vidocq.) — Jeu de mots ironique. — Les anciennes patrouilles marchaient aussi mal qu'une patraque. V. *Moucharde*. — Se dit par extension d'une administration mal organisée.

PATROUILLE (EN). — « Quatre jours en patrouille, pour dire en folies bachiques. » (*Cabarets de Paris*, 1821.)

PATTE. — Habileté de main. — « Mal dessiné, mais beaucoup de chic. — Oui, il a de la patte. » (L. de Neuville.)

PATTES DE MOUCHE. — Écriture très-fine. — « Et l'écriture, il écrit avec des petites pattes de mouche bien agréables. » (Festeau.)

PATTE (COUP DE). — Propos méchant.

PATURON. — Pied, pas. (Halbert.) — Animalisme. V. *Flacul, Rebâtir*.

PAUMER. — Perdre. — « Je ne roupille que poitou ; je paumerai la sorbonne si ton palpitant ne fade pas les sentiments du mien. » (Vidocq.) V. *Marron*.

PAVÉ. — Éloge maladroit. — Allusion au pavé de La Fontaine. — « C'était un journal pavé de bonnes intentions ; mais on y rencontrait plus de pavés encore que de bonnes intentions. » (A. Second.)

PAVÉ (C'EST TOUT). — Ironiquement pour dire : C'est très-loin d'ici, mais la route est bonne !

PAVÉ DE BONNES INTENTIONS. — Se dit ironiquement d'une maladresse commise avec de bonnes intentions. — « On a aussi chanté un hymne *A ceux qui sont morts pour la France*, pavé de patriotisme et de bonnes intentions. » (*Moniteur*, juillet 1872.)

PAVILLON. — Personne à tête folle, dont les idées flottent à tous les vents comme l'étoffe d'un pavillon.

PAVILLONNER. — Faire des folies, déraisonner. — « On renquillera dans la taule à mesigne pour refaiter gourdement, et chenument pavillonner, et picter du pavois sans lance. » (Vidocq.)

PAVOIS. — Gris. — Forme de *picois*. — « Être pavois, c'est être dans la vigne du Seigneur, dans toute la joie de Bacchus. » (Ch. Coligny.)

PAVOIS. — Fou. (Halbert.)

PAVOISER (SE). — Faire toilette. — Terme de marine. — V. *Astiquer*.

PAYER (TU VAS ME LE). — Se dit, en plaisantant, à quelqu'un qui vient de faire ou dire quelque chose d'exceptionnel. On ajoute souvent *Aglaé*, sans doute par allusion à quelque chanson populaire. — « Tu vas me le payer, Aglaé, est un mot qui touche à certains côtés intimes de la vie parisienne. » (Mané, 1863.)

PAYER (SE). — Se passer la fantaisie de. — « Cette liaison est la seule toquade sérieuse qu'il se soit payée. » (*Vie parisienne*, 1866.)

PAYER. — Rosser d'importance. — (*Almanach des Débiteurs*, 1851.)

PAYOL. — « Forçat employé aux vivres ou à la comptabilité. Il ne portait que la *chaussette*. » (M. Christophe.)

PÉ (IL Y A DU). — V. *Pet*.

PÉCUNE. — Argent. — Vieux mot.

PEAU. — Laide ou vieille prostituée.

PEAU (ÊTRE DANS LA). — Être à la place. — « Je ne voudrais pas être dans la peau du suborneur. » (Gavarni.)

PEAUSSER (SE). — Se déguiser. Mot à mot : se cacher dans la peau de. — « Je vais me peausser en gendarme. » (Balzac.)

PEAU DE LAPIN. — « Les mêmes industriels font le soir la peau de lapin. On appelle ainsi, en argot, le commerce des contre-marques de théâtre. » (A. d'Aunay.)

PÉGOCE. — Pou. (Halbert.) — De *gosse* (petit) et de *pou*, dont la première lettre (p) est seule conservée. Les gros sont des *grenadiers*. V. ce mot.

PÉGOSSIER. — Pouilleux. — « Et le *Grand-Saint-Nicolas*, l'estaminet des pégossiers. » (Privat d'Anglemont.)

PÈGRE. — Caste de voleurs. Elle se divise en *haute* et *basse pègre*. — « La haute pègre est l'association des voleurs les plus anciens et les plus exercés ; ils ne commettent que de gros vols et méprisent les voleurs ordinaires qui sont appelés dérisoirement *pégriots, chiffonniers, pègres à marteau* ou *blavinistes*, par un pègre de la haute. » (Vidocq.) — « Des Paganini de ruisseau, des domestiques qui ne cherchent pas de place, des soldats *en bordée*, des *grinches de la petite pègre*. » (Privat d'Anglemont.)

PÉGRE. — Voleur. — « Un jour à la Croix-Rouge, nous étions dix à douze, tous pègres de renom. » (Vidocq.) V. *Esgourne*.

PÉGRENNE. — Faim, misère.

PÉGRENNER. — Faire maigre chère. V. *Bachasse*.

PÉGRIOT. — Voleur maladroit ou malheureux. — « Quiconque ne se fait pas un nom dans la caste criminelle qu'il s'est choisie est un *pégriot* de la basse pègre. » (A. Monnier.)

PÉGRIOT. — « Apprenti voleur se faisant la main aux étalages. » (Canler.) V. *Boucanrier, Pègre*.

PÉGRIOT (BRULER LE). — Effacer la trace d'un vol. (Halbert.)

PEIGNE. — Clef. (Vidocq.)

PEIGNÉE. — Lutte dans laquelle on s'empoigne aux cheveux, et, par extension combat. — « Là-dessus, elles commencent à se repasser une peignée des mieux administrées, se rossant comme deux enragées. » (Vidal, 1833.)

PEINTRE. — Balayeur. — Allusion au balai ou *pinceau* dont il est armé. V. *Pinceau*.

PEINTURE (NE POUVOIR VOIR EN). — Détester quelqu'un au point de ne pouvoir souffrir son image.

PEINTURLURER. — Peindre grossièrement.

PÉKIN. — « On nomme *Pékin* tout ce qui n'est pas militaire, comme nous appelons *militaire* tout ce qui n'est pas civil. » (Talleyrand.) — « De vieux dialogues des règnes de Henri III et Henri IV emploient souvent le mot *piquin* ou *pékin* pour désigner les adversaires en religion. » (Ambert.)

Dans la bouche du militaire, *je suis pékin* veut dire aussi je suis dégagé de toute obligation. — Un élève sortant de Saint-Cyr se dit *pékin de bahut*. — « Le Saint-Cyrien abandonne avec joie cette école... il est pékin de bahut. » (Lubet.)

PÉLAGO. — Prison de Sainte-Pélagie. (Colombey.) — Changement de finale.

PÈLERIN. — Se dit de tout homme déterminé à une entreprise. — « J'embusque mes pèlerins et nous tombons sur la cavalerie. » (Général Christophe, *Lettres*, 1812.)

PELLARD. — Foin. (Vidocq.) — Diminutif du vieux mot *pel*: poil. L'herbe est le poil de la terre. Nous disons encore *pelouse*.

PELLE. — Chemin. (Idem.)

PELLE AU CUL (RECEVOIR LA). — Être mis violemment à la porte. — « Retrais-toy... ains qu'on te frappe au cul la pelle. » (Villon, 1456.)

PELOTAGE. — Flatterie.

PELOTAGE. — Caresse. — *Il y a du pelotage*. — « Pas de pelotage ! Guillotinez-moi, mais ne me flétrissez pas. » (*Le dernier jour d'un condamné*.)

PELOTE. — Bourse. (Grandval.) — Il s'agit sans doute ici de la bourse pleine.

PELOTER. — Caresser, et par extension, flatter. — « La fière crevette outrée... défiait Latygne de la peloter ainsi. » (Michu.)

PELOTTEUR. — Flatteur. — « Se montrer rampant, pelotteur et bêta. » (Wado.)

PELOUET, PELOUETTE. — Loup, louve. (Halbert.) — Anagramme et diminutif.

PELURE. — Vêtement. — Vieux mot. — *Pelisse*, son synonyme, est resté dans la langue. — « Garde une de tes belles pelures. » (Balzac.) V. *Épates, Frusques, Nettoyer, Renversant*.

PENDANTE. — Boucle d'oreille. (Vidocq.) — Elle pend à l'oreille.

PENDANTE. — Chaîne de montre. (Grandval.) — Elle pend au gilet.

PENDU GLACÉ. — Réverbère. (Vidocq.) — Allusion à la suspension et au vitrage du réverbère. V. *Glacière*.

PENNE, PEIGNE. — Clé. (Vidocq.)

PENSUM. — Sergent de ville. Mot à mot : pince-hommes. — Ce calembour sort évidemment du collége.

PENTE. — Poire. (Halbert.)

PENTE (AVOIR UNE). — Être ivre à trébucher sur un terrain plat comme sur une pente.

PÉPIN. — Vieux parapluie. — Allusion au parapluie que portait toujours Pépin, l'un des accusés du procès Fieschi. — « Ne pas avoir le plus piètre rifflard, la plus hideuse mauve, le plus méchant pépin à lui donner ! » (*Phys. du parapluie*, 1841.)

PÉQUIN. — Bourgeois. V. *Pékin*.

PERCHE (TENDRE LA). — Tirer quelqu'un d'embarras, comme si on tendait une perche à un homme en danger de se noyer. — « Le

LES PEINTRES

souffleur aide l'acteur tremblant, il tend la perche aux faibles. » (J. Duflot.) V. *Lâcher*.

PERCHER. — Loger. — « Où perches-tu, petit ? fit le réaliste au novice. » (Michu.)

PÈRE FRAPPART. — Marteau — Calembour.

PERPETTE (A). — Condamné à perpétuité. V. *Longe*.

PERROQUET (ÉTOUFFER, ÉTRANGLER, PLU-MER, ASPHYXIER, UN). — « Cette locution signifie, dans le langage des ateliers, prendre un verre d'absinthe. » (Bayeux.) — « Quelques vieux absinthiers préfèrent courir le risque de plumer un perroquet de plus. » (*Vie parisienne*, 1865.) Allusion à la couleur verte du liquide qui teinte le verre dont la main du buveur étrangle le cou. Le perroquet est ordinairement de cette couleur. V. *Étrangler*.

PERRUQUE. — Suranné, comme les grandes perruques du vieux temps. — « C'est Grétry ressuscité et avec moins de petitesse dans la manière. Sa musique est aussi un peu *perruque*, qu'on me passe ce terme de coulisse, qui est si pittoresque. » (Beyle, *Rome en 1817*; Paris, 1827.) — « C'est plus que *faux toupet*, c'est *empire*, c'est *perruque*, c'est *rococo*, c'est *Pompadour*. » (Th. Gautier, 1833.)

PERSIL, PERSIL EN FLEUR. — Commerce de prostitution. (Halbert.)

PERSILLER, CUEILLIR DU PERSIL, FAIRE SON PERSIL, ALLER AU PERSIL. — Raccrocher le passant. (Halbert.) — « Elles explorent les boulevards, persillent dans les squares nouveaux, dans l'espoir d'y rencontrer des michés sérieux. » (Lynol.)

PERSILLÉ. — Émaillé, garni. V. *Zing*.

PESCILLER. — Prendre. V. *Servir*, *Criblage*.

PET (IL Y A DU). — Il y a du danger, la police est proche. (*Dictionnaire d'argot*, 1844.)

Faire le pet : Faire mauvaise mine. (Grandval, 1827.)

Les vocabulaires que nous venons de citer donnent *P* et non *Pet*. Cette dernière leçon a l'avantage d'être plus conforme à la prononciation et d'offrir un sens. *Il y a du pet* serait un synonyme de : *Ça sent mauvais*, qui se dit de la même façon.

PETIT (FAIRE LE). — Uriner. — Par opposition à *faire le gros* qui veut dire… le reste.

PÉTARD, PÉTEUX. — Derrière. — On entend de reste l'étymologie de ce bruyant synonyme. — « Sur son péteux, v'là que je l'étale. » (*Le Casse-Gueule*, 1841.)

PÉTARD. — Haricot. (Vidocq.) — Effet pris pour la cause.

PÉTARD. — Soufflet. — Allusion à son bruit. — « Si tu n'te tais, je t'allonge un pétard sur ton vilain masque. » (*Dialogues poissards*, dix-huitième siècle.)

PÉTARD (FAIRE DU). — Faire un éclat.

> Que j'suis bête…, j'en pleure…
> Mais d'vant lui j' f'rai du train.
> Oh ! oui, j' f'rai du pétard
> En te r'voyant, Oscar.
>
> (*Les Rigolos*, alman. chantant p. 1869.)

PÉTER. — Se plaindre en justice. (Vidocq.) V. *Proute*.

PETIT HOMME NOIR. — Broc de vin. — Allusion à sa couleur noirâtre. — « Bourgeois, ajouta Boizamort, passe-nous un petit homme noir. » (Ladimir, 1841.)

PETIT MANTEAU BLEU. — Homme bienfaisant. — Ce mot est la plus belle récompense qu'ait décernée le peuple à un philanthrope bien connu. — « On parlerait de toi comme d'un petit manteau bleu. » (Balzac.)

PETITE BÊTE (CHERCHER LA). — « Un artiste qui, se défiant de l'intelligence du public, souligne chaque mot qu'il récite, *cherche la petite bête*. » (J. Duflot.) — En art et en littérature, *chercher la petite bête*, c'est se donner beaucoup de mal dans un but qui n'en vaut pas la peine.

PETITE DAME. — Femme galante. — « Il y a trente ans, on ne disait pas encore une lorette, ni une biche, ni une petite dame, ni une cocotte. » (Dumas fils.)

PETIT MONDE. — Lentille. (Vidocq.)

PETOUSE. — Pistolet. V. *Pétroux*.

PÉTROLER. — Incendier au pétrole. — « Et pourquoi ne pillerait-on pas ? Pourquoi ne pétrolerait-on pas ? Ils sont quatre aujourd'hui; dans six mois ils seront vingt. » (*Paris-Journal*, septembre 1872.)

PÉTROLEUR, PÉTROLEUSE. — Homme ou femme ayant incendié Paris sous la Commune, ou sympathisant avec les incendiaires. — « Cette fois, monsieur avait pris les devants et dénoncé madame comme pétroleuse. » (Lelioux.) — « Le jury de peinture refuse là-bas les tableaux de Courbet comme pétroleur. » (*Marseille-Tintamarre*.)

PÉTROUSQUIN. — Badaud. V. *Bouline*. — C'est un synonyme de Pierrot qui est pris dans le même sens, car Pétrousquin est un diminutif de *Petrus* (Pierre).

PEU (UN), UN PEU, MON NEVEU. — Se dit ironiquement pour *certainement*, *beaucoup*. V. *Ça*, *Chouette*.

PÈZE. — Argent. (Vidocq.) — De *pesos*, monnaie espagnole.

PHARAMINEUX. — Étonnant. Mot à mot : éblouissant comme un phare. — « Partez, nobles ponteurs, et cherchez la main pharamineuse. » (Alyge.)

Philibert. — Filou. (Colombey.) — Changement de finale.

Philippe. — Écu à l'effigie de Louis-Philippe, somme d'argent. — « On dit que tu as poissé nos philippes. » (Balzac.)

Philistin. — « A propos, qu'est-ce qu'un *Philistin ?* — Autrefois, en Grèce, il s'appelait béotien ; on le nomme cokney en Angleterre ; épicier ou Joseph Prudhomme à Paris, et les étudiants d'Allemagne lui ont conféré l'appellation de *Philistin.* » (De Neuville.)

Piaf. — Vanité, orgueil. (Vidocq.) — Du vieux mot *piafart :* fastueux. — Mot expressif. Le vaniteux piaffe comme un cheval de luxe.

Pianoter, pianocher. — Jouer médiocrement du piano. — « On ne devait pas pianoter pendant la nuit. » (Balzac.) V. *Hallebarde.*

Piaule. — Maison, chambre, taverne. V. *Artic.*

Pjausser. — Se coucher. (Halbert.)

Philosophe. — Savate, vieux soulier revenu des vanités de ce monde. V. *Arpion.*

Photo. — Photographe. — Abréviation. — « Je fais comme le photo du coin, j'opère tout seul. » (*Note d'un agent*, 1869.)

Si on dit *une photo*, cela veut dire *une photographie.*

Piaux. — « Ils vont conter des piaux aux autres caleurs. Piaux est un terme trivial, bien connu dans l'imprimerie ; il signifie blagues, mensonges. » (Moisand, 1841.)

Pic (tomber a). — Tomber juste à point.

Picaillons. — Ecus. — « J' leur donnerons des picalions. Vive la paix ! Vive la nation ! » (Tourneur fils, 1800.)

Piccolet. — Petit vin. — Diminutif de picton, même changement de finale que ses synonymes *briolet* et *ginglet.*

> En joyeux fils de Grégoire,
> J'aime le piccolet. (Aug. Hardy.)

Piche. — Pique, couleur de cartes. — « Vous entendrez dire, en jetant du pique sur la table : « Je joue piche. » (Alhoy.)

Pickpocket. — Voleur à la tire anglais. Mot à mot : *pique poche*, et, par extension, voleur quelconque. — « Il n'en est pas moins vrai que ces pickpocket du désert sortaient de chez lui. » (*Comment. de Loriot.*)

Pickpocketer. — Voler. — « Un Anglais ! malheureuse, nous sommes pickpocketés. » (*Almanach du Hanneton*, 1867.)

Picorage. — Vol commis sur la grande route. (Vidocq.) C'est le passant qui est picoré.

Picouse. — Haie d'épines. — Elle pique. V. *Défleurir.*

Picter, pictonner. — Boire. — De *Picton.* V. *Pavillonner.*

Picton, piqueton. — Vin supérieur à la piquette. — « Si l'ancien picton n'est que de la piquette, espérons c' t'année en fair' de meilleur. » (Layale.) V. *Biture.*

Pièce a femmes. — Pièce dont la réussite est basée sur l'exhibition de jolies femmes. — « Avez-vous vu cette reprise d'*Orphée ?*... Voilà une pièce à femmes. » (Villemot.)

Pièce a poudre. — Pièce dramatique, dont le sujet remonte aux règnes de Louis XV ou Louis XVI, et comporte des personnages à coiffure poudrée.

Pièce a tiroirs. — « Pièce où l'acteur joue *huit* rôles différents », dit, en 1825, la *Chronique indiscrète*, mais on peut se contenter à moins.

Pièce a trucs. — Pièce où les changements à vue sont nombreux. Les féeries sont les pièces à trucs par excellence.

Pièce de bœuf. — « Grand article sur les choses du moment. On l'appelle aussi la *pièce de résistance.* Un excellent journal qui ne servirait pas tous les jours à ses abonnés la pièce de bœuf ne serait pas sûr de réussir. » (*Biog. des Journalistes*, 1826.) — On dit aujourd'hui *tartine.*

Pièce de résistance. — Gros morceau de viande sur lequel un maître de maison compte pour satisfaire l'appétit de ses convives.

Pied (donner un coup de). — Marcher vivement. (Dhautel.) — « Je vais donner un coup de pied jusque dans les salons. » (About.)

Ne pas se donner de coups de pied. — Se vanter. Mot à mot : se caresser en paroles.

Mise à pied. — Mise en non-activité. — « Une mise à pied enseigna à notre inspecteur à faire plus exactement son service. » (Canler.)

Pied a dormir debout. — Pied fort large.

Mot à mot : assez large pour empêcher de tomber si on dort debout. — « C'est pas votre général qui a des pieds à dormir debout ? » (Gavarni.)

On disait jadis *souliers* au lieu de *pieds*. — « Souliers à dormir debout sont souliers larges. » (Oudin, 1640.)

PIED BLEU. — Conscrit portant encore les guêtres bleues du paysan. — « Le pied bleu ne prête pas longtemps à rire par sa gaucherie. » (La Bédollière.)

PIED DE COCHON. — Pistolet. — Allusion de forme. — *Jouer un pied de cochon :* Tromper, décamper. — « Vous avez donc voulu nous jouer un pied de cochon. » (Canler.)

PIED DE MARMITE (NEZ EN). — Nez disgracieusement relevé.

PIERREUSE. — « Ce sobriquet a été donné aux femmes parce qu'elles font ordinairement leur honteux commerce dans les lieux où l'on bâtit. » (Dhautel, 1808.) — « La pierreuse est une prostituée qui, dans sa sphère de turpitudes, est tombée au plus bas degré de l'abjection... elle cherche toujours les ténèbres.... derrière des monceaux de démolition, des tas de *pierres*. » (Béraud.)

PIERROT. — Collerette à grands plis comme celle de Pierrot. — « Madame Pochard a vu aplatir sur son corsage les mille plis d'un pierrot taillé dans le dernier goût. » (Ricard, 1820.)

PIERROT. — Naïf, niais, comme Pierrot. — Même allusion funambulesque. — « Le valet de cantine se fait rincer l'bec par les pierrots. » (Wado.)

PIERROT. — Verre de vin blanc. — Allusion de couleur. — « J'étais-t-allé à la barrière des Deux-Moulins, histoire d'asphyxier le pierrot. » (*La Correctionnelle,* 1844.)

PIEU. — Lit. — Corruption du vieux mot d'argot *piau :* lit. On disait de même *piausser :* se coucher. — « On peut enquiller par la venterne de la cambriolle de la larbine qui n'y pionce quelpoique, elle roupille dans le pieu du raze. » (Vidocq.)

PIEUVRE. — Femme galante épuisant le corps ou la bourse d'un amant. — Allusion à pieuvre, qui joue un rôle si absorbant dans *les Travailleurs de la mer,* de Victor Hugo. — « Un monsieur se présenta chez la pieuvre, maîtresse du logis. » (*Evénement,* 11 avril 1866.) — « La femme entretenue, récemment nommée pieuvre. » (Boué de Villiers, 1866.)

PIF, PIVASE. — Nez de grande et forte dimension.

L'autre jour, rue Saint-Martin,
Voilà qu'un plaisant gamin
Me dit, en riant aux éclats :
C' cadet-là, quel pif qu'il a ! (Guinaud, 1839.)

FIFFER. — N'être pas content. Mot à mot : faire son nez.

PIGE. — Année. (Vidocq.) Mot à mot : mesure de temps. V. *Piger.*

PIGEON. — Dupe. — On trouve souvent ce mot au dix-huitième siècle. V. *Jaunet.*

PIGEONNER. — Duper. Mot à mot : plumer comme un pigeon. — « Un de ceux qui se laissent si facilement *pigeonner.* » (*Dialogues de Tahureau,* 1585.)

PIGER. — Mesurer. — Les ouvriers nomment *pige* un morceau de bois donnant la longueur indiquée par le plan. — Au moyen âge, on appelait *pigours* les fabricants de mesures.

PIGER. — Considérer. Mot à mot : *mesurer* de l'œil. — « Pige-moi ça, regarde-moi un peu ce chique ! » (La Bédollière.) — « Avise ta nymphe, j'ai pigé la mienne qu'est un peu chicarde. » (Ladimir.)

PIGER. — Prendre. — « N' vous gênez pas, pigez tout ce que j'ai, prenez ! ça me fera plaisir. » (H. Monnier.)

PIGET. — Château. (Vidocq.)

PIGNARD. — Postérieur. — Du vieux mot *pigné.*

PIGNOCHER (SE). — Se battre. Mot à mot : se peigner. — « Dupanloup et l'Université se pignochent à qui mieux mieux. » (Mahalin.)

PIGNOUF. — Chez les cordonniers, le maître s'appelle *pontif,* l'ouvrier *gniaf,* et l'apprenti *pignouf.*

PIGNOUF. — Voyou, homme grossier, mal élevé. — « C'est des pignoufs, passez-moi l'expression. » (*Almanach du Hanneton.*)

PILER DU POIVRE. — Marcher avec des pieds endoloris, en souffrant comme si du poivre pilé brûlait la chair.

PILER DU POIVRE (FAIRE). — Terrasser quelqu'un plusieurs fois en le laissant retomber comme un pilon. — Même allusion.

PILIER. — Habitué de café ou d'estaminet, n'en bougeant pas plus que le pilier chargé de soutenir le plafond. — « M. Courgeon, l'ami des officiers, le pilier du café Bellone. » (*Paris comique.*)

PILIER. — Maître, commis.

PIMPELOTTER (SE). — Se régaler. — Elle n'haït pas de gobichonner et de se pimpelotter. » (*La Correctionnelle.*)

PIMPIONS. — Espèces monnayées. — Vieux mot. — Le *pipion* était une petite monnaie espagnole.

PINCE-CUL. — Bal public de dernier ordre. — Allusion aux licences qu'on s'y permet. — « Ce bal inouï que l'argot téméraire de ses habitués avait surnommé le pince... » (P. Féval.) V. *Casse-Gueule.*

PINCEAU. — Pied. — « Je lui détache un coup de pinceau sur la giberne. » (Monselet.)

PINCEAU. — Balai. — Les deux se ressemblent. — « Les hommes de corvée sont tous là prêts, le pinceau en main, je veux dire le balai en joue. » (Vidal, 1833.)

PINCE-LOQUE. — Aiguille. (Halbert.) — Elle raccommode les loques.

PINCEZ-MOI ÇA. — Énorme nœud que les femmes portent au bas de la taille, dans le dos, et qui se complète par deux rubans très-larges, très-longs et retombant. » (*Figaro*, 1er février, 1868.)

PIOCHER. — Travailler assidûment. — « Tu peux piocher douze heures par jour. » (Reybaud.)

PIOCHER. — Battre. — « Je te pioche, je te fais danser la malaisée. » (Paillet.)

PIOCHEUR. — Travailleur assidu. — « Il y avait là de vieux piocheurs qui s'installaient à une table. » (G. Sand.)

PIOLET. — Gobelet. (Halbert.)

PIOLLE. — Cabaret. (Grandval.) — De *piot* : vin, boisson, qui se retrouve dans notre mot : pépie. *Pioller* (s'enivrer) est un vieux mot.

PIOLLIER. — Cabaretier. (Grandval.)

PION. — « C'est le nom du maître d'études... Le pion gagne un morceau de pain tous les jours et 400 francs tous les ans... et il n'a pas d'autre perspective. » (Ourliac, 1841.)

PION. — Ivre. — Du vieux mot *pier* : boire.

PIONCER. — Dormir. — De *pieu* : lit. —

« Nous nous sommes mis à pioncer, nous ne pensions plus à l'appel. » (Vidal, 1833.)

PIOU, PIOUPIOU. — Jeune fantassin. — Du vieux mot *pion* : fantassin. — « Entre le jean-jean et le tourlourou, il y a un intermédiaire, le pioupiou. » (M. Saint-Hilaire.)

PIPE (CASSER SA). — Mourir. — Ceux qui sont morts ne fument plus. — « Casser sa pipe : oh ! c'est déjà vieux ! ça a de la barbe. On a dit depuis *casser son crayon* et on dit maintenant *lâcher la rampe*, ou *remercier son boulanger*, ou *dévisser son billard*. » (Villars.)

PIPELET. — Portier. — Du nom d'un portier ridicule des *Mystères de Paris.*

PIPER. — Fumer la pipe. — « Il me semble qu'on a pipé ici. » (Gavarni.)

PIPET. — Château. (Halbert.)

PIQUANTE. — Épingle. (Vidocq.)

PIQUANTINE. — Puce. (Halbert.)

PIQUE-EN-TERRE. — Volaille.

PIQUÉ DES VERS, DES HANNETONS (PAS). — Aussi frais, aussi sain que la feuille respectée par les hannetons, et le fruit respecté par les vers. — « Une jeunesse entre quinze et seize, point piquée des hannetons, un vrai bouton de rose. » (Montépin.)

C'est qu'elle n'était pas piquée des vers,
C'est c' qu'il faut à Mahieu.
(*Les Amours de Mahieu*, 1832.)

PIQUE-PRUNE. — Tailleur. — Le mot est populaire, mais son origine paraît inconnue dans le métier. — « Rabelais y ferait-il allusion quand parlant d'un tailleur affolé qui ne sait plus ce qu'il fait, il dit : « Au lieu d'un sayon il tailloit un chappeau à prunes sucées. » (*Pantagruel*, l. IV, ch. LII.)

PIQUER SUR QUATRE. — Gagner une partie d'écarté presque perdue, lorsque votre adversaire a sur vous quatre points d'avance.

PISSE FROID, PISSE VERGLAS. — Homme glacial, insensible. — « Coquin ! Voleur ! Vicomte de la piperie ! Pisse verglas dans la canicule. » (*Catéchisme poissard*, 1840.)

PISSER (ENVOYER). — Éconduire, congédier. — Cette injure est vieille. — Au mot *Pissare*, Du Cange cite une lettre de rémission de 1465, où, entre autres « grandes parolles » reprochées au délinquant, on rapporte *qu'il envoia pisser* son adversaire.

PISSER SA COTELETTE. — Accoucher, mettre au monde un enfant. — Allusion à la côte d'Adam qui fit Ève. — Dhautel emploie dans le même sens *pisser des os*.

PISSER DES LAMES DE RASOIR EN TRAVERS (FAIRE). — Ennuyer, obséder au suprême degré.

PISTOLET. — Homme singulier. — « On rit avec toi et tu te fâches... En voilà un drôle de pistolet ! » (Gavarni.)

PISTON. — Préparateur d'un cours de physique.

PISTON. — Importun revenant sans cesse à la charge. — On connaît l'agaçante régularité du coup de piston.

PISTONNER. — Importuner.

PITANCHER. — Manger, boire. (Halbert.)

PITON. — Nez saillant comme un piton vissé dans une planche. — « Ah ! quel nez, quel beau piton ! C'est un marchand d'éteignoirs. » (Pecquet.)

PITRE. — Paillasse chargé d'attirer la foule autour d'un banquiste. — « Hé ! Paillasse ! avec ta face bourgeonnée, pitre de tireurs de cartes, amasseur de badauds ! » (*Catéchisme poissard*, 1844.)

PITROUX, PÉTOUZE. — Pistolet. (Grandval, Vidocq.) — Harmonie imitative de sa détonation. Au moyen âge, on appelait *petereaux* de petites bouches à feu.

PITUITER. — Déblatérer. — Allusion aux crachats de la pituite. — « On en a déjà assez pituité sur notre compte. » (Lynol.)

PIVASE. — Nez. V. *Pif*.

PIVASTE. — Enfant. (Halbert.)

PIVER. — Ressort de montre ou de pendule servant à couper les barreaux. — Il revient à la charge comme le pivert contre l'arbre qu'il perce de son bec.

PIVOIS, PIVRE. — Vin. — Allusion à la couleur rouge de la pivoine. — « On s'pousse du pivois à six ronds dans l'battant. » (*Chansonnier*, impr. Stahl, 1836.) — « Avons-je du vin ?... Non... Apportez du pivois, hé vite ! » (Vadé, 1788.) — Peut-être aussi est-ce un diminutif du vieux mot *piot* : vin ?

PIVOIS CITRON. — Vinaigre. (Halbert.)

PIVOIS SAVONNÉ. — Vin blanc. (Idem.)

PIVOT. — Plume. V. *Servir*. — Le bec d'une plume figure un petit pivot.

PLACARDE. — Place. — Augmentatif. V. *Parrain*.

PLACE D'ARMES. — Estomac. — « Frappant sur son estomac, un baigneur dit : « Rien à « la place d'armes... » (*Vie parisienne*.)

PLAFOND. — Boîte du crâne. — C'est le plafond du cerveau.

Avoir une araignée ou *des trichines au plafond*. — Déraisonner. — « T'as trop de trichines au plafond. » (*Alm. du Hanneton*, 1867.)

PLAN. — Mont-de-piété. — « On mettra tout en plan plutôt que de refuser un cataplasme à ce pauvre chéri. » (L. Reybaud.)

Laisser en plan. — Abandonner. — « Et cet animal de barbier qui me laisse en plan. » (Cormon.)

PLAN. — Prison. — « Tu voudrais que je grinchisse sans tracquer de tomber au plan. » (Vidocq.) V. *Manger*.

PLAN DE COUYÉ. — Prison subie pour un autre. (Halbert.)

PLANCHE (FAIRE SA). — Montrer une froideur excessive.

Sans planche. — Sans façon. — « L'écaillère de ses propos poissards vous entretient sans planche. » (*Cabarets de Paris*, 1821.)

PLANCHE AU PAIN. — Banc des prévenus, tribunal. (Halbert.)

PLANCHÉ. — Condamné. (Colombey.) Mot à mot : condamné sur la planche au pain.

PLANCHER. — Moquer. — « Est-ce que tu planches ? pour : Te moques-tu de moi ? » (1808, Dhautel.)

PLANCHERIE. — Plaisanterie.

PLANCHEUR. — Mauvais plaisant. (Colombey.)

PLANQUE. — Cachette. (Halbert.) V. *Bayafe*.

PLANQUE. — Observation. — On se cache pour bien observer. — « J'allai en compagnie de H..., et le laissant en planque (en observation), je montai chez Chardon. » (Canler.)

PLANQUER. — Cacher. V. *Déplanquer*.

PLATINE. — Verve. — « Il a une bonne platine, se dit d'un grand babillard. » (Dhautel.)

PLATRE. — Argent. (Vidocq.) — Allusion de blancheur.

PLEIN, PLEIN COMME UN ŒUF, COMME UN

sac. — Saoul. — « Un homme plein comme un œuf, pour avoir trop mangé. » (Le Duchat, 1738.)

Pleurant. — Oignon. (Vidocq.) — Il fait pleurer. Effet pris pour la cause.

Pleut (il). — « Ces mots *il pleut* signifient, en langue de franc-maçonnerie : Taisons-nous, parce qu'on nous écoute. » (*Aventures de Jérôme Sharp*, 1789.)

Pleut (il). — Formule négative.

Pliant. — Couteau. (Grandval.) — Il s'agit ici du couteau à lame pliant sur le manche.

Plomb. — « Gaz caché dans les fentes des pierres, et qui tue comme la foudre le vidangeur qui en est atteint. » (Berthaud.)

Plomb. — Mal vénérien. (Vidocq.)

Plomb. — Gosier. — Allusion aux réservoirs dans lesquels se déversent à Paris les eaux sales de chaque étage. — « Préault buvait coup sur coup. Gautier affligé... lui dit : « Ah « çà ! tu f... ça dans le plomb, toi ! » (Deschanel.)

Plombe. — Heure. — Onomatopée. — Plombe est le bruit grave d'une sonnerie de grosse horloge. V. *Crosser*.

Plombe. — Année. (Halbert.)

Plomber. — Sonner.

Plomber. — Puer. — Allusion aux plombs parisiens qui sentent souvent mauvais. — « Ce sont mes pieds, ils plombent, comme dit notre collaborateur Albert Monnier. » (V. Blouet.)

Plomber. — Donner le mal vénérien.

Plongeur. — Misérable, déguenillé. (Vidocq.) Mot à mot : aussi nu qu'un plongeur. V. *Paffe*.

Ployant, ployé. — Portefeuille. — Un portefeuille se *ploie*. — « Les dimanches tu grinchiras, dans les toles, bogues et ployants. » (Vidocq.)

Plumade. — Paillasse. (Halbert.) — De *plume de Beauce*.

Plume. — Pince à effraction. V. *Caroubleur*.

Plume de beauce. — Paille. — La Beauce est riche en céréales. — « Quelle poésie ! la paille est la plume de Beauce. » (Balzac.)

Plumet (avoir son). — S'enivrer, s'empourprer le visage comme un plumet d'uniforme. — « N'est-ce pas que j'dois vous faire l'effet d'avoir c'qui s'appelle un plumet? Messieurs, c'est le picton ! » (Voizo.)

Plus que ça de chic, de monnaie, de genre ! — Quel chic ! quelle fortune ! quel genre ! Mot à mot : tu n'as pas plus que ça de chic ? etc. La négation est ironique comme dans *Il n'est rien chic*. V. *Rien*. — « Mazette ! pus que ça de chic ! » (E. Blondet.) — « Mon homme a la croix d'honneur. Pus que ça d' monnaie ! » (Ricard.)

Pour abréger, on dit aussi *Que ça*. — « C'est la voiture du vicomte de Saint-Remy — que ça de genre ? merci ! » (E. Sue.)

Plus souvent. — Jamais. — « Ma sainte te ressemble, Nini. — Plus souvent que j'ai un air chose comme ça ! » (Gavarni.) V. *Rasoir*.

Pochard, poche. — Ivrogne. Mot à mot : buveur qui a rempli sa *poche* ou son estomac. — « Je ne sais pas ce que j'ai... je crois que je suis un peu pochard. » (M. Michel.)

Pocharder. — Enivrer.

> Puisque tu soldes ma dépense,
> Je n' me pochard'rai qu'avec toi. (Festeau.)

Pocharderie. — Ivrognerie. (Vidocq, 1837.)

Pochon. — Contusion. — « Suivant qu'un pochon bien appliqué vient nuancer un œil ou froisser un nez. » (H. Rolland.)

Poétriau. — Petit poëte sans valeur. — « Des peintres, des poétriaux. » (Balzac.)

Pogne. — Voleur. Mot à mot : celui qui empogne. V. *Empogne*. — « La pogne pour fendre un archer levait déjà le bras. » (Grandval, 1726.)

Pognon. — Argent. (Halbert.) — L'argent est fait pour passer dans la main ou *pogne*. — « Casque donc ton pognon, mon vieux. » (*Almanach du Hanneton*, 1867.)

Poigne, pogne. — Main vigoureuse. (Vidocq.) — La main *empoigne*. — « J'ai la poigne solide, ça me suffit, et je vous étrangle. » (E. Lemoine.)

Poigne (a). — Qui n'hésite pas à prendre des mesures de rigueur. Mot à mot : qui *empoigne* volontiers.

Poil. — Réprimande. — « Et quand tu es rentré, tu as dû attraper un fier poil ? — Ne m'en parle pas, on m'a envoyé coucher sans souper. » (*Événement*.)

Poil (a). — Résolu. Mot à mot : ayant du

poil au cœur. V. plus bas. — « Des bougres à poil, déterminés à vivre libres ou mourir. » (Hébert, 1793.)

POIL (A). — De talent. — « M'est avis qu'il faut z'être un artiste à poil pour ça. » (Désaugiers.)

POIL AU CŒUR (AVOIR DU). — Avoir du courage. — Le poil est un insigne de virilité. Le plus souvent cœur est remplacé par un autre mot qui a la même lettre initiale. — « Quoi ! dit-il, ta valeur lassée !... Populc, as-tu du poil au cœur ? » (A. Lagarde, *le bonhomme Populc*, Pau, 1836.)

POIL DANS LA MAIN (AVOIR UN). — Être fainéant. (Dhautel.) — On dit plus longuement : *Il a un poil dans la main qui l'empêche de travailler*, pour faire entendre que la cause de son inaction est imaginaire.

POIL (FAIRE LE). — Surpasser. Mot à mot : Raser. — « Il n'y a pas moyen de me faire le poil. » (Vidal, 1833.)

POIL (TIRER LE, TOMBER SUR LE). — Battre. Mot à mot : prendre aux poils, c'est-à-dire aux cheveux.

POILS (MONTER A). — Monter un cheval sans selle.

POILS (A). — Nu. Mot à mot : sans autre vêtement que ses poils.

POINT. — Monnaie. V. *Croix*.

POINT DE COTÉ. — Créancier, chanteur exploitant les hommes qui ont certains vices. — Allusion à la gêne causée par le mal de ce nom.

POINTE (AVOIR SA). — Avoir un commencement, une pointe d'ivresse.

POIRE (FAIRE SA). — Jouer le dédain. — Allusion à la moue qui allonge les lèvres en gonflant les joues. — « Je pourrais m'en targuer et faire ma poire. » (L. Pollet.)

POIREAUX (IL EST COMME LES). — Il est vert et vigoureux malgré ses cheveux blancs. — Allusion à la racine chevelue du poireau qui contraste, par sa blancheur, avec le vert du reste. — « Tu me reproches mon poil grisonnant et ne consydere point comment il est de la nature des pourreaux esquelz nous voyons la teste blanche et la queue verte, droicte et vigoureuse. » (Rabelais, liv. III, ch. XXVIII, *Pantagruel*.)

POISON. — « Sobriquet outrageant que l'on donne aux courtisanes les plus viles. » (Dhautel, 1808.) — « O poison ! disait mademoiselle P. — Égout des cœurs ! répliquait mademoiselle T. » (J. Janin.) V. *Drogue*.

POISSE. — Voleur. (Halbert.) — De *poisser*. *Se faire poisser :* Se faire arrêter.

POISSER. — Voler. — Allusion aux propriétés de la poix qui retient ce qu'elle touche. V. *Baite, Billon, Philippe, Regout*.

POISSER. — Enivrer. — « Quand j'ai vu qu'il allait se poisser, je l'ai aidé à vider les bouteilles ; c'était pour le sauver. » (*La Correctionnelle*.)

POISSON. — Souteneur. — Synonyme de *mac*. V. ce mot pour son origine. — « Jeune, beau, fort, le poisson ou barbillon est à la fois le défenseur et le valet des filles d'amour qui font le trottoir. » (Canler.)

POISSON. — Verre. — Du vieux mot *poçon*, tasse. — « J' n' suis pas trop pompette, viens, je régale d'un poisson. » (*Les amours de Jeannette*, ch., 1843.) V. *Camphre, soiffer*.

POITOU. — Nulle chose. Mot à mot : point du tout. — Jeu de mots analogue à celui de *Niort*. — « Tout est à notre usage. N'épargnons le poitou. » (Vidocq.)

POIVRE. — Ivre. — Du vieux mot *poipre :* pourpre. — Une trogne de buveur s'empourpre volontiers. — « Je voyais bien qu'il était poivre. » (Monselet.)

POIVRE ET SEL. — « Être vieux et jeune ; poivre et sel, comme on dit de ces chevelures indécises qui ne sont plus brunes et qui répugnent à devenir blanches. » (Monselet.)

POIVREAU. — Vol commis par un poivrier.

POIVREAU. — Ivrogne. — De *poivre*. — « Je me pique trop le nez, je préfère en finir avec mon existence. Ce sera un *poivreau* de moins. » (*Moniteur*, 10 septembre 1872.)

POIVREMENT. — Payement.

POIVRER. — Vendre trop cher. — On dit aussi : *Saler*. (Dhautel, 1808.)

POIVREUR. — Payeur.

POIVRIER. — Homme ivre. V. *Trou*.

POIVRIER. — « Voleur dont la spécialité est de dévaliser les ivrognes. » (Canler.)

POIVRIER (FAIRE LE). — Dévaliser les ivro-

gnes. — « Fais-tu toujours le poivrier ? — Si je le fais, ce n'est pas vous qui me prendrez. » (*Notes d'un agent.*)

POLICHINELLE. — Canon d'eau-de-vie de même capacité que le poisson. C'est l'enfant (en argot *polichinelle*) de la chopine. — « Polichinel... C'est ainsi que les fiacres nomment une chopine en deux verres. » (*Cabarets de Paris*, 1821.)

POLICHINELLE. — Nouveau-né. — Comparaison de ses cris aigus à ceux de Polichinelle.

POLICHINELLE DANS LE TIROIR (AVOIR UN). — Être enceinte. — « Sais-tu ? lui dit sa femme, je crois avoir un polichinelle dans le tiroir. Le mari comprend, la femme est *intéressante.* » (*Figaro.*)

POLISSON. — Bourrelet attaché au-dessus des hanches pour étoffer la croupe. (1823.) V. *Tournure.*

POLISSON, POLISSONNE. — Coquin, coquine. — Pris en bonne part. — « Qué noce ! oh ! mes enfants ! qué polissonne de noce ! » (*Sardou.*)

POLKA. — « Disons quelques mots de cette gigue anglaise croisée de valse allemande, qui fait sautiller aujourd'hui les Parisiens comme autant de coqs d'Inde sur une plaque brûlante. » (E. Arago, 1844.)

C'est en ce temps de vogue qu'on a dit un moment *à la polka*, pour dire *très-bien*.

POLKA. — Photographie où figurent des groupes obscènes. — « Ces photographies obscènes que leur argot appelle des polkas. » (Du Camp.)

POLKA (PETIT). — Petit jeune homme niais, tiré à quatre épingles, et danseur infatigable. — « Les jolies femmes dédaignent les petits polka. » (*Figaro*.)

POLOCHON. — Traversin. (Halbert.)

POMAQUER. — Perdre. V. *Greffier*.

POMMADEUR. — « Brocanteur achetant les meubles brisés ou vermoulus et en mastiquant leurs défauts avec de la gomme laque et de la cire. » (Pélin.)

On l'appelle pommadeur parce que sa marchandise est toujours pommadée.

POMMADIN. — Élégant ridicule et par trop pommadé. — « Jetez ces anges sur le bitume à la merci des pommadins. » (Michu.)

POMMARD. — Bière. (Halbert.) — Est-ce parce qu'elle a la couleur du cidre qui a bien plus de titres à s'appeler *pommard*?

POMME DE CANNE. — Tête ridicule comme celle qu'on sculpte parfois sur les pommeaux de certaines cannes.

POMMES (AUX). — Très-bien. V. *Ognons*. — Ce superlatif est sans doute causé par la passion du voyou parisien pour le chausson aux pommes. — « J'ai mijoté pour ce numéro un petit éreintement aux pommes. » (J. Rousseau.)

POMPE ASPIRANTE. — Semelle trouée pompant la boue. (Halbert.)

POMPADOUR. — Coquet, galant, digne, sous ces deux rapports, de l'époque où madame de Pompadour était en faveur. — « C'est régence, justaucorps bleu, Pompadour, dix-huitième siècle, tout ce qu'il y a de plus maréchal de Richelieu, rocaille. » (Balzac.)

POMPADOUR. — Suranné, vieillot. V. *Perruque, Poncif*.

POMPE. — V. *Pompier*.

POMPER. — Boire copieusement. — « A la Courtille je fais des bêtises quand j'ai pompé le sirop. » (Mélesville, 1830.)

POMPETTE. — Ivre. Du vieux mot *pompette*: pompon. — Cette allusion à la trogne rouge des buveurs se retrouve dans *plumet* et *cocarde*. — « Lupolde, à tout (avec) son rouge nez à pompette, conclud tous ses contes par vin. » (*Contes d'Eutrapel*, seizième siècle.) — — « Ce scélérat de vin de Champagne avait joliment tapé ces messieurs; quant à nous autres, en vérité, je crois que nous étions un peu pompettes aussi. » (Festeau.)

POMPIER. — Ivrogne ayant l'habitude de *pomper*. — « Le pochard aperçoit un ami, et le dialogue s'engage entre les deux pompiers. » (Ladimir.)

POMPIER. — Ouvrier tailleur travaillant à la journée. — « Les pompiers réunis forment la *pompe*. Il y a la *grande* et la *petite pompe*: la grande, pour les habits et redingotes; la petite, pour les pantalons et gilets. » (Roger de Beauvoir.)

POMPON. — Tête. — « Il vous y envoie des pavés que ça brise les pompons. » (H. Monnier.)

POMPON. — Premier rang. — Allusion au pompon qui distinguait les compagnies d'élite. — « A moi le pompon de la fidélité. » (Marco Saint-Hilaire.) — « A vous le pompon ! Aussi c't'air-là est fièrement bien faite. » (Carmouche, 1826.)

PONANTE, PONISSE. — Fille publique. (Vidocq, 1837.) Mot à mot : couchante. — Du vieux mot *ponant*: couchant.

PONCIF. — Se dit de ce qui est banal et ne justifie aucune prétention à l'originalité. — S'emploie substantivement et adjectivement. — Vient du mot *Poncis*: dessin piqué à jour et poncé d'une façon particulière pour faire un calque. — « Si chacun de nous racontait ses bonnes fortunes ? — Allons donc, *poncif!* Pompadour ! A bas la motion ! » (Th. Gautier, 1833.) — « Le poncif, c'est la formule de style, de sentiment, d'idée ou d'image qui, fanée par l'abus, court les rues avec un faux air hardi et coquet. — Exemples : *C'est plus qu'un bon livre, c'est une bonne action. — On ne remplace pas une mère. — L'horizon politique se rembrunit*, etc. » (Aubryet.)

Ponisse. — Fille. V. *Ponante, Ponte*.

Pont (couper dans le). V. *Couper*.

Ponte. — Réunion de ponteurs. V. *Ponte*.

Ponter. — Payer.

Ponteur. — Bailleur de fonds. V. *Miché*.

Ponteur. — Joueur. — « J'aime mieux un ponteur qui, orné de son carton, lentement se promène, qu'un ponteur exalté. » (Alyge.) — « Le jeu tombe en longueur et la ponte glapit sans force. » (Idem.)

Pontes pour l'af. — Assemblée de fripons. (Colombey.)

Pontife. — Maître cordonnier. V. *Pignouf*. — Ce mot est expliqué par celui de *porte-aumusse*, qui fait allusion à la forme du tablier de cuir.

Pontonnière. — « Fille publique fréquentant le dessous des ponts. » (Canler.)

Popotte. — Table d'hôte, ratatouille, et, au figuré, gâchis. — Des officiers se *mettent en popotte*, lorsqu'ils font faire leurs repas par un cuisinier militaire, sans recourir à un restaurateur bourgeois. — Onomatopée rappelant le clapotement des mets placés sur le feu. -- « On m'annonçait de chez nous un envoi de jambons qui devait remonter la popotte pour un mois. » (About.)

Portanche. — Portière. (Colombey.) Changement de finale.

Porte-aumusse. — Maître cordonnier. — Allusion au tablier de cuir. — « Nous lui délivrons le brevet de porte-aumusse, pour le faire admettre dans la Société. » (*Vieux farceur*.)

Porte bien (qui se). — Être vigoureux, fort. — « Je lui fiche une paire de gifles qui se portaient bien. » (*Petit Moniteur* du 20 juillet 1866.)

Il se porte bien se dit ironiquement d'un homme gris.

Portefeuille. — Lit. (Colombey.) — Le coucheur s'y glisse comme un papier dans un portefeuille.

Porte-maillot. — Figurante bonne à porter des maillots, mais incapable de jouer un rôle. — « Je vous demande un peu ! une porte-maillot comme ça. » (Gavarni.)

Porte-mince. — Portefeuille. (Vidocq.) Mot à mot ; porte-papier.

Porte-pipe. — Bouche. — « Si je lui payais la goutte, car il aime furieusement à se rincer le porte-pipe. » (Vidal, 1833.)

Porte de prison. — Personne revêche. (Dhautel.) — « Les Avignonnais qui sont aimables comme des portes de prison. » (*Commentaires de Loriot*.)

Porte-trèfle. — Culotte. (Vidocq.) Mot à mot : porte-c—l. V. *Trèfle*.

Porter (en). — Être trompé. Mot à mot : porter des cornes. — « Dis donc, Miroux..., de quoi donc que madame Miroux te fait porter ? » (Gavarni.)

Porter a la peau. — Exciter le désir. — « Cette créature porte à la peau. » (L. de Neuville.)

Portrait. — Figure. — Effet pris pour la cause. — « Je m'allonge. Mais v'là-t-il pas ma patte gauche qui lâche le trottoir. Je m'étale et je me dégrade le portrait. » (Monselet.) — « Lord Seymour criait à Drake : Tape au portrait, c'est-à-dire : vise à la figure. » (Villemessant.)

Pose. — Étalage mensonger, attitude maniérée, vaniteuse. — « L'amour platonique !... en voilà une pose ! » (Gavarni.)

Le *Dictionnaire de l'Académie* admet le verbe *poser* dans le sens de faire étalage, chercher à paraître ce qu'on n'est pas.

Poser. — Mettre en évidence. — « Voilà un ménage qui pose une femme. » (Balzac.)

Poser. — Se laisser mystifier. — « Il croyait toujours qu'on allait ce qui s'appelle le faire poser et se moquer de lui. » (Méry.)

Poser sa chique. — Garder le silence.

> Le roi règne sans gouverner.
> Si le nôtre, un jour, s'en écarte,
> Qu'il aille interroger la Charte !
> Elle lui répondra d'abord :
> Pos' ta chique et fais l'mort. (J. Leroy.)

Poser et marcher dans. — S'embrouiller, se vendre. (Halbert.) — Allusion scatologique.

Poser un gluau. — Prendre, arrêter, emprisonner. — On connaît les effets de la glu. — « Mes anciens compagnons de vol s'étaient fait poser un gluau, et j'étais encore une fois isolé. » (Lacenaire, 1836.)

Poseur, poseuse. — Homme qui pose, femme qui pose. Se prend aussi adjectivement. — « Tutoyez les femmes, et si elles protestent contre vos privautés, insinuez brutalement que vous détestez les poseuses. » (Marx.) — « Ces jolis poseurs à vestons de velours. » (P. Véron.)

POSITIVISTE. — Doctrinaire de l'école d'Auguste Comte qui a fondé la religion positive. — « Le citoyen Grossetête écrit pour dénoncer la conduite du député positiviste. » (*Liberté*.)

POSTE AUX CHOUX. — C'est ainsi que dans la marine on appelle le canot qui sert, en rade, aux provisions.

POSTÉRIEUR. — Derrière. — On dit aussi, par pure délicatesse, *le bas du dos, le bas de l'épine dorsale, le bas des reins* ou *les parties charnues* ou *le bienséant*, etc., etc.

POSTICHE. — Parade de saltimbanque. — « Il s'était acquis une certaine réputation dans le *boniment*, la *postiche* et la *parade*. On nomme ainsi le prologue que les saltimbanques jouent devant leur baraque. » (Privat d'Anglemont.)

POSTICHE. — Rassemblement sur la voie publique.

POSTILLON. — « Un postillon est une boulette de mie de pain pétrie entre les doigts et renfermant un avis adressé à un détenu. » (Canler.) — L'allusion se devine.

POSTILLONS (ENVOYER DES). — Crachotter en parlant. — « Les élèves de M. G. projettent ce qu'on appelle des postillons dans un certain monde. » (Marx.)

POTACHIEN, POTACHE. — Collégien. — Allusion au chapeau de soie, dit *pot à chien*, porté dans les colléges avant le képi. V. *Bahut*.

POT-AU-FEU. — Casanier, arriéré. — « Ce n'est pas cet imbécile qui m'aurait éclairée... il est d'ailleurs bien trop pot-au-feu. » (Balzac.)

POTARD. — Apprenti pharmacien. — Allusion aux nombreux *pots* dont il est gardien.

POTASSE, POTASSEUR. — Ce mot désigne un piocheur malheureux, candidat très-laborieux, mais échouant aux examens.

POTASSER. — Travailler assidûment. — « C'est Chauvin. Oncques ne l'a vu depuis que nous étions cornichons ensemble au bahut et que nous potassions notre bachot. » (*Vie parisienne*, 1866.)

POTEAUX. — Grosses jambes. (Dhautel.) — Gavarni définit ainsi celles d'une danseuse qui ruine ses amants : « Deux poteaux qui montrent la route de Clichy. »

POTIN. — Commérage. — « Le petit B. est au milieu des bavardages, des cancans, des potains. » (*Vie parisienne*.)

POTINER. — Commérer.

POTINEUR, POTINEUSE. — Commère mâle ou femelle.

POUCE ! (ET LE) — S'emploie pour dire : Il y a beaucoup plus que vous ne prétendez. *Le coup de pouce* du détaillant lui permet de vendre à faux poids avec des balances exactes.

POUCE (DONNER LE COUP DE). — Étrangler.

POUCHON. — Bourse. (Halbert.) Mot à mot : petit pochon.

POUFFIACE. — Femme sale, avachie.

POUIC. — Rien. (Grandval.) — Du vieux mot *poic*, peu.

POUIFFE. — Argent. (Halbert.)

POULAILLER. — C'est le dernier étage du théâtre. Les spectateurs y sont juchés comme sur un perchoir. — « Des baignoires, du parterre, de l'orchestre et surtout de l'aérien poulailler. » (Boué de Villiers.)

POULAINTE. — Escroquerie sous prétexte d'échange. (Colombey.)

POULE D'EAU. — Blanchisseuse. (Halbert.) — Se tient comme elle sur le bord des cours d'eau.

POULET D'INDE. — Cheval. — « Trois poulets d'Inde et puis monsieur feraient un fringant attelage. » (Vadé, 1755.)

POUPARD, POUPON. — Vol préparé de longue main. — « Un petit poupard que nous nourrissons depuis deux mois. » (E. Sue.)

POUPÉE. — Prostituée. — « Je m'en fus rue Saint-Honoré pour y trouver ma poupée. » (Vidal, 1833.) — En 1808, on disait *poupée à ressorts*.

POUPOULE. — Mot d'amitié. — « Reste avec ta poupoule. » (E. Lemoine.)

POURRI. — Vénal, corrompu. — « Dans le cas où M. de la Baudraye serait acquis au gouvernement, Sancerre devenait le bourg pourri de la doctrine. » (Balzac.)

POURRI. — Rempli. — « Je suis une femme hors ligne, unique, pourrie de chic. » (*Vie parisienne*, 1860.)

POUSSE. — Police. — Elle *pousse* comme la

gendarmerie *cogne*. — « Archers, recors, exempts, et tout ce que la pousse a nourri de vaillant. » (Grandval.)

POUSSE (CE QUI SE). — L'argent. Mot à mot : ce qui se pousse de la main à l'instant où l'on paye.

POUSSE-CAFÉ. — Petit verre de cognac pris après le café. — « Ensuite nous avons pris le café le pousse-café, le repousse-café. » (Voizo.)

POUSSE-CAILLOUX. — Fantassin. Mot à mot : piéton poussant les cailloux du pied. — « Votre frère était dans les dragons, moi, j'étais dans les pousse-cailloux. » (Balzac.)

POUSSÉ DE BOISSON. — Ivre. — « Quand il y en a un qui est poussé de boisson jusqu'à la troisième capucine, il lui met une adresse sur le dos, et l'emballe dans un sapin. » (*La Correctionnelle*, 1840.)

POUSSÉE. — Action de battre, de faire reculer. — « Nous leur avons f—u une belle poussée, » se dit après une attaque victorieuse.

POUSSÉE. — Réprimande. (Dhautel.)

POUSSÉE (V' LA UNE BELLE). — Se dit ironiquement d'un avantage illusoire.

POUSSIER. — Lit. — La poussière n'y manque pas. — « Je lui paye son garni de la rue Ménilmontant, un poussier de quinze balles par mois. » (Monselet.)

POUSSIER. — Monnaie. (Vidocq.) — Synonyme exact de *ce qui se pousse*. V. plus haut.

PRATIQUE. — Homme débauché. Mot à mot : *pratique* de mauvais lieux. — « C'était une pratique qui se démenait comme un enragé entre les mains de la garde. » (Vidal, 1833.) — « Tout cela n'est que de la pratique ; ils t'ont fait voir le tour comme des gueux. » (Monselet.) V. *Carotteur*.

PRATIQUE. — Instrument servant à imiter les cris de Polichinelle. — « Polichinelle doit renfermer sa pratique. » (*Complainte sur les jours gras*, Paris, 1826.)

PRE, PREU. — Premier. — Abréviation du même mot. — « Tiens, v' là le bijoutier du numéro 10 qui vous a loué pour son preu. » (H. Monnier.)

PRÉ, GRAND PRÉ. — Travaux forcés. — « Ne crains pas le pré que je brave. » (Vidocq.) — « Du grand pré tu te cramperas, pour rabattre à Pantin lestement. » (Idem.)

Aller faucher au pré quinze ans. — Avoir quinze ans de galères. Le *grand pré* est ici la mer dont les galériens coupaient jadis de leurs avirons les ondes verdâtres, comme des faucheurs rangés dans une prairie. Autrefois tous les condamnés ramaient *sur les galères du roi.*

PRÉDESTINÉ. — Mari trompé. — « Prédestiné signifie destiné par avance au bonheur ou au malheur... Nous donnons à ce terme une signification fatale à nos élus. » (Balzac.)

PRÉFECTANCHE. — Préfecture de police.

PREMIER NUMÉRO. — V. *Numéro*. — « Sac à vin, pochard premier numéro, il est dans l'ivresse du picton à quatre sous, sans lance, qu'il vient de passer en contrebande à la barrière. » (*Catéchisme poissard*, 1844.)

PREMIER-PARIS. — « Un grand article, appelé Premier-Paris, c'est une série de longues phrases, de grands mots qui, semblables aux corps matériels, sont sonores à proportion qu'ils sont creux. » (A. Karr.)

PREMIÈRE. — Première lettre. Ne se dit qu'en fait de polémique. « Aurore écrivit à son frère sa première aux Parisiens. » (Michu.)

PREMIÈRE. — Première représentation. — « Parbleu ! est-ce que je manquerais une première du Palais-Royal ? » (Villemot.)

PRESSE (METTRE SOUS). — Mettre en gage. — Les objets engagés sont empilés. — En 1808, on disait *Mettre en presse.*

PRENDS GARDE DE LE PERDRE. — Locution ironique adressée au propriétaire d'une personne ou d'une chose perdue ou sans valeur. « Il ordonne de le faire empoigner, mais prends garde de le perdre. » (*Commentaires de Loriot.*)

PRISE DE BEC. — Dispute. — « Entendez-vous son organe ? Elle a une prise de bec avec Angelina. » (1860, *les Étudiants.*)

PRISTI. — Juron. — Abréviation de *Sapristi*. V. ce mot.

PROFONDE. — Poche. — « Ils se désignent entre eux sous le nom de fouilleurs de profondes. » (Paillet.)

PROFONDE. — Cave. — « Je vais à la profonde vous chercher du frais. » (Vidocq.)

PROIE. — Derrière. (Halbert.)

PROMONCERIE. — Procédure. (Vidocq.)

Promont. — Procès. (Vidocq.)

Pronier, pronière. — Père, mère. (Halbert.) — Changement de finale.

Protéger. — Entretenir. — « Votre monstre d'homme protége Jenny. » (Balzac.)

Protecteur. — Entreteneur. — On a publié en 1841 une *Physiologie du protecteur*.

Proute. — Pet, plainte. — Onomatopée.

Prouter. — Se plaindre, se fâcher.

Prudhomme, monsieur Prudhomme. — Bourgeois raisonneur, sentencieux et banal, comme le type populaire créé par Henri Monnier. — « En face de ce paradoxe en peinture, il semble qu'on ait peur de passer, si on ne l'admet pas, pour un philistin, un bourgeois, un Joseph Prudhomme, un goîtreux. » (Th. Gautier.)

Prune, pruneau. — Projectile. — Allusion de forme. — « C'est tout de même vexant d'avoir échappé si souvent aux *prunes* pour être tué comme un chien. » — « Quand j'ai reçu le pruneau, j'ai dit : « Bien, c'est le bon ! » (L. Reybaud.)

Prune de monsieur. — Évêque. (Vidocq.) — Il est habillé de violet comme la prune.

Prusse (pour le roi). — Gratis. — Vient de ce que cet État ne paye point le 31 du mois à ses employés. — « S'ils viennent, ce sera pour le roi de Prusse. » (Cogniard, 1831.)

Prussien. — Derrière. — Allusion aux dyssenteries qui décimèrent l'armée prussienne, à l'invasion de 1792. On a pris la partie pour le tout. — « Et puis après la Prusse est entrée en France d'où la gourmandise l'a forcée de sortir, car elle tachait toutes ses chemises. » (Reys, 1815.) — En 1825 on a publié le *Manuel du Prussien ou guide de l'artilleur sournois*.

Puant. — Homme qu'on ne peut sentir, qui vous pue au nez. — « Ce petit puant... un petit-maître, toujours sans conséquence. » (*Parodie de Zaïre*, dix-huitième siècle.)

Puces (trouver des). — Chercher querelle. Mot à mot : sauter sur le moindre motif comme si on cherchait à prendre une puce au bond. — « Et pourtant la Giraudeau a trouvé moyen de me trouver des puces. » (*La Correctionnelle.*)

Pudibard. — Faussement pudibond.

Pudibarderie. — « Leur pudeur est de la pudibonderie, je dirai même de la pudibarderie. » (Madame Ratazzi.)

Puer, puer au nez. — Être intolérable. — « J'ai été pris huit jours de la nostalgie. La caserne me pue. » (*Commentaires de Loriot.*)

Puff. — Banqueroute. — « Il serait homme à décamper gratis. Ce serait un puff abominable. » (Balzac.)

Puff. — Réclame effrontée. — Mot anglais. — « Le Lafayette du puff qui en matière de réclames est le héros des deux mondes. » (Heine.)

Puffiste. — Faiseur de puffs. — « Ne laissant nulle trêve à l'essaim des puffistes. » (Commerson.)

Punaise. — Fille publique. Vieux mot signifiant *infecte*. — « La scène se passe faubourg Montmartre. Une fille arrête un coupé et s'y glisse en criant : — Cocher ! au bois ! — Au bois de lit, punaise ! fait un gamin qui passe. » (*Revue anecdotique.*)

Pur. — Homme sacrifiant tout à ses principes. On dit c'est *un pur*. — Souvent ironique.

Pur-sang. — Cheval de race. — « Célestine hochait la tête comme un pur-sang avant la course. » (Balzac.)

Purée. — Cidre. (Vidocq.)

Purgation. — Plaidoyer. (Idem.) — Il purge de toute culpabilité.

Putipharder. — Violer sans plus de façons que la femme de Putiphar. — « Ces diables de gens, il faut vraiment les putipharder pour avoir l'honneur de peindre leurs silhouettes. » (Champfleury.)

Pyramidal. — Aussi remarquable que les pyramides d'Égypte. V. *Granitique*.

Quantum. — Caisse, somme d'argent. — Latinisme. — « Encore cent mille francs ! il est allé faire une saignée nouvelle à son *quantum*. » (Ricard.)

Quarante (les). — Les quarante membres de l'Académie française. — Se dit même quand elle n'est pas au complet.

Quarante-cinq a quinze. — Exclamation proverbiale, toutes les fois qu'on voit briser beaucoup de verre ou de vaisselle. (Dhautel.) Signifie sans doute : quarante-cinq *pièces* à quinze *sous*. — « Bon ! quarante-cinq à quinze ! » (H. Monnier.)

QUART (BATTRE, FAIRE SON). — Se dit de la station d'une fille sur la voie publique. Tolérée par la police de sept à onze heures du soir, elle équivaut au *quart* des marins.— « La tourterelle y fait le quart et vous a des gestes de lupanar. » (*Vie parisienne*, 1866.)

QUART D'AGENT.—Propriétaire du quart de la valeur d'une charge d'agent de change. — « Une bourrasque fit sombrer son quart d'agent dans l'océan de la Bourse. » (Achard.) — Il y a des *cinquièmes*, *sixièmes* et des *dixièmes d'agent*, sans compter le reste.

QUART D'AUTEUR. — Auteur ayant toujours travaillé en collaboration.

QUART DE MARQUÉ. — Semaine. (Vidocq.)

QUART-D'ŒIL. — Commissaire de police. Allusion à l'ancienne robe noire des commissaire, dite *cardeuil*. V. *Parrain*.

QUASIMODO. — Homme hideusement contrefait. Du nom d'un type de la *Notre-Dame* de V. Hugo.

QUATRE COINS. — Mouchoir. Il a quatre coins.

QUATRE-YEUX.—Yeux doublés de lunettes. — « Voyez donc ce grand escogriffe avec ses quatre-s'yeux. » (*Catéchisme poissard*, 1840.)

QUELPOIQUE. — Rien. (Halbert.) Mot à mot : que le poique, c'est-à-dire bien peu. *Poique* est ici pour *pouic* : peu. V. ce mot.

QUELQUE PART. — Au derrière. — « Toutes les fois que ce gredin-là me tutoie, c'est comme si je recevais un coup de pied quelque part. » (Sardou.)

QUELQUE PART (ALLER). — Aller aux commodités. Terme ancien. Les *Mémoires secrets* de Bachaumont en offrent un exemple dans cette répartie superbe du financier La Popelinière à un courtisan qui lui avait dit d'un air dédaigneux : « Il me semble, monsieur, vous avoir vu quelque part. » A quoi le financier répondit : « En effet, monsieur, j'y vais quelquefois. »

QUELQUE PART (AVOIR).— Être ennuyé au suprême degré. Augmentatif d'*en avoir plein le dos*. Seulement, cela se prolonge un peu plus bas. — « Pour ce qui est de la rousse et du guet, je les ai quenqu' part. » (Cabassol.)

QUELQU'UN (FAIRE SON). — Trancher du personnage. — « Si madame fait un peu sa quelqu'une. » (Balzac.)

QUENIENTE. — Pas, point. (Halbert.) Mot à mot : que non pas. — Italianisme.

QUENOTTE. — Petite dent. (Dhautel.) — « Ouvre la gargoine. Prends le bout de ce foulard dans tes quenottes. » (E. Sue.)

QUENOTTIER. — Dentiste.

QUEUE. — Dégénérescence, pâle imitation. — « Cet art-là n'est pas même la queue embourbée du genre Marie-Antoinette. » (Th. Silvestre.)

QUEUE (FAIRE LA). — Faire une infidélité galante. — « Je connais un général à qui on a fait des queues avec pas mal de particuliers. » (Gavarni.)

QUEUE (FAIRE LA).—Escroquer une somme due. Mot ancien. — « Sitôt que le fourrier s'est éloigné, les chambres retentissent de clameurs : « C'est dégoûtant ! on nous *fait la queue*. » (La Bédollière.)

QUEUE ROMANTIQUE. — Jeu de mots altérant le sens raisonnable de la phrase. Mürger a ridiculisé cet exercice dans la *Vie de Bohème*. Dès 1620, paraissait le *Coq à l'asne sur le mariage d'un courtisan grotesque* qui peut passer pour un recueil complet de ces stériles tours de force. En voici la première phrase : « Le courtisan sortit du palais de la bouche, vestu de vert de gris, il portait un manteau de cheminée, le bas de mullet et les mulles d'Auvergne. »

QUEUE-ROUGE. — Paillasse à perruque nouée par un ruban rouge. — « Le public préfère généralement le queue-rouge au comédien. » (La Fizelière.)

QUEUE DE RAT. — Tabatière. — Allusion à la longue lanière de cuir qui sert pour l'ouvrir. — « Une de ces ignobles tabatières de bois vulgairement appelées *queues de rat*. » (Ch. Hugo.)

QUIBUS. — Écus, argent. — Mot ancien.— « Il a du quibus, c'est-à-dire des écus, *de quibus fiunt omnia*. » (Le Duchat, 1738.)

QUILLE. — Jambe. Allusion de forme. -- Mot ancien. — « La madame du pavillon qui met ses bas ! — Plus que ça de quilles. » (Gavarni.)

QUIMPER. — Tomber. (Halbert.)

QUINQUETS. — Yeux brillants. (Vidocq.) Mot à mot : brillants comme la lampe Quinquet, renommée jadis pour son éclat. V. *Esbrouffer*.

QUINZE ANS ET PAS DE CORSET. — Se dit, à tout âge, d'une femme dont les appas ont la fermeté de la jeunesse. — « Une superbe créature, — et pas de corset. » (*La Lune*, 1867.)

QUINZE-VINGT. — Aveugle. — Allusion à l'établissement de ce nom. — « Je suis obligé de demander mon chemin, comme un quinze-vingt. » (*La Correctionnelle*.)

QUOI (AVOIR DE). — Être dans l'aisance. Mot à mot : avoir de quoi vivre.

R S

RABAT. — Manteau. — Allusion à son grand collet qui se rabattait à volonté sur la tête ou les épaules.

RABATEUX DE SORGUE. — Voleur de nuit. (Grandval.)

RABIAGE. — Rente. (Halbert.)

RABIBOCHER. — Raccommoder. — « N'en parlons plus ! Il faut que je me rabiboche avec vous. » (E. Sue.)

RABIOT. — Restant de soupe laissée au fond de la gamelle. — Temps passé par le soldat à son corps, après sa libération.

RABOIN. — Diable. (Vidocq.) V. *Abadis*.

RABOTEUX. — Voleur de nuit. (Halbert.) — Pour *rabateux*.

RABOULER. — Revenir. V. *Abouler*.

RACCOURCIR. — Guillotiner. — La perte de la tête raccourcit. — Mot de création républicaine ainsi que les synonymes ci-joints, tous recueillis dans *le Père Duchêne*, 1793 : « 1° La louve autrichienne va être à la fin raccourcie... 2° Jusqu'à ce qu'ils aient tous craché dans le sac... 3° Pour faire mettre promptement la tête à la fenêtre à la louve autrichienne... 4° Ses bons avis à la Convention pour qu'elle fasse promptement jouer le général Moustache à la main-chaude... 5° Qu'il fasse promptement passer sous le rasoir national le traître Bailly. »

Le *rasoir national* est le fatal couperet. — *Cracher dans le sac* montre la tête coupée sautant avec un jet de sang dans le sac de son. — *Mettre la tête à la fenêtre, jouer à la main-chaude* font allusion à l'attitude du supplicié, mettant la tête à la *lunette*, à genoux, mains liées derrière le dos, attendant le coup comme à la *main-chaude*.

RACLÉE. — Rossée. — Elle racle la peau. — « Ça lui procura de leur part quelques bonnes raclées. » (L. Desnoyers.)

RACLETTE. — Ronde de police. — Elle racle les gens sans aveu sur son passage. V. *Balai*. — Se dit aussi de la police en général.

RACONTAR. — Racontage. — Anglicanisme. — « La bonhomie de ses racontars honnêtes et modérés. » (P. Véron.)

RADE, RADEAU. — Comptoir, tiroir. — « La rade est le comptoir du marchand de vin. » (A. Monnier.)

RADICRER. — Remoudre. (Halbert.) — Onomatopée.

RADICREUR. — Rémouleur. (Idem.)

RADIN. — Gousset. (Colombey.)

RADIN, RADIS. — Argent monnayé. — « Le *radin*, c'est l'argent du comptoir, par abréviation le *radis* : on dit n'avoir pas un *radis* pour n'avoir pas un sou. » (A. Monnier.)

RAFFALE. — Misère. Mot à mot : vent de la mauvaise fortune.

IL A LE SAC

RAFFALÉ.—Misérable.—« Tous les hommes sont des raffalés, des pingres. » (Lynol.)

RAFFURER. — Regagner. V. *Affurer*.

RAFIAU. — Bâtiment léger. — « J'vas joliment grécr notre rafiau, tu verras. » (*Phys. du matelot.*)

RAFRAICHIR D'UN COUP DE SABRE (SE). — Se battre. — Allusion à la sensation du froid qu'on éprouve en sentant la lame pénétrer dans les chairs. — « Tu caponnes... D'un coup de sabre avec moi t'as peur de te rafraîchir. » (*Rienzi*, 1826.)

RAGOT. — Conte absurde. — « La Bourse particulièrement se laisse influencer par des ragots qui ne mériteraient pas cinq centimes de baisse. » (*Le Temps*, 1867.)

RAIDE. — Difficile à croire ou à supporter. — « Des choses qu'on ne saurait répéter devant vous, mademoiselle. — C'est donc bien raide, répliqua l'ingénue. » (*Figaro*, juin

1872.) — « Un gros volume, sept francs. C'est raide. » (Dumas fils.)

RAIDE, RUDE. — Eau-de-vie. — Elle gratte le gosier. — « Comme dit le proverbe, un peu de raide fait grand bien. » (Bardas.)

RAIDE, RAIDE COMME LA JUSTICE (ÊTRE). — Être ivre sans vouloir le paraître, se redresser avec affectation. — « Dis donc, Jules, tu as bien dîné ? — Il est raide comme la justice. » (Monselet.)

RAIDE COMME BALLE. — Rapide comme un projectile. — « Il a filé son chemin, raide comme une balle. » (Vidal, 1833.)

RAILLE. — Police. — Du mot érailler : arrêter. — « La raille maron te servira pour un deuxième gerbement. » (Vidocq.)

RAILLE. — Agent de police. — « Les inspecteurs du bureau des mœurs sont des rails dans le langage des prostituées. » (Parent Duchatelet.)

RAISINÉ. — Sang. (Halbert.) — Allusion de couleur. — « Tu es sans raisiné dans les vermichels. » (Balzac.)

RALEUR. — Homme qui marchande sans acheter. — « Le râleur marchande, c'est son occupation. Il admire plus d'une chose, mais il faut qu'il réfléchisse, il repassera demain. » (Champfleury.)

RALEUSES. — « Racoleuses ou courtières lâchées par les marchands (du Temple) sur le gonze pour le forcer à acheter. » (Mornand.)

RAMA. — « Les riens constituent chez certaines classes parisiennes un esprit drôlatique dans lequel la bêtise entre comme un élément principal et dont le mérite consiste particulièrement dans le geste et la prononciation. Cette espèce d'argot varie continuellement. La récente invention du Diorama, qui portait l'illusion de l'optique à un plus haut degré que dans les panoramas, avait amené dans quelques ateliers de peinture la plaisanterie de parler en rama... « Eh bien ! monsieur Poiret, dit « l'employé, comment va cette petite santé- « rama ? » (Balzac.)

RAMASSER. — Arrêter, faire prisonnier. — « Les coquins étaient terribles. J'en ai ramassé trois mille sans compter les morts et les blessés. » (Général Christophe, Lettres, 1811.)

RAMASSER (SE). — Se relever après une chute. — « Se ramassant, le vieux cria : « Faussaire ! » (F. Desnoyers.)

RAMASTIQUEUR. — Filou ramassant à terre des bijoux faux perdus par un compère et les cédant à un passant moyennant une prime qui dépasse leur valeur réelle. — C'est le mot ramasseur avec changement de finale.

RAMBUTEAU. — Guérite-urinoir. — Du nom du préfet qui en a doté la voie publique.

RAME. — Plume. (Halbert.) — Elle ressemble à un rameau.

RAMENER. — Ramener ses cheveux sur les tempes et sur le front pour déguiser un commencement de calvitie. — « Ce brave Dubreuil commence à arborer le genou. — Ne blaguons pas Dubreuil, il y a déjà deux ans que je ramène. » (Vie parisienne, 1866.) — On appelle rameneurs, ceux qui se coiffent ainsi.

RAMOLLI. — Abruti. — Allusion aux effets du ramollissement cérébral. — « Pour ne pas tomber dans la classe des ramollis. » (Vie parisienne, 1867.) V. Goîtreux.

RAOUT. — Réception de jour. — Mot anglais. — « Ces chevaliers d'industrie, ces gens à belles manières que l'on voit à Paris dans les raouts... » (P. de Kock, 1840.)

RAPATU. — Pou. (Halbert.) — Allusion à ses pattes.

RAPE D'ORIENT. — Diamant. (Petit Dict. d'argot, 1844.)

RAPIAT. — Avare, avide, pillard. — Abréviation de rapineur. — « Je les connais tous, ces rapiats-là. » (Balzac.)

RAPIN. — « Ce joyeux élève en peinture qu'en style d'atelier on appelle un rapin. » (Balzac.)

RAPIOTER. — Rapiécer. Mot à mot : rapiéçotter. — « Monsieur, faites donc rapioter les trous de votre habit. » (Mornand.)

RAPLIQUER. — Revenir, répliquer. V. Flacul, Suage.

RASER. — Railler. — Jadis on disait faire la barbe. — « Pour aviser au moyen de faire la barbe à la municipalité de Paris. » (Hébert, 1793.) — « Nous avons été voir les Mauresques. Dieu ! les avons-nous rasées avec nos plaisanteries. » (Comm. de Loriot.)

RASEUR. — « Le raseur est l'individu qui croit vous intéresser infiniment par le récit des choses les plus ennuyeuses. Une fois qu'il tient votre bras, le raseur ne vous quitte plus.» (A. Scholl, 1853.)

RASOIR. — Raseur ou raseuse. V. *ci-dessus*.

RASOIR. — Jamais. Mot à mot : *c'est rasé*, il n'en est plus question.—« Tu lui aurais rendu sa politesse ? — Plus souvent ! A un daim de ce tonneau ! Rasoir ! » (Monselet.)

RASOIR. — « Le conte, l'histoire, l'anecdote ou le bon mot, dans la bouche d'un raseur, se nomment *rasoir*. » (J. Duflot.)

RASPAIL. —Liqueur de Raspail, eau-de-vie.

> Ami, prends un sou de raspail,
> Pour rincer de tes dents l'émail.
> (*La maison du Lapin-Blanc*.)

RAT. — Élève danseuse. - Allusion à son trot menu et à ses proportions mignonnes. — « A l'Opéra, le type de la figurante se subdivise en plusieurs catégories : la choriste, la danseuse, le rat (élève danseuse), la figurante simple ou marcheuse. » (*Physiologie du Théâtre*, 1841.)

RAT. —Bougeoir. — Bougie mince et tortillée dont le brin rappelait la queue du rat. — « Je vous demanderai la permission d'allumer mon rat. » (H. Monnier.)

RAT. — Voleur de pain. (Colombey.)

RAT. — Avare. — «Je vous dénonce mon propriétaire, qui est un rat fini. » (Bertall.)

RAT, RATON. — « Petit *pégriot* se cachant à la brune sous un comptoir, afin d'ouvrir, la nuit, la porte du magasin à ses collègues. » (A. Monnier.)

RAT. — Caprice, fantaisie trottant de nuit dans la cervelle. (Dhautel.)

RAT (MON). — Terme d'amitié. — « Que tu es belle, mon chat. — Adorable, mon petit rat ! » (E. Villars.)

RAT DE PRISON. — Avocat. — Allusion à ses visites aux prisonniers.

RATA. — Abréviation de ratatouille. — «Pour le *rata*, faites bouillir de l'eau, prenez des pommes de terre, ajoutez 3 kilogrammes de lard par cent hommes et servez. » (La Bédollière.)

RATAFIA DE GRENOUILLES. —Eau. — « C'est la nourriture, le ratafia de grenouilles qui m'ont dérangé. » (*Comm. de Loriot*.)

RATICHON.—Peigne. (Halbert.) Mot à mot : petit rateau. L'image est exacte.

RATICHON, RAZE, RAZI. — Prêtre. Mot à mot : *ratissé, rasé*. — Allusion à sa tonsure et à sa figure rasée. V. *Mouuir, Rebâtir*.

RATICHONNER. — Peigner. (Halbert.)

RATICHONNIÈRE. — Couvent. (Vidocq.)

RATISSÉ (ÊTRE).—Être évincé.—« Allons ! cette fois je suis bien ratissé ! » (Marquet.)

RAVAGEURS. — « Ils travaillent un instant après la pluie. Alors l'eau a charrié dans les rigoles ménagées par le pavé tous les morceaux de clous et de ferraille qu'elle a pu emporter en passant... La besogne faite, ils vendent un sou la livre leur misérable butin. » (Berthaud, 1846.)

Les *Mystères de Paris* montrent cette industrie s'exerçant sur la Seine : « Le ravageur puise à l'aide d'une drague le sable sous la vase, puis il le lave comme un minerai et en retire une grande quantité de parcelles métalliques. » (E. Sue.)

RAVIGNOLÉ. — Récidive. —« Je n'ai pas coqué mon centre, de taffe du ravignolé ; ainsi si vouzailles brodez à mezigue, il faut balancer la lazagne au centre de Jean-Louis Laurant, au castuc de Canelle. » (Vidocq.)

RAZE, RAZI. — Curé. (Halbert.) V. *Ratichon*.

RAZZIA. — Enlèvement général. — Le mot date de notre guerre d'Afrique. En France, au quinzième siècle, on disait *reize*, ce qui était la même chose. — « Il exerçait de véritables razzias à l'endroit des tasses de chocolat. » (A. Second.) — « On n'oublie pas assez le chemin de ces tripots. L'autre jour, encore, on a opéré une razzia sur les hauteurs de Batignolles. » (P. Véron.)

RÉAC. — Réactionnaire. - Date de 1848. — « Il s'agira seulement d'applaudir nos orateurs — et d'aplatir les réacs. » (Chenu.)

RÉALISME. — Culte exclusif de la réalité dans l'art ou la littérature. — « A l'heure qu'il est, le mot réalisme a fait son trou dans le Dictionnaire. » (Champfleury, 1858.)

RÉALISTE. —Artiste ou romancier s'appliquant à reproduire les scènes de la vie réelle, sans reculer devant leurs laideurs. — Rétif de la Bretonne a employé ce mot dans une critique littéraire de son *Monsieur Nicolas ;* il parle des *réalistes du jour* parmi lesquels il tenait, sans s'en douter, la première place.

REBATIR. — Tuer. — Pour rebâtir, il faut *démolir.* — « Si tu consens à nous laisser rebâtir le ratichon et sa larbine, nous irons pioncer dans le sabri du rupin de ton villois, à cinquante paturons de la chique de la daronne du mec des mecs. » (Vidocq.)

REBIFFE. — Vengeance. (Vidocq.)

REBIFFER (SE). — Se redresser. — Un soldat qui se rebiffe est un homme au port martial. — *Un cheval qui se rebiffe* porte haut la tête.

REBONNETER. — Flatter. (Vidocq.)

REBOUISER. — Considérer attentivement. (Idem.)

REBOUISEUR. — « Au marché du Temple, les *rebouiseurs* ou *ressuceurs* achetaient les vieilles hardes pour les remettre à neuf. » (E. Sue.)

REBOURS. — Déménagement clandestin.

RECEVOIR SON DÉCOMPTE. — Mourir. — Dans l'armée, on touche son décompte, c'est-à-dire son excédant de masse au moment de quitter le service. — « Tué roide sur le champ de bataille, le beau tambour-major avait, pour parler en style de bivouac, reçu son décompte. » (Ricard.)

RÉCHAUFFANTE. — Perruque. Elle réchauffe les chauves.

RÉCHAUFFÉ (C'EST DU). — C'est un vieil argument, c'est une manœuvre usée, comme les mets de la veille qu'on réchauffe le lendemain.

RÉCHAUFFER. — Ennuyer. (Vidocq.) — Même allusion que dans *bassiner, faire suer.*

RECONNOBRER. — Reconnaître. (Vidocq.) V. *Parrain.*

RECOQUER. — Rendre. (Grandval.)

RECORDER. — Tuer. (Halbert.)

RECORDER. — Prévenir de ne dire que telle ou telle chose. A ici le vieux sens de remettre en mémoire.

REDANI. — Grâce. (Idem.)

REDIN. — Bourse. Pour *Radin.*

REDOUBLEMENT DE FIÈVRE. — Charge nouvelle surgissant pendant une instruction.

REDOUILLER. — Riposter. V. *Merlins.*

REDUIT. — Bourse. — C'est le réduit de la monnaie.

REFAIRE, REFAIRE AU MÊME. — Tromper.

« Dindonné, ce que nous appelons refait au même. » (Balzac.)

REFAIRE. — Manger. (Halbert.)

REFAITE. — Repas. (Vidocq.) — Vieux mot. *Réfectoire* nous est resté.

REFAITER. — Prendre un repas.

REFILER. — Retrouver. V. *Greffier.*

REFILER, REPASSER. — Donner un vol nourri. V. *Camelotte.*

REFROIDIR. — Tuer. Effet pris pour la cause. V. *Mecque, Suage.*

REGALIA. — Cigare de la Havane. Mot à mot : cigare royal. — « La chique, c'est la sœur cadette du londrès, du regalia. » (Vermersch.)

RÉGENCE. — Digne des roueries galantes de la cour du régent. — « Si on allait lui faire un crime de la fragilité de ses mœurs un peu *régence* ? » (P. Borel, 1833.)

REGINGLARD. — Vin nouveau, piquette. — « A Paris, à Sens, on nomme *reginglard* le vin léger et légèrement acide. » (L'*Intermédiaire.*) C'est un *Ginglard* redoublé.

REGON. — Dette.

REGONSER. — Devoir. (Halbert.)

REGOUT (FAIRE DU). — Être arrêté. — « Poissons avec adresse mezières et gouzesses sans faire de regout. » (Vidocq.)

RÉGUISÉ (ÊTRE). — Mourir, être évincé dans une entreprise.

REJAQUER. — Crier. (Grandval.) — Vieux mot. — En patois lorrain on appelle encore *jaque* le geai, qui est un oiseau fort bruyant.

RÉJOUISSANCE. — Os glissé par les bouchers dans la viande pesée à leurs pratiques. — « Les bouchers ajoutent encore des os qu'on appelle ironiquement *réjouissances.* » (Mercier, 1783.)

RÉJOUISSANCE. — A fini par se dire ironiquement d'une femme maigre. — « Faut voir ça au déballage. Y a peut-être plus de réjouissance que de viande là-dessous. » (Neuville.)

RELEVANTE. — Moutarde. (Colombey.) — Elle relève les aliments.

RELUIT. — Jour, œil. — Les yeux reluisent. V. *Coquer, Luisant, Chasse.*

REMBROCAGE DE PARRAINS. — Confrontation. V. *Rembroquer.*

REMBROQUANT. — Miroir. (Halbert.) En se mirant on *se rembroque* soi-même.

REMBROQUER, REMOUCHER, REMOUQUER, RELUQUER. — Examiner avec attention. V. *Abadis, Béquille, Bonne*, etc.

REMERCIER SON BOULANGER. — Mourir. Mot à mot : n'avoir plus besoin de manger du pain. V. *Pipe (casser sa)*.

REMISER. — Conduire en prison. V. *Filer*.

REMISIER. — Courtier d'opérations de bourse sur lesquelles il a une remise.

REMOUCHER, REMOUQUER. V. *Rembroquer*.

REMPLISSAGE. — Prose imprimée dans le seul but d'allonger un texte. — « Il a trouvé beaucoup de remplissage dans mon dernier livre. » (Ricard.)

RENARD. — Second degré du compagnonnage. — « Pour être compagnon, tu seras lapin ou apprenti, plus tard tu passeras renard ou aspirant. » (Biéville.)

RENARD. — Vomissement. — Le voyageur Jacques Lesaige dit déjà en parlant des effets du mal de mer : « Loué soit Dieu ! j'avois bon appétit, car je n'avois fait que escorchier le regnart. » (1518.) V. *Piquer, Queue*.

RENARDER. — Vomir. — « Je suis gris... Vous me permettrez de *renarder* dans le kiosque. » (Balzac.) Jadis on disait *renauder*.

RENARDER. — Trahir. Le renard est renommé pour sa traîtrise. — « Polyte et toi avec, vous avez renardé... — Trahir les amis, jamais ! » (Ponson du Terrail.)

RENAUDER. — Refuser. (Vidocq.) Du vieux mot *renauder :* vomir. — « Quand elle quête, merci ! chacun renaude ou détale. » (Léonard.)

RENCONTRE (VOL A LA). — « Variété du vol à la tire. Il est opéré par deux compères : le premier heurte un passant dont il détache la chaîne qui est aussitôt remise au second ; puis il s'éloigne en s'excusant et se laissant fouiller, si on découvre le vol. » (Canler.)

RENCONTRE (FAIRE A LA). — « Le malheureux reçoit dans la poitrine un terrible coup de tête. C'est ce qu'on appelle en argot le faire à la rencontre. » (Ad. Rocher, 1867.)

RENDEZ-MOI (VOLER AU). — Voler un marchand en lui demandant la monnaie d'une pièce de 5 ou de 20 francs.

RENDRE SES COMPTES. — Vomir. Mot à mot : rendre les comptes que vous demande un estomac trop chargé. — « A la dix-huitième ca-

nette, le néophyte rendit ses comptes. » (Michu.)

RÈNE (SAISIR LA TROISIÈME). — S'accrocher à la crinière du cheval sur lequel on ne peut se maintenir.

RENFONCEMENT. — Bourrade. — « Il m'envoya un renfoncement que j'en ai vu trente-six mille chandelles romaines. » (Ladimir.)

RENFRUSQUINER. — Vêtir.

RENG. — Cent. (Halbert.)

RENGRACIER. — Devenir honnête. Mot à mot : rentrer *en grâce* de la société. — « Jamais tu ne rengracieras. Plutôt caner en goupinant. » (Vidocq.)

RENIFLER. — Boire d'un trait, en aspirant, comme si on reniflait. — « Et nous avons chacun reniflé cinq litres à dix sous. » (Moinaux.)

RENIFLER. — Sentir, deviner. V. *Pante*.

RENIFLER. — Refuser. — « Le premier jour, j'ai reniflé sur ma gamelle et j'ai lâché ma portion de bœuf. » (*Commentaires de Loriot*.)

RENIFLEUR DE CAMELOTTE A LA FLAN. — Voleur dépouillant les étalages.

RENQUILLER. — Rentrer.

RENVERSANT. — Superbe. — « Parfait aux petits ognons ! Je vous ai vues à l'ouverture des Bouffes... Des pelures renversantes. » (Villars.)

REPIGER. — Rattraper. — « Attends, toi ! si je peux te repiger un jour. » (Moinaux.)

REPINCER. — Rattraper. — « J'en suis encore pour mes vingt centimes, je te repincerai, vieux carottier ! » (Marquet.)

REPIQUAGE. — Action de repiquer. — « Quatre à z'un... Bon ! Le repiquage sur quatre, c'est infaillible ! » fait dire M. Boué de Villiers à un joueur d'écarté dans *le Petit bonhomme d'Évreux*.

REPIQUER. — Reprendre le dessus, soit au jeu, soit en affaires, soit en cas de maladie.

REPIQUER. — Recommencer. — « On repiqua son chaste cancan. » (Privat d'Anglemont, 1846.)

REPIQUER. — Se rendormir. — De *piquer son chien*. — « Au plus fort de la chaleur, on repique dur. » (*Vie parisienne*, 1866.)

RÉPONSE. — Opération de bourse expliquée par l'exemple suivant : — « A chaque liquidation, les acheteurs à prime déclarent s'ils abandonnent la prime, ou s'ils maintiennent leur marché : ce qui s'appelle en boursicoterie donner sa *réponse*. » *(Boursicotiérisme,* 1858.)

REPORT, REPORTER. — « Si vous êtes acheteur de rente et si la rente baisse, vous pouvez continuer votre opération en vous faisant reporter. On ajoute alors au cours le prix du report, plus un nouveau courtage. La cherté des reports tempère souvent les dispositions à la hausse. » (De Mériclet, 1856.)

REPORTER. — Nouvelliste. Mot à mot : *rapporteur* de nouvelles. — « La presse de Paris compte ici de nombreux reporters. » (A. Rocher, 1867.)

REPOUSSANT. — Fusil. — Il repousse l'épaule.

REQUILLER. — Remettre d'aplomb. Mot à mot : sur ses quilles.

RESOLIR. — Revendre.

RESPIRANTE. — Bouche. — Effet pris pour la cause. — « Il lui bouchait la respirante par c't'argument du port Saint-Nicolas.. » (Cabassol.)

RESUCÉ, DE LA TROISIÈME RESUCÉE. — Flétri par l'usage, fané, usé. — Allusion au bâton de sucre d'orge que se repassent plusieurs gamins.

RESSUCEUR. V. *Rebouiseur.*

RÉSURRECTION (LA). — La prison de Saint-Lazare. — Allusion biblique à Lazare le ressuscité.

RETAPE (FAIRE SA). — Chercher galant. — « C'est moi qui lui ai donné l'idée de faire sa retappe, avec un costume décent et un carton à chapeau à la main. » *(Cinquante mille voleurs de plus à Paris,* Paris, 1830.)

RETAPEUSE. — Raccrocheuse.

> En robes plus ou moins pompeuses,
> Elles vont comme des souris ;
> Ce sont les jeunes retapeuses
> Qui font la gloire de Paris.   (A. Glatigny.)

RETIENS (JE TE). — Se dit ironiquement pour : *Je retiendrai ce que tu dis* ou *ce que tu fais.* — « *L'amie :* Il fallait aller jouer ailleurs. — *Irma :* Où cela ? en province ? Merci !... je te retiens, toi. » (Monselet.)

RETIENS POUR LA PREMIÈRE CONTREDANSE (JE TE). — Je ne manquerai pas la première occasion de te battre. Mot à mot : de te faire danser.

RETOQUER. — Refuser. — Allusion au choc produit par une chose qui en repousse une autre.

RETOURNE (DE QUOI IL). — Ce qui se produit de nouveau, de capital. — Terme de jeu de cartes où la retourne de l'atout domine la situation. — « Voici de quoi il retourne pour le quart d'heure. » (Texier.)

RÉUSSI. — Beau, réussi d'exécution. — « Madame de Juliamé était belle ce soir-là... Il ne l'avait jamais vue si réussie. » (Aubryet.)

RÊVEUR. — Homme dénué de sens pratique. — « Le rêveur est celui qui se complaît dans une œuvre médiocre. » (Champfleury.)

RIBOUI. — Abréviation de *Rebouiseur.*

RICHELIEU. — Digne de la galanterie du maréchal de ce nom. — « Tout le benjoin d'une galanterie à 80 degrés *Richelieu* » (Mürger.)

RICHEMENT LAID. — Aussi laid que possible.

RIEN (NE). — Locution affirmative. V. *Pas (ne).*

RIFLARD. — Parapluie. — D'une pièce de Picard, *la Petite Ville* (1801), où l'acteur chargé du rôle de Riflard, portait un énorme parapluie. — « Il pleuvait à verse, elle était sous son riflard. » (Lubize.)

RIFFAUDER. — Brûler. V. *Flacul.*

RIF, RIFLE. — Feu, flamme. — « Je remouche au coin du rifle un sinve qui roupillait. J'ai sondé dans ses profondes. » (Vidocq.)

RIGOLADE, RIGOLAGE. — Amusement. — *C'est pour la rigolade :* c'est histoire de rire. — *Rigolage* est un mot ancien. — « Ma vie est une rigolade perpétuelle, rien ne m'affecte. » (Blondelet.)

RIGOLBOCHE. — Amusant, drôle. — C'est rigolot avec changement de finale. — « C'était au Prado. La querelle allait son train... Laissez-les donc ! c'est bien plus rigolboche ! » *(Mémoires de Rigolboche,* 1860.)

RIGOLER. — Rire, se divertir. — Vieux mot. Dès 1373, Du Cange en cite des exemples. — « Et frère Jean de rigouller, jamais homme ne feut tant courtois ny gracieux. » (Rabelais.) —

« Qu'est-ce qui chante ? je veux de quoi rigoler, moi ! » (Champfleury.)

RIGOLEUR. — Bon vivant. — Dans un bouchon de Romainville, nous étions vingt-cinq rigoleurs. » (Blondel.)

RIGOLOT, RIGOLETTE. — Fille rieuse, joyeux garçon. — Se prend aussi adjectivement. — « Allons donc ! le verbe *sortir* est bien plus rigolo. Je sors ou je m'esbigne, tu te la brises, ou mieux tu te la casses. » (Villars.) — « Rigolos, et vous rigolettes, gais enfants d'atelier. » (A. Joly.)

RINCÉE. — Correction. — « Il a reçu une bonne rincée, il a été battu, étrillé comme il faut. » (Dhautel.)

RINCER. — Dévaliser. — « Des malfaiteurs crurent pouvoir rincer la caisse du juif. » (Balzac.)

RINCER. — Battre. — « Un général fond sur l'ennemi et vous le rince. » (Favart, 1750.)

RINCER LE GOSIER, LA CORNE, LE CORNET, LE SIFFLET, L'AVALOIR, LA DALLE (SE). — Boire. V. ces mots.

RINCETTE. — Petit verre d'eau-de-vie versé dans la demi-tasse où l'on vient de boire le café. Le second verre s'appelle *surrincette*.

RING. — « L'enceinte du pesage dans un champ de courses. » (Paz.) — Anglicanisme. — « Elle était là sur le turf au milieu du ring et des ringueurs. » (*Vie parisienne.*)

RINGUER. — Stationner dans le ring. — « On ringuait à tout casser. J'ai empoché quelques monacos. » (Villars.)

RIOLE, RIOLLE. — Divertissement. — De *rigoler.* — « Pitanchons, faisons riolle jusqu'au jugement. » (Grandval.)

RIOLE (SE METTRE EN). — « S'amuser pendant le temps du travail. » (Dhautel, 1808.)

RIPATONNER. — Rafistoler. — « On ripatonne un livre en publiant une édition revue et corrigée ; on ripatonne un édifice en le recrépissant. » (La Bédollière.)

RIQUIQUI. — Eau-de-vie. — « Tiens! pour te guérir, je t'apporte une goutte de riquiqui. » (*La Femme comme on en voit peu,* 1789.)

RIZ-PAIN-SEL. — « A l'armée, où les agents du service des subsistances distribuent les vivres, on leur donne le sobriquet de *riz-pain-sel.* » (La Bédollière.)

ROBER. — Dérober. (Vidocq.) — Vieux mot dont nous avons fait *dérober.*

ROBINET (LACHER LE). — Pleurer. — Mot à mot : lâcher le robinet de la fontaine des larmes.

ROBINSON. — Parapluie. — Usité depuis la représentation d'une pièce de Pixérécourt, où Robinson paraît avec son grand parasol.

ROCAILLE. — Dans le goût de l'époque de Louis XV où les coquilles et les rocailles ont été très-souvent utilisées comme ornements. — « L'amour des rocailles, mot qui caractérise l'amenblement du règne de Louis XV. » (Roqueplan.)

ROCHET. — Curé. (Vidocq.) — Allusion à son rochet ou camail.

ROCOCO. — Le rococo est le genre *rocaille* exagéré. De là ce changement de finale redoublé.

ROCOCO. — Suranné. — « Ce mot nouveau me semble être appliqué, par la jeunesse innovatrice, à tout ce qui porte l'empreinte des temps passés. » (Miss Trollope, 1835.)

ROGNEUR. — Fourrier. — Abréviation de *rogneur de portions.* — Allusion aux vivres de campagne sur lesquels un fourrier peu délicat prélève une dîme indue.

> Gratte-papier, rogneur, traîne-paillasse,
> Hardi pillard aux deux galons d'argent,
> De vingt surnoms que sur lui l'on entasse,
> Le fourrier rit et se moque en chantant. (Wado.)

ROGNURES. — Acteurs médiocres.

ROMAGNOL, ROMAGNON. — Trésor enfoui. (Colombey.)

ROMAIN. — Claqueur. — Allusion aux Romains qui applaudissaient Néron. — « Sous le lustre avec les *romains* du parterre. » (P. Borel, 1833.)

ROMAIN. — Fantassin. — Allusion à la forme romaine du poignard d'infanterie (ancien modèle).

ROMAMICHEL, ROMANICHEL, ROMANITCHEL. — Voleur de race bohémienne. — « Ils exploitent l'Europe entière sous les allures de marchands forains. Ils se marient entre eux, voyagent constamment et se prêtent assistance en cas d'arrestation. » (Canler.) — Ils endorment souvent leurs victimes en mélant du *datura stramonium* à leur boisson. De là le nom d'*endormeur* qui leur est aussi donné.

ROMANTIQUE. — Dédaignant les règles classiques en art ou en littérature. L'an 1833 marque l'apogée de l'école. Elle était alors âgée de vingt ans. « L'expression du genre romantique ne se montre qu'une seule fois dans le livre de l'*Allemagne* et semble y demander grâce pour sa nouveauté. » (*Les Scrupules littéraires de madame de Staël*, Paris, 1814.)

ROME. — Choux. (Halbert.)

ROND. — Ivre. Mot à mot : arrondi par la boisson. — « Descendant d' la guinguette, un soir que j'étais rond. » (1813, *les Amours de Jeannette.*)

ROND. — Sou. — Allusion de forme. — « Aboule tes vingt ronds, bêta ! » (Montépin.)

RONDACHE, RONDINE, RONDINET. — Bague. (Halbert.)

RONDELETS, RONDINS. — Seins. (Idem.) — Allusion de forme dans ces mots comme dans les précédents.

RONDINE. — Canne. — Elle sert à rondiner les gens. V. *Vague, Rondache.*

RONDINER. — Battre à coups de bâton. Mot à mot : le rondin. — « Qu'il est doux de pouvoir rondiner un ingrat. » (*Le Rapatriage.* parade, dix-huitième siècle.)

RONDINER DES YEUX. -- Faire les yeux ronds.

RONFLER A CRI. — Feindre de dormir. (Halbert.)

ROSSE, ROSSARD. — Homme mou, lâche. — « Quell' rosse qu' tu fais ! T'es mon ami tout d' même. » (Protat.) — « Entre nous, ce sont des rossards (les Arabes). Eux à cheval, la femme courant derrière. » (*Commentaires de Loriot.*)

ROSSÉE. — Grêle de coups, action de rosser. — « Fafouillas écoutait aux portes, ce qui lui attirait une rossée exemplaire. » (*Commentaires de Loriot*, 1869.)

ROSSIGNANTE. — Flûte. (Halbert.)

ROSSIGNOL. — « Sobriquet donné par les libraires aux ouvrages qui restent *perchés* sur les casiers dans les solitudes de leur magasin. » (Balzac.)—Les marchands de nouveautés donnent le même nom aux étoffes démodées, qui, comme les livres non vendus, restent remisées près du plafond ainsi que des oiseaux en cage.

ROSSIGNOL. — Fausse clé. (Halbert.)

ROSSIGNOLER. — Ouvrir avec un rossignol.

Après, je n' manquerai pas de raisons
Pour rossignoler les maisons. (Festeau, 1872.)

ROSSIGNOLER. — Chanter. (Grandval.) Mot à mot : chanter comme un rossignol.

ROTIN. — Sou. — Diminutif de *rond.* — « Si, par hasard, ils se lâchent d'un déjeuner de vingt-cinq rotins. » (Lynol.)

ROUBION. — « Une fille publique laide est un roubion, dans le langage de leur métier. » (Parent-Duchatelet.)

ROUBLARD. — Laid, incomplet, gâté. (Colombey.)

ROUBLARD. — Homme de mauvaise foi. — « Ce sont les *roublards* de l'hôtel des ventes, qui ont inventé ces ventes artificieuses dans lesquelles un tableau est vendu dix fois sans sortir des mêmes mains. » (E. Frébault.)

ROUCHI, ROUCHIE. — Homme ou femme sale et laide. — Du vieux mot *rouchi:* mauvais cheval. — « Veux-tu te cacher, vilain rouchi, tu reviendras quand tu seras blanchi. » (*Catéchisme poissard*, 1844.)

ROUE DE DERRIÈRE, ROUE DE DEVANT. — « Pièce de cinq francs, pièce de deux francs. » — Allusion au diamètre respectif des roues de voiture. — « Roues de derrière... expression des cochers pour dire pièces de cinq francs. » (*Cabarets de Paris*, 1821.) — « Je peux solir pour une roue de derrière ce qui m'a coûté cinquante ronds, c'est-à-dire vendre pour six francs ce qui m'a coûté cinquante sous. » (*Avent. de J. Sharp*, 1789.)

ROUEN (ALLER A). — Marcher à sa perte. Mot à mot : marcher au supplice de la roue.— Jeu de mots.

ROUFFIONS. — « Ils sont les apprentis du commerce de la nouveauté. Ils font et défont les étalages, replient les étoffes, font les courses. » (Naviaux, 1861.)

ROUGE. — Révolutionnaire acceptant le drapeau rouge. — « Les hameaux devenant plus rouges que les faubourgs, c'est là le caractère nouveau de cette rechute. » (Aubryet.)

ROUILLARDE. — Bouteille de vieux vin. (Vidocq.) — Allusion à l'aspect rouillé de la bouteille.

ROULANT. — Pois. (Halbert.)

CHEZ MA TANTE

ROULANT. — Marchand d'habits ambulant. V. *Chineur.*

ROULANT, ROULANTE, ROULOTTE.—Voiture. — « Tout ce maquillage ne te fera pas démarger en roulotte. » (Paillet.)

ROULANT VIF. — « La science change la face de la civilisation par le chemin de fer, l'argot l'a déjà nommé le roulant vif. » (Balzac.)

ROULÉE. — Vigoureuse correction. Mot à mot : roulement de coups.

ROULEMENT DE TAMBOUR. — Aboiement de chien. (Vidocq.)

ROULER. — Battre vigoureusement.

ROULER. — Tromper, duper, mystifier. — Ce mot présente la même image que *charnier* et *faire aller.* — A vrai dire, tromper les gens est bien les envoyer loin de la vérité. C'est une locomotion qu'on s'explique.— « Enfin je suis seul contre le gouvernement avec son tas de tribunaux, et je les roule. » (Balzac.)

ROULER. — Voyager. — *Roulier* est resté. V. *Gadoue.*

Ça roule : Je me porte bien, je fais de bonnes affaires.

Ça roule se dit d'une manœuvre exécutée sans ensemble, lorsque les fusils ne résonnent pas à la fois d'un seul coup.

ROULEUR. — Fripon, trompeur. — « Cela ne serait pas bien ; nos courtiers passeraient pour des rouleurs. » (Lynol.)

ROULEUR. — « Ses fonctions consistent à présenter les ouvriers aux maîtres qui veulent les embaucher et à consacrer leur engagement. C'est lui qui accompagne les partants jusqu'à la sortie des villes. » (G. Sand.)

ROULEUSE. — Femme galante. Mot à mot : roulant dans les endroits publics en quête de chalands. — « Angélina ne se souvint plus de la lorette *rouleuse*, ni de la lorette *soupeuse*. » (*Boursicotiérisme.*)

ROULOTTAGE (GRINCHIR AU). — Voler les maisons de roulage.

ROULOTTIER. — « Au lieu de travailler en chambre, il travaille en voiture. Il saisit un colis sur un camion de roulage et s'éloigne avec sa proie. » (A. Monnier.)

ROULOTTIN. — Charretier.

ROUMARD. — Roué. (Grandval.) Changement de finale.

ROUPIE. — Punaise. (Vidocq.) — Elle a la forme et la couleur d'une roupie de tabac.

ROUPIE DE SINGE. — Rien. *Roupie* a ici le sens de monnaie. V.*Monnaie de singe.*

ROUPILLER. — Dormir. — « Il est bien temps de roupiller. » (*Henriade travestie.*)

ROUPILLEUR, ―LLEUSE. — Dormeur, dormeuse. (Halbert.)

ROUPIS. — Vieux priseur ayant la roupie au nez. — « Garçon ! me dit un vieux roupis. » (E. Debraux.)

ROUSCAILLANTE. — Langue. (Halbert.)

ROUSCAILLER BIGORNE. — Parler argot.

ROUSSE, ROUSSIN. — Agent de police. Du vieux mot *rouchin :* rosse, mauvais cheval. — « C'était l'agent de change que suivaient les

roussins. » (Vidocq.)—« A quoi penses-tu ? tu bois avec des rousses. » (Chenu.)

ROUSSE. — Police. — « Ils croient voir partout la rousse. » (Paillet.)

ROUSSI. — Mouchard de prison. (Colombey.)

ROUSSIN. — V. *Rousse.*

ROUSSINER. — Faire arrêter par la police.

On vous roussine,
Et puis la tine
Vient remoucher la butte en rigolant. (Lacenaire.)

ROUSTIR. — Escroquer. — « La plupart des banquistes ont un truc pour roustir les gonzes, c'est-à-dire une supercherie pour attraper les bonnes gens. » (*Aventures de Sharp*, 1789.)

ROUSTISSEUR, —EUSE. — Voleur, voleuse. — « On accuse donc c'te pauvre fille d'être une roustisseuse et d'avoir fait sauter l'argenterie. » (Voizo.)

ROUSTISSURE.—Volerie, chose ne valant rien.

ROUSTURE. — Homme en surveillance de la police. (Halbert.)

ROYALE. — « Louis XIII rasait bien, et un jour il coupa la barbe à ses officiers et ne leur laissa qu'un petit toupet au menton. » (T. des Réaux.) De là sans doute ce mot, dit Monmerqué. La *royale* devint l'*impériale* sous le régime napoléonien.

RUBAN DE QUEUE. — Longue étendue de route tranchant à l'œil comme un ruban sur la terre où ses sinuosités lui donnent en même temps l'aspect contourné d'une queue d'animal. Mot imagé. — « Comme ces grandes routes, rubans de queue de quatre ou cinq lieues de long qui, rien qu'à les voir toujours toutes droites, vous cassent les jambes. » (E. Sue.)

RUDE. — Remarquable. — « Mon vieux sabre, tu peux te vanter d'appartenir à un rude lapin. » (About.) V. *Raide, Balle, Doux.*

RUDEMENT. — Remarquablement.—« Faut que je sois rudement malheureuse. « (*Vie parisienne*, 1866.)

RUE AU PAIN.—Gosier. C'est par là que les aliments passent. — « Commence, mon vieux, par arroser la rue au pain, dit la chiffonnière en remplissant le verre du voisin. » (C. Rabou.)

RUE DE RIVOLI. — Six de jeu de cartes. (Alyge.)

RUETTE. — Gosier. Même allusion. — Dans

le *Compliment de Jérôme, Fanchon et Cadet*, Jérôme, qui a chanté mal, dit : « Vous sentez qu'un homme n'a pas le passage de la ruette fait pour la musique. » (*Catéchisme poissard*, 1840.)

RUP, RUPART, RUPIN, RUPINÉ. — Élégant, homme riche. — Du vieux mot *drup, drupe* : homme distingué. (*Dict.* de Lacombe, 1766.) — « Madame, en v'là un rup ! il m'a dit de garder la monnaie pour moi. » (Jaime.) — « Pour enfoncer un rupiné qui contemple mon petit minois chiffonné. » (Mouret.)—Se prend adjectivement.— « Tu étais dans une société assez rup. » (Montépin.) — « Faisons un bout de toilette ! que chacun soit rupin. » (Chenu.)

RURAUX. — Les agitateurs de la Commune donnaient ce nom aux membres de l'Assemblée nationale réunis à Versailles. — « Hier, 30 mars, les ruraux n'ont point tenu de séance. Sont-ils retournés à la messe, sont-ils allés à vêpres, nous l'ignorons. » (*Le Vengeur*, 31 mars 1871.)

RUSTIQUE. — Greffier. (Halbert.)

RUSTIQUE (N'ÊTRE PAS). — N'être pas vigoureux. Du vieux mot *ruste* : fort.

RUSTU. — Greffe. (Halbert.)

RUTIÈRE. — Raccrocheuse volant dans la rue. (Colombey.)

SABLE. — Estomac. (Halbert.) — Vieux mot, d'où notre verbe *sabler* : boire.

SABLER. — Assommer avec une peau d'anguille bourrée de sable. (Vidocq.)

SABOCHE.— Homme qui déplaît. (Halbert.)

SABOT. — Voiture, navire, violon. — Triple allusion de forme.

SABOULER. — Crier. (Halbert.)

SABOULEUX. — Faux épileptique. (Vidocq.)

SABRE. — Bâton. (Grandval.)

SABREUR, TRAINEUR DE SABRE. — Militaire bruyant et fanfaron. — « Vous me faites pitié, tout sabreur que vous êtes. » (P. Borel, 1833.)

SABRI. — Forêt. (Halbert.) On *s'abrite* à son ombre. V. *Rebâtir*.

SABRIEUX. — Voleur de bois.

SAC (AVOIR LE). — Avoir de l'argent. Mot à mot : avoir le sac aux écus. — « A-t-elle le sac ? Cela veut dire en langage des halles : A-t-elle de l'argent ? » (G. de Nerval.)

SAC (CRACHER DANS LE). V. *Raccourcir*.

SAC (DONNER LE). — Mettre à la porte.

SAC-A-PAPIER. — « A l'ouvrage, messieurs ! Sac-à-papier ! on ne fait rien ici. » (Balzac.)— Juron exprimant l'ennui d'être dans une situation embrouillée. *Sac-à-papier* se disait autrefois de la réunion des pièces d'un procès qui se plaçaient dans un sac de toile.

SACREBLEU, SACREDIEU, SACRELOTTE, SACRISTIE, SACRÉ NOM, SACRÉ TONNERRE. — Jurons chargés d'exprimer indifféremment la colère, la joie, la surprise ou le chagrin. — On a dit ensuite *Saprebleu, Saprelotte* ; puis, en abrégeant, *Crebleu, Crelotte, Prelotte, Pristie, Nom d'un...*, etc., etc.

L'idée d'évocation divine fut d'abord contenue dans toutes ces locutions. On prenait Dieu et les choses sacrées à témoin de tel ou tel fait ; *Sacré nom d'un petit bonhomme* s'adresse à Jésus enfant. Aujourd'hui, on prononce ces jurons à propos de tout, sans penser à leur signification primitive fort défigurée, il est vrai, par les abréviations qu'a entraînées le désir de satisfaire à l'habitude, sans avoir l'air de blasphémer.

SACRÉ CHIEN. — Eau-de-vie et par extension : feu, flamme artistique ou littéraire. — « Vous nous râperez le gosier avec le *trois-six* et le *sacré chien* dans toute sa pureté. » (Th. Gautier, 1833.) — « Les voilà parties chez Caplaine où elles demandent un demi-septier de sacré chien. » (Vadé, 1788.)

SACREMENT. — Sacrement du mariage. — « Oscar m'offrit le sacrement. » (Festeau.)

SACRISTAIN. — Amant ou mari de maquerelle. (Vidocq.) V. *Marlou*.

SACRISTIE. — Juron. V. *Sacrebleu*.

SAFRAN (ACCOMMODER AU). — Faire une infidélité conjugale. — Allusion de couleur.— « Je ne suis pas fâché qu'elle ait accommodé au safran ce voltigeur de Louis XIV. » (E. Augier.)

SALADE. — Réponse. — Jeu de mots. Il y a une espèce de salade qu'on nomme *raiponce*. — « Voilà notre dernier mot. Nous attendons ta salade. » (Vidocq.)

SALBIN. — Serment. (Halbert.)

SALBINER. — Prêter serment. (Halbert.)

SALER. — Faire payer trop cher. — Même allusion que dans *épicer*. — « Les Chamouillez ont paré une de leurs chambres dans l'espoir de la louer à un prix salé. » (E. d'Hervilly.)

SALER. — Critiquer, gronder vivement. — Allusion à l'action mordicante du sel. — « N'oubliez pas que vous m'avez promis d'oublier votre douce bonté, et salez-moi bien cet article. » (Geoffroy, *Journal des Débats. — Lettre à madame de Valory*, 1810.)|

SALIÈRES. — Cavités pectorales. (Dhautel.) Mot à mot : cavités aussi prononcées que celles d'une salière. — Une femme maigre décolletée *montre ses salières*. — « Je me vois refuser un quadrille par la petite G... qui a un million dans chacune de ses salières. » (*Vie parisienne*, 1866.)

SALIN. — Jaune. (Halbert.)

SALIVERGNE, SALIVERNE. — Écuelle, salade. (Vidocq.)

SALLÉ A LA BANQUE (DEMANDER DU). — Veut dire demander de l'argent d'avance dans une imprimerie. (Moisand, 1841.)

SANG DE POISSON. — Huile. (Vidocq.)

SANGLIER. — Prêtre. — Jeu de mots. Le *sanglier* ou *sans-glier* est le *sans-diable*. V. *Glier*. — Allusion à la mission divine du prêtre qui est d'enlever les condamnés au démon. V. *Hariadan, Cuisinier*.

SANS-CULOTTES. — Républicain terroriste dont les jambes dédaignaient les culottes courtes. — Après avoir désigné le costume, le mot désigna ensuite l'opinion. — « Mais le sans-culottes Jésus n'a pas dit dans son livre. » (Camille Desmoulins, 1790.)

SANS-DOS. — Tabouret. (Vidocq.) — Le tabouret est sans dossier.

SANTU. — Santé. (Grandval.) — Jeu de mots.

SAP, SAPIN. — Cercueil de sapin. — « Avant d'être mis dans le sap. » (Festeau.)

SAPER. — Condamner. V. *Copeaux*.

SAPIN. — Planche. (Halbert.)

SAPIN. — Soldat. (Colombey.)

SAPIN. — Fiacre. — On lit dans un pamphlet de la révolution de 89 *(l'Apocalypse)* : — « M. Desmoulins, l'abbé Noël, MM. de Beaumont et Keralio avaient loué pour toute la soirée un *sapin* national pour se faire voir dans la promenade. »

SAPIN (SENTIR LE). — Faire pressentir une mort prochaine. — On dit : *Voilà une toux qui sent le sapin*. — Usité dès 1808. V. *Claquer*.

SARDINES. — Galons de sous-officier. — Allusion de forme et d'éclat. — « L'un portait la sardine blanche. » (Nadaud.)

SATTE, SATOU. — Bois, bâton, forêt. — Vieux mot. V. *Greffier*.

SATOUSIER. — Menuisier. (Vidocq.)

SAUCE (DONNER UNE). — Gronder. (Dhautel.) — On dit de même : *bien accommoder quelqu'un*.

SAUTER. — Puer. (Halbert.) — *Ça saute* est un augmentatif de *ça danse*. — Allusion aux vers produits par la décomposition. V. *Danser*.

SAUTER. — Cacher un produit de vol à ses complices.

SAUTER LA BANQUE (FAIRE). — Forcer une banque de jeu à fermer pour manque de fonds. — « Qu'y avait-il d'étonnant à voir cet escroc faire quelquefois sauter la banque. » (A. Sirven.)

SAUTER LE PAS. — Mourir. (Dhautel.) Mot à mot : sauter le pas qui sépare la vie de la mort.

SAUTERELLE, SAUTEUSE. — Puce. (Vidocq.)

SAUTEROLLES, SAUTERONDS. — Agent de change. (Halbert.) — Il fait sauter les *ronds* des autres.

SAUTEUR. — Intrigant éhonté, prêt à sauter. Mot à mot : à cabrioler en l'honneur de tous les partis. — « Il avait appelé sauteur un plumitif multicolore. » (Marx.)

SAUVAGE. — Complétement nu. — « Quand on est bâti comme ça, faut-il être chiche de ne pas se fiche en *sauvage !* » (Gavarni.)

SAVATE. — La savate, que l'on appelle aujourd'hui chausson, est la boxe française, avec cette différence que la savate se travaille avec les pieds, et la boxe avec les poings. » (Th. Gautier, 1845.)

SAVOIR LIRE. — Connaître toutes les ruses. (Vidocq.)

SAVON. — Réprimande sévère. On dit de même *laver la tête* pour réprimander quelqu'un.

SAVONNÉ. — Blanc. — La cause est prise pour l'effet.

SAVOYARD. — Rustre. — « C'est donc toi, savoyard. A genoux, obstiné ! » (Ourliac.)

SAXE. — Porcelaine de vieux saxe. — « Vous avez un tas de bric-à-brac, des saxes.» (Carmouche.)

SCHABRAQUE (VIEILLE).—Vieille prostituée.

SCHENICK. — Eau-de-vie. V. *Chenique*. — « Un verre de schenick scella nos serments. » (Lombard de Langres, 1792.)

SCHNAPPS. — Eau-de-vie. — C'est le seul mot russe que nous ayons, sans doute depuis la guerre de 1812. M. de Fontenay, auteur d'un *Voyage agricole en Russie* (1872), dit qu'on n'y distille guère que les grains, surtout le seigle. « Le produit s'appelle *snapp* et sert à griser une foule de gens.»

SCIE. — Tourment, mystification répétée d'autant plus de fois qu'elle paraît agacer l'auditeur. — Allusion à la *scie* qui revient toujours en grinçant sur elle-même. — « Les femmes, c'est la *scie* pour les domestiques. » (Ricard.) — « Les scies les plus farouches l'avaient trouvé inébranlable. » (Mürger.)

SCIER, SCIER LE DOS. — Tourmenter. — « Laisse-moi, Cadet, tu me scies. » (*Rousseliana*, 1805.)

SCIONNEUR. V. *Escarpe*.

SEC (ÊTRE A). — Être sans argent, n'avoir rien à boire.

SÉCOT. — Maigre. — « L'une est grasse, l'autre est sécot. » (Pecquet.)

SEIGNEUR A MUSIQUE. — Assassin. (Halbert.) Jeu de mots. — Il saigne.

SEMAINE DES QUATRE JEUDIS (LA). — La semaine qui n'arrivera jamais, puisqu'elle n'existe pas. — « Ça, c'est pour la semaine des quatre jeudis, puisque nous n'avons pas bougé du camp. » (*Commentaires de Loriot*, 1869.)

SENAQUI. — Pièce d'or. (Colombey.) — Anagramme de *sequin*.

SENT MAUVAIS (ÇA). — Cela va mal tourner.

SENTIMENTALISME, SENSIBLERIE. — Sensibilité inopportune. — « C'est la guerre, la guerre pour tuer, pour vaincre, comme doit être la guerre, sans sentimentalisme ! » (L. Detroyat.)

SENTINELLE. — Excrément isolé. V. *Factionnaire*.

SENTIR. — Aimer. (Vidocq.)

SENTIR (NE PAS). — Détester. — On dit de même : *Avoir dans le nez* (quelqu'un qu'on ne peut sentir).

SENTIR LES COUDES A GAUCHE. — Marcher avec ensemble, comme les hommes d'un peloton en sentant les coudes du voisin afin de se maintenir sur la ligne du guide. Dans une caricature de juillet 1830, Levasseur fait dire à deux combattants : « Que sentiez-vous en voyant tomber vos camarades à côté de vous ? — C' que j' sentais !..... les coudes à gauche. »

SER. — Signal. (Vidocq.) V. *Sert*.

SER (FAIRE LE). — Faire le guet. (Halbert.)

SERGO. — Sergent de ville. — Changement de finale. — « Les sergos nous avaient jetés dans les culs de basse fosse. » (Sauton.)

SÉRIEUX. — Pour les lorettes un homme *sérieux* est un homme riche. — Pour les gastronomes, un repas *sérieux* est un repas bien compris. — Pour les artistes et les lettrés, un homme *sérieux* est celui qui s'est acquis une valeur personnelle. — Pour les bourgeois, être sérieux, c'est avoir une position dans le monde.

SERIN. — Niais. Mot à mot : naïf comme un serin. — « Tu ne sais pas ce que c'est que d'être l'amant d'une femme... Es-tu serin à ton âge ! » (E. Sue.)

SERINER. — Divulguer. V. *Serinette*.

SERRANTE. — Serrure. (Vidocq.)

SERRÉ. — Avare, peu fortuné. — « Il paraît même qu'il est très-serré. » (H. Monnier.)

SERRER. — Mettre en prison. — On n'y est pas au large. — « La plus cruelle injure qu'une fille puisse jeter à une autre fille, c'est de l'accuser d'infidélité envers un amant serré. » (Balzac.)

SERT. — Signe d'entente à l'usage des grecs.

SERRER LA VIS. — Étrangler.

SERVIETTE. -- Portefeuille. (Halbert.) — Il se plie comme une serviette.

SERVIETTE. — Canne. (Colombey.)

SERVIR. — Prendre, arrêter. — « Frangin et frangine, je pesigue le pivot pour vous bonnir que mezigue viens d'être servi maron à la lègre de Canelle (Caen). » (Vidocq.)

SERVIR DE BELLE. — Dénoncer à faux.

SERVIR LE TRÈPE. — Faire ranger la foule. V. *Curieux*.

SÉVÈRE. — Digne de réflexions sévères. —

« Ah ! je vous raconterai ma vie. Je vous en dirai des sévères, mon bon ami. » (Ricard.)

SEZIÈRE, SEZIGUE, SEZINGO, SEZINGUARD. — Lui. (Halbert, Colombey.)

SIFFLET (SE RINCER, S'AFFUTER LE). — Boire. — « Là, plus d'un buveur venait se rincer le sifflet. » (Colmance.) — « Faut pas aller chez Paul Niquet six fois l'jour s'affuter le sifflet. » (P. Durand, 1836.)

SIGLE, SIGUE. — Pièce de vingt francs. (Halbert.) — Abréviation de *cigale*. V. ce mot.

Double signe. — Pièce de quarante francs. (Halbert.)

SIMON. — La maison où les vidangeurs travaillent est appelée par eux *atelier* et le propriétaire de cette maison est appelé par eux Simon. (Berthaud.)

SINE QUA NON. — La chose indispensable. — *Sine qua non possumus* s'entend ordinairement de l'argent. — « L'entretien est le *sine qua non* de l'élégance. » (Balzac.)

SINGE. — Chef d'atelier, patron. (Halbert.)

SINGE. — Voyageur juché sur l'impériale d'une voiture.

SINGE. — Compositeur d'imprimerie. — « Ainsi nommé à cause du continuel exercice qu'ils font pour attraper les lettres dans les cinquante-deux petites cases où elles sont contenues. » (Balzac.)

SINVE. — Dupe. (Halbert.) V. *Affranchir*, *Rifle*.

SIROP. — Vin. — Il a la couleur du *sirop* de groseille. V. *Pomper*.

Avoir un coup de sirop : Être gris.

SIROTER. — Boire avec excès. — « Son bonheur était d'aller siroter le vin à dix de la Courtille. » (Ricard.)

SIROTEUR. — Buveur. — « Prenez trois étudiants, vous obtenez deux siroteurs. » (Michu.)

SIT NOMEN. — Argent. — Les anciens écus frappés à l'effigie des rois (Louis XV et Louis XVI) portaient au revers l'écu fleurdelisé entouré de la devise religieuse : *Sit nomen Domini benedictum.*

SMALAH. — Ménage, réunion de la femme, des enfants et du mobilier. — Le mot vient d'Algérie.

SNOBOYE. — Très-bien. V. *Chocnoso*.

SOCIÉTÉ D'ADMIRATION MUTUELLE (ÊTRE DE LA). — Faire partie d'une association secrète de gens qui se sont engagés à se pousser respectivement dans le monde, en feignant de se témoigner une admiration mutuelle. On a beaucoup parlé d'une société de ce genre à l'armée d'Afrique. Quoi qu'il en soit, c'est un procédé pratiqué en tous temps et en tous pays.

SOCIÉTÉ DU DOIGT DANS L'ŒIL (ÊTRE DE LA). — Avoir les illusions de la vanité. V. *Doigt*.

SŒUR. — Maîtresse. — Terme ironique inventé pour railler ceux qui dissimulent leurs liaisons sous des liens de parenté fictifs. — On dit en ce sens : *J'ai rencontré X... avec sa sœur.*

SŒUR ? (ET TA) — Abréviation de *Et ta sœur, est-elle malade ?* qui se dit encore, mais moins souvent. Cette interrogation peut se traduire mot à mot ainsi : « Et ta maîtresse, comment va-t-elle ? » — Il va sans dire que c'est une insulte ; elle se lance souvent à Paris, à propos de tout, et les trois quarts de ceux qui la formulent ne se doutent pas de ce qu'elle signifie. — « Sais-tu ce qu'il me répond ? « *Et ta sœur ?* » — Je l'aurais cogné. » (Monselet.)

M. Philarète Chasles a révélé que la pudique Allemagne est aussi avancée que nous sous ce rapport. Elle appelle *buhl schwester* (sœur d'amour) une fille galante. « Quant à *et ta sœur ?* ajoute-t-il, les Allemands ne disent pas autre chose avec les deux mots : *Ja Kuchen.* »

SOIFFER. — Boire outre mesure comme si on avait grand'soif. — « Là, j'soiffons chacun nos trois poissons. » (*Les Amours de Jeannette*, 1813.)

SOIFFEUR, SOIFFARD. — Grand buveur.

SOIGNÉE. — Fait à noter soigneusement. — « Oh ! en v'là une soignée. » (La Bédollière.)

SOISSONNÉ. — Haricot. — Soissons est la patrie des haricots.

SOLDAT DU PAPE. — Mauvais soldat. — En 1738, Le Duchat disait déjà : « *Soldats du pape, méchantes troupes.* » « Machiavel a dit que les compagnies de l'Église sont le déshonneur de la gendarmerie. »

SOLEIL (AVOIR UN COUP DE). — S'enivrer. (Dhautel.) V. *Coup*.

Piquer un ou son soleil : rougir.

Recevoir un coup de soleil : tomber amoureux. — « Mesdemoiselles, nous avons reçu un coup de soleil soigné. » (Villars.)

SOLIR. — Vendre. — « J'ai rencontré marcandière qui du pivois solisait. » (Vidocq.)

SOLITAIRE. — Spectateur qui, pour payer moins cher sa place, entre au théâtre dans les rangs de la claque. Son nom indique qu'il ne se croit pas obligé de faire chorus avec ses bruyants compagnons. — « Grâce à une pièce de cinquante centimes, j'entrai en qualité de solitaire. » (A. Second.)

SOLLICEUR. — Marchand. (Vidocq.)

SOLLICEUR DE ZIF. — Escroc vendant sur faux échantillon. (Idem.)

SOLLICEUR A LA POGNE. — Marchand ambulant. (Colombey.) — Il lui faut de la pogne pour pousser sa petite voiture.

SOLLISAGE. — Vente. (Colombey.)

SONDE. — Médecin. (Vidocq.)

SONDER. — Espionner.

SONDEUR. — Commis d'octroi. (Vidocq.) — Il sonde les voitures qui passent.

SONDEUR. — Espion.

SONDEUR. — Observateur.

SONNETTE. — Pièce d'argent. — Elle sonne dans la poche. — « Et les sonnett's en poche, j'accours à l'Opéra. » (Désaugiers.)

SONNETTE DE BOIS (DÉMÉNAGER A LA). — Emporter ses effets sans avoir payé sa chambre, en tamponnant la sonnette d'éveil qui signale la sortie d'un hôtel garni. — « Car il était réduit à déménager à la sonnette de bois.» (Chenu.)

SOPHIE (FAIRE SA). — Se donner des airs de sagesse. — Hellénisme. — « A quoi ça m'aurait avancé de faire ma Sophie ? » (Monselet.)

SORBONNE. — Cerveau. — « La sorbonne est la tête de l'homme vivant, son conseil, sa pensée. » (Balzac.) — Date du temps où les décisions de la Sorbonne faisaient plus de bruit dans le monde intellectuel.

SORBONNER. — Penser. (Halbert.)

SORGE, SORGUE. — Soirée, nuit. (Vidocq, Halbert.) — Au moyen âge, on disait sorne. V. Baïte, Sorne.

SORGUER. — Passer la nuit. — « Content de sorguer sur la dure, va, de la bride (chaîne) je n'ai pas peur. » (Vidocq.)

SORGUEUR. — Voleur de nuit.

SORNE. — Noir. (Halbert.)

SORT (IL ME). — Il m'est insupportable.

SORTIR LES PIEDS DEVANT. — Être mort. Mot à mot : porté dans un cercueil. — « Le bruit courut que la jolie fille était séquestrée dans un cabinet noir et qu'elle n'en sortirait que les pieds devant. » (About.)

SOUDRILLARD. — Libertin. (Vidocq.)

SOUFFLANT. — Pistolet. — Allusion à la décharge. V. Bayafe.

SOUFFLÉ. — Pris, arrêté par la police.

SOULASSE. — Traître, trompeur. (Colombey.)

SOULASSE (GRANDE.) — Assassinat. (Idem.)

SOULEVER. — Voler.

SOULOGRAPHE. — Vieil ivrogne.

SOULOGRAPHIE. — Ivrognerie. (Vidocq, 1837.) — « Ils feront de la soulographie, et adieu votre typographie, plus de journal ! » (Balzac.)

SOUPE (TREMPER UNE). — Battre. Mot à mot : faire avaler une correction. — « Où qu'tu vas, Polyte ? — Je vas tremper une soupe à ma femme qu'est une feignante qu'a pas travaillé, » fait dire Gavarni à un souteneur allant rouer de coups la malheureuse qui n'a pas trouvé d'argent.

SOUPE AU LAIT. — Homme colère. — Le lait bouillant déborde avec rapidité.

SOUPEUR, SOUPEUSE. — Viveur, viveuse, passant les nuits à souper. — « Est-ce que les soupeurs savent jamais ce qu'ils boivent et ce qu'ils mangent ? » (Frémy.)

SOUPLE. — Bleu. (Halbert.)

SOURICIÈRE. — Piége tendu par la police. — « Tendre une souricière pour le faire pincer par la police. » (E. Sue.)

SOURICIÈRE. — Dépôt des prévenus, à la préfecture de police. (Halbert.)

SOURICIÈRE. — Lieu surveillé par la police. — « C'est une vraie souricière que votre tapis franc. Voilà trois assassins que j'y prends. » (E. Sue.)

SOUS-VENTRIÈRE. — Écharpe de maire, d'intendant ou de commissaire de police. — Allusion à la pièce de harnachement qui passe sous le ventre du cheval.

SPADE. — Épée. — Vieux mot. — Espadon nous est resté.

Speck. — Lard. — Germanisme.

Speech. — Allocution. — Mot anglais. — « Quelque gars... qui ne sache point faire de speechs. » (Heine.)

Spirite. — Personne prétendant ou croyant évoquer des esprits invisibles.

Sport. — Exercices en plein air : course, chasse, canotage, pêche, gymnastique, etc., etc. — Mot anglais.

Sportsman. — Homme de loisir se consacrant aux exercices du sport. — Mot anglais.

Sterling. — Grand, considérable. — Allusion à la valeur relative de la livre anglaise qui était vingt-cinq fois plus forte que la livre française. — On parle des galanteries *sterling* d'un entreteneur dans un roman de Rutlidge (*Vice et Faiblesse*, 1786.) — « La dévote a fait une scène, une scène sterling. » (Balzac.)

On dit de même *s'ennuyer à vingt-cinq francs par tête.*

Stick. — Canne-cravache. — Mot anglais.

Stroc. — Setier. V. *Demi-stroc.*

Stud-Book. — Livre des haras. (Paz.) — Terme anglais.

Stuc, stuq. — Part de vol. (Grandval, Halbert.)

Stuquer. — Partager. (Halbert.)

Styliste. — Écrivain uniquement préoccupé du style, c'est-à-dire de la forme, et non du fond.

Suage. — Assassinat. V. *Suer (faire).* — « Nous voulons bien maquiller le suage de ton rochet, mais à la condition de tout connir. Il n'y a que les refroidis qui ne rappliquent ni bergue. » (Vidocq.)

Sublimer (se). — Se raffiner. — « Les jeunes biches se sont sublimées au contact des anciennes. » (Lynol.)

Subtil. — Dur. (Halbert.)

Suçon. — « Faire une consommation fanatique de sucres d'orge, dits *suçons.* » (Rolland.) — On les *suce* très-longtemps.

Sucre (casser du). — Dénoncer. V. *Casser.*

Sucre (c'est du). — C'est bon. — Se prend au figuré.

Sucre (faire manger du). — Soigner l'entrée d'un acteur, l'applaudir. Cette comparaison canine a pour pendant : *appeler Azor.*

Suer (faire). — Tuer. Mot à mot : faire suer du sang. V. *Chêne.*

Suer (faire). — Accabler d'ennui quelqu'un. — « Vous me dites mignonne, avec l'accent de l'âme : Tais-toi donc ! tu me fais suer. » (*Almanach du Hanneton*, 1867.)

Suer (faire). — Se faire donner sa part d'un vol. (Halbert.)

Sui. — Suivi. — Abréviation.

Suif. — Réprimande.

Suifard, suifé. — Chic, élégant. V. *Astiquer.*

Suisse (faire). — « Le soldat a le point d'honneur de ne jamais manger ou boire seul. Cette loi est tellement sacrée, que celui qui passerait pour la violer serait rejeté de la société militaire, et on dirait de lui : *Il boit avec son suisse,* et le mot est une proscription. » (Vidal, 1833.) — « Un soldat français ne doit pas *faire suisse,* ne boit jamais seul. » (La Bédollière.)

Le premier exemple donne la clef du mot. Le soldat ne peut boire avec son suisse (concierge), puisqu'il n'en a pas, donc il boit seul. Ironie inventée pour rappeler quelque engagé d'opulente famille aux règles de la fraternité.

Suissesse. — Mélange d'absinthe et d'orgeat. Il est plus doux, plus féminin, que l'absinthe *dite suisse.*

Suiveur. — « Une femme passe devant lui, le suiveur accélère son pas, dépasse sa victime, et se retourne bientôt pour juger de la beauté de l'objet de sa poursuite. » (Roqueplan.)

Suivez-moi, jeune homme. — « Ce sont ces deux grands rubans flottants au-dessous des cols de manteaux des dames... Une grande couturière de Paris les a appelés ainsi. » (Lespès, 1866.)

Superlifico, supercoquentiel, supercoquentieux. — Merveilleux. — « Lorsqu'un épicier étale devant sa boutique un superlicoquentieux morceau de fromage, n'est-ce pas tenter le peuple ? » (Ch. Fourier, 1836.)

Surbine. — Surveillance. (Vidocq.) — « On calcule les dépenses que fait le mecque en surbine. » (Stamir.)

Sûreté. — Police de sûreté. V. *Fil de soie.*

Surfine. — Sœur de charité. (Colombey.)

LA VEUVE

SURET. — Vin acide, sûr. — « Et j'lampe au cabaret le suret. » (Charrin.)

SURGEBER. — Condamner en appel. (Vidocq.) Mot à mot : *surgerber*. V. *Gerber*.

SURIN. — Couteau. — De *suer*, assassiner. V. *Chemin*.

SURINER. — Tuer au couteau.

SURINEUR. — Donneur de coups de couteau.

SYDONIE. — « Les têtes de bois qui servent à monter les coiffures ont un nom. Cela se nomme une Sydonie chez tous les marchands.» (Lespès.)

T U

TABAC. — Position critique. — « Ceux qui ont supporté tout le tabac, prennent ce qu'on leur donne. » (*Commentaires de Loriot.*)

TABAC (DONNER DU). — Battre. — « Si tu m'échauffes la bile, je te f... du tabac pour la semaine ! » (Vidal, 1833.)

TABAR, TABARIN. — Manteau. (Grandval.) — C'est un vieux mot. C'est aussi l'anagramme de *rabat*. V. ce mot.

TABATIÈRE (OUVRIR SA). — Péter. — Allusion au bruit qu'on faisait en ouvrant les tabatières sans charnière. — « Que son poucet te serv' de tabatière. » (*L'Après-souper de la Halle*, dix-huitième siècle.)

TABLE (SE METTRE A). — *Monter sur la table* : dénoncer à la justice. — Même image que dans *manger le morceau, manger sur l'orgue*, etc.

TAFE, TAFFERIE, TAFFETAS. — Peur. — Autrefois on disait : *les fesses lui font tif taf :* pour : il a peur. (Oudin, 1640.) — « Ce n'est pas toi ni tes paysans qui nous f..... le tafe. » (Vidal, 1833.)

TAFFER. — Avoir peur. — De l'allemand *taffen*. V. *Tirer*.

TALON ROUGE. — Aristocrate. — Le droit de porter des talons rouges était un signe de noblesse. — « Tous les talons rouges de l'ancien régime qui trahissent le peuple. » (Hébert, 1793.)

TAMPON. — Poing. — « Je lui ai envoyé un coup de tampon sur le mufle. » (Th. Gautier, 1845.)

TANDEM. — Voiture à deux chevaux attelés l'un devant l'autre. — « Nul ne porte mieux un habit, ne conduit un *tandem* mieux que lui. » (Balzac.)

TAM-TAM. — Fracas prémédité. — Allusion au bruit du tam-tam. — « Trop de boursouflure, trop de tam-tam dans ce factum. » (*Éclair*, 23 juin 1872.)

TANNER LE CUIR, LE CASAQUIN. — Rosser. — « Si vous vous permettez, je connais une personne qui vous tannera le cuir. » (Gavarni.)

TANTE. — Mont-de-piété. — Terme ironique à l'adresse de ceux qui déguisent la source d'un emprunt en disant qu'ils ont eu recours à leur famille. — « Tous mes bijoux sont chez ma tante, comme disent mes camarades lorsqu'elles parlent du mont-de-piété. » (Achard.)

TAPÉ, TAPÉ DANS LE NŒUD. — Émouvant, frappant, réussi. — « Aussi a-t-on fait plusieurs couplets sur tous les ministres dont le portrait est bien tapé. » (1742, *Journal de Barbier.*) — « C'est un peu tapé dans le nœud. » (La Bédollière.)

TAPEDUR. — Serrurier. (Vidocq.)

TAPÉE. — Grosse réunion. — « Quelle tapée de monde, bon Dieu ! » (*Commentaires de Loriot.*)

TAPER, TAPEUR. — Emprunter par métier, emprunteur. — « Le roi des tapeurs vous accoste ; il vous prend le bras, il se penche à votre oreille ; — vous êtes *tapé*. Aurais-tu cent sous à prêter à ton ami ? vous dit-il. » (*Almanach du Hanneton.*)

TAPER. — Enivrer. — « Ce scélérat de vin de Champagne avait joliment tapé ces messieurs. » (Festeau.)

TAPER DE L'ŒIL. — Dormir. — « Il y avait plus d'une heure que je tapais de l'œil quand je m'entends réveiller. » (*Œuvres badines* de Caylus, 1750.)

TAPIN. — Tambour. — Il tape sa caisse. — « Le tapin qui tambourinait en tête de l'escouade. » (La Bédollière.)

TAPIS. — Auberge, cabaret. (Vidocq.)

TAQ, TAQUER, TAQUINE. — Haut, hausser, hauteur. (Halbert.)

TARTE. — Qualité bonne ou mauvaise. (Vidocq.) — Plus souvent mauvaise. V. *Escrache*.

TARTINE. — « Immenses phrases lardées de

mots emphatiques, si ingénieusement nommées *tartines* dans l'argot du journalisme. » (Balzac.)

TARTINER. — « Tu n'as pas assez de style pour *tartiner* des brochures. » (Balzac.)

TAS (PRENDRE SUR LE). — Prendre un voleur sur le fait, en présence du tas formé par les objets volés.

TASSE (LA GRANDE). — La mer. — « C'est vrai qu'un peu plus vous buviez à la grande tasse. » (Ricard.)

TATOUILLE. — Volée de coups. — Abréviation de ratatouille. — On met son adversaire en *tatouille* comme on le met en *compote*.

TAUDION. — Petit logement, *petit taudis.* — « J'ai vendu ce que j'avais pour pâyer le taudion où nous couchons. » (Lynol.)

TAULE, TOLE. — Maison. — « Dans une tôle enquille en brave, fais-toi voleur. » (Vidocq.)

TAUPIN. — « Le simple *taupin*, le candidat qui se présente à la *colle* d'admission à l'École polytechnique, possède déjà des connaissances supérieures. » (La Bédollière.)

TÊTE (FAIRE SA). — Prendre de grands airs. — « Tu y gagnes d'avoir l'exercice une fois de plus par jour pour apprendre à faire ta tête. » (Vidal, 1833.)

TÊTE CARRÉE, TÊTE DE CHOUCROUTE. — Allemand. — « On ne résiste pas à tant d'attraits. La tête du baron, une tête carrée pourtant, tourne. » (E. Villars.)

TÊTE DE TURC. — Plastron, homme en but à toutes les attaques. — Allusion à la tête de turc figurée ordinairement sur la mécanique destinée par certains marchands à faire apprécier la vigueur de tel ou tel coup de poing. — « M. Duvergier de Hauranne est écouté. Mais comme il faut une tête de turc à l'Assemblée, le général X... devient le souffre-douleur. » (*Paris-Journal.*)

TÊTES DE CLOUS. — « Un journal, tel qu'on les fabriquait alors, tiré sur papier à sucre, avec des caractères flétris du sobriquet de têtes de clous. » (Villemessant.)

THOMAS. — Pot de chambre, baquet d'aisances. — « Parmi les consignés occupés à *passer la jambe à Thomas* (vider les baquets d'urine). » (La Bédollière.) — Équivoque sur les mots *vide Thomas* de l'hymne populaire de Pâques.

TIGNE, TIGNASSE. — Chevelure en désordre. — Du vieux mot *tigne :* teigne. V. *Aplomb.*

TIRAGE (IL Y A DU). — C'est long, c'est difficile. — Terme de cocher. Plus le chemin est rude, plus le cheval tire.

TIRANT. — Bas. — On le tire pour le mettre. — « Ses tirans et sa montante, et son combre galuché, son frusque, aussi sa lisette. » (Vidocq.)

TIRANTE. — Jarretière. (Halbert.)

TIRANT RADOUCI. — Bas de soie. (*Petit Dict. d'Argot*, 1844.) — Jeu de mots.

TIRE (FAIRE LA). — Voler à la tire. — « Ils font la tire à la chicane, en tournant le dos à celui qu'ils dépouillent. » (Du Camp.)

TIRER. — Passer, achever. — Un troupier libérable dans un semestre dit : « J'ai encore six mois à tirer. »

TIRER. — Voler à la tire. — « Vous commencez par tirer en valade, puis au grand truc vous marchez en taffant. » (Lacenaire, 1836.)

TIRER (SE LA). — S'enfuir. Mot à mot : tirer sa crampe.

TIRER D'ÉPAISSEUR (SE). — Sortir d'embarras. (1851, *Almanach des Débiteurs.*)

TIRER LA FICELLE. — Passer à un autre, comme les montreurs de diorama qui tirent la ficelle pour amener un autre décor. — « Sur leurs discours, crois-moi, tir' la ficelle. » (Debraux.)

TIRER L'ÉCHELLE. — Cesser par impossibilité d'aller plus loin. Mot à mot : de monter plus haut. Très-usité quand on termine une énumération de choses étonnantes.

TIREUR. — Voleur *à la tire.*

TITI. — Gamin de Paris. — « Mousqueton est le titi par excellence, c'est le vrai gamin de Paris avec sa gaieté, sa souplesse, ses bons mots. » (Alboy.)

TOC. — Cuivre, bijou faux. — Allusion à la différence de sonorité qui existe entre le cuivre et l'or. — « Bagues, boutons de manchette et croix de ma mère en toc, 6 fr. 50. » *(Les Cocottes.)*

TOC, TOCARD, TOCASSE, TOCASSON. — Laid, méchant, de mauvaise qualité, inférieur comme le cuivre vis-à-vis de l'or. — « L'article de Cascaret est toc. » (J. Rousseau.) — « Croiriez-vous qu'en parlant d'une femme laide, on dit : « Elle est toc, elle est tocarde... C'est un « vieux tocard, c'est un vieux tocasson. » (N. Vanecke.) — « Il goûta le pain dont les prisonnières se plaignaient : « Chouette ! dit- « il, j'en ai mangé de plus toc. » (Chenu.)

TOCASSERIE. — Méchanceté. (Vidocq.)

TOILES SE TOUCHENT (LES). — Il n'y a pas d'argent. Mot à mot : mes poches sont vides, puisque les toiles se touchent. — « Diable ! les toiles se touchent aussi chez moi. » (Ladimir.)

TOISE (A LA). — Se dit des choses et des gens où la qualité cède le pas à la quantité.

TOLÈDE (DE). — De première qualité. — Se dit ironiquement par allusion aux lames de Tolède dont la littérature romantique faisait une excessive consommation. — « Allons ! arborez vos bons binocles de Tolède. » (*Petits mystères de l'école lyrique.*)

TOLLARD, TOLLE. — Bourreau. (Grandval.)

TOMBER. — Terrasser. Mot à mot : faire tomber. — « La couleur Metternich a tombé le Bismarck. » (*Vie parisienne*, 1867.)

TOMBEUR. — Lutteur invincible. — « Le tombeur de Renan y vient de temps en temps mépriser l'humanité. » (*Les Cocottes*, 1864.)

TONDRE. — Primer une carte, au jeu. — « Je joue piche ! (pique.) — Au lieu de dire je prends, une autre répond : « Je tonds. » (Alhoy.)

TONNEAU. — Degré. — « Tu lui aurais rendu sa politesse. — Plus souvent ! à un daim de ce tonneau ! » (Monselet.) — Ce terme de comparaison n'a pu être inventé que par des buveurs. Il est ancien. — « Ha, ha, vous estiez en estat de péché mortel. — Cestuy là, dist Panurge, est d'un aultre tonneau. » (Rabelais, *Pantagruel*, l. IV, ch. LII.)

TOPER. — « Chaque fois qu'un dévorant rencontre un autre ouvrier, il doit lui demander de quelle société il est. Ça s'appelle toper. » (Biéville.)

TOPO. — Officier d'état-major, plan topographique. — On sait que la mission de l'état-major est surtout topographique.

TOQUADE. — Inclination déraisonnable. — « Hortense est sur le chemin de la fortune...

Une simple toquade, et elle est perdue. » (*Les Pieds qui r'muent*, 1864.)

TOQUANTE, TOCANTE. — Montre. — Harmonie imitative du toc-toc de la montre. — « Un monsieur qui me trouva gentille m'offrit un jour une toquante d'or... La montre me tentait. » (Rétif, 177e *Contemporaine*.)

TOQUÉ. — A moitié fou. — On dit de même : il a reçu un coup de marteau. C'est-à-dire : son cerveau est bien près de se fêler. — « Ma chère, les hommes, c'est farce ! toujours la même chanson : une femme à soi seul ! Toqués ! Toqués !! » (Gavarni.)

TOQUER (SE). — S'éprendre.

TOQUET (EN AVOIR DANS LE). — Etre ivre. V. *Casquette*. — Même étymologie. — « Chez Dénoyer j'entre, un peu dans le toquet. » (Decourcelle, 1839.)

TORCHETTE (NET COMME). — Aussi net que si la *torchette* (torchon) y avait passé.

TORCHON. — Fille aussi sale qu'un torchon de cuisine.

TORCHON (SE DONNER UN COUP DE). — Se battre. — « Allons jusqu'aux chouans leur donner un coup de torchon. » (Henry, 1836.)

TORCHON BRULE A LA MAISON (LE). — Se dit pour annoncer une querelle domestique.

Je ne suis plus son Jujule,
Son chou, son rat, son trognon ;
L'torchon brûle à la maison. (Dalès.)

TORD-BOYAUX. — Mauvaise eau-de-vie. — Elle donne la colique. — « Avaler un verre de tord-boyaux, comme l'appelait notre amphitryon. » (Vidal, 1833.)

TORTILLER. — Consommer. — « Voyez-vous, j'avais tortillé une gibelotte et trois litres. » (Ricard.)

TORTILLER. — Avouer. (Vidocq.) — C'est un synonyme de *manger le morceau*, dénoncer.

TORTU. — Vin. (Vidocq.) Mot à mot : *jus de bois tortu* : vigne. V. *Tortu*.

TORTUE (FAIRE LA). — Jeûner. (Vidocq.) — La tortue mange peu.

TOTO. — Sein. De *téter*.

TOUCHE. — Se dit des dehors d'un personnage considérés en leur ensemble. — « *Quelle touche !* » s'écrie-t-on à l'aspect d'un grotesque. — Le mot a dû naître dans les ateliers de peinture.

TOUCHER. — Frapper fort. — Ironie.

TOUCHÉ. — Peint, pensé ou écrit, vigoureusement fait. — Terme de peinture dans l'origine. — « Comme c'est écrit ! comme c'est touché ! » (L. Reybaud.)

TOUCHÉ. — Remarquable de figure. V. *Touche.* — « Hé ! hé ! pas mal touchée, la bobonne. » (Villars.)

TOUPIE. Femme de peu, tournant en toutes mains comme une toupie.—« Le roi autorisa la Lange à se livrer à toutes les extravagances qui sont l'unique mérite de la plus grande partie de ces toupies. » *(Précis de la vie de la comtesse Du Barry, 1774.)*

TOUR (FAIRE VOIR LE).—Tromper. V. *Pratique.* — « Tu veilleras à ce que la douzelle n'essaye pas de nous faire voir le tour. » (Montépin.) — *Connaître le tour :* connaître toutes les ruses.

TOURLOUROU. — Du vieux mot *turelureau,* soldat de garnison. V. Du Cange. Au quatorzième siècle, la *turelure* (prononcez *toureloure*) était une sorte de château flanqué de tourelles. — « Si le tourlourou est solide sur l'école de peloton, il n'est pas moins ferré sur l'école de la séduction. » (M. Saint-Hilaire.)

TOURNANTE. — Clef. (Idem.)—Elle *tourne* dans la serrure. V. *Tremblant, Lourde.*

TOURNÉE. — Pile, correction faisant tourner et retourner la victime. — « Après, je donne une tournée à la *Chouette.* Je tiens à ça. » (E. Sue.)

TOURNÉE.—Rasade offerte devant le comptoir du marchand de vins. — Ainsi nommée parce qu'elle fait le *tour* de l'assemblée.— « Il offre une tournée au café Robert. » (Monselet.)

TOURNER DE.— Faire les frais de.—« Lorsqu'il arrivait à Blossac de dire : Les dalles de la Morgue me réclament, Grimaille se contentait de dire : Je vais tourner d'un déjeuner. » (*Dictionnaire Alonnier.*)

TOURNER L'ŒIL. — S'assoupir. — « Trois ou quatre méchantes chopines... et ça tourne l'œil. » (Gavarni.)

TOURNER DE L'ŒIL. — Mourir. — « Du poison !... Allons, bois... tu vas tourner de l'œil tout de suite. » (Chenu.)

TOURNURE. — « Toutes les dames et demoiselles qui, pour suppléer au manque de rondeur de certaines parties, portent ce que madame de Genlis appelle tout crûment un *polisson* et que nous appelons une *tournure.* » (Th. Gautier, 1833.)

TOURTE. — Tête. — Comparaison de la croûte à la boîte osseuse du crâne, et de la garniture à la cervelle. V. *Vol au vent.*

TOURTOUSE, TORTOUSE, TOURTOUSINE. — Corde à menottes.

TOURTOUSER. — Garrotter. (Vidocq.)—Mot expressif indiquant l'action de lier *tout au tour.* V. *Criblage, Coltiger.*

TRAC. — Peur. — Onomatopée. — On donne le nom de trac à une maladie qui cause un frisson perpétuel. — Pendant le siége de Paris, on a publié le *Trac, journal des peureux.*

TRAIN (DU).—Vite, à grand train.—« Asie prit un fiacre et dit au cocher : « Au temple ! « et du train ! il y a gras. » (Balzac.)

TRAIN (EN). — En train de se griser.—« Ce sera fort heureux si votre ami reste, car je le crois un peu en train. » (P. de Kock.)

TRAINE-PAILLASSE. — Fourrier. — C'est lui qui règle avec l'employé le prix des dégradations des lits militaires. V. *Rogneur.*

TRAINÉE. — Prostituée. Mot à mot : femme se traînant dans la rue.

TRAIT. — Infidélité. — Abréviation de *trait d'inconstance.* — « Son mari lui avait fait tant de traits, qu'elle l'avait quitté. » (Champfleury.)

TRALALA. — Grand appareil. — « Et puis, grand genre. Tout le tralala. Et du linge ! » (E. Villars.)

TRAQUER. — Avoir le trac. V. *Esgourne.*

TRAVAIL. — Ce mot s'applique indistinctement à toute œuvre, bonne ou mauvaise, exécutée dans le but de gagner de l'argent. — Travailler, pour un malfaiteur, c'est tuer ou voler. Pour la prostituée, c'est provoquer le passant.

TRAVAILLER. — Battre, tourmenter. — « Je vais la travailler dans le numéro de demain.—Et il écrivait : « Madame Desbrosses quitte enfin le théâtre... Bonheur ! » (Philipon.)

TRÈFLE. — Tabac. — Allusion à la couleur brune de ce fourrage, quand il est sec.— « Lui qui avait remué tant de trèfle de la régie. » (Aubryet.)

TRÈFLE. — Anus. — C'est une image qu'on devine.

TREIZIÈME ARRONDISSEMENT (MARIÉ AU). — En état de concubinage. — Allusion au mariage imaginaire, puisque, avant 1859, cet arrondissement n'existait point. — « Jamais elle n'a été ma femme, pas même au treizième arrondissement. » (Bertall.)

TREMBLANT. — Lit.

TREMBLEMENT. — Réunion, mêlée générale. — « A l'union de l'infanterie, de la cavalerie, de tout le tremblement. » (La Barre.)

TREMPÉE. — Correction. V. Soupe. — « Si je ne me respectais pas, je vous ficherais une drôle de trempée. » (Gavarni.)

TRENTE ET UN, TRENTE-SIX (SE METTRE SUR SON). — Mettre sa plus belle toilette. — « Elle s'était mise sur son trente et un, et je puis vous assurer qu'elle était bien ficelée. » (Vidal, 1833.)

TRÈPE. — Foule. — C'est *troupe* avec modification de la première syllabe. V. *Garçon.*

TRETON. — Rat. — Diminutif de *trotteur.* V. *Greffier.*

TRICOTER. — Battre. — Du vieux mot *Tricote* : gros bâton.

TRICOTER. — Danser, fuir. — Comparaison du jeu des jambes à celui des aiguilles. — « La peur m'a galopé et j'ai tricoté des fils de fer. » (*La Correctionnelle.*)

TRIMAR. — Grande route, où *triment* les voyageurs. — « Travailler sur le grand trimar, c'est voler sur le grand chemin. » (*Cinquante mille voleurs de plus à Paris.*)

Faire son trimar : raccrocher. V. *Quart.*

TRIMARDER. — Cheminer. (Grandval.)

TRIME, TRIMIN. — Rue, chemin.

TRIMBALLER. — Marcher. Mot à mot : baller sur la trime, aller sur le chemin. V. *Trimer, Baller.*

TRINGLOS. — Soldat du train. — Diminutif de *train.* — « Ce que les tringlos, soldats du train des équipages militaires, ne pourront nous apporter. » (A. Camus.)

TRIPOLI. — Eau-de-vie. — Allusion à l'eau-de-vie qui entre dans la composition du tripoli. V. *Astic.*

TRIPOTÉE. — Correction. — Du vieux mot *tripeter* : fouler aux pieds. — « Oh ! quelle tripotée je vous ficherais, ma poule ! » (Gavarni.)

TROGNON. — Mot d'amitié. — « En lorgnant la brunette, j'lui dis : Mon petit trognon. » (*Les Amours de Jeannette*, 1813.)

TROIS-ÉTOILES. — Personne réelle ou fictive, dont on cache, ou dont on paraît cacher le nom. — « La femme légitime de ce peintre est la maîtresse du gros trois-étoiles. » (A. Second.)

TROIS-SIX. — Eau-de-vie. — Allusion au degré d'alcool. V. *Sacré-chien.* — « Au moins, moi, j'dis pas que j'aime pas le trois-six. » (Gavarni.)

TROMBINE. — Physionomie ridicule. — « Tous ces imbéciles, ça vous a des trombines prédestinées. » (*Vie parisienne.*)

TROMBLON. — Gosier. — « Vous avez demandé dans la guinguette du bleu pour rincer le tromblon. » (*Almanach du Hanneton*, 1867.)

TROMBLON. — Chapeau ridiculement évasé.

TROMPETTE. — Visage. — « Quelles drôles de binettes. Quelles vilaines trompettes. » (A. Meigne.)

TROMPETTE. — Nez trop bruyant.

Nez en trompette : nez très-relevé.

TRONCHE. — Tête. — « Gare la tronche ! prends garde à la tête. » (Dhautel, 1808.)

TROTTOIR (FAIRE LE). — Se dit des filles inscrites qui, le soir, se promènent sur le trottoir voisin de leur logis.

TROTTOIR (GRAND). — Au théâtre, veut dire : haut répertoire.

TROTTOIR (FEMME DE). — Prostituée.

TROU (FAIRE SON). — Arriver à une bonne position, faire sa trouée dans la foule des ambitieux.

TROU SOUS LE NEZ (AVOIR UN). — Être grand buveur. — « C' n'est pas tout encore, sachez que c'te pécore a z'un trou sous l'nez impossible à combler. » (*Catéchisme poissard*, 1844.)

Être dans le trou : être enterré.

Être dans le trou : être en prison. — « Voilà pourquoi je suis dans le trou, c'est pour un malheureux poivrier, que je me suis permis de fouiller. » (Ch. de Mouchabœuf, 1865.)

Trou d'aix, trou de balle. — Anus. (Colombey.)

Troubade, troubadour. — Fantassin. — Comme le troubadour, le fantassin fait en tous pays résonner sa *clarinette*.— Rousselot a fait *le Troubade*, chansonnette (1860.) — « Le troupier aujourd'hui est un troubadour qui compte tout au plus vingt ans de services. » (Marco Saint-Hilaire, 1841.)

Troubadour (genre), troubadour-abricot, troubadour-pendule. — Genre littéraire à la mode vers 1820, où l'on affectait sans grand savoir archéologique, de se reporter aux troubadours et aux trouvères des premiers temps de la monarchie. Les troubadours étaient représentés au théâtre vêtus de tuniques à crevés couleur *abricot*, et l'horlogerie même s'était emparée pour ses *pendules* du sujet à la mode. — « M. Paul Delaroche et tous ceux qui firent la première campagne du *romantisme* riaient des partisans du genre chevalier-troubadour-abricot. » (Privat d'Anglemont.)

Troufignard, troufignon. — Anus.

Trouvé. — Neuf, original.

Truc. — Manière de voler. V. *Roustir*, *Lem*, *Tirer*. — Du vieux mot *truche*. — La truche était l'art d'exploiter la pitié des gens charitables.

Au moyen âge, les mots *truche*, *truffe*, *trulle* et *trut* avaient le même sens de finesse et d'imposture. Ce dernier, qui ne diffère pas beaucoup de *truc*, se trouve, dès le quatorzième siècle, dans une chronique rimée du duc de Bretagne, Jean IV. (Lobineau, t. II, col. 730.)

> François prenoient trop divers noms
> Pour faire paour aux Bretons ;
> Mais ils avoient plus de vieil trut
> Que vieille truie qui est en rut.

Notre société a donné au mot *truc* une foule d'applications :

1° Au théâtre, c'est la machine destinée à produire un changement à vue. Les féeries sont des *pièces à trucs*. — « Cette donnée a fourni matière à un certain nombre de trucs, de décors, de changements à vue. » (R. Deslandes, 1849.) — 2° Pour un auteur dramatique, le *truc* est la science des détails. On dit d'un

écrivain qui file la scène avec difficulté : *il manque de truc*. — 3° C'est aussi un moyen d'existence. — « Il daigna nous donner quelques renseignements sur son truc, c'est-à-dire le métier qui le fait vivre. » (P. d'Anglemont.) — 4° Le truc est encore une ruse, un dehors trompeur. — « La vertu qu'on fait voir pour mieux cacher le vice, voilà le truc d'un sesque trompeur. » (*Rousseliana*, 1805.)

Truffe. — Nez difforme du genre *tubercule*. V. ce mot.

Truffes (aux). — Soigné. — La truffe est un aliment de luxe.—« Tu me feras un compte rendu aux truffes ! » (E. Augier.)

Truffé. — Plein. — Pris au figuré. — « La petite machinette est truffée de chic. » (*Petite Revue*, 1866.)

Truquer. — Vivre de roueries. (Halbert.)

Truqueur. — Fabricant de fausses antiquités. — Champfleury a donné une physiologie du *Truqueur* dans son *Hôtel des commissaires-priseurs*.

Truqueurs. — « Gens qui passent leur vie à courir de foire en foire, n'ayant pour toute industrie qu'un petit jeu de hasard. » (P. d'Anglemont.) — C'est aussi un homme usant de *trucs*, dans toutes les acceptions définies plus haut. V. *Bouline*.

Tu quoque. — Et toi aussi, tu en es donc ? — Latinisme. — Cette expression d'étonnement a en français une ironie particulière. — « La république de Saint-Marin vient d'envoyer à l'empereur Guillaume le grand-cordon de ses ordres. *Tu quoque !* » (*Moniteur*, juin 1872.)

Tube. — Estomac. — *Se fourrer dans le tube :* manger.—Même allusion que dans *fusil*. V. ce mot.

Tube. — Chapeau de soie. — Allusion à sa forme cylindrique.

Tubercule. — Nez à loupes et à verrues, ressemblant au tubercule par excellence, à la pomme de terre.

Tuffre. — Tabac. (Halbert.) — Anagramme du mot *treffle*, du moins pour les cinq premières lettres.

Tulipe orageuse. — Cancan. — « Tous quatre frétillant des tulipes de plus en plus orageuses. » (E. Sue.)

La jupe d'une danseuse qui lève la jambe à la hauteur de l'œil, tend à prendre la forme du calice de la tulipe. De là le mot.

TRUMEAU. — Personnage suranné. — La mode des trumeaux date du siècle dernier. — « Il se l'est brisée, mon Bourdonnard... Vieux trumeau, va! » (*Almanach des Toqués*, 1864.)

TRYCHINE. — Prostituée. — L'épithète, qui date du temps où on parlait fort des risques que faisaient courir les trychines dans la viande du cochon (1865), ne paraît pas s'être acclimatée. — « Trychine, qui dorez les vices, enguirlandez-moi. » (Michu.)

TUNER. — Mendier.

TURBINEMENT. — Jour de travail. — « Pour grinchir tu préféreras les fêtes aux turbinements. » (Vidocq.)

TURBINER. — Travailler. — « Nous turbinons, en attendant, de façon à prendre Tlemcen en grippe. » (*Comment. de Loriot*, 1869.)

TURCO. — Tirailleur indigène de l'armée d'Afrique. — « Un carré de turcos vint se former sous nos pieds. » (Mornand.)

TURF. — Champ de course, et par extension, arène quelconque. — « Voilà de quoi faire envahir par toutes les fashions le turf littéraire. » (Aubryet.)

TURLUTINE. — « La turlutine qui joue le principal rôle de l'alimentation du soldat en campagne, se prépare en faisant cuire du biscuit pilé avec du riz et du lard. » (Cler, 1856.)

TURNE. — Logis malpropre. Du vieux mot *tourne : prison*. — « L'immeuble !... je me suis tout de suite souvenu de cette turne. » (Montépin.)

TUYAU DE POÊLE. — Chapeau rond, botte à l'écuyère. — Allusion de forme. — « Il donna un coup de poing dans son tuyau de poêle, jeta son habit à queue de morue. » (T. Gautier, 1833.) V. *Méchant*.

TUYAU DE POÊLE. — Botte. — Allusion de hauteur, de forme et de couleur.

TYPO. — Ouvrier typographe.

ULTRA. — Homme voulant au delà (*ultra*) de ce que désire son parti. — A ne pas confondre avec l'ultramontain clérical dévoué à Rome, au delà des Alpes (*ultra montes*). — « Je crois qu'il faut user d'indulgence pour les ultras. » (C. Desmoulins, 1790.)

URLE. — Parloir de prison. (Halbert.) Mot à mot : lieu où l'on *hurle*. — Les grilles séparent assez les visiteurs pour les forcer à parler haut.

V X

VACHE. — Prostituée avachie. — « Tenez, regardez donc madame en falbalas, dirait-on pas d'une vache avec ses veaux. » (*Catéchisme poissard*, 1844.) V. *Blagueur, Veau*.

VACHERIE. — Acte entièrement bestial. — Bachaumont dans le *Constitutionnel*, juin 1872, nous donne cet exemple du mot : « On s'étonnait auprès d'elle de sa liaison avec un comédien qui la brutalise et la ruine. — « Que vou- « lez-vous, dit-elle, c'est de la vacherie ! »

VACQUERIE (ALLER EN). — Sortir pour voler. (Colombey.) — Diminutif de *Vague*.

VA DE LA BOUCHE. — Goinfre. — « A ces va de la bouche, tu faisais l'œil et te trouvais heureux. » (Monselet.)

VADE. — Attroupement. (Idem.)

VADE RETRO. — Arrière. — Mot à mot : rétrograde, retire-toi ! — Latinisme. — « A la bêtise peinte sur leur figure, il les a reconnus. *Vade retro*, calicots. » (*A propos de calicots*.)

VA DONC! — Abréviation de : Va donc te promener. — « Eh! va donc, grand fade. » (Ricard.) V. *Allez donc*.

VAGUE (COUP DE). — Vol à la *flan*. Son auteur est dans le *vague* sur le butin qu'il en pourra tirer.

> Un soir que j'étais dans la débine,
> Un coup de vague il me fallut donner.
> Pour travailler j'mis au plan ma rondine,
> Et mes outils nous fûmes les déplanquer.
> (Halbert.)

VAISSELLE DE POCHE. — Argent. — On ne peut pas manger sans celle-là. — « L'amour sans vaisselle de poche, c'est du caca. » (Debraux, 1832.)

VALADE. — Poche de derrière d'un habit. (Vidocq.) — Du vieux mot *avaler*, descendre, La main descend dans la poche. V. *Litrer. Tirer*.

VALTREUSIER. — Voleur de valise. (Valtreuse.)

Vannage (faire un). — « Allécher par un petit profit l'homme qu'on se réserve de dépouiller. » (Vidocq.)

Vanternier. — « Le *vanternier* est encore une variété du cambrioleur. Seulement, au lieu d'entrer par la *lourde*, il préfère s'introduire par la fenêtre. » (A. Monnier.)

Valser. — Courir. V. *Cheval*.

Valser (faire). — Accabler de coups.

Vautour. — Propriétaire exigeant et dur. —Dès 1587, on lit dans les *contes d'Eutrapel :* « Vaultours que signifient ils autres que les avaricieux qui, comme ces animaux, sont aspres et désordonnément actifs à posséder les biens de ce monde. » — En 1806, Désaugiers donnait *M. Vautour* au théâtre des Variétés.

Veau. — Jeune fille de joie, condamnée au rôle futur de *vache*. V. *Catégorie, Vache*. — « Veux-tu souper ? — Pas avec toi ! s'écriait la «femme, tu sens l'ail ! » Ce à quoi Bressant répondait : « Cela ne t'arrivera jamais ; on n'en « met pas dans le veau ! » (A. Wolff, 1865.)

Vécu (avoir). — Avoir expérimenté la vie. — « Il savait tant de choses, il avait vécu. » (La Cassagne.)

Veinard. — Homme ayant habituellement de la *veine*. — « Il est sorti sain et sauf... c'est un veinard. » (*Commentaires de Loriot*, 1869.)

Vent et mousse. — Rien pour toi ! — *Vent* signifie ici flatuosité. V. *Mousse*.

Venterne. — Fenêtre. — Elle donne accès au *vent*. V. *Vanternier, Pieu*.

Ventru. — Député conservateur. — « Les *centriers*, les *ventrus* et les *satisfaits*, c'est-à-dire cette espèce ruminante qui vit en tout temps à l'auge du budget. » (A. Dumas.)

Ver (tuer le).—« Boire de l'eau-de-vie ou du vin blanc ; libation matinale, désignée par le dicton : tuer le ver. » (Mürger.)

Ver rongeur. — Voiture prise à l'heure pour faire des visites qu'on abrége dans le but d'avoir moins à payer au cocher.—« La lorette arrive en cabriolet et dit en entrant : «Docteur, « prêtez-moi donc de quoi renvoyer mon *ver rongeur*. » (M. Alhoy.)

Versaillais, Versaillaise. — Fidèle au gouvernement établi lorsque son siége fut transféré à Versailles pendant l'insurrection de la Commune. — « Après avoir dénoncé aux communeux son mari comme Versaillais de cœur. » (Lelioux.)

Versionnaire. — Personnage faisant métier de composer en version latine, pour les candidats bacheliers plus riches que savants.

Vert. — Campagne. — Origine chevaline. — On se met au vert comme les coursiers. — « Nous partons pour Fontainebleau, huit à dix jours de vert... de l'hygiène. » (E. Villars.)

Vertubleu vertuchoux. — Jurons innocents. — Si nous en croyons cet exemple, il paraît que la vertu n'y est pour rien. On a commencé par dire *vert* et non *vertu.* — « Vert « et bleu ! dist frère Jan, il me desplaist grandement qu'encores est mon estomact, à jeun. » (Rabelais, *Pantagruel*, livre IV, chap. II.)

Vertuchoux équivaudrait en ce cas à *vert chou* (chou vert.)

Vesse. — Peur. (Dhautel.) — On connaît son action sur les intestins. — « Dans le langage qu'affectionnent les collégiens, on dit, pour avoir peur : avoir la vesse. » (*L'Intermédiaire.*)

Veste. — « Je crois que le filou qui compterait trop sur cette robe, ne remporterait qu'une *veste*. Vous savez que *veste* est synonyme d'insuccès. » (A. Monnier.)

Vestiges. — Légumes secs. (Halbert.) — Mot à mot : légumes à *vesses*. On connaît leur effet.

Veuve. — Guillotine. — Elle voit mourir tous les hommes couchés sur sa planchette. — « Si j'avais pas eu peur de la veuve, je l'aurais butté. » (*Notes d'un agent.*)

Vice (avoir du). — Être ingénieux, malin. — « A-t-il du vice, ce mâtin de Couturat ! » (De Goncourt.) V. *Méchant*.

Victoire. — « La chemise, c'est au marché Saint-Jacques, chez mademoiselle Victoire, qu'ils (les chiffonniers) vont la chercher. Ils l'appellent du nom de la marchande, une *victoire*. Elle leur coûte dix sous. » (Berthaud.)

Vieille. — Vieille eau-de-vie. — « J'en distinguai trois qui dégustaient des carafons de vieille. » (Marx.)

Vieille (ma). — Mon vieil ami. — « Eh bien ! Raoul, ma vieille, comment que ça va ? » (Jaime.) — L'emploi du féminin a sans doute paru plus tendre.

VIEUX. — Entreteneur, amant d'un âge mûr. — Une caricature de 1830 porte cette légende : « A qui qu'c'est donc, ces bottes-là, Angélina ? c'est-y vot'vieux qu'a des éperons comme ça ?

VILLOIS. — Village. — Vieux mot. V. *Rebâtir*.

VINGT-DEUX. — Couteau. (Halbert.)

VIOLON. — Prison de poste où sont menés les gens arrêtés, en attendant l'interrogatoire du commissaire. — Vieux jeu de mots qui date du temps où c'était l'*archer* qui vous conduisait au *violon*. — « On appelle *violon*, à Paris, une prison que chaque section a dans son enceinte pour enfermer ceux qu'on arrête la nuit et qui sont, le lendemain, transférés dans une maison d'arrêt. » (*Almanach des Prisons*, 1795.)

Sentir le violon : devenir misérable. (Vidocq.) — On met au violon les vagabonds.

VIOQUE. — Vieux. — Changement de finale. V. *Flacul*.

VIOQUE. — Vie. — « Quelle vioque je ferais avec mon fade de carle. » (Balzac.)

VISAGE, GROS VISAGE, VISAGE SANS NEZ. — Derrière. — Allusion aux rondeurs qui font l'office de joues. V. *Borgne*.

VITELOTTE. — Nez rouge et tuberculeux comme la pomme de terre de ce nom.

VITRE. — Lorgnon. — « Le petit A. de... a l'œil éteint derrière sa vitre. » (*Vie parisienne*.)

V'LAN (AVOIR DU). — Avoir l'élan et l'imprévu qui caractérisent l'adverbe. — « On ne dit plus avoir du chien, on dit avoir du v'lan. » (*Figaro*, nov. 67.)

VOIR EN DEDANS. — Être ivre. — Allusion à l'air extatique de certains ivrognes. V. *Cocarde*.

VOITE. — Voiture. (Halbert.) — Abréviation.

VOIRIE. — Homme ou femme méprisable. Mot à mot : digne d'être jeté à la voirie. — « Va-t'en donc, vilaine voirie, vierge de la rue de la Tannerie. » (*Catéchisme poissard*, 1844.)

VOL-AU-VENT (AVOIR UNE ÉCREVISSE DANS LE) OU DANS LA TOURTE. — Avoir la tête dérangée. — Le vol-au-vent représente la tête, et l'écrevisse, la folie. — « Ce fils de propriétaire a une écrevisse dans le vol-au-vent. » (*Abn. du Hanneton*, 1867.)

VOLAILLE. — Élève des établissements préparatoires de Versailles qui injectent de science et d'histoire les aspirants à l'école de Saint-Cyr. Il a un uniforme prodigieusement militaire, des éperons, des brides d'épaulettes et une cravache. — Les conscrits lui portent les armes. — « Quel est le département qui ne fournit son contingent d'aspirants à l'École spéciale militaire, ce grand et immortel *bahut !*... A Versailles, c'est l'amarante ou jonquille *volaille* échappée des poulaillers de Barthe et Buron... ; à Paris, c'est le *cornichon* extrait des bocaux de Barbet, Loriol et autres ; à la Flèche, c'est le bataillon des purs enfants de *Brutium* ; dans tous les lycées, le bouillant *pot à chien*. » (Loubet.)

VOLÉ (ÊTRE). — Être trompé. Mot à mot : être volé dans son attente. — « Un homme *vole* une femme galante, lorsqu'il ne lui donne pas une somme promise. L'homme est au contraire *volé* lorsque la femme ne lui a laissé que du désenchantement. » (Cadol.) — Un voleur se dira *volé*, s'il trouve peu de butin.

VOYOU, VOYOUTE. — Gamin, gamine, vagabondant sur la *voie* publique. Par extension, *voyou* se dit de l'homme qui a tous les vices du peuple sans en avoir les qualités. — « Le gamin de Paris est accessible à tous les bons sentiments. Le voyou de Paris possède tous les vices. » (A. de Caston.)

Se dit d'homme de tout âge et de toute classe, crapuleux de terme ou de conduite. « *C'est un vrai voyou. Quel voyou !* »

VOYOUCRATE. — Partisan de la voyoucratie.

VOYOUCRATIE. — Despotisme de la dernière classe du peuple sur les autres classes. Mot à mot : aristocratie du voyou. — « Je le dis sans craindre que MM. les journalistes de la presse voyoucratique m'appellent Presse immonde. » (J. Richard, 28 août 1872.)

VOYAGE AU LONG COURS. — Bagne. (Stamir, 1867.) — Allusion à la traversée de Cayenne et à la durée de la peine.

VRILLE (VOLEUR A LA). — Voleur pénétrant dans les maisons en pratiquant aux volets une ouverture carrée à l'aide de quatre trous de vrille entre lesquels il fait jouer une scie très-fine. » (Canler.)

X. — Secret. — En mathématiques, X représente l'inconnu. — « On cherche l'X du cœur. » (Texier.)

X. — Calcul. — « Depuis l'année 1840, le fort en X est en proportion constante. » (*Les Institutions de Paris.*)

X (TÊTE A). — Tête organisée pour le calcul. — Calembour sur la formule *(théta X)* employée en mathématiques. — « L'ancien est évidemment une tête à X. » (La Bédollière.)

X. — Polytechnicien. — Allusion aux connaissances mathématiques exigées pour entrer à l'école.

Y Z

YOUTE, YOUTRE. — Juif. — (Germanisme.

ZÉPHYR. — « L'infanterie légère d'Afrique dont les hommes sont généralement désignés sous le nom de zéphyrs. » (Gandon.)

ZIF. — Marchandise imaginaire. V. *Solliceur.*

ZIG, ZIGUE. — Compagnon. — « Entrez, entrez, nous sommes tous ici de bons zigues. » (Monselet.) — « Je suis un bon zig, il a l'air d'un bon enfant, nous nous entendrons. » (Montépin.)

ZINC, ZING. — « On ne dit plus chic, à ce qu'il paraît. C'est rococo. C'est bourgeois. Et quand une femme a du genre et de l'élégance, on dit qu'elle a du zing. » (*Événement,* 18 août 1866.) — « Une toilette par exemple... pourrie de zing et persillée de chien. » (*Vie parisienne,* 1866.)

ZINC. — « Se dit principalement des chanteurs dont la voix est métallique et solide. *Il a du zinc* s'applique également aux acteurs en tous genres qui possèdent un organe sonore. » J. Duflot.)

ZOUZOU. — Zouave. — Abréviation redoublée. — « Ils ne ressemblent en rien aux zouzous qu'on voit sur les boulevards. » (J. Noriac.)

ZUT. — Non. — « Zut et bran pour les Prussiens. » (P. Borel, 1833.) — « Ah ben ! non, zut !... du flan ! Je ne veux pas rester à côté d'Adolphe. » (Jaime.)

FIN